中国农垦农场志丛

天 津

双林农牧场志

中国农垦农场志丛编纂委员会　组编

天津双林农牧场志编纂委员会　主编

中国农业出版社

北 京

图书在版编目（CIP）数据

天津双林农牧场志/中国农垦农场志丛编纂委员会
组编；天津双林农牧场志编纂委员会主编. —北京：
中国农业出版社，2022.12
（中国农垦农场志丛）
ISBN 978-7-109-30647-9

Ⅰ.①天…　Ⅱ.①中…②天…　Ⅲ.①国营农场—概
况—河西区　Ⅳ.①F324.1

中国国家版本馆CIP数据核字（2023）第070797号

出 版 人：刘天金
出版策划：苑　荣　刘爱芳
丛书统筹：王庆宁　赵世元
审 稿 组：柯文武　干锦春　薛　波
编 辑 组：杨金妹　王庆宁　周　珊　刘昊阳　黄　曦　李　梅　吕　睿　赵世元　刘佳玫
　　　　　　李兴旺　蔡雪青　刘金华　陈思羽　张潇逸　喻瀚章　赵星华　徐志平　耿韶磊
工 艺 组：毛志强　王　宏　吴丽婷
设 计 组：姜　欣　关晓迪　王　晨　杨　婧
发行宣传：王贺春　蔡　鸣　李　晶　雷云钊　曹建丽
技术支持：王芳芳　赵晓红　张　瑶

天津双林农牧场志
Tianjin Shuanglin Nongmuchang Zhi

中国农业出版社出版
地址：北京市朝阳区麦子店街18号楼
邮编：100125
责任编辑：刘昊阳　　文字编辑：陈思羽
责任校对：吴丽婷　　责任印制：王　宏
印刷：北京通州皇家印刷厂
版次：2022年12月第1版
印次：2022年12月北京第1次印刷
发行：新华书店北京发行所
开本：889mm×1194mm　1/16
印张：26.25　插页：12
字数：650千字
定价：188.00元

公司标识说明

Shuanglin Nongmuchang | LOGO

标识为圆形，“S”是“双”字拼音首字母的大写，在构图中体现生机与活力。“L”是“林”字拼音首字母的大写，表现为一座高耸的大厦从双林大地拔地而起，同时体现公司经营房地产的特性，象征企业的向上精神。

标准色 Standard

CMYK = C/100, M/0, Y/100, K/0

CMYK = C/30, M/35, Y/0, K/0

CMYK = C/0, M/0, Y/0, K/100

搞好农场开发
服务城市建设
一九九二年六月 王德惠 题

1995年元月，天津市副市长王德惠亲临双林居住区规划会（供图/冯欣）

牢记创业历史
振兴农垦经济
一九九八年十月 胡晓槐 题

1998年10月，天津市市政府顾问、双林农牧场原场长胡晓槐为农场题词（供图/冯欣）
注：此为书法作品，为艺术美观，作者对字形进行了艺术处理。其内容为：牢记创业历史，振兴农垦经济。

2011年，集团总公司总经济师董景瑞视察"仕林苑"项目（摄影/李孝洪）

农垦房地产公司第一届领导班子（供图/冯欣）

2009 年，公司与万科房地产公司共同开发建设的仕林苑项目（摄影/孟宪臣）

2009 年公司推动立项的平改项目——双山新苑（摄影/孟宪臣）

2012 年 6 月，公司党员干部赴西柏坡参加红色教育

2021 年 5 月，公司参加天津食品集团主题演讲比赛，获优秀组织奖

2011年12月，公司获全国农林水利系统模范职工之家称号

2017年12月，公司获天津市总工会模范职工之家称号

2017年6月，公司党委被天津食品集团评为"五好党支部"创建先进组织单位

2021年4月，公司获天津市总工会颁发的天津市五一劳动奖状

2021 年 6 月，公司党委获天津食品集团先进基层党委称号

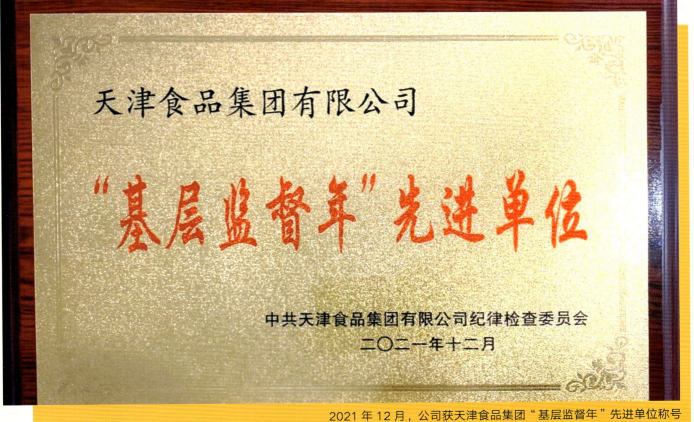

2021 年 12 月，公司获天津食品集团"基层监督年"先进单位称号

2020 年 4 月，公司财务部获天津食品集团三八红旗集体称号

2019 年，公司代表队参加天津食品集团首届运动会，获优秀组织奖

2012年1月，公司召开职代会。集团总公司工会主席张庆东（主席台中间），
公司党委书记、总经理张葵（主席台右），公司纪委书记、工会主席关玉峰（主席台左）参会

2013年7月，天津农垦集团总公司"互比互看互学"活动考察组到公司仕林苑项目现场考察，
公司领导张葵（右一）介绍了项目开发建设情况

2022年3月，公司召开职代会。主席台领导左起分别为：牛国跃、刘宗保、刘瑞成、卢震、陈铁林

2015年9月，集团党委书记、董事长孟爱英（中间），以及集团党委办公室主任高德君（右一）到农垦房地产公司下属文化公司和博纳影城检查指导工作。公司党委书记、总经理刘瑞成（左二），文化公司领导牛国跃（左一）等陪同

2020 年 1 月，食品集团党委书记、董事长张勇（右六）带领集团安技部到公司下属天津农垦红旗房地产开发有限公司承建的天津食品集团经济适用房项目施工现场检查安全工作。公司领导刘瑞成（左五）、马清华（右七）等陪同

2020 年 12 月 19 日，由公司下属天津农垦红旗房地产开发有限公司开发、天津市双发建设工程有限公司承建的天津食品集团经济适用房项目 15 号楼主体封顶

2020 年 8 月 22 日，公司领导、商业公司、物业公司、华北城、盈发创建、长远公司党员参加"关心企业发展、参与企业建设"主题党日活动

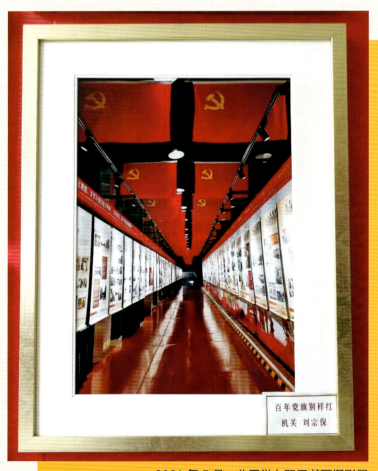

2021 年 5 月，公司举办职工书画摄影展

2022 年 6 月，天津市第十二次党代会代表、房地产公司下属燊辉公司员工王莹，在公司各党支部书记、中层干部和青年代表会议上宣讲天津市党代会精神

2022 年 1 月 23 日，食品集团领导万守朋（左二）到公司下属天食餐饮公司检查疫情保供配餐情况。公司领导刘瑞成、牛国跃（右一）等陪同

2022 年 3 月，公司协调商业公司、物业公司、餐饮公司组建疫情防控物资保供突击队

2022 年 3 月，公司干部及职工在
天津食品集团南开大仓为抗疫提供保供服务

2022 年 5 月 13 日，集团党委书记、董事长万守朋（中）到公司下属天津农垦红旗房地产开发有限公司开发的职工经济适用房项目现场检查安全工作，调研项目进展情况。食品集团总经理助理兼公司党委书记、董事长刘瑞成（右一）陪同

2022 年 6 月 8 日，天津食品集团党委副书记、总经理赵国荣带队到公司下属天津农垦兴港房地产开发有限公司负责的食品集团职工安置房项目现场进行调研。集团副总经理张庆东，集团总经理助理兼公司党委书记、董事长刘瑞成，公司党委副书记、总经理卢震及集团相关部室、企业负责人陪同

2022 年 6 月 14 日，国家海洋信息中心领导一行到农垦含章雅著项目现场交流调研。公司党委副书记、总经理卢震（右四），公司副总经理、董事会秘书刘明举（右二），营销总监任向民（右五）等陪同

2022 年 7 月 28 日，天津食品集团党委委员、纪委书记李敬忠（右五）到公司下属天津农垦佳阳房地产开发有限公司开发建设的农垦含章雅著项目现场进行检查。公司领导班子成员陪同

2022年9月7日，天津食品集团领导万守朋、赵国荣等到公司调研。公司领导班子陪同调研

2022年9月8日，天津食品集团安全培训体验中心在公司下属天津燊辉电力科技有限公司揭幕

2022 年 9 月 8 日，集团党委副书记、总经理赵国荣（左二）到坐落在公司下属天津燊辉电力科技有限公司的天津食品集团安全培训体验中心视察。集团总经理助理兼公司党委书记、董事长刘瑞成（右一）陪同

2022 年 9 月 24 日，公司党委副书记、总经理李海强（左二）到公司下属宝坻含章雅著项目现场检查工作。公司副总经理陈立春（左三）、管理总监潘征（左四）、安全总监许洪涛及项目部负责人等陪同

2022 年 9 月，公司领导学习研讨（左起：陈立春、陈铁林、李海强、刘瑞成、牛国跃、李国艳、刘明举）

中国农垦农场志丛编纂委员会

主　任

张兴旺

副主任

左常升　李尚兰　刘天金　彭剑良　程景民　王润雷

成　员（按垦区排序）

肖辉利　毕国生　苗冰松　茹栋梅　赵永华　杜　鑫　陈　亮

王守聪　许如庆　姜建友　唐冬寿　王良贵　郭宋玉　兰永清

马常春　张金龙　李胜强　马艳青　黄文沐　张安明　王明魁

徐　斌　田李文　张元鑫　余　繁　林　木　王　韬　张懿笃

杨毅青　段志强　武洪斌　熊　斌　冯天华　朱云生　常　芳

中国农垦农场志丛编纂委员会办公室

主　任

王润雷

副主任

王　生　刘爱芳　武新宇　明　星

成　员

胡从九　刘琢琬　干锦春　王庆宁

中国农垦农场志丛

天津双林农牧场志编纂委员会

主　任

马清华

副主任

李海强　牛国跃

委　员

陈铁林　李国艳　陈立春　刘明举　潘　征

编　辑

冯　欣　尹　伊　周　红　闫　晨　杨小平

顾　问

刘瑞成

图片提供

李孝洪　孟宪臣

校　对

郝　萌　冯　锐

总 序

中国农垦农场志丛自 2017 年开始酝酿，历经几度春秋寒暑，终于在建党 100 周年之际，陆续面世。在此，谨向所有为修此志作出贡献、付出心血的同志表示诚挚的敬意和由衷的感谢！

中国共产党领导开创的农垦事业，为中华人民共和国的诞生和发展立下汗马功劳。八十余年来，农垦事业的发展与共和国的命运紧密相连，在使命履行中，农场成长为国有农业经济的骨干和代表，成为国家在关键时刻抓得住、用得上的重要力量。

如果将农垦比作大厦，那么农场就是砖瓦，是基本单位。在全国 31 个省（自治区、直辖市，港澳台除外），分布着 1800 多个农垦农场。这些星罗棋布的农场如一颗颗玉珠，明暗随农垦的历史进程而起伏；当其融汇在一起，则又映射出农垦事业波澜壮阔的历史画卷，绽放着"艰苦奋斗、勇于开拓"的精神光芒。

（一）

"农垦"概念源于历史悠久的"屯田"。早在秦汉时期就有了移民垦荒，至汉武帝时创立军屯，用于保障军粮供应。之后，历代沿袭屯田这一做法，充实国库，供养军队。

中国共产党借鉴历代屯田经验，发动群众垦荒造田。1933 年 2 月，中华苏维埃共和国临时中央政府颁布《开垦荒地荒田办法》，规定"县区土地部、乡政府要马上调查统计本地所有荒田荒地，切实计划、发动群众去开荒"。到抗日战争时期，中国共产党大规模地发动军人进行农垦实践，肩负起支援抗战的特殊使命，农垦事业正式登上了历史舞台。

20 世纪 30 年代末至 40 年代初，抗日战争进入相持阶段，在日军扫荡和国民党军事包围、经济封锁等多重压力下，陕甘宁边区生活日益困难。"我们曾经弄到几乎没有衣穿，没有油吃，没有纸、没有菜，战士没有鞋袜，工作人员在冬天没有被盖。"毛泽东同志曾这样讲道。

面对艰难处境，中共中央决定开展"自己动手，丰衣足食"的生产自救。1939 年 2 月 2 日，毛泽东同志在延安生产动员大会上发出"自己动手"的号召。1940 年 2 月 10 日，中共中央、中央军委发出《关于开展生产运动的指示》，要求各部队"一面战斗、一面生产、一面学习"。于是，陕甘宁边区掀起了一场轰轰烈烈的大生产运动。

这个时期，抗日根据地的第一个农场——光华农场诞生了。1939 年冬，根据中共中央的决定，光华农场在延安筹办，生产牛奶、蔬菜等食物。同时，进行农业科学实验、技术推广，示范带动周边群众。这不同于古代屯田，开创了农垦示范带动的历史先河。

在大生产运动中，还有一面"旗帜"高高飘扬，让人肃然起敬，它就是举世闻名的南泥湾大生产运动。

1940 年 6—7 月，为了解陕甘宁边区自然状况、促进边区建设事业发展，在中共中央财政经济部的支持下，边区政府建设厅的农林科学家乐天宇等一行 6 人，历时 47 天，全面考察了边区的森林自然状况，并完成了《陕甘宁边区森林考察团报告书》，报告建议垦殖南泥洼（即南泥湾）。之后，朱德总司令亲自前往南泥洼考察，谋划南泥洼的开发建设。

1941 年春天，受中共中央的委托，王震将军率领三五九旅进驻南泥湾。那时，南泥湾俗称"烂泥湾"，"方圆百里山连山"，战士们"只见梢林不见天"，身边做伴的是满山窜的狼豹黄羊。在这种艰苦处境中，战士们攻坚克难，一手拿枪，一手拿镐，练兵开荒两不误，把"烂泥湾"变成了陕北的"好江南"。从1941年到1944年，仅仅几年时间，三五九旅的粮食产量由0.12万石猛增到3.7万石，上缴公粮1万石，达到了耕一余一。与此同时，工业、商业、运输业、畜牧业和建筑业也得到了迅速发展。

南泥湾大生产运动，作为中国共产党第一次大规模的军垦，被视为农垦事业的开端，南泥湾也成为农垦事业和农垦精神的发祥地。

进入解放战争时期，建立巩固的东北根据地成为中共中央全方位战略的重要组成部分。毛泽东同志在1945年12月28日为中共中央起草的《建立巩固的东北根据地》中，明确指出"我党现时在东北的任务，是建立根据地，是在东满、北满、西满建立巩固的军事政治的根据地"，要求"除集中行动负有重大作战任务的野战兵团外，一切部队和机关，必须在战斗和工作之暇从事生产"。

紧接着，1947年，公营农场兴起的大幕拉开了。

这一年春天，中共中央东北局财经委员会召开会议，主持财经工作的陈云、李富春同志在分析时势后指出：东北行政委员会和各省都要"试办公营农场，进行机械化农业实验，以迎接解放后的农村建设"。

这一年夏天，在松江省政府的指导下，松江省省营第一农场（今宁安农场）创建。省政府主任秘书李在人为场长，他带领着一支18人的队伍，在今尚志市一面坡太平沟开犁生产，一身泥、一身汗地拉开了"北大荒第一犁"。

这一年冬天，原辽北军区司令部作训科科长周亚光带领人马，冒着严寒风雪，到通北县赵光区实地踏查，以日伪开拓团训练学校旧址为基础，建成了我国第一个公营机械化农场——通北机械农场。

之后，花园、永安、平阳等一批公营农场纷纷在战火的硝烟中诞生。与此同时，一部分身残志坚的荣誉军人和被解放的国民党军人，向东北荒原宣战，艰苦拓荒、艰辛创业，创建了一批荣军农场和解放团农场。

再将视线转向华北。这一时期，在河北省衡水湖的前身"千顷洼"所在地，华北人民政府农业部利用一批来自联合国善后救济总署的农业机械，建成了华北解放区第一个机械化公营农场——冀衡农场。

除了机械化农场，在那个主要靠人力耕种的年代，一些拖拉机站和机务人员培训班诞生在东北、华北大地上，推广农业机械化技术，成为新中国农机事业人才培养的"摇篮"。新中国的第一位女拖拉机手梁军正是优秀代表之一。

（二）

中华人民共和国成立后农垦事业步入了发展的"快车道"。

1949 年 10 月 1 日，新中国成立了，百废待兴。新的历史阶段提出了新课题、新任务：恢复和发展生产，医治战争创伤，安置转业官兵，巩固国防，稳定新生的人民政权。

这没有硝烟的"新战场"，更需要垦荒生产的支持。

1949 年 12 月 5 日，中央人民政府人民革命军事委员会发布《关于 1950 年军队参加生产建设工作的指示》，号召全军"除继续作战和服勤务者而外，应当负担一部分生产任务，使我人民解放军不仅是一支国防军，而且是一支生产军"。

1952 年 2 月 1 日，毛泽东主席发布《人民革命军事委员会命令》："你们现在可以把战斗的武器保存起来，拿起生产建设的武器。"批准中国人民解放军 31 个师转为建设师，其中有 15 个师参加农业生产建设。

垦荒战鼓已擂响，刚跨进和平年代的解放军官兵们，又背起行囊，扑向荒原，将"作战地图变成生产地图"，把"炮兵的瞄准仪变成建设者的水平仪"，让"战马变成耕马"，在戈壁荒漠、三江平原、南国边疆安营扎寨，攻坚克难，辛苦耕耘，创造了农垦事业的一个又一个奇迹。

1. 将戈壁荒漠变成绿洲

1950 年 1 月，王震将军向驻疆部队发布开展大生产运动的命令，动员 11 万余名官兵就地屯垦，创建军垦农场。

垦荒之战有多难，这些有着南泥湾精神的农垦战士就有多拼。

没有房子住，就搭草棚子、住地窝子；粮食不够吃，就用盐水煮麦粒；没有拖拉机和畜力，就多人拉犁开荒种地……

然而，戈壁滩缺水，缺"农业的命根子"，这是痛中之痛！

没有水，战士们就自己修渠，自伐木料，自制筐担，自搓绳索，自开块石。修渠中涌现了很多动人故事，据原新疆兵团农二师师长王德昌回忆，1951 年冬天，一名来自湖南的女战士，面对磨断的绳子，情急之下，割下心爱的辫子，接上绳子背起了石头。

在战士们全力以赴的努力下，十八团渠、红星渠、和平渠、八一胜利渠等一条条大地的"新动脉"，奔涌在戈壁滩上。

1954 年 10 月，经中共中央批准，新疆生产建设兵团成立，陶峙岳被任命为司令员，新疆维吾尔自治区党委书记王恩茂兼任第一政委，张仲瀚任第二政委。努力开荒生产的驻疆屯垦官兵终于有了正式的新身份，工作中心由武装斗争转为经济建设，新疆地区的屯垦进入了新的阶段。

之后，新疆生产建设兵团重点开发了北疆的准噶尔盆地、南疆的塔里木河流域及伊犁、博乐、塔城等边远地区。战士们鼓足干劲，兴修水利、垦荒造田、种粮种棉、修路架桥，一座座城市拔地而起，荒漠变绿洲。

2. 将荒原沼泽变成粮仓

在新疆屯垦热火朝天之时，北大荒也进入了波澜壮阔的开发阶段，三江平原成为"主战场"。

1954 年 8 月，中共中央农村工作部同意并批转了农业部党组《关于开发东北荒地的农建二师移垦东北问题的报告》，同时上报中央军委批准。9 月，第一批集体转业的"移民大军"——农建二师由山东开赴北大荒。这支 8000 多人的齐鲁官兵队伍以荒原为家，创建了二九〇、二九一和十一农场。

同年，王震将军视察黑龙江汤原后，萌发了开发北大荒的设想。领命的是第五师副师长余友清，他打头阵，率一支先遣队到密山、虎林一带踏查荒原，于1955年元旦，在虎林县（今虎林市）西岗创建了铁道兵第一个农场，以部队番号命名为"八五〇部农场"。

1955年，经中共中央同意，铁道兵9个师近两万人挺进北大荒，在密山、虎林、饶河一带开荒建场，拉开了向三江平原发起总攻的序幕，在八五〇部农场周围建起了一批八字头的农场。

1958年1月，中央军委发出《关于动员十万干部转业复员参加生产建设的指示》，要求全军复员转业官兵去开发北大荒。命令一下，十万转业官兵及家属，浩浩荡荡进军三江平原，支边青年、知识青年也前赴后继地进攻这片古老的荒原。

垦荒大军不惧苦、不畏难，鏖战多年，荒原变良田。1964年盛夏，国家副主席董必武来到北大荒视察，面对麦香千里即兴赋诗："斩棘披荆忆老兵，大荒已变大粮屯。"

3. 将荒郊野岭变成胶园

如果说农垦大军在戈壁滩、北大荒打赢了漂亮的要粮要棉战役，那么，在南国边疆，则打赢了一场在世界看来不可能胜利的翻身仗。

1950年，朝鲜战争爆发后，帝国主义对我国实行经济封锁，重要战略物资天然橡胶被禁运，我国国防和经济建设面临严重威胁。

当时世界公认天然橡胶的种植地域不能超过北纬17°，我国被国际上许多专家划为"植胶禁区"。

但命运应该掌握在自己手中，中共中央作出"一定要建立自己的橡胶基地"的战略决策。1951年8月，政务院通过《关于扩大培植橡胶树的决定》，由副总理兼财政经济委员会主任陈云亲自主持这项工作。同年11月，华南垦殖局成立，中共中央华南分局第一书记叶剑英兼任局长，开始探索橡胶种植。

1952年3月，两万名中国人民解放军临危受命，组建成林业工程第一师、第二师和一个独立团，开赴海南、湛江、合浦等地，住茅棚、战台风、斗猛兽，白手起家垦殖橡胶。

大规模垦殖橡胶，急需胶籽。"一粒胶籽，一两黄金"成为战斗口号，战士们不惜一切代价收集胶籽。有一位叫陈金照的小战士，运送胶籽时遇到山洪，被战友们找到时已没有了呼吸，而背上箩筐里的胶籽却一粒没丢……

正是有了千千万万个把橡胶看得重于生命的陈金照们，1957年春天，华南垦殖局种植的第一批橡胶树，流出了第一滴胶乳。

1960年以后，大批转业官兵加入海南岛植胶队伍，建成第一个橡胶生产基地，还大面积种植了剑麻、香茅、咖啡等多种热带作物。同时，又有数万名转业官兵和湖南移民汇聚云南边疆，用血汗浇灌出了我国第二个橡胶生产基地。

在新疆、东北和华南三大军垦战役打响之时，其他省份也开始试办农场。1952年，在政务院关于"各县在可能范围内尽量地办起和办好一两个国营农场"的要求下，全国各地农场如雨后春笋般发展起来。1956年，农垦部成立，王震将军被任命为部长，统一管理全国的军垦农场和地方农场。

随着农垦管理走向规范化，农垦事业也蓬勃发展起来。江西建成多个综合垦殖场，发展茶、果、桑、林等多种生产；北京市郊、天津市郊、上海崇明岛等地建起了主要为城市提供副食品的国营农场；陕西、安徽、河南、西藏等省区建立发展了农牧场群……

到1966年，全国建成国营农场1958个，拥有职工292.77万人，拥有耕地面积345457公顷，农垦成为我国农业战线一支引人瞩目的生力军。

（三）

前进的道路并不总是平坦的。"文化大革命"持续十年，使党、国家和各族人民遭到新中国成立以来时间最长、范围最广、损失最大的挫折，农垦系统也不能幸免。农场平均主义盛行，从1967年至1978年，农垦系统连续亏损12年。

"没有一个冬天不可逾越，没有一个春天不会来临。"1978年，党的十一届三中全会召开，如同一声春雷，唤醒了沉睡的中华大地。手握改革开放这一法宝，全党全社会朝着社会主义现代化建设方向大步前进。

在这种大形势下，农垦人深知，国营农场作为社会主义全民所有制企业，应当而且有条件走在农业现代化的前列，继续发挥带头和示范作用。

于是，农垦人自觉承担起推进实现农业现代化的重大使命，乘着改革开放的春风，开始进行一系列的上下求索。

1978 年 9 月，国务院召开了人民公社、国营农场试办农工商联合企业座谈会，决定在我国试办农工商联合企业，农垦系统积极响应。作为现代化大农业的尝试，机械化水平较高且具有一定工商业经验的农垦企业，在农工商综合经营改革中如鱼得水，打破了单一种粮的局面，开启了农垦一二三产业全面发展的大门。

农工商综合经营只是农垦改革的一部分，农垦改革的关键在于打破平均主义，调动生产积极性。

为调动企业积极性，1979 年 2 月，国务院批转了财政部、国家农垦总局《关于农垦企业实行财务包干的暂行规定》。自此，农垦开始实行财务大包干，突破了"千家花钱，一家（中央）平衡"的统收统支方式，解决了农垦企业吃国家"大锅饭"的问题。

为调动企业职工的积极性，从 1979 年根据财务包干的要求恢复"包、定、奖"生产责任制，到 1980 年后一些农场实行以"大包干"到户为主要形式的家庭联产承包责任制，再到 1983 年借鉴农村改革经验，全面兴办家庭农场，逐渐建立大农场套小农场的双层经营体制，形成"家家有场长，户户搞核算"的蓬勃发展气象。

为调动企业经营者的积极性，1984 年下半年，农垦系统在全国选择 100 多个企业试点推行场（厂）长、经理负责制，1988 年全国农垦有 60％以上的企业实行了这项改革，继而又借鉴城市国有企业改革经验，全面推行多种形式承包经营责任制，进一步明确主管部门与企业的权责利关系。

以上这些改革主要是在企业层面，以单项改革为主，虽然触及了国家、企业和职工的最直接、最根本的利益关系，但还没有完全解决传统体制下影响农垦经济发展的深层次矛盾和困难。

"历史总是在不断解决问题中前进的。"1992年，继邓小平南方谈话之后，党的十四大明确提出，要建立社会主义市场经济体制。市场经济为农垦改革进一步指明了方向，但农垦如何改革才能步入这个轨道，真正成为现代化农业的引领者？

关于国营大中型企业如何走向市场，早在1991年9月中共中央就召开工作会议，强调要转换企业经营机制。1992年7月，国务院发布《全民所有制工业企业转换经营机制条例》，明确提出企业转换经营机制的目标是："使企业适应市场的要求，成为依法自主经营、自负盈亏、自我发展、自我约束的商品生产和经营单位，成为独立享有民事权利和承担民事义务的企业法人。"

为转换农垦企业的经营机制，针对在干部制度上的"铁交椅"、用工制度上的"铁饭碗"和分配制度上的"大锅饭"问题，农垦实施了干部聘任制、全员劳动合同制以及劳动报酬与工效挂钩的三项制度改革，为农垦企业建立在用人、用工和收入分配上的竞争机制起到了重要促进作用。

1993年，十四届三中全会再次擂响战鼓，指出要进一步转换国有企业经营机制，建立适应市场经济要求，产权清晰、权责明确、政企分开、管理科学的现代企业制度。

农业部积极响应，1994年决定实施"三百工程"，即在全国农垦选择百家国有农场进行现代企业制度试点、组建发展百家企业集团、建设和做强百家良种企业，标志着农垦企业的改革开始深入到企业制度本身。

同年，针对有些农场仍为职工家庭农场，承包户垫付生产、生活费用这一问题，根据当年1月召开的全国农业工作会议要求，全国农垦系统开始实行"四到户"和"两自理"，即土地、核算、盈亏、风险到户，生产费、生活费由职工自理。这一举措彻底打破了"大锅饭"，开启了国有农场农业双层经营体制改革的新发展阶段。

然而，在推进市场经济进程中，以行政管理手段为主的垦区传统管理体制，逐渐成为束缚企业改革的桎梏。

垦区管理体制改革迫在眉睫。1995年，农业部在湖北省武汉市召开全国农垦经济体制改革工作会议，在总结各垦区实践的基础上，确立了农垦管理体制的改革思路：逐步弱化行政职能，加快实体化进程，积极向集团化、公司化过渡。以此会议为标志，垦区管理体制改革全面启动。北京、天津、黑龙江等17个垦区按照集团化方向推进。此时，出于实际需要，大部分垦区在推进集团化改革中仍保留了农垦管理部门牌子和部分行政管理职能。

"前途是光明的，道路是曲折的。"由于农垦自身存在的政企不分、产权不清、社会负担过重等深层次矛盾逐渐暴露，加之农产品价格低迷、激烈的市场竞争等外部因素叠加，从1997年开始，农垦企业开始步入长达5年的亏损徘徊期。

然而，农垦人不放弃、不妥协，终于在2002年"守得云开见月明"。这一年，中共十六大召开，农垦也在不断调整和改革中，告别"五连亏"，盈利13亿。

2002年后，集团化垦区按照"产业化、集团化、股份化"的要求，加快了对集团母公司、产业化专业公司的公司制改造和资源整合，逐步将国有优质资产集中到主导产业，进一步建立健全现代企业制度，形成了一批大公司、大集团，提升了农垦企业的核心竞争力。

与此同时，国有农场也在企业化、公司化改造方面进行了积极探索，综合考虑是否具备企业经营条件、能否剥离办社会职能等因素，因地制宜、分类指导。一是办社会职能可以移交的农场，按公司制等企业组织形式进行改革；办社会职能剥离需要过渡期的农场，逐步向公司制企业过渡。如广东、云南、上海、宁夏等集团化垦区，结合农场体制改革，打破传统农场界限，组建产业化专业公司，并以此为纽带，进一步将垦区内产业关联农场由子公司改为产业公司的生产基地（或基地分公司），建立了集团与加工企业、农场生产基地间新的运行体制。二是不具备企业经营条件的农场，改为乡、镇或行政区，向政权组织过渡。如2003年前后，一些垦区的部分农场连年严重亏损，有的甚至濒临破产。湖南、湖北、河北等垦区经省委、省政府批准，对农场管理体制进行革新，把农场管理权下放到市县，实行属地管理，一些农场建立农场管理区，赋予必要的政府职能，给予财税优惠政策。

这些改革离不开农垦职工的默默支持，农垦的改革也不会忽视职工的生活保障。1986年，根据《中共中央、国务院批转农牧渔业部〈关于农垦经济体制改革问题的报告〉的通知》要求，农垦系统突破职工住房由国家分配的制度，实行住房商品化，调动职工自己动手、改善住房的积极性。1992年，农垦系统根据国务院关于企业职工养老保险制度改革的精神，开始改变职工养老保险金由企业独自承担的局面，此后逐步建立并完善国家、企业、职工三方共同承担的社会保障制度，减轻农场养老负担的同时，也减少了农场职工的后顾之忧，保障了农场改革的顺利推进。

从1986年至十八大前夕，从努力打破传统高度集中封闭管理的计划经济体制，到坚定社会主义市场经济体制方向；从在企业层面改革，以单项改革和放权让利为主，到深入管理体制，以制度建设为核心、多项改革综合配套协调推进为主：农垦企业一步一个脚印，走上符合自身实际的改革道路，管理体制更加适应市场经济，企业经营机制更加灵活高效。

这一阶段，农垦系统一手抓改革，一手抓开放，积极跳出"封闭"死胡同，走向开放的康庄大道。从利用外资在经营等领域涉足并深入合作，大力发展"三资"企业和"三来一补"项目；到注重"引进来"，引进资金、技术设备和管理理念等；再到积极实施"走出去"战略，与中东、东盟、日本等地区和国家进行经贸合作出口商品，甚至扎根境外建基地、办企业、搞加工、拓市场：农垦改革开放风生水起逐浪高，逐步形成"两个市场、两种资源"的对外开放格局。

（四）

党的十八大以来，以习近平同志为核心的党中央迎难而上，作出全面深化改革的决定，农垦改革也进入全面深化和进一步完善阶段。

2015年11月，中共中央、国务院印发《关于进一步推进农垦改革发展的意见》（简称《意见》），吹响了新一轮农垦改革发展的号角。《意见》明确要求，新时期农垦改革发展要以推进垦区集团化、农场企业化改革为主线，努力把农垦建设成为保障国家粮食安全和重要农产品有效供给的国家队、中国特色新型农业现代化的示范区、农业对外合作的排头兵、安边固疆的稳定器。

2016年5月25日，习近平总书记在黑龙江省考察时指出，要深化国有农垦体制改革，以垦区集团化、农场企业化为主线，推动资源资产整合、产业优化升级，建设现代农业大基地、大企业、大产业，努力形成农业领域的航母。

2018年9月25日，习近平总书记再次来到黑龙江省进行考察，他强调，要深化农垦体制改革，全面增强农垦内生动力、发展活力、整体实力，更好发挥农垦在现代农业建设中的骨干作用。

农垦从来没有像今天这样更接近中华民族伟大复兴的梦想！农垦人更加振奋了，以壮士断腕的勇气、背水一战的决心继续农垦改革发展攻坚战。

1. 取得了累累硕果

——坚持集团化改革主导方向，形成和壮大了一批具有较强竞争力的现代农业企业集团。黑龙江北大荒去行政化改革、江苏农垦农业板块上市、北京首农食品资源整合……农垦深化体制机制改革多点开花、逐步深入。以资本为纽带的母子公司管理体制不断完善，现代公司治理体系进一步健全。市县管理农场的省份区域集团化改革稳步推进，已组建区域集团和产业公司超过300家，一大批农场注册成为公司制企业，成为真正的市场主体。

——创新和完善农垦农业双层经营体制，强化大农场的统一经营服务能力，提高适度规模经营水平。截至2020年，据不完全统计，全国农垦规模化经营土地面积5500多万亩，约占农垦耕地面积的70.5%，现代农业之路越走越宽。

——改革国有农场办社会职能，让农垦企业政企分开、社企分开，彻底甩掉历史包袱。截至2020年，全国农垦有改革任务的1500多个农场完成办社会职能改革，松绑后的步伐更加矫健有力。

——推动农垦国有土地使用权确权登记发证，唤醒沉睡已久的农垦土地资源。截至2020年，土地确权登记发证率达到96.3%，使土地也能变成金子注入农垦企业，为推进农垦土地资源资产化、资本化打下坚实基础。

——积极推进对外开放，农垦农业对外合作先行者和排头兵的地位更加突出。合作领域从粮食、天然橡胶行业扩展到油料、糖业、果菜等多种产业，从单个环节向全产业链延伸，对外合作范围不断拓展。截至 2020 年，全国共有 15 个垦区在 45 个国家和地区投资设立了 84 家农业企业，累计投资超过 370 亿元。

2. 在发展中改革，在改革中发展

农垦企业不仅有改革的硕果，更以改革创新为动力，在扶贫开发、产业发展、打造农业领域航母方面交出了漂亮的成绩单。

——聚力农垦扶贫开发，打赢农垦脱贫攻坚战。从 20 世纪 90 年代起，农垦系统开始扶贫开发。"十三五"时期，农垦系统针对 304 个重点贫困农场，绘制扶贫作战图，逐个建立扶贫档案，坚持"一场一卡一评价"。坚持产业扶贫，组织开展技术培训、现场观摩、产销对接，增强贫困农场自我"造血"能力。甘肃农垦永昌农场建成高原夏菜示范园区，江西宜丰黄冈山垦殖场大力发展旅游产业，广东农垦新华农场打造绿色生态茶园……贫困农场产业发展蒸蒸日上，全部如期脱贫摘帽，相对落后农场、边境农场和生态脆弱区农场等农垦"三场"踏上全面振兴之路。

——推动产业高质量发展，现代农业产业体系、生产体系、经营体系不断完善。初步建成一批稳定可靠的大型生产基地，保障粮食、天然橡胶、牛奶、肉类等重要农产品的供给；推广一批环境友好型种养新技术、种养循环新模式，提升产品质量的同时促进节本增效；制定发布一系列生鲜乳、稻米等农产品的团体标准，守护"舌尖上的安全"；相继成立种业、乳业、节水农业等产业技术联盟，形成共商共建共享的合力；逐渐形成"以中国农垦公共品牌为核心、农垦系统品牌联合舰队为依托"的品牌矩阵，品牌美誉度、影响力进一步扩大。

——打造形成农业领域航母，向培育具有国际竞争力的现代农业企业集团迈出坚实步伐。黑龙江北大荒、北京首农、上海光明三个集团资产和营收双超千亿元，在发展中乘风破浪：黑龙江北大荒农垦集团实现机械化全覆盖，连续多年粮食产量稳定在 400 亿斤以上，推动产业高端化、智能化、绿色化，全力打造"北大荒绿色智慧厨房"；北京首农集团坚持科技和品牌双轮驱动，不断提升完善"从田间到餐桌"的全产业链条；上海光明食品集团坚持品牌化经营、国际化发展道路，加快农业

"走出去"步伐，进行国际化供应链、产业链建设，海外营收占集团总营收20％左右，极大地增强了对全世界优质资源的获取能力和配置能力。

千淘万漉虽辛苦，吹尽狂沙始到金。迈入"十四五"，农垦改革目标基本完成，正式开启了高质量发展的新篇章，正在加快建设现代农业的大基地、大企业、大产业，全力打造农业领域航母。

（五）

八十多年来，从人畜拉犁到无人机械作业，从一产独大到三产融合，从单项经营到全产业链，从垦区"小社会"到农业"集团军"，农垦发生了翻天覆地的变化。然而，无论农垦怎样变，变中都有不变。

——不变的是一路始终听党话、跟党走的绝对忠诚。从抗战和解放战争时期垦荒供应军粮，到新中国成立初期发展生产、巩固国防，再到改革开放后逐步成为现代农业建设的"排头兵"，农垦始终坚持全面贯彻党的领导。而农垦从孕育诞生到发展壮大，更离不开党的坚强领导。毫不动摇地坚持贯彻党对农垦的领导，是农垦人奋力前行的坚强保障。

——不变的是服务国家核心利益的初心和使命。肩负历史赋予的保障供给、屯垦戍边、示范引领的使命，农垦系统始终站在讲政治的高度，把完成国家战略任务放在首位。在三年困难时期、"非典"肆虐、汶川大地震、新冠疫情突发等关键时刻，农垦系统都能"调得动、顶得上、应得急"，为国家大局稳定作出突出贡献。

——不变的是"艰苦奋斗、勇于开拓"的农垦精神。从抗日战争时一手拿枪、一手拿镐的南泥湾大生产，到新中国成立后新疆、东北和华南的三大军垦战役，再到改革开放后艰难但从未退缩的改革创新、坚定且铿锵有力的发展步伐，"艰苦奋斗、勇于开拓"始终是农垦人不变的本色，始终是农垦人攻坚克难的"传家宝"。

农垦精神和文化生于农垦沃土，在红色文化、军旅文化、知青文化等文化中孕育，也在一代代人的传承下，不断被注入新的时代内涵，成为农垦事业发展的不竭动力。

"大力弘扬'艰苦奋斗、勇于开拓'的农垦精神，推进农垦文化建设，汇聚起推动农垦改革发展的强大精神力量。"中央农垦改革发展文件这样要求。在新时代、新征程中，记录、传承农垦精神，弘扬农垦文化是农垦人的职责所在。

(六)

随着垦区集团化、农场企业化改革的深入，农垦的企业属性越来越突出，加之有些农场的历史资料、文献文物不同程度遗失和损坏，不少老一辈农垦人也已年至期颐，农垦历史、人文、社会、文化等方面的保护传承需求也越来越迫切。

传承农垦历史文化，志书是十分重要的载体。然而，目前只有少数农场编写出版过农场史志类书籍。因此，为弘扬农垦精神和文化，完整记录展示农场发展改革历程，保存农垦系统重要历史资料，在农业农村部党组的坚强领导下，农垦局主动作为，牵头组织开展中国农垦农场志丛编纂工作。

工欲善其事，必先利其器。2019年，借全国第二轮修志工作结束、第三轮修志工作启动的契机，农业农村部启动中国农垦农场志丛编纂工作，广泛收集地方志相关文献资料，实地走访调研、拜访专家、咨询座谈、征求意见等。在充足的前期准备工作基础上，制定了中国农垦农场志丛编纂工作方案，拟按照前期探索、总结经验、逐步推进的整体安排，统筹推进中国农垦农场志丛编纂工作，这一方案得到了农业农村部领导的高度认可和充分肯定。

编纂工作启动后，层层落实责任。农业农村部专门成立了中国农垦农场志丛编纂委员会，研究解决农场志编纂、出版工作中的重大事项；编纂委员会下设办公室，负责志书编纂的具体组织协调工作；各省级农垦管理部门成立农场志编纂工作机构，负责协调本区域农场志的组织编纂、质量审查等工作；参与编纂的农场成立了农场志编纂工作小组，明确专职人员，落实工作经费，建立配套机制，保证了编纂工作的顺利进行。

质量是志书的生命和价值所在。为保证志书质量，我们组织专家编写了《农场志编纂技术手册》，举办农场志编纂工作培训班，召开农场志编纂工作推进会和研讨会，到农场实地调研督导，尽全力把好志书编纂的史实关、政治关、体例关、文字关和出版关。我们本着"时间服从质量"的原则，将精品意识贯穿编纂工作始终。坚持分步实施、稳步推进，成熟一本出版一本，成熟一批出版一批。

中国农垦农场志丛是我国第一次较为系统地记录展示农场形成发展脉络、改革发展历程的志书。它是一扇窗口，让读者了解农场，理解农垦；它是一条纽带，让农垦人牢记历史，让农垦精神代代传承；它是一本教科书，为今后农垦继续深化改革开放、引领现代农业建设、服务乡村振兴战略指引道路。

修志为用。希望此志能够"尽其用"，对读者有所裨益。希望广大农垦人能够从此志汲取营养，不忘初心、牢记使命，一茬接着一茬干、一棒接着一棒跑，在新时代继续发挥农垦精神，续写农垦改革发展新辉煌，为实现中华民族伟大复兴的中国梦不懈努力！

中国农垦农场志丛编纂委员会

2021 年 7 月

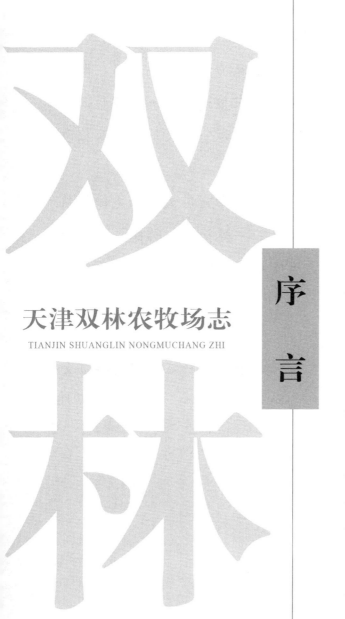

天津双林农牧场志

TIANJIN SHUANGLIN NONGMUCHANG ZHI

序言

天津市双林农牧场自 1950 年 11 月建场以来，历经风风雨雨，走过了 70 余载光阴。回望 70 余年漫漫征途，几代双林人发扬勤劳忘我的精神，披荆斩棘，艰苦奋斗，勇于开拓，终于把昔日的芦苇坑、坟地变成了万亩良田。回顾往昔，风雨与事业结伴，曲折与成功同行。到 1990 年，经过了 40 年的努力，双林农牧场拥有一支全民所有制的产业大军，有较为先进的技术和比较雄厚的技术力量，并建立了比较健全的产前、产中、产后服务体系，逐步完善了双层经营机制。双林农牧场有发展第三产业和外向型经济的实践与经验，按照商品经济要求，从三个层次调整产业结构，形成了当时的工、商、农、房地产开发格局。进入 20 世纪 90 年代，农场初步完成了产业结构的调整，随着天津市城市化进程的不断深入，双林农牧场的土地不断被政府征用，双林农牧场为天津市的发展做出了重大的贡献。但双林农牧场没有因土地减少而消沉，而是激流勇进、不断创新，一批新的现代化企业应运而生：农垦房地产公司的创立，使双林农牧场结束了耕耘土地、种植作物的历史，跨入了第三产业的行列；双发建设公司、双林物业公司相继成立，双林水电队也得到了升级改造；双林文化产业公司和农垦博纳影视公司的成立，标志着双林产业结构又一次重要的升级，拉开了向文化产业进军的序幕。1990—2010 年，经过 20 年的发展，双林的国有资产增长了 22 倍。1996 年,双林农牧场转型整合,成立了天津市农垦房地产开发建设有限公司(天津市双林农牧场)。

进入 21 世纪,天津市农垦房地产开发建设有限公司(天津市双林农牧场)步入大发展阶段。2011—2021 年,公司在集团党委的领导下,全面贯彻党的十八大、十九大会议精神,以及习近平新时代中国特色社会主义思想,坚持政治统领,强化使命担当,从严治党,依法治企,公司领导班子带领干部职工解放思想,深化改革,开拓市场,创新业务板块,提升市场竞争力,使公司经济实力大幅度跃升,资产总额从 2011 年的 119511 万元上升到 2021 年的 1276993 万元(含东方实业公司),公司也成为食品集团重点企业之一。

纵观 70 余年的发展历史进程,农场一代一代人传承着天津市市政府顾问、双林农场首位场长胡晓槐提出的"牢记创业历史,振兴农垦经济"的精神,始终不忘初心。70 年转瞬即逝,在历史的长河中,这只是极短暂的一刻,但是它却凝聚着双林人奋斗的历史。为了更好地记录历史,起到薪火传承、赓续荣光的目的,进一步弘扬企业精神,让公司在职全体干部职工不忘初心、牢记使命,同心协力发展企业,铸就企业未来的辉煌,同时也为企业后人留下丰富经验和宝贵财富,公司编纂了这部场志。志书本着忠于历史、尊重事实的原则进行修编,归纳整理了农场的创业史和 1996 年转制为公司后的发展史。

天津市双林农牧场自 1996 年发展转型为天津市农垦房地产开发建设有限公司,到今已经有 27 年的历史,始终保持着良好的发展态势,企业在前进中不断壮大发展,公司整体经济实力不断提升,职工收入稳步增长,幸福指数不断提升,公司与职工共享发展成果,这些都离不开历届及现任领导班子和干部职工的共同努力。然而,公司今日的成绩并不代表今后的辉煌,写史励志,就是提示未来,激发公司干部职工的工作热情,让他们更加珍惜历史,珍惜现在,着眼当前,努力拼搏,为实现公司"十四五"规划目标而努力奋斗,并持续写好公司长久发展的历史,给公司未来的发展蓝图增添亮点!

是为序。

天津市农垦房地产开发建设有限公司

董事长、党委书记　马清华

2022 年 7 月

天津双林农牧场志
TIANJIN SHUANGLIN NONGMUCHANG ZHI

凡例

一、总则

本志书坚持以马克思主义为指导，严格遵循辩证唯物主义和历史唯物主义原理，坚持实事求是的原则，如实反映记录天津市双林农牧场的历史与现状。

二、年限

本志上限始于 1950 年，下限止于 2021 年。

三、结构

本志采用编、章、节体结构，按照农业、工业、第三产业、管理体制、党建、纪委、群团建设等内容排序，共 7 编、23 章，并附图表、照片等，以增加可读性。

四、文体

本志以第三人称记述，文字力求严谨、朴实、简洁、流畅。

五、资料来源

本志书所用资料源于双林农牧场档

案室及机关部室、各基层单位、农牧场前 2 册志书、场史，最新统计数据由公司相关业务部门提供。

六、计量单位

本志书的计量单位统一使用法定计量单位，以汉字表述。个别单位因行业习惯或引用历史材料档案而使用，如"亩""斤"等。

中国农垦农场志

目　录

第一编　历史沿革

第七编　党建、纪检、群团

中国农垦农场志

概　述

　　1950年初，天津市人民政府为增加粮食生产，决定在灰堆双港附近地区开辟国营农场，种植水稻。因该地区邻近双港、柳林，故命名为"双林农场"。1950年夏，经天津市人民政府批准，由水利处与天津市失业工人救济委员会合办双林农场，为天津市直营农场，以为市郊荒地开辟稻田之示范；由水利处与救委会成立了"双林农场筹建委员会"，开始筹建农场事宜。1950年11月15日开始现场测量、放线、打桩，双林农场建场工作正式启动。

　　从1951年3月21日至5月20日，完成了建场初期规划的全部土方工程。共计完成土方475950立方米，建成分水闸及节制闸3座、桥梁5座、砖拱涵洞及涵管28座、倒虹管3座、扬水场1座，引水排水干、支渠总长度41公里，房屋面积1000平方米。国营双林农场已基本形成。

　　当时双林农场面积共6400亩[①]，其中稻田3000亩、园田40亩、旱田75亩。到收获季节，农场首次种植的3000亩水稻获得较好收成，稻谷总产量124.5万斤[②]，平均亩产415斤。副业方面，有来亨鸡179只、北京种鸭76只、北京填鸭1050只、白鹅59只、绵羊157头、种猪10头、奶牛3头。农场还栽种了苹果、杏、李、梨、桃等果树49种，共计509棵。

　　天津农林水利局于1952年12月31日接管了津南合作农场，黄庄农场为津南合作农场下属农场。因黄庄农场距双林农场相近，两场作物相同，农林水利局决定将该场并入双林农场。1953年3月，双林农场接管了黄庄农场，改编为一个生产小队。

　　双林农场西邻国营长泰农场，长泰农场土地面积1万余亩，其中耕地面积7000多亩。为实现农业机械化，农林水利局根据两场基本条件，将两场合并经营。遵照农林水利局1956年1月27日〔56〕农管字第106号文通知，双林、长泰两场于当年3月正式合并，仍称"双林农场"。

---

① 亩为非法定计量单位，1亩≈667平方米。——编者注
② 斤为非法定计量单位，1斤＝500克。——编者注

1956 年，双林农场开始建立水稻良种繁殖田，建立原原种、原种、繁殖种三级留种制度，确定良种繁殖区，培育良种。1957—1964 年，双林农场种子纯度年年有所提高，并支援了公社和有关单位 464 万斤良种。

1957 年，双林农场引进日本白金、银芳等水稻新品种，在大面积稻田栽种，生长情况良好。根据上级决定，将原公私合营"河北牧场"并入双林农场。将 230 头质量较好的荷兰乳用牛集中由畜牧队饲养，为后来改进牛群品种、提高牛群质量、发展牛奶生产奠定了基础。

1958 年，国营双林农场被并入南郊区先锋公社，成为公社下属第四团（当时按民兵组织称呼）。1958 年，双林农场更改场名为"双林农牧场"。1959 年春耕前，双林农牧场从先锋公社划出，恢复原体制。

1961 年 3 月，根据中共天津市河西区委"压缩城市人口支援农业生产"办公室的安排，自当月开始，至 1962 年底，双林农牧场共接收人员 443 名。1962 年 2 月，根据天津市"动员青年参加农业建设"领导小组的安排，双林农牧场自当月开始，至 1963 年 6 月，接收社会青年 4 批、共计 171 人为农场工人。

1963 年，双林农牧场掀起以提高产量、降低成本、增加利润为中心的增产节约运动。1964 年春季，双林农牧场为达到水稻"万亩千斤"的目标，改造低产田。

1965 年 11 月，双林农牧场农业技术人员与南开大学生物系教师及应届毕业生，在农牧场共同进行 100 亩"水稻丰产方"试验，取得了成功，平均亩产 1274 斤。1965 年，双林农牧场种植水稻 9357.53 亩，平均亩产 853.6 斤，其中有 100 亩样板田，平均亩产 1246 斤。当年稻谷总产量 798.76 万斤，是农场水稻种植史上播种面积最大、平均亩产和总产量最高的年份。

1969 年，根据上级指示，双林农牧场改为河西区双林五七干校。农场在克服困难的前提下，努力维持经济发展。1973 年，根据全国知识青年上山下乡工作会议精神，市、局决定安排天津市部分 1973 届初中毕业生到市属各农场插场。按照农林局的部署，农场在 1973—1977 年累计接收知青 1720 人。

1973 年 4 月，根据农林局 1972 年有关会议精神，为提高系统内奶牛群质量和产奶性能，培育优良公牛，在双林农牧场畜牧队建立种公牛站，开始为系统内各奶牛队（场）提供优良公牛冷冻精液。1973 年 5 月，中央有关部门从日本大阪引进优质高产草莓秧 10000 株，其中 7000 株交由双林农牧场试栽。草莓试栽成功，于 1974 年开始收获，产品由外贸部门收购，返销日本。1975 年，双林农牧场由北京双桥农场引种的越冬大麦获得成功，单产高达 6000～7000 斤，为提高青饲作物产量开创了扩大复种获高产的新路。

党的十一届三中全会以后，农场逐步恢复和发展了各种形式的生产责任制。①恢复奖金制度。1979 年，双林农牧场在改革开放后第一次实行超利润奖的分配办法。②全面推行生产责任制。从 1983 年开始，农场全面推行各种形式的生产责任制。在农工商各业利益分配中，坚持农牧业分配比例大于工业，工业大于商业，促进三业协调发展。③成立职工联营队（厂）。为进一步完善农场的承包经营责任制，自 1984 年开始，在全场范围内兴办职工联营队（厂）。兴办职工联营队（厂），是企业管理制度的一项重大改革。

农场建场后的 20 多年，一直以水稻种植为主。1977 年 5 月，农场从天津市外贸部门引进日本朝天椒原种，在园林队试栽成功，产品返销日本。1978—1983 年，6 年共播种蔬菜 4568 亩，总产量 1889.6 万斤。1984 年以后，停止种植蔬菜。1981—1990 年，果树面积共 9343 亩，10 年水果总产量达 1078.5 万斤。这些年，农场果园生产了大量的蔬菜、水果，供应城市需要，为丰富人民生活做出了一定的贡献。

自 1977 年开始，农场奶牛发展到 1300 余头，其中成母牛 700 头，当时在天津市乃至全国，都是很大的奶牛群。1985 年以后，农场牛奶产量稳步上升，并跃进全国同行业的先进行列，畜牧队先后获得全国农垦先进集体等称号。1983 年，场领导决定大规模发展养鸡产业。通过改建天津市农委在农场投资兴建的新猪场（建成多年，一直闲置未用），建成"双林养鸡场"。1983 年，开始在西南区 30 亩的大坑里养鱼。1988 年，养鱼生产开始大发展，鱼池总面积达到 739 亩，总产量 184750 斤，平均亩产 250 斤。

一、1977—1990 年，改革开放初期的变化

1983 年 10 月，为加速推动农场农工商经营一体化，更好地促进农工商各业全面发展，特呈请上级批准成立天津市渤海农工商联合总公司双林公司（简称双林公司），以便适应不断发展的生产。1983 年 11 月 19 日，经当时中共天津市渤海农工商联合总公司委员会、中共天津市委农村工作部、天津市农业食品委员会批准，同意成立天津市渤海农工商联合总公司双林公司，与双林农牧场两个牌子、一套人马，不增加人员编制。从 1981 年起，双林公司先后成立了双林缝纫厂、双林制锁厂、油印机厂、双林针织厂、双林商业公司、双林养鸡场、双林渔具加工厂、双林园艺场、贸易货栈、双林餐厅、双林水电队等独立核算的实体经济单位。农场除传统农业、畜牧业外，延伸开展工业、商业等。1983 年，农场开始引进外资，创办合资企业，包括天津欧娜有限公司、伸和有限公司等。

党的十一届三中全会以后，双林农牧场大办农工商联合企业，经济效益不断提高，职工各项集体福利事业也有明显改善。由于国家征用土地等，全场土地面积逐渐减少，旱田播种面积也减少了很多，所余农田自 1984 年以后不再种植粮食作物，只种植青饲作物。

1976 年唐山地震后，政府征用了农场的一些土地，建造小海地住宅区楼房，职工也得到部分住房。1979 年，在珠江道南、微山路东建成平房 6908 平方米（即双山平房）。1989 年和 1990 年，先后两批对五七新村住宅区部分住房进行了平房改造工程。1980—1990 年，双林农牧场通过与外单位联建，共分得楼房 108 套，解决了 108 户职工的住房问题。截至 1990 年，全场职工人均住房面积达到 6 平方米，职工的住房条件得到很大改善。

二、1990—1996 年，企业进入调整时期

1990—1996 年，双林农牧场进入企业调整改革发展时期。1990 年，在企业外部减利因素大幅度增加的不利条件下，经过广大干部职工的共同努力，实现利润总额 2798848 元，上缴国家税金和其他款项 3049097 元，在场属 12 个单位（农机队、畜牧场、养鸡场、油印机厂、锁厂、商业公司、贸易货栈、双林餐厅、水电队、园艺场、针织厂、服装厂）中，有 4 个超额完成全年计划。1990 年，农场喜获丰收，其中畜牧业全面增长；工商业在困难中发展，工业积极开发新产品、新品种，开展"双增双节"，渡过难关，职工生活也得到改善。全场集体福利事业继续发展，为进一步解决职工住房问题，总场投资 40 万元，新建五七新村小二楼 1000 平方米。

1991 年至 1996 年 5 月为双林农牧场经济发展的变革期。1992 年，农场出台了《关于加快改革开放，促进经济发展的若干意见》，1994 年，又提出《关于转换经营机制，加速经济发展的若干意见》。双林农场积极调整企业发展思路和政策，顺应历史变革，不断尝试改革。在此期间，总体上看，双林企业的发展是贯彻总场让利放权，通过管理体制的改革，使各单位自主经营、自负盈亏、自我积累、自我发展，让基层单位以夯实基础为前提，再图发展战略思想。同时，开始尝试利用农场土地开发积累资金，并取得了一定的经济效益。

1992 年 9 月 7 日，集团总公司依照津垦司〔1992〕559 号文件，决定从即日起所属农场对外经济活动一律用公司名称，保留农场名称。双林农牧场启用天津市农工商总公司双林公司名称。

三、1996 年，组合农垦房地产开发建设有限公司，启动农场土地开发及综合利用

1996 年 5 月 24 日，农垦集团总公司决定将天津市农垦集团房地产开发建设有限公司（简称津垦房地产）与天津市双林农牧场合并，实行一套班子、两个牌子。合并后公司按《公司法》运作，逐步改制为国有独资公司，成为天津农垦集团的核心企业，新组建的以房地产开发建设为主业的国有独资公司即天津市农垦集团房地产开发建设有限公司

（双林农牧场）①。

双林农牧场与津垦房地产合并后，为集中开发利用土地提供了更好的条件。截至1996年12月底，公司共开工105731平方米，基本竣工100234平方米，其中开发解困房27088平方米、集资建房3800平方米、合作建房34343平方米、平改房3500平方米、监测中心1500平方米、培训中心4000平方米，云山里商品房已全部售出，红日路商品房已售出90％。双林农牧场是个有着优良传统的老农垦企业。在1996年集团总公司对双林资产重组后，公司实施"以房地产业为龙头，带动各业共同发展"的工作思路，由此，公司迈出了新的步伐，企业增添了活力，逐步向市场迈进。

四、1996—2021年，国有体制转换，初步建立现代企业制度，逐步完善法人治理结构

1996年5月，天津市农垦集团房地产开发建设有限公司按照现代企业制度和《公司法》的要求，实行董事会领导下的总经理负责制。董事会由5人组成，为公司的决策机构。董事长为公司法定代表人，设总经理1人，公司内部机构按照精简、效能、协调、服务的原则设置。公司撤销原部室，设立四部一室：政治工作部、计划财务部、劳资安技部、工程部、综合办公室。1998年，公司确定了公司标识和企业精神（团结、拼搏、创新、务实）。1997年，集团公司批准天津市农垦房地产开发建设有限公司实行《现代企业制度试点实施方案》。公司以房地产开发建设为龙头，利用土地资源优势，通过土地开发聚集资金；加速产业结构调整，大力发展第三产业，使公司逐渐成为天津农垦经济的支柱企业；按照"产权清晰，权责明确，政企分开，管理科学"的原则构造公司体制的基本框架。

1998年，公司按照《公司法》和现代企业制度，建立起相互制衡的法人治理机构。农垦集团从2014年起外派董事到天津市农垦房地产开发建设有限公司任职，公司监事会也逐步完善。2017年，开始实行在董事会决策前公司党委会前置把关同时，不断加强对三级全资公司董事会工作的规范管理，加大对参控股企业的管控力度。2020年，公司推行董事会"1＋3权责表"，严格落实"一事一议"的决策机制，从2020年底开始有序推进国企改革三年行动及董事会建设各项工作，实现公司治理法治化、市场化。公司中层干部实行聘任制和市场化招聘上岗。从2021年起，公司董事会成立农垦房地产公司提名委

---

① 天津市农垦集团房地产开发建设有限公司成立于1995年6月27日，是集团下属企业，由双林农场控股投资900万元、天津通达房地产开发公司投资600万元成立。

员会、薪酬与考核委员会、审计与风险控制委员会、战略发展与投资委员会 4 个专门委员会，完善董事会运转机制，提高董事会工作效能。

五、1996—2010 年，公司进行产业结构调整，第三产业成为主导

1996 年重组合并后，公司经济发展模式发生了重大变化，经营指导思想逐渐清晰，1996—2003 年的工作思路是"以房地产业为龙头，带动各业共同发展"。公司将"大力发展三产、巩固提高二产、适度调整一产"的总体发展战略逐步细化为：坚持把发展作为主题，以改革调整为主线，逐步缩减一产、调整巩固二产、扩大发展三产，以"三个并举、两个再造"为目标（即做强主业与安置职工并举，自主开发与联合开发并举，土地开发与土地储备并举；实现再造一个新双林，再造一个新组团的发展目标），实现公司全面发展。

2004—2006 年，房地产公司的工作发展思路是按照科学发展观的要求，坚持理性、务实、积极的发展策略，积极推进"市场化、集团化、科学化"的经营理念，布局农垦，综合开发，进入市场，做大做强。

2006 年底，集团总公司对农垦房地产公司领导班子进行了调整。2007 年调整后的房地产公司领导班子提出了新的工作发展思路：全面落实科学发展观，实现真正走向市场进行房地产开发，适应市场要求，细化延伸公司现有房地产行业的产业链，做强做大天津市农垦集团房地产开发建设有限公司，并以房地产开发带动公司产业结构调整，大力扶持发展基层企业，使基层企业向商贸服务业转型，进而增强公司进入市场的整体实力，把公司真正打造成具有很强实力的农垦集团总公司的房地产公司。

2007—2010 年，公司领导班子通过深入学习科学发展观，确定了工作基本思路：牢牢把握"三个意识"——机遇意识、责任意识、宗旨意识。紧紧围绕"率先抓好房地产重点项目开发，同时培育新的经济增长点，形成多项第三产业并进的发展模式，全力保持公司经济平稳较快发展"的工作思路。农垦房地产公司进入新的历史发展时期，第三产业发展迅猛，异军突起，成为公司经济发展的"领头羊"。

六、2010—2021 年，公司抢抓机遇，谋求更好发展

2010—2015 年，尤其在"十二五"期间，公司在危机中抢抓机遇，在困难中求得发展，不断适应房地产市场形势的新变化，以灵活有效的机制提升项目开发水平，狠抓重点项目，带动相关工程建设、物业管理、水电服务等企业的发展。以加快转变经济发展方式为主线，深化企业改革，坚持推进公司的经济实力上水平、企业管理上水平、项目开发上水平、职工生活上水平、开发产品上水平。公司连续多年保持了房地产开发的稳健成长，

2015 年 5 月末资产总额 327465 万元（不含土地），所有者权益 36454 万元，资产负债 41％。

2016—2020 年，公司以习近平总书记重要指示精神为指导，在食品集团党委的正确领导下，全面加强党的建设，积极应对错综复杂的经济形势，奋发进取，攻坚克难，完成了集团交办的各项任务。公司整体发展势态良好，各项工作取得明显成效，营业收入由 2016 年的 26.6 亿元提升至 2020 年的 34.7 亿元，利润总额从 2016 年的 2.7 亿元提升至 2020 年的 7 亿元。2016—2020 年，主营业务收入 140.2 亿元，利润总额 21.3 亿元。

2000 年，房地产公司由 20 个职能管理部门构成，所属企业共 34 个（含东方实业公司所属企业），包括全资子公司 12 个、控（参）股子公司 19 个、托管集团控股企业 3 个。截至 2020 年末，房地产公司形成集房地产项目开发、商业运营、建筑施工、物业管理服务于一体的产业链，辅以房屋租赁、电力设备研发及其他业务为支撑的企业发展之路。2021 年，公司初步成为要素的整合者、市场的开拓者和创新的践行者，形成了蓬勃发展的局面，新拿地、新开工、新竣工、新交付、新开业、新突破……亮点频频，打造了企业业务内外部双循环、相互促进的新发展格局，成为推动房地产公司高质量发展的动力源。房地产公司（含东方实业公司）2021 年完成营业收入 45 亿元，实现利润总额 6.5 亿元，完成了全年经济任务指标。2021 年末，房地产公司（含东方实业公司）资产总额 111.04 亿元，同比增长 12.2％；负债总额 80.87 亿元，同比增长 0.31％；所有者权益 30.17 亿元，同比增长 64.41％。

七、加强公司两级党组织班子自身建设，发挥党组织作用

2011—2021 年，公司党委坚持用习近平新时代中国特色社会主义思想和党的十八大以来系列重要讲话精神及理论武装头脑、指导实践、推动工作。围绕中心抓党建、抓好党建促经济，克服党建工作不好抓、不会抓、不需抓等懈怠思想。强化"一把手"抓党建工作责任制，树立责任意识，确实落实好党政"一把手"抓党建工作责任制。推动党建工作与经济工作有效结合，同步谋划、同步部署、同步考核、同步检查、同步奖励。公司党委始终坚持强化党组织书记主责主业意识，树立党的一切工作到支部的鲜明导向，加强领导公司两级班子建设，发挥集体智慧，强化"两个责任"意识。树立"五好"党支部先进典型，发挥基层党支部的战斗堡垒作用，党建工作为经济发展提供了有力的政治保障。公司党委带领公司干部职工坚持稳中求进工作总基调，全力打好集团党委提出的发展战略目标，推动公司发展新高度，向经济发展高质量要指标，完成历年计划指标，起到了作为食品集团房地产板块企业应有的作用。公司开展的各种主题教育提升了干部干事创业的积极

性和主动性，促进了项目建设工作的提速增效。严格实行"一个项目、一名分管领导、一套班子、一抓到底"的管理机制，在建重点项目按照计划实现正常推动，党建工作促进项目推动和改革发展。公司在逐渐走向市场化运行模式，混合所有制改革也稳步进行。

2019 年，公司重新修订了党委会议事规则，规范"三重一大"决策程序，凡是涉及"三重一大"必须将党委会前置，未经党委会前置程序的事项，均不能提交公司董事会、总经理办公会审议。这个制度的实施确保了公司党委"把方向、管大局、保落实"的原则。公司加强了对干部队伍的考核，强化了人才队伍建设。加强对重点领域、重点岗位的廉洁风险防控，强化国有企业领导人员必须做到"对党忠诚、勇于创新、治企有方、兴企有为、清正廉洁"20 字方针的落实落地，公司党组织的作用得以充分发挥。公司上下形成发展"四大板块"、走高质量发展道路的统一目标，不断提升公司党组织的工作水平，围绕增强"四个意识"、促进企业经济发展、壮大国有资本，在党委的带领下发挥党支部作用，带领发挥党员先锋模范作用，开创性地开展工作。把党建、生产经营紧密融合在一起，把支部建设作为推动企业高质量发展的坚强战斗堡垒，突出科学性、前瞻性，全力打造提升农垦房地产公司四大板块的综合实力。在实现第二个百年奋斗目标道路上，争取不让公司属企业中的任何一家企业掉队。

大　事　记

- **1950 年**　11 月 7 日　天津市人民政府水利处召开双林农场筹建委员会第一次会议，水利处王华棠、胡晓槐等 9 人及天津市失业工人救济委员会常征等 3 人，共 12 人参加。会议讨论通过《双林农场筹建委员会组织规程》决议。要求加紧设计工作，挖土下水问题尽量从工程上布置解决，以工代赈、争取盈利，土地征用问题与天津县人民政府接洽办理。

  11 月 9 日　水利处发文（水利处〔50〕利秘字第 835 号）呈天津市人民政府批准《双林农场筹建委员会组织规程》。筹委会主任委员王华棠，副主任委员常征，韩竹如、苏翔达等 8 人为委员，下设工务、组教、材料、会议、总务等组。

  11 月 15 日　工程队开始在现场测量、放线、打桩，拉开了双林农场建场的序幕。

  12 月 4 日　水利处发函（水利处〔50〕利技字第 882 号），请天津县政府允将引水渠及界外占用之民地，设法调拨给双林农场。

  12 月 14 日　海河工程局发文（海河程工局〔50〕海技字第 1977 号）批准占用柳林一部分土地，作开设双林农场渠道及修筑桥闸之用。

  12 月 15 日　经农业部农田水利局批准：双林农场工程贷款 35 亿元[①]。

  12 月 22 日　农业部农田水利局派渤海区灌溉工程处总工程师闫一清、徐缅唐到双林农场视察农场情形及工程规划，并协助研究电力扬水中的设计问题。

  12 月 23 日　水利处发文（水利处〔50〕利技字第 919 号），将双林农场办理经过及初步计划书呈报天津市人民政府。

- **1951 年**　1 月 9 日　天津市人民政府指令（批复水利处）：1950 年 12 月 27 日文件（利技字第 931 号）呈悉。你处经办"双林农场派员赴京接洽贷款情况"

---

① 币制改革前，旧行人民币 10000 元折合现行人民币 1 元。

一节，准予备案，希即知照。市长黄敬，副市长刘秀峰、周叔弢。

1月12日 水利处发函（水利处〔51〕利技字第34号），请芦台农场管理局支持，从所属津郊农场（在灰堆北）暂借稻田200亩，为双林农场培育稻秧之用。

2月19日 水利处发文（水利处〔51〕利秘字第79号），批准派耿锡滨等2人前去宣化、张家口，为双林农场购买牲畜30头。

2月23日 水利处、救委会联合召开"商讨办理双林农场"会议，水利处王华棠、彭举，救委会王勇进、常征及市建委会张华戡等13人参加。会议内容：水利处苏翔达报告双林农场筹备经过及设计概要；讨论双方投资、农场领导、安置失业工人及开工完工日期等问题。

2月24日 水利处发函（水利处〔51〕利技字第89号），聘请北洋大学邓曰模教授为筹建双林农场机电顾问，负责机电工程指导事宜。

3月15日 水利处召开"双林农场排水占地问题"协商会议，灰堆代表谢洪恩等6人，何庄子代表张凤巢等7人，天津县政府干部黄道，县一区刘宝林及水利处王华棠、苏翔达、胡晓槐等共22人参加。会议内容：农场与群众紧密联系，尽力设法避免碱水影响园田生产；村干部和代表们尽力向群众解释，小利服从大利，协助政府增产；占地及迁坟等问题，依政府规定办理。

3月21日 水利处和天津县政府联合发文（水利处、天津县政府〔51〕利农字第142号）通知：凡农场范围应迁移的坟墓，按河北省所订办法，统限于4月10日迁移完竣。双林农场首批迁坟工作开始。

3月下旬 双林农场首次招收有耕作水稻技能及有饲养牲畜能力的工人60名，并带动失业工人50名，为农场工人。月底，从宣化、张家口购买骡子31头，运抵双林农场。同时，购买农具、肥料及种子等到场，为生产经营做好物质准备。

3月 双林农场建场工作开始，筹建委员会各工程业务组的人员到达现场，土方、水利等工程开工。救委会将原美国兵营的4幢"活动铁房子"运到双林农场，作为建场投资。铁房子安装在场部院内，用作办公、开会、仓库等。

救委会先安排失业工人1200人，到双林农场工地续增2800人，共到4000人。工人们在吃（粗粮）住（席棚）极其艰苦的条件下，开始了作为建场第一步工程的手工挖土方工作，为按计划全面施工奠定基础。

4月26日　农业部农田水利局派工程师刘荣滦、何伟来津，会同水利处处长、工程师到双林农场，了解检查建场工程进展情况。

5月11日　为解决双林农场引水问题，海河工程处派挖泥船，开始对何庄子河口一段淤垫进行浚挖。

5月25日　双林农场建场工作大部完成，正式开闸放水，开始生产经营。全场总面积6220亩，其中可耕地3820亩，首次种植水稻3000亩。

5月　天津市水利处胡晓槐任双林农场场长。

7月8日　水利处邀请天津市市长及有关部门的领导共40余人到双林农场参观。被邀请的领导有：市长黄敬，副市长许建国、周叔弢，市人民政府委员丁一、黄松龄、张逢时、靖任秋、李元恪、杨石先、张思和、俞霭峰、穆芝房、边洁清、孙冰如、资耀华、毕鸣岐、李华生，市总工会主席黄火星，天津县县长张镜，以及财经委员会、建设委员会、渤海农垦局、劳动局、财政局、建设局、卫生局、民政局、公用局、电业局、公产管理局、交际处、地政处、园林处、新闻出版处等单位的领导。

10月8日　根据双林农场数月以来用水的实际情况，特拟定《天津双林农场灌溉管理编制法规（草案）》，报送水利处备案。

11月　双林农场建场后首次种植的3000亩水稻获得较好收成。稻谷总产量124.5万斤，平均亩产415斤。此时，副业方面已有来亨鸡179只、北京种鸭76只、填鸭1050只、白鹅59只、绵羊157头、种猪10头、奶牛3头。栽种苹果、杏、李、梨、桃等树苗49种，共计509株。另有大牲畜骡子31头、马6匹。

1952年　1月　郭生秀任双林农场场长，农业技术干部孙杰任双林农场副场长。

4月　胡晓槐调出双林农场。

4月　经双林农场民主评议，呈报水利处批准，给工人确定工资待遇。

4月　在水利处基层工会协助下，成立双林农场车间工会筹备委员会，由技术干部朱嘉禾兼负责人。

4月　双林农场设计制作"天津双林农场"圆形铜质证章，发给职工佩带。

5月　天津市建委会给双林农场新建的30间职工家属宿舍（平房在场部西侧）竣工，交场使用，首批干部职工及其家属住进新房。场内习惯将这批平房称为"30间房"。

5月　双林农场生产的北京填鸭已陆续达到出口商品标准，开始成批量交售给市外贸部门，为国家增加外汇收入。

7月　经水利处批准，给双林农场工人调整工资分。

7月　双林农场建造的一排（15间）砖基土坯结构的办公用房竣工，交付使用。同时，还在场部院内建成土坯结构的职工食堂一处，改变了自建场以来干部职工一律吃粗粮、咸菜、大锅饭的现状。

9月　为帮助双林农场开展工人文化教育工作，市总工会文教部派专职干部一名来场，建立双林农场工人业余学校。

10月　在天津市总工会"在工人中立即开展扫除文盲活动"的号召下，在市政工会（当时双林属市政系统）具体指导下，双林农场工人业余学校组织工人参加业余文化学习，扫除文盲活动开始。

11月　双林农场归天津市市政工程局领导。

11月　双林农场全体干部职工参加中苏友好协会，成为会员，属市政工程局支会。

11月　在市政工会的帮助下，经双林农场车间工会筹委会组织全体会员投票选举，选出农场首届基层工会委员会，工会主席左玉德（兼职）。

● **1953年**　2月　双林农场归渤海区农垦局领导。

3月　津南黄庄农场撤销。按上级指示，该场的800余亩土地及房屋设备、生产资料等统由双林农场接管，干部职工共10余人同时转入双林。

3月　根据生产需要，天津县政府与双林农场联合通知：凡农场范围内影响农田耕作的坟墓须全部迁移。双林农场再次开始大量迁坟工作，连同建场时已迁出的坟墓，共迁出坟墓3000余座。

4月　双林农场归天津市农林水利局领导。

5月　根据生产发展需要，经天津市农林水利局批准，双林农场健全组织机构，在场长下设办公室、农事组、副业组，财务组及生产队等单位。

6月　为贯彻党的民族政策，尊重回族职工的生活习惯，从13日开斋节开始，双林农场在场部单独设立回民小灶。

7月7日　根据农林水利局发文（农林水利局〔53〕农人字第747号）通知精神，双林农场与天津市第四医院建立特约医疗关系。

10月　在市政工会的直接指导下，双林农场工会组织全体职工开展以收获水稻为中心的增产节约劳动竞赛。这是双林建场以来首次开展职工社会主义劳动竞赛活动。

11 月　双林农场安装第一部电话机（手摇式），系灰堆地区人工交换台分机，号码为 617 号。

12 月　根据生产和宣传工作等方面的需要，双林农场工会购置了农场第一部 25 瓦扩音器，该扩音器只有一个喇叭，安装在场部房顶上，用拉绳四面转动。职工上下班，以扩音器播放为信号，改变了以高杆拉小红旗和敲大铁棍为上下班信号的落后办法。

● **1954 年**　3 月　天津市市长吴德在农林水利局领导的陪同下，到双林农场视察工作。场长郭生秀向吴德市长汇报了农场情况。

10 月　双林农场开始建立畜牧队。从黑龙江海拉尔地区购进滨州、三河等品种奶牛 51 头。

11 月下旬　根据安排，双林农场组织部分职工分批去北京参观苏联展览馆。

11 月　11 月 28 日—12 月 22 日，农场开展了以查计划、查技术、查浪费为中心的"三查"工作。

12 月 2 日　陈来卫任双林农场副场长。

● **1955 年**　1 月 31 日　双林农场副场长陈来卫调农林水利局，另行分配工作。

5 月 16 日　农林水利局发文（农林水利局〔55〕农人字第 462 号）通知，取消双林农场于 1952 年发给职工佩带的证章，改由农林水利局统发工作证。

5 月　南开大学生物系应届毕业生及部分教师到双林农场参观。副场长孙杰向他们介绍了建场、生产、经营管理等方面的情况。

9 月　经上级工会和东郊区有关部门联合验收，在参加扫盲班学习的 90 名工人中，首批达到脱盲标准（认识并已巩固 2000 字以上）的已有 60 余人。

9 月　中共天津市委派杨英到双林农场任副场长。

10 月　根据上级指示，为双林、长泰两农场合并做准备，较大规模的基建工程开始进行。新场部办公用房、职工宿舍、大仓库、拖拉机库、奶牛舍、大礼堂及场部食堂等项目陆续开工。

10 月　为加强宣传工作及开展社会主义劳动竞赛活动等，双林农场工会又购置 60 瓦扩音器一部，配备若干个高音喇叭。在场部建立广播站，坚持每日按时广播。

12 月　双林农场新畜牧队第一幢奶牛舍建成。根据上级决定，将天津市卫生局所属儿童福利奶场并入双林农场，该场干部职工及所饲养的 80 头奶牛等一并转入农场畜牧队。

● **1956 年**　1 月 27 日　农林水利局发文（农林水利局〔56〕农管字第 106 号）通知：双林、长泰两农场正式合并，仍称"双林农场"。

3 月　双林农场新场部基建工程大部完工，原双林、长泰农场领导及场部工作人员迁入新址办公。

3 月　双林农场在场部（大仓库）召开双林、长泰两场合并大会，干部职工共 300 余人参加。大会由郭生秀主持，杨英、张玉明讲话，宣布两场正式合并，仍称"双林农场"。并场以后，新的领导班子为：场长郭生秀，党支部书记张玉明，副场长杨英、孙杰、陈来卫。场长下设农业技术室、行政股、财务股、供销股、总务股、东区生产队（原双林范围）、西区生产队（原长泰南区范围）、北区生产队（原长泰北区范围）、畜牧队、园林队、马拉队、机务队（包括机电）、场部医务室。两场合并后，在上级工会的指导帮助下，对场工会进行了改选，由全体会员投票选举出双林农场新的基层工会，主席为刘继祥。

3 月　原定去萝北垦荒的 300 余名天津市社会青年在天津市青年宫集训，双林农场孙经元、苏鸣凯讲授农业技术课程。集训期间，天津市有关部门拟以这批青年为骨干，去南郊"红泥洼"开荒新建青年农场，未落实。遂于 3 月将其中 180 余人安置在双林农场当工人。之后，天津市有关部门又将已安置双林的青年工人陆续转出，转入运输公司、车辆弹簧厂、红星打字机厂等单位，最后留下来的只有邱俊明、宋跃华、李健植 3 人。

4 月　农场职工王芝勤被评为"全国农林水利先进生产者"，并赴北京参加全国农林水利先进生产者大会。

5 月　农场开始建立水稻良种繁殖田，建立原原种、原种、繁殖种三级留种制度，确定良种繁殖区，培育良种。

7 月 26 日　农林水利局发文（农林水利局〔56〕农管字第 1180 号），批准将 34 名双林农场季节工转为固定工。这是两场合并后，农林水利局第一次下达招工指标。

7月　捷克轮船"斯洛夫"号部分船员到双林农场参观访问。

8月　天津市建筑工会原主席、市总工会经费审查委员会原主任马清元调入双林农场，任副场长。

8月　双林农场在场部西侧新建的50间职工家属宿舍（平房）竣工，部分干部职工及其家属迁入新居。此房为场自建较早的家属宿舍，名为"五六新村"，俗称"50间房"。

11月　经天津市总工会批准，双林农场开始实行《中华人民共和国劳动保险条例》。

● **1957年**　1月　双林农场工会添置100瓦扩音器一部，相应配备了高音喇叭。架设了由场部通往东、西、北区队及畜牧队等处的广播线路，总长度约6000米，形成了以场部为中心的有线广播网。

4月　根据局试行计件工资制的指示精神，初步拟定了《双林农场计件工资试行办法》，从1月1日起，在3个稻田生产队（全部临时工中）、园林队、畜牧队、机务队及马拉队等单位试行。

7月　双林农场引进日本白金、银芳等水稻新品种，在大面积稻田栽种，生长情况良好。日本农业厅代表团到双林农场稻田参观。

7月　双林农场在通往灰堆大道南侧，新建的100间职工家属宿舍（平房）竣工，名为"五七新村"，俗称"100间房"，这是当时农场最大的职工住宅区。

12月　根据上级决定，将原公私合营的河北牧场并入双林农场。将230头质量较好的荷兰乳用牛集中交由畜牧队饲养，为后来改进牛群品种、提高牛群质量、发展牛奶生产奠定了基础。

12月　原河北牧场的公方代表高世德及职工22人、私方经理李德润及私方人员16人随之转入双林。高世德、李德润任畜牧队副队长。根据国家有关规定，原河北牧场并入的私方人员，按他们的投资额拿定息，年息为5厘①，按季度由双林农场发放。自1956年2月开始，他们共拿定息10年。

12月　康树权被评为"天津市先进生产者"；同年，被天津市团市委评为"天津市建设社会主义青年积极分子"。

---

① 厘为中国传统利息单位，年利1厘即每年利率为1%。

1958 年 3 月 在人民公社化的洪流中，国营双林农场被并入天津市南郊区先锋公社，成为公社下属第四团（当时按民兵组织称呼）。社主任为南郊区刘子铎，双林农场副场长杨英为副职（未到任）；副场长马清元为生活福利部长（未到任），后又抽调王文库等 3 位同志去公社福利部和财务部工作。

4 月 河北省副省长闫达开到双林农场视察工作。

4 月 河北省农垦局随省直机关迁入天津市。由于办公地址未确定，暂在双林农场场部办公。1960 年 3 月，该局移至天津市和平区长春道 16 号。

5 月 双林农场从 1958 年起试用链轨式 KSO7 拖拉机水耙地，用机械化解决耙地开垦问题取得成功，为稻田耕作机械化开辟了新路。

5 月 双林农场更改场名为双林农牧场。

秋季 南开大学 30 多名在校学生被下放到双林农收场劳动。该校讲师殷汝祥随之来场，负责这部分学生的管理工作。

10 月 《天津日报》1958 年 10 月 8 日第二版登载：双林农牧场水稻试验田高额丰产、亩产稻谷十二万六千多斤。

12 月 双林农牧场在机务队建立了农机修配厂。

1959 年 2 月 根据市里的安排，文艺、新闻、教育、农业、商业及公检法等系统的 367 人，转到双林农牧场集中劳动。他们当中知名的有何迟、鲍昌、柳溪、耿文专、朱其华、孙肇延、何朔、刘剑桥、杨馨、康明瑶、肖笛和史雅辉等。

春耕前 双林农牧场从天津市南郊区先锋公社划出，恢复原体制。

1960 年 夏季 天津市畜牧局（当时各农场由畜牧局领导）在双林农牧场召开局系统打草养猪动员大会。局长陈宝玉做报告，局有关部门及所属各单位领导等约 300 人参加会议。天津市副市长宋景毅到会做了指示；天津市二商局领导讲话，要求各国营农场多交生猪，市副食品委员会副主任翟新参加会议。会后，由东郊农场职工业余京剧团演出了《玉堂春》《三岔口》《拾玉镯》等节目。

11 月 在 9 日闭幕的天津市农业社会主义建设积极分子代表大会上，双林农牧场被评为"市级先进单位"。康树权被评为"天津市劳动模范"，并参加了天津市群英会。

11 月 为丰富广大职工和家属们的文化生活，双林农牧场自 1960 年起，先后邀请了天津市一些专业文艺团体,如天津市河北梆子剧团、天津市越剧团、天津市评剧院及少年队的师生、天津市戏曲学校京剧班的师生等到场演出,每次演出都受到了职工和家属们的热烈欢迎。

11 月　康树权被评为"河北省农业先进生产者"。

12 月　双林农牧场自 1952 年冬建立工人业余学校以来,到 1960 年底,累计已有 280 余人达到脱盲标准,占扫盲班学员(共 360 余人)的 80%。经市、区有关部门验收合格后,先后为他们发放了全市统一的"扫盲结业证"。

● **1961 年**　3 月　根据中共天津市河西区委员会"压缩城市人口支援农业生产"办公室的安排,自 3 月开始(至 1962 年底),双林农牧场共接收"倒流"人员 443 名,成为农场工人。这些人包括已调外地的职工和去外地上学的学生,返津不归者,本市职工的配偶,属外地农村户口、在津居住时间较长而又无回乡条件者。

7 月　张铁之调入双林农牧场,任党总支副书记。

7 月　根据上级指示精神,双林农牧场开始精简部分来自农村的职工还乡,支援农业生产。本次共动员 13 名职工还乡。1962 年 8 月,第二次动员 26 名职工还乡。

8 月　梁友珠调入双林农牧场,任副场长。

10 月 30 日　天津市教育局分配工读学校学生 31 人来双林农牧场。11 月 2 日,经劳动局批准,成为农场工人。

同日在五七新村住宅区,又有 42 间职工家属宿舍(大平顶)建成交付使用。同时,在住宅区新建成职工托儿所和副食商店,大大方便了群众生活,有力地促进了生产。

● **1962 年**　2 月　根据天津市"动员青年参加农业建设"领导小组的安排,双林农牧场自 2 月开始(至 1963 年 6 月)接收社会青年 4 批,共计 171 人,成为农场工人。

4 月 2—4 日　双林农牧场召开首届职工代表大会第一次会议,共选出代表 75 名。其中,老工人 35 名,新工人 22 名,干部 11 名,家属代表 6 名,少数民族 1 名。会议讨论了 1962 年生产计划、包定奖方案及保证完成生产任务的措施、1961 年工会工作总结和 1962 年工作计划等。

4 月　天津市拖拉机训练班分配 18 名学员来双林农牧场,作为农场拖拉机驾驶员和农具手。

4月　双林农牧场《包定奖暂行办法实施草案》开始试行。

8月　坐落在天津市北郊区的汽车技校停办。根据天津市有关部门决定，将该校198名学生安排到双林农牧场当工人。

冬季　双林农牧场在北区住宅区新建的20间职工家属宿舍（平房）竣工，交付使用。

1963年　5月　根据市、局指示精神，双林农牧场掀起以提高产量、降低成本、增加利润为中心的增产节约运动。

6月　双林农牧场邀请天津市种植水稻高产能手姜德玉来场，传授水稻高产技术管理经验。

秋季　天津市副市长周叔弢到双林农牧场，视察卫生和职工宿舍等方面的工作。

12月　双林农牧场技术干部王玉生与农垦局闫光磊参加农垦部在芦台农场举办的北方14省（市）化学除草训练班，并参加了北京、上海、天津3市协作组，为天津市制订了《化学除草方案》。

1964年　1月　双林农牧场工会和共青团成立了以畜牧队为主的文艺队，结合生产和形势，自编自演歌剧、相声、快板、朗诵、唱歌等多种形式的小节目，活跃了职工，特别是青年职工的业余文化生活。

春季　双林农牧场为达到水稻"万亩千斤"的目标，改造低产田，改善灌排条件，调整区划。挖掘沟渠总长度达25公里，新开和疏浚大型干沟4公里，完成土方5万立方米，修建大小涵闸10余处，增添900口径水泵1台，改变了2800余亩低洼稻田排水不畅的局面，使这2800余亩低产田的产量提高了30%左右。

3月　双林农牧场自1958年开始试用塑料薄膜培育稻秧，到1960年正式在生产上应用，效果显著。根据农业部、轻工业部安排，双林农牧场与中国科学院植物研究所、轻工业部日用化工局、天津近代化学厂等单位协作，于1964年3—5月，在双林进一步试验国产聚氯乙烯薄膜在水稻育秧上的应用效果，取得了各种科学数据，为制订薄膜规格质量要求及其在农业上的普遍应用提供了可靠依据。

6月4日　双林农牧场部分地段遭到密集冰雹的袭击，小麦、大麦、青饲、菜、果等受到不同程度的损失。粮食歉收511000余斤，总共损失

87000 余元。

● **1965 年**　3 月　中央批转农垦部党组的"十六条"，这是调动职工生产积极性、解放生产力、促进生产建设发展、提高职工生活、办好中国式国营农场的重要措施。根据上级安排，双林农牧场首先在稻田、园田、苗圃等 7 个生产队开始试行"十六条"。在试行过程中，取得一定成绩。

3 月　双林农牧场参加河北省天津市 1965 年农业生产技术动员大会。《双林农牧场改造低产田，狠抓生产关键、大搞科学实验，获得水稻大面积丰产的总结》作为大会文件印发。

4 月 1 日　经农垦局 1965 年 3 月 25 日批准，双林农牧场开始推行以"三定一奖"（定产量、定成本、定利润，超利润奖）和评工记分为中心内容的大包干制度。

4 月 30 日　根据农垦局指示及《"十六条"实施办法》中的有关规定，双林农牧场决定，凡户口在本场范围内的职工家属，不论男女，都可进场参加生产，即为农场工人，并按"十六条"规定享受各种待遇。这一决定实施后，共有 221 人进场工作。

6 月　双林农牧场先后派出 90 名职工去赵庄农场，支援该场的土方工程。共计完成土方量 13090 立方米。

7—8 月　为防治水稻黏虫，从当年开始（连续 3 年），在大面积稻田上空采用飞机喷药治虫，防治效果达 95%～99%，取得了成功，为稻田防治虫害开辟了新的途径。

9 月 10—14 日　双林农牧场开展群众性的积肥活动。稻田各队、园田队、畜牧队、积肥队及场部机关等单位，共 613 人次参加，利用乱草、埂草等共积肥 1880 立方米。

11 月　双林农牧场农业技术人员与南开大学生物系教师及应届毕业生，共同进行 100 亩"水稻丰产方"试验，取得了成功，平均亩产 1274 斤。

12 月　双林农牧场王玉生参加农垦部在北京召开的全国农垦系统首次高产技术经验交流会。

12 月　根据上级安排，双林农牧场承担挖掘大沽排污河（一段）的土方工程任务。

● **1966 年**　5 月　根据市、局统一布置，双林农牧场成立"文化革命委员会"，又建立"赤卫队"组织，队长杨树德，副队长赵功杰、王金贵。

5月　社会上到处都在"破旧立新"，受其影响，双林农牧场也改名为"东方红农牧场"。

● **1967 年**　6月　经局有关部门批准，双林农牧场从工农联盟农场调入瓦、木、电等技术工人 11 名，充实了基建队、机务队的技术力量。

● **1968 年**　4月　双林农牧场成立革命职工委员会，主任闫宗礼，副主任肖增云，另有工作人员 1 人。

6月4日　经农垦局革命委员会批准，双林农牧场革命委员会正式成立。第一副主任梁友珠（负责全面工作），副主任陈笃诚，常委贾贵生、邸自来、尹金章、白风亭、康淑琴、孙中云，另有委员 11 人及工作人员 5 人，下设办公室、政治处、生产、后勤等部门。各生产单位基本上保持了原组织形式。

6月　双林农牧场水稻秧田和大面积本田采用化学除草方式，取得明显效果，该方式被确定为水稻生产过程中不可缺少的技术措施之一。

6月　双林农牧场开始接待大批天津市中学生来场学农劳动，建立经常劳动关系的有 1 中、5 中、13 中、32 中、49 中、75 中、南楼、海河、成都道等 20 多所中学。各校的师生食宿都在场，每期劳动时间半个月到 1 个月，同期劳动的师生人数最多时达到 7000 余人。

● **1969 年**　2月　根据上级决定，双林农牧场改为"河西区双林五七干校"，河西区的领导席元祥、郑森、安云峰等进入领导班子。首批来劳动的有赵钧、王守西等区领导和区属各部门的负责同志，共约 150 人。

5月28日—6月16日　水稻插秧期间，河西区革委会动员机关、工业、供给、教育、公安、街道等系统的干部共 5920 人来"双林五七干校"劳动，共计出工 16337 人次。另有各中学来校劳动的师生及农民插秧队，共 14280 人，共计出工 65695 人次。总共来校 20200 人，累计出工 82032 人次，共计完成水稻插秧 9360 亩，收打大麦 350 亩，完成了园田、土方等劳动任务。

● **1970 年**　3月　农场第一台自行设计、优质高效的农业塑料薄膜洗刷机研制成功并投入生产，结束了 10 多年来靠人工洗刷薄膜的局面，提高工效 25 倍，减轻了劳动强度，延长了薄膜的使用年限。

5月　"双林五七干校"撤销，席元祥等领导回到河西区，恢复了"双林农牧场"原名。

秋季　楚云从天津市政府调入双林农牧场，任场党委书记、革委会主任。

11 月 10 日　天津市革委发文（市革委津革〔70〕第 69 号）决定：自 1970 年 11 月 15 日起，双林农牧场等 9 个农场正式划归农林水利局革委会领导。

11 月　双林农牧场在小海地稻田北边（场范围内）新建的 40 间职工家属宿舍（平房）竣工，交付使用。

● **1971 年**　3 月　李泽溥从红旗农场调入双林农牧场，任场革委会副主任。

5 月　双林农牧场与天津市农业机械研究所合作，于 5 月试制出津东风-2 水稻插秧机 5 台。5 月 4 日，插秧机下水插秧，共插秧 5000 亩。经测定，其质量符合农业技术要求，比人工插秧增产 5%～8%，提高工效 2.5 倍，降低成本 20% 左右，大大减轻了劳动强度。插秧机还支援了塘沽、东郊等农场的插秧作业，受到欢迎。

9 月　双林农牧场"赤脚医生"孙风英被保送去天津医学院上学，于 1974 年 10 月毕业分配回场，这是农场培养的第一位学医的工农兵大学生。之后，又分别保送李俊萍、田学工两人去医学院上学。

1971 年底　天津国营农场管理局（简称农场局）革委会派驻局解放军刘振荣、刘振忠来双林农牧场，作为军代表工作。刘振荣被任命为场党委副书记、革委会副主任，刘振忠任场党委委员、革委会副主任。

● **1972 年**　春季　因天津市水源短缺，双林农牧场近万亩稻田改为种植旱田作物，简称水改旱。开始对旱田作物进行化学除草试验。

10 月　和平区五七干校撤销。经上级决定，将该校干部 1 人、工人 18 人转调双林农牧场。因系成户调入，农场给这批职工安排了住房。

12 月　双林农牧场为培养机务、农机具维修等方面的技术工人，经农林局批准，安排河东、河西及南开区的诚友庄二中、人民公园中学、29 中等学校的 45 名应届初中毕业生（男生 27 人、女生 18 人）来场，分配到各技术工种当学徒工。

● **1973 年**　3 月　经农林局有关部门批准，双林农牧场从杨柳青农场调入工人 49 名，充实了生产力量。这一大批工人基本上是成户调入，农场给他们安排了住房。

4 月　根据农林局 1972 年有关会议精神，在双林农牧场畜牧队建立种公牛站，为本系统各奶牛队（场）提供优良公牛冷冻精液。

4月底—5月初　中央有关部门从日本大阪引进优质高产草莓秧 10000 株，其中 7000 株交给天津市栽种。天津市农林局和外贸部门决定由双林农牧场试栽。在三位日本专家指导下，草莓秧栽种成功，1974 年开始收获，产品由外贸部门收购，返销日本。

5月　姚汝楫从北大港农场调入双林农牧场，任场党委书记、革委会主任；王友春从红旗农场调入双林农牧场，任场革委会副主任。

6月　楚云调出双林农牧场。

11月　根据全国知识青年上山下乡工作会议精神，市、局决定安排天津市部分 73 届初中毕业生到市属各农场插场。按照农林局的部署，双林农牧场对口和平、河西两区。双林农牧场组成以党委书记姚汝楫为首的接收知青领导小组，下设知青办公室，配备了专职干部，于 11 月 21 日接收和平区知青 200 人，23 日接收河西区知青 500 人，首批接收的插场知青共 700 人。后又于 1974—1977 年连续接收初、高中毕业生插场，1973—1977 年累计接收知青 1720 人。

11月　中共天津市委副书记吴振到双林农牧场视察养猪工作情况。

● **1974 年**　春季　双林农牧场工会、团委和知青办联合组织知青业余文艺队。

3月　双林农牧场畜牧队种公牛站改由场部直接领导，为场直属单位。

3月　葛永潭从工农联盟农场调入双林农牧场，任场革委会副主任兼任种公牛站负责人。

3月　根据天津市革委农委 1974 年 1 月 7 日文件（津革农〔74〕2 号）批复农林局、劳动局拟定的关于《天津市农林局所属国营农场调整部分人员工资实施办法》规定，双林农牧场从 3 月开始进行调资工作，给符合调资范围的职工共 437 人调整了工资。按规定，自 1971 年 7 月 1 日起增加工资。

12月30日　经天津市革委农委文件（津革农〔74〕84 号）批准，将"双林农牧场种公牛站"改为"天津市奶牛育种站"，由天津市农林局直接领导。

12月　原天津市油印机厂改为天津市第二手表厂。经天津市有关部门批准，当年将该厂生产油印机的全部设备、工装、整套工艺过程移交双林农牧场，油印机改由双林农场加工生产。一轻局下达的油印机生产计划为年产 2.4 万架，全部按期完成，质量基本达到要求。

1975 年 4 月 30 日　双林农牧场下文通知：本场的组织机构早已进行了调整，名称已由过去的部、组改为科、室，经上级批准刻换了各科室公章，从 5 月 1 日起正式启用新章。

5 月 24—26 日　双林农牧场召开全体职工大会，场领导传达贯彻农林局 5 月 16—22 日召开的市国营农场工作会议精神及要求：要提高路线斗争觉悟，明确国营农场的方向道路，大打农业翻身仗，把无产阶级专政的任务落实到基层。

10 月　根据农林局 1975 年 10 月 9 日文件（津农〔75〕223 号）《关于建立劳动工资科的通知》，经场领导研究决定，于 10 月底建立双林农牧场劳资科。原由政治处、财务科、保卫科分管的部分业务，统由劳资科接管。

10 月　双林农牧场由北京双桥农场引种越冬大麦获得成功，单产高达 6000～7000 斤，为提高青饲作物扩大复种获高产开创了新路。

11 月　根据农林局《关于职工子女和家属招工的有关规定》（津农〔1975〕222 号），由双林农牧场报审查同意，经劳动局 11 月 15 日批准，在场职工和家属中招收固定工人 42 名（男 5、女 37）。此次招工既解决了各生产单位劳力不足问题，又改善了部分职工的家庭生活。

1976 年 1 月　双林农牧场李泽溥调天津市农林局工作。

7 月 28 日　唐山地震，波及双林农牧场，场部食堂砖砌大烟筒倒塌，少量房屋损坏，部分房屋出现裂缝。场内未发生人员伤亡。

7 月　与双林农牧场加工生产油印机配套的木盒，原由天津市缝纫机台板厂生产供应，经天津市有关部门批准，于当年改为由双林农牧场生产。

1977 年 5 月　双林农牧场从市外贸部引进日本朝天椒原种，试栽成功。在栽种和生长过程中，日本专家曾到双林田间作技术指导。当年 9 月，朝天椒开始收获，产品由市外贸部收购出口日本。

8 月 22 日　双林农牧场与天津市房地产管理局统建办公室签署纪要，为解决唐山地震后天津市职工住房困难，经天津市规划局批准，征用本场小海地土地 304 亩，新建住宅楼。

10 月　按照天津市农林局部署，双林农牧场从 10 月开始进行调资工作。按文件规定 40％ 的范围，给职工 482 人（其中干部 17 人）及长期临时工 156 人调整了工资。按规定，自 1977 年 10 月 1 日起增加工资。

● **1978年** 9月 根据《关于国营农场1971年以前参加工作的临时工改为固定工的通知》的有关规定，经双林农牧场报送农林局审查同意，劳动局于1978年9月14日批准，将长期临时工155人转为固定工，其中男1人、女154人，全部为职工家属。

9月18日 农林局确定双林农牧场为改革工资制度典型调查单位。按局要求，调查小组对农场1952—1978年的各类人员实际收入情况、劳动生产率和利润、税金和工资水平变化情况、执行八（七）级工资等级分布和平均技术等级情况做了详细调查，查阅了大量历史资料，并按局布置的格式分别填表报局，供上级参考。

12月 根据天津市侨务办公室和农林局安排，双林农牧场按任务接收印尼归国华侨青年容悦欢等姐弟4人来场，成为工人。

12月 原天津市誊写钢板厂，因转产为与手表工业配套的钢材改制，于当年将该厂生产钢板的全部设备、整套工艺过程移交到双林农牧场，改由双林农牧场加工生产。

● **1979年** 3月2日 双林农牧场党委书记姚汝楫调北大港农场。杜荣贵任双林农牧场党委书记、场长，免去其奶牛育种站站长一职。

5月23日 张英棠任双林农牧场党委常委、副场长。

5月 双林农牧场新建的大型猪场即将竣工。农场局考虑到当时种猪销售困难的现实情况，同时根据发展奶牛为重点的经营方针，计划利用该猪场部分建筑，建立奶牛研究所，将已设在双林农牧场畜牧队的种公牛站迁至猪场。

5月 双林农牧场完成土壤普查工作。

12月 农场建立华林电子仪器厂，生产录放心电监护仪等医疗电子仪器。

12月 李树坤被评为天津市劳动模范。

12月 新建的112套双山里职工家属宿舍（平房）先后竣工，并于当年全部分配完毕。

● **1980年** 1月1日 双林农牧场综合门市部开业，该门市部为双林农牧场最早的商业网点。

2月11日 天津市国营农场管理局表彰1979年先进单位、先进集体、先进个人。先进单位：天津市双林农牧场。先进集体：农场下属畜牧队、西区队、畜牧一小队、东区队西南区小队、机务队链轨组、工副队电烤漆车间。先进个人：张福忠等 17 人。

2 月 21 日　场举办小队长以上管理人员培训班。培训班由场长杜荣贵、副场长张英棠负责，全场小队长以上管理人员分三期进行学习，张英棠、雷祥声等任教员。

4 月　农牧场开展"争创先进支部、争做合格党员活动"。

6 月 2 日　天津市规划局下拨用地通知，由天津市房管局统建办公室征用双林农牧场东八区一、三、五、七区及小海地部分土地，共计 1516 亩，兴建小海地"江"字片住宅。

6 月 14 日　总场成立"三夏"指挥部，指挥部成员由杜荣贵、贾贵生、康树权、马小桐、韦宝贵、王玉生、李绍卿、廉玉明、黄福禄、靳清公、王芝勤、杨文普、任来顺 13 人组成，杜荣贵任总指挥，贾贵生任副总指挥。当日，总场下发《关于"三夏"工作的安排意见》。

7 月 27 日　成立华林电子仪器厂，投资 72 万元，生产录放心电监护仪、稳压电源、工业对讲机等。

8 月 15 日　免去梁友珠天津市双林农牧场党委副书记、副场长职务，调离。

● **1981 年**　3 月 16 日　贾贵生任天津市双林农牧场场长，康树权、雷祥声任天津市双林农牧场副场长。免去杜荣贵天津市双林农牧场场长职务。

3 月　双林缝纫厂正式建厂。

5 月　双林农牧场与天津五金站五金科商谈，计划将原机修车间扩大改造后，成立双林制锁厂。

6 月 26 日　农场管理局表彰先进。局级先进党支部：双林农牧场畜牧队。局级优秀党员：赵靖国、李树坤。

9 月 25 日　免去张英棠天津市双林农牧场党委委员、副场长职务。

9 月　双林外贸队成立，队长王芝勤、副队长石玉昌。

12 月　双林农牧场李文治等 8 名代表参加共青团天津市国营农场管理局第一次代表大会。

● **1982 年**　3 月　李文治当选共青团天津市国营农场管理局第一届委员会委员。

3 月　雷祥声和张允茂主持研究的"网胃投磁铁预防创伤性心包炎"项目被列为局级重点科研推广项目，并在全局各奶牛场推广。

4月6日　免去王有春双林农牧场党委委员、副场长职务。

8月　由王玉生、廖秋吟参加研究的"化学除草技术在农业上的应用与推广"项目，获得局级科技成果一等奖。由王玉生、赵靖国参加研究的"青饲作物耕作制度的改制与推广"项目，获得局级科技成果一等奖。

11月　李炳孝由于在黑白花奶牛育种工作中取得突出成绩，被中国黑白花奶牛育种科研协作组（北方组）授予金质奖章一枚。

1983年　1月21日　天津市渤海农工商联合总公司双林公司副食商场开业，包括双林商业公司、奶品商店、菜店、经营部等。

1月　双林针织厂正式投产。

3月　在原天津市农委投资兴建的万头种猪场的基础上，经过改建，双林养鸡场建成。

3月　双林农牧场与日本神户友好贸易株式会社洽谈鱼钩来料加工业务。

8月1日　双林农牧场和天津市食品四厂联合经营的"春联综合副食品商店"开业，该店属于集体性质。

8月20日　在天津市外贸局备案（〔83〕外进证字第57号），由双林农牧场通过工艺进出口分公司，与日本神户友好贸易株式会社及欧娜株式会社签订了鱼钩绑线来料加工协议。

8月　刘仲全参加的土壤普查试点和苹果幼树环剥高产试验取得突出成绩，获得局级科研成果一、二等奖。

9月17日　双林农牧场成立油毡厂土地诉讼对策小组，专门解决诉讼事宜，成员为贾贵生、雷祥声、李忠平、马小桐、张子亨、边旬等人。

10月13日　日本神户友好贸易株式会社德文雄及日本欧娜株式会社社长中道弘藏一行来双林农牧场，与场领导就合资问题举行会谈。

10月14日　中日双方签订《成立"中日合资商业公司"及"天津欧娜公司"》意向书。

11月9日　中共天津市委农村工作部、天津市农业食品委员会批复：同意成立"天津市渤海农工商联合总公司双林公司"，与双林农牧场两个牌子、一套人马，不增加人员编制。

11月　双林农牧场自筹资金建成2000吨冷库。

12月16日　中共天津市渤海农工商联合总公司委员会文件（〔1983〕津渤联党组51号）决定：中共天津市双林农牧场委员会由贾贵生、张清源、王忠升、李忠平、宋希荣组成，贾贵生任书记，张清源任副书记，雷祥声任天津市双林农牧场场长，李炳孝、王忠升任副场长。党委书记杜荣贵离休。自动免除其党委委员、书记、副书记、场长、副场长职务，不再办理免职手续。

● **1984 年**　1 月　张忠法撰写的《双林农牧场属畜牧队创高产夺取建场以来最佳经济效益的调查报告》被刊登在 1984 年 1 期《中国奶牛》上。

1 月 26 日　按双林农牧场要求，天津法律顾问处决定派武宝锐、孙芳桥担任双林农牧场法律顾问。

3 月 20 日　张清源为中共天津市双林农牧场纪律检查委员会书记。

3 月 28 日　双林农牧场与食品四厂研究决定，将商业公司春联商店改为全民性质，由双林农牧场单独经营。

5 月 31 日　双林农牧场下发《天津市双林农牧场职工联营队（厂）组织章程》（津双政发字第 037 号）。章程规定，职工联营队（厂）是双林农牧场的基层企业，实行单独核算，自负盈亏，推行经济责任制以及扩大基层单位自主权等内容。

8 月 25 日　由陈兰英、刘学礼等主持研究的"氦-氖激光治疗奶牛不孕症"项目的科研成果被中央电视台新闻联播节目播出。

8 月 27 日　天津市欧娜有限公司经天津市人民政府外贸主管部门批准，正式成立。

9 月　刘仲全试验成功苹果矮化密植新技术，使苹果的盛果期提前 3～5 年。该技术获得天津市科学技术委员会颁发的"科技进步二等奖"。

11 月 30 日　双林农牧场对农场干部管理制度进行改革，其主要内容是对干部实行招聘、选聘、待聘制和试聘制。

11 月　农场外贸货场更名为天津市双林贸易货栈。

12 月 23 日　制锁厂、油印机厂合并，名称仍为油印机厂。

● **1985 年**　3 月 5 日　为健全总场的生产指挥系统，加强经营管理力量，使农场的经济效益有较快提高，总场成立智囊团、经济开发小组、技术改革小组、科研小组 4 个组织，分别制定工作制度和责权利的具体规定。智囊团主任李炳孝，副主任王玉生、王海；经济开发领导小组组长李炳孝，副组长付春贤；技术改革小组组长王海，副组长李子亮；科研小组组长王玉生。

6月5日　双林农牧场保健站被评为"全国农垦系统卫生先进集体"。

12月18日　李炳孝任中共天津市双林农牧场（双林公司）委员会委员，李忠平、史美益任双林农牧场（双林公司）副场长（副经理）。免去王忠升中共天津市双林农牧场（双林公司）委员会委员、副场长（副经理）职务。

● 1986年　1月29日　农场制定了《关于医疗费用管理制度改革方案（试行）》。该方案的主要内容为取消到外就诊的联单制度，每人每半年发放一次预支药费（18元）等。

5月7日　双林农牧场用电领导小组成立。

6月　陈兰英、张允茂等和中国农业科学院兽医研究所研究的"治疗奶牛乳房炎"项目科研成果获中国农业科学院一等奖和农业部三等奖，并被拍成科教片。

7月1日　双林农牧场园林队获"集团先进党组织"称号，贾贵生、孙中云、孙宝元获"集团优秀党员"称号。

7月　双林农牧场成立场交通安全领导小组，组长史美益，副组长孙宝元、韩富荣、杨玉柱。

9月20日　由人民日报、光明日报、工人日报、经济日报、文汇报、中央人民广播电台等全国35家新闻单位一行35人组成的新闻记者团来双林农牧场采访参观。

12月9日　免去雷祥生天津市双林农牧场场长一职，任天津市农工商总公司畜牧处处长。

● 1987年　1月1日　按照全民所有制工业企业三个条例，双林农牧场实行场长（经理）负责制，并执行场长（经理）任期目标责任制。

2月　张旭朝任天津市双林农牧场副场长。

3月　农牧场出台《关于改革工资总额管理办法的试行方案》，对工资管理制度进行改革。其主要内容是核定各单位下发工资总额，实行基本工资与利润挂钩浮动等。

4月1日　贾贵生任中共天津市双林农牧场委员会委员、副书记、场长，免去其党委书记职务；帅仁任中共天津市双林农牧场委员会委员。免去宋希荣中共天津市双林农牧场委员会委员职务。

5月23日　帅仁担任场工会委员、工会主席。张清源不再兼任工会主席。

7月13日　双林地区降冰雹，两次总计持续时间长达15分钟，致使农牧场属园艺场1005亩果园受灾，农机队青饲与经济油料作物2197亩受灾，全场直接经济损失185880元。

12月14日　张清源兼任双林农牧场副场长。

12月31日　经场长办公会议研究决定，撤销场办公室、农牧科、工业科、基建科、教育科等部门，成立生产经营办公室。

● **1988年**　1月15日　帅仁任双林农牧场副场长。

2月7日　由日本神户友好贸易株式会社德文雄陪同，日本伸和兴业株式会社代表桥吉和夫、川合康裕来场，进行了技术交流和参观活动。双方达成一致意见：伸和兴业株式会社和双林公司合资创办"天津伸和铸造有限公司"。

3月13日　双林农牧场从各队（厂）抽调26名职工参加烹饪学习班，为期4个月，结业后即为餐厅炊事人员。与此同时，双林餐厅的筹建工作开始。

4月　总场开始筹建双林铸造厂。

8月16日　双林餐厅正式开业，餐厅营业面积230平方米，经营方便套餐、风味炒菜等。

8月16日　双林铸造厂作为场属独立单位正式建立。

8月　农牧场下属畜牧队在中国黑白花奶牛培育项目上获得"1988年国家科技进步一等奖""1987年农业部科技进步一等奖"。李炳孝在此项工作中做出突出贡献，被中国奶牛协会授予荣誉证书。

10月　总场投资85万元，建成35千伏变电站。

11月　场部片集中供热工程竣工。该工程总投资64万元，拥有4吨DZL-240锅炉1台，供热面积9600平方米，解决了场部区域（包括油印机厂、制锁厂等）冬季供热问题，并达到了节约能源的目的。

11月　按照总公司要求，结合共青团十二大精神，把学习团章作为深化教育的主要内容，农场给团员颁发团员证。

12月　农场开展民主评议基层党政领导干部工作。

● **1989年**　1月4日　调整场长分管范围：贾贵生负责全面工作，主要负责财务科、劳资科、审计科；李炳孝负责奶牛场、养鸡场；李忠平负责商业公司、贸易货栈、双林餐厅、生产经营办公室、基建科、总务科、保健站；帅仁负责园艺场、农机队、基建队；史美益负责针织厂、油印机厂、服装厂、制锁厂、铸造厂、电工组、安技科、派出所、保卫科；张旭朝负责欧娜公司、渔具厂。

1月5日　张清源为中共天津市双林农牧场委员会代理书记。

1月26日　双林公司与日本伸和兴业株式会社合办"天津伸和铸造有限公司"的合同正式签字。

3月　为加快农牧业的发展，农场下发《双林农牧场1989年扶持农牧业发展的若干规定》，在农田基本政策、增施有机肥、增加农牧业资金投入、浮动工资等方面都做了扶持性规定。

4月10日　为加强管理，成立水电队和节能办公室。

6月7日　王鑫泉任中共天津市双林农牧场委员会委员、副场长。免去李忠平中共天津市双林农牧场委员会委员、副场长职务；免去张旭朝天津市双林农牧场副场长职务。

6月　农牧场44户职工购买了三水道廉价商品房，总场为这些职工购房付款10余万元。

7月21日　张葵为中共天津市双林农牧场委员会委员、副场长。

7月　双林农牧场与造纸四厂、技工师范学院、地毯三厂、食品四厂等单位集资100万元联合建成"双山里变电站"，解决了长期以来职工宿舍夏季电压严重不足、电器不能启动的问题。

8月3日　场长办公会议决定，1989年场长分管工作范围如下：贾贵生负责全面工作，主要负责财务科；李炳孝负责奶牛场、养鸡场、商业公司、贸易货栈、双林餐厅、劳资科、审计科；帅仁负责工会；王鑫泉负责园艺场、农机队、基建队、基建科；史美益负责针织厂、油印机厂、服装厂、制锁厂、水电队、安技科、节能办公室、派出所、保卫科；张葵负责场长办公室、总务科、保健站。

8月4日　场长办公会议研究决定：撤销经营办公室，成立场长办公室和生产科。

12月11日　张清源为中共天津市双林农牧场委员会书记。

● **1990年**　3月　双林农牧场重新建立科学技术委员会。该委员会由以下11名同志组成：王鑫泉、李炳孝、陈兰英、王玉生、沈泽、殷长林、刘乃萍、付春贤、张兆营、李俊萍、徐士达。

5月11日 雷祥声任中共天津市双林农牧场委员会委员、副书记、场长。免去贾贵生天津市双林农牧场场长职务，兼任中共天津市双林农牧场委员会副书记、伸和有限公司经理（正处级）。

5月12日 陆焕生副市长及农委副主任张国村、市政府六处副处长张杰、市禽蛋公司副经理廉宗彻、农委副食处等部门负责同志一行5人，到双林农牧场奶牛场、养鸡场视察工作。

6月30日 场长办公会议决定：原生产科撤销，改为农牧科、工业科，原节能办公室与安技科合并。

9月 陈兰英、王鸿宾等与中国农业科学院兽医研究所共同研究的"奶牛乳房炎综合防治效果"项目通过农业部和中国农业科学院的鉴定。

12月 总场投资40万元兴建的五七新村小二楼工程竣工，竣工面积1000平方米。

● 1991年 2月7日 张葵任中共天津市双林农牧场纪律检查委员会书记，免去其天津市双林农牧场副场长职务。免去张清源中共天津市双林农牧场纪律检查委员会书记职务。王忠升任天津市双林农牧场副场长。

4月3日 农场局在双林农牧场召开天津市农场局农机标准化表彰现场会，共有13个单位70余人参加。王秉衡副局长代表农业部向获得1989年度全国农垦系统农机管理标准优秀单位的双林农牧场颁发了部级奖杯和证书。

4月 场下属企业天津市油印机厂生产的"文化"牌711型油印机和"文化"牌誊写钢板，以优质的质量和新颖的款式，被天津市优质产品审定委员会批准认可为天津市1990年优质产品。这是该厂生产的"文化"牌711型油印机自1985年获得市优产品称号后，再次获市优产品这一荣誉称号。

5月17日 为庆祝中国共产党建党70周年，场党委举办了一次由全体党员、干部参加的党的历史知识竞赛。

6月11日 双林农牧场召开第四届二次职工代表大会，会期2天。会上改选了职工代表，产生了136名职工代表，中青年占80%，妇女占30%，中专以上学历占27%。大会重点讨论经济发展问题。

6月22日 场工会、安技科联合举办了"安全在我心中"主题演讲会，

— 31 —

共有 200 余人参加。其中有 12 个单位 21 名选手登台演讲，双林服装厂丛树萱以"吸烟是安全生产的隐患"为主题的演说获比赛第一名。

6月 总公司表彰了一批先进党组织和优秀党员，双林农牧场园艺冷冻厂党支部受到表彰。

6月 公司党委在建党节前表彰了在"争优创先"活动中成绩显著的 3 个党支部和 27 名优秀党员。

7月 天津市双林农牧场与台湾健生企业有限公司签订合作意向书，双方合资兴建天津浩林汽车配件有限公司。12月 12 日，合资公司正式成立。

8月 双林农牧场干部职工为安徽省等地区遭受水灾的群众捐款 13565 元、捐献粮票 200 斤。

10月 双林农牧场在天津市第十三中学举办了首届职工田径运动会，全场 13 个队（厂）近 300 名运动员参加了比赛。从中选拔出 60 名运动员参加了天津市农场局首届职工运动会，并荣获团体第五名的成绩和最佳组织奖。

10月 双林农牧场首次开展思想政治工作人员专业职务评定工作。

11月 双林农牧场工会举办了首届职工集邮展览。

● **1992 年** 1月 双林农牧场治安保卫科获得总公司"1991 年度治安保卫先进集体"称号。

3月 4 日 雷祥声任中共天津市双林农牧场委员会书记，免去其天津市双林农牧场场长职务。张文彬任中共天津市双林农牧场委员会委员、副书记、场长。张清源任天津市双林农牧场正处级调研员，免去其中共天津市双林农牧场委员会书记、委员职务。张景和任中共天津市双林农牧场委员会委员、副书记兼纪律检查委员会书记。张葵任天津市双林农牧场副场长，免去其中共天津市双林农牧场纪律检查委员会书记职务。孙桂宝任天津市双林农牧场副场长。

3月 孙福年被评为"天津市 1991 年度优秀工会积极分子"。

4月 20 日 场党委决定，贸易货栈党支部合并到场部机关党支部。

4月 农场青年挤奶工姬胜利在农场局举办的 1991 年度畜牧职工劳动竞赛中以总成绩 114.54 分勇夺全局比赛第一名。

4月 场下属企业双林奶牛场因经营管理不善等原因亏损。总场决定，在奶牛场实行竞争上岗，经该场百余名职工投票，选出了新场长毕振祜。这是双林农牧场首次打破干部"铁交椅"，实行竞争上岗。

7月　天津市农工商总公司双林公司与台湾劳伦斯国际企业有限公司签订合作意向书，双方合资兴建天津劳伦斯装饰材料有限公司。公司董事长为中方张文彬，公司副董事长为台方沈荣昌。

9月7日　为深化改革、发展经济，天津市农工商总公司发布文件（津垦司〔1992〕559号），决定从即日起，所属农场对外经济活动一律起用公司名称，保留农牧场名称。双林农牧场启用天津市农工商总公司双林公司名称。

9月16日　经公司党委会研究决定，天津市双林农牧场基建队党支部撤销。

10月　天津市油印机厂兴办天津文雅文体用品经营部，开始对外营业。

11月　成立天津市裕达机械工程公司。

12月24日　张景和任天津市双林农牧场副场长（兼）。李炳孝任天津市双林农牧场副处级调研员，免去其中共天津市双林农牧场委员会委员、副场长职务。帅仁任天津市双林农牧场副处级调研员，免去其中共天津市双林农牧场委员会委员、副场长职务。

12月　成立天津市双林水电服务队。

12月　天津市农工商总公司双林公司与日本株式会社丸六商会签订意向书，双方合资兴建天津丸六食品有限公司。孙桂宝任该公司董事长。

12月　农牧场决定以奶牛场为基础，成立天津市通利实业公司。

12月　为加强基层组织建设，成立保健站党支部、贸易货栈党支部。

● **1993年**　1月　成立天津市津冠乳品饮料公司。

2月22日　农牧场对在1992年度生产经营活动中成绩突出的单位和个人给予表扬和奖励，共有3个先进单位、10个先进班组、42名先进个人受到表彰。

3月　双林农牧场被天津市计划生育委员会评为市级计划生育先进单位。

3月　天津市农工商总公司双林公司与日本吉原产业株式会社签订合作意向书，双方合资兴建天津德源国际贸易有限公司。

3月　双林农牧场向总公司申请利用自有土地90亩新建职工住宅小区，第一批为5万平方米，投资3600万元，用于改善五七新村和青苑里的职工居住环境。这是双林农牧场涉足房地产开发的起点。

4月　天津市农工商总公司双林公司、日本吉原产业株式会社、天津劳动保护用品公司三方签订合作意向书，共同出资兴建天津德源食品有限公司。

5月　成立天津市双林仓储公司。

6月4日　成立集体所有制性质的天津市河西区林翔毛衣厂。该企业是在原双林国营针织厂基础上，对设备、人员进行重新组合后建起来的新型民营企业。

7月30日　成立天津市津冠乳品饮料公司党支部。

8月30日　为加强企业管理，农场对部分场属企业进行整合，园艺冷冻厂撤销营业执照，其债权、债务并入双林食品公司，实行两厂合并统一管理。

9月22日　场下属两个新建企业——天津劳伦斯装饰材料有限公司、天津市津冠乳品饮料公司同日举行开业典礼。天津市领导陆焕生、王立吉，局领导张国村、查禄忠及几十家兄弟单位、农场的领导到现场祝贺。

9月27日　张乃良任中共天津市双林农牧场委员会委员、书记。免去雷祥声中共天津市双林农牧场委员会书记、委员职务，另有任用。

9月　场党委于9月20日—12月10日组织开展以"反腐败斗争推进党风廉政建设"为主题的教育活动。

11月10日　总公司党委发文（津垦组〔1993〕1号）决定：戴莉莉任中共天津市双林农牧场纪律检查委员会副书记。

11月25日　11月25日—1994年2月23日，农场开展百日安全生产无事故活动。

11月　陈塘庄热电厂实施兴建1100千伏线路工程，连同高压线走廊，共征用农场土地39.45亩，给予综合补偿60万元，征地详情写入市建委会议纪要（〔1993〕计字80号）。

12月16日　对场级领导的分工进行调整：张文彬负责全面行政工作，主管计财劳资部；张乃良负责全面党务工作；张景和任房地产开发公司经理（兼）；王忠升分管的平房改造并入房地产开发公司，原分管工作不变；王鑫泉主管后勤工作部、武装安技部、派出所、保健站；张葵任劳伦斯装饰材料有限公司第一副总经理（兼）；史美益任德源国际贸易公司经理（兼）；孙桂宝任丸六食品有限公司总经理（兼）；成立双林农牧场经营管理咨询委员会，主任为张清源（兼），委员为李炳孝、帅仁（兼）。

12月17日　根据产业结构调整的需要，将农场下属天津市双林贸易货栈、天津市双林仓储公司（集体所有制）、天津市双林农牧场基建队合并，成立全民所有制企业天津市双林仓储公司。

12月28日　农牧场正式组建天津市双林房地产开发公司。

1994年　1月4日　成立天津市双林房地产开发公司党支部。

1月15日　成立中共天津市德源国际贸易公司党支部。

1月　成立天津市双发建筑工程公司。

2月　农垦房地产公司工会被天津市总工会评为先进集体。

2月　双林农牧场召开了第四届五次职工代表大会，会议审议通过了《天津市双林农牧场关于转换经营机制、加速经济发展的若干意见》。此意见是双林经济发展史上一个重要标志。

3月　聘任邢继祖为天津市双林农牧场副场长。

4月　农牧场北区职工宿舍项目开始启动。

5月20日　为加强场土地管理，成立土地综合利用规划领导小组，下设规划办公室。

6月16日　免去孙桂宝的天津市双林农牧场副场长职务。

6月24日　总公司表彰了一批先进党支部和优秀共产党员，双林农牧场裕达机械工程公司党支部、伸和公司党支部，以及裕达机械工程公司党支部书记赵功杰受到表彰。

6月27日　农牧场表彰了在"创先争优"活动中表现突出的党支部和党员。共有7个支部评为1994年度先进党支部，43名党员被评为1994年度优秀党员。

10月10日　成立场国有土地管理办公室。

11月16日　成立农工商双林公司平房改造办公室。

12月2日　双林农牧场《津垦科技培训中心筹建报告》通过审批，由此，新办公楼项目启动。

12月　实施1994年度分配职工住房，此次解决职工住房困难和改善职工住房条件近200户，分配新房面积4600平方米，价值800多万元。

1995年　1月26日　天津市副市长王德惠、朱连康以及市建委、市规划局、市土地局和总公司的一些同志到农场现场办公，解决农场土地规划以及房地产开发问题。会后，天津市人民政府办公室签发了《关于双林农牧场土地开发问题备忘录》。

2月 为利用土地资源发展三产，农场下属企业裕达公司在外环线场界内兴建天津市双林建材批发市场。经津南区建委批准，该项目启动。

3月 成立住房制度改革领导小组和常设办公室。

4月 成立天津市农工商双林公司创建文明单位领导小组。

4月 公司党委对基层领导班子和领导干部进行了一次民主评议。同时，为扩大和充实后备干部，在全场范围内进行民主推荐，考核优秀年轻干部工作。

7月10日 天津市副市长王德惠就双林农牧场土地开发的有关问题主持召开市政府会议进行专题研究，并以会议纪要（〔1995〕33号）确定了由天津市建委牵头编制完成对双林农牧场开发土地的控制性详细规划，将双林农牧场开发解困房纳入市政府关于解困房建设、销售的统一计划之中。参加会议的有：天津市建委王家声，天津市规划局马百祥，天津市房改办孙华起，天津市农工商公司查禄忠、马国寅，河西区政府李玉田以及双林农牧场等有关部门的负责同志。

7月 双林农牧场在1995年干部教育培训工作中成绩突出，被评为局级先进单位。

8月18日 天津农垦集团为发挥整体优势、增强市场竞争力，成立天津市农垦集团房地产开发建设有限公司，主营房地产开发与商品房销售。总公司还以文件津垦司〔1995〕265号、津垦司〔1995〕267号、津垦司〔1995〕289号任命了该公司董事会、经理班子、监事成员。董事会由马国寅、张文彬、张景和、李铁珊4人组成（暂缺额1名），马国寅任董事长，张文彬任副董事长。董事会任期3年（1995年8月18日—1998年8月17日）。马国寅兼任天津市农垦集团房地产开发建设有限公司总经理，聘任张景和为执行副总经理，聘任王建莉、阎法立为副总经理，聘任李铁珊为总工程师。以上班子成员任期3年（1995年8月18日—1998年8月17日）。张乃良任监事。同时，建立了中共天津市农垦集团房地产开发建设有限公司委员会，隶属总公司党委领导。该公司的委员会由马国寅、张景和、李铁珊、王建莉、闫法立组成，马国寅任书记，张景和任副书记。

8月18日　总公司党委决定：因岗位变动，免去张景和中共天津市双林农牧场委员会副书记、委员兼纪律检查委员会书记、副场长职务。

10月　总公司计财处处长张文林来场传达总公司领导关于确定双林农牧场与天津市农垦集团房地产开发建设有限公司经济隶属关系的意见。

12月22日　场部机关撤销后勤工作部，成立双林服务公司。同时，党委研究决定组建服务公司支部委员会。

12月22日　双林公司和日本丸日株式会社成立合资企业——天津双鹤渔需有限公司，组织关系隶属公司机关党支部。

12月　随着全市企业劳动制度改革的深化，农场开始全面推行劳动合同管理，与职工分别签订无固定期限和有固定期限的劳动合同。

12月　为处理好场内发生的劳动争议，保障企业和职工的合法权益，根据《天津市实施〈中华人民共和国企业劳动争议处理条例〉办法》和《企业劳动争议协调委员会组织及工作规则》的有关规定，建立了劳动争议调解委员会组织。主任王鑫泉，企业代表张红霞、李金斌、孙宝元，企业工会代表韩富荣，职工代表张肇营、李子亮。劳动争议调解委员会常设机构在场工会。

● **1996年**　1月22日　双林农牧场治安派出所被总公司评为1995年度治安保卫先进集体。

1月　成立天津市双林恒通物业管理中心。

3月12日　马清华任中共天津市双林农牧场委员会委员、副场长。

3月29日　总公司确定了天津市双林农牧场投资900万元、天津通达房地产开发公司投资600万元作为对天津市农垦集团房地产开发建设有限公司的总投资额。

3月　公司成立大病合作医疗委员会，并试行职工大病合作医疗办法。

3月　孙福年被评为天津市1995年度优秀工会积极分子，另获"八五"立功奖章。

4月　为加快改善职工住房环境，农场向总公司请示，并由总公司以文件津垦司〔1996〕116号向市政府提出加快双林农牧场五七新村职工住宅危房改造的请示。

5月10日　全场推行安全生产目标责任书制度和安全生产风险抵押

制度。

5月24日 为发挥天津农垦的整体优势和土地资源优势，加快对双林农牧场所处地域的综合开发，总公司决定将天津市农垦集团房地产开发建设有限公司与天津市双林农牧场合并，实行一套班子、两个牌子。合并后，按《公司法》运作，逐步改制为国有独资公司，成为天津农垦集团的核心企业。

5月24日 总公司以文件津垦司〔1996〕168号、津垦司〔1996〕169号、津垦司〔1996〕172号聘任了天津市农垦集团房地产开发建设有限公司（天津市双林农牧场，以下简称公司）经理班子，调整了公司董事会、监事会成员。聘任张景和为公司总经理（场长），聘任王建莉、张葵、阎法立、马清华、史美益、邢继祖为公司副总经理（副场长），聘任李铁珊为公司总工程师。免去马国寅兼任的天津市农垦集团房地产开发建设有限公司总经理职务。以上领导聘任期3年（1996年5月24日—1999年5月23日）。免去张乃良的天津市农垦集团房地产开发建设公司监事职务。对天津市农垦集团房地产开发建设有限公司（天津市双林农牧场）董事会成员做如下调整：董事长为马国寅（兼），副董事长为张乃良，董事为张景和、王建莉、张葵、阎法立、马清华、史美益（暂缺1名）。免去张文彬同志该公司董事会副董事长职务，免去李铁珊该公司董事会董事职务。董事会任期3年（1996年5月24日—1999年5月23日）

同日，总公司党委决定：中共天津市农垦集团房地产开发建设有限公司委员会（中共天津市双林农牧场委员会）由张乃良、张景和、王建莉、张葵、闫法立、马清华、马凤岭7人组成，张乃良任书记，张景和同志任副书记，王建莉任副书记兼纪律检查委员会书记。

免去马国寅兼任的中共天津市农垦集团房地产开发建设有限公司委员会书记、委员职务，免去李铁珊的中共天津市农垦集团房地产开发建设有限公司委员会委员职务，免去张文彬的中共天津市双林农牧场委员会副书记、委员职务，免去王鑫泉的中共天津市双林农牧场委员会委员职务，免去张文彬的天津市双林农牧场场长职务。

王鑫泉任天津市农垦集团房地产开发建设有限公司（天津市双林农牧场）副公司（副场）级调研员，免去其天津市双林农牧场副场长职务。免去王忠升同志的天津市双林农牧场副场长职务。

6月9日　总公司同意王忠升任天津市农垦集团房地产开发建设有限公司（天津市双林农牧场）工会主席。

6月12日　公司党委召开会议，对在前一个时期工作成绩突出的32名优秀共产党员和5个先进党支部进行了表彰。

6月14日　根据董事会的会议决定，将原农垦集团房地产开发建设有限公司与双林农牧场机关部室合并，调整为"四部一室"，即政治工作部、计划财务部、劳资安技部、工程部、综合办公室。

6月24日　总公司党委表彰了一批先进党组织、优秀党员。公司水电队党支部获先进党组织，马风岭、赵宝昌获优秀党员称号。

7月1日　公司推行职工大病合作医疗办法。

7月26日　公司调整公司房改领导小组成员、公司科技委员会成员、公司安全生产委员会成员、劳动争议调解委员会成员，成立医疗鉴定委员会。

7月26日　经公司党委研究决定，调整了公司纪律检查委员会成员，书记王建莉，副书记戴莉莉，委员宋硕民、孙宝元、张肇营。办公室设在政治工作部。

8月16日　公司总经理张景和兼任天津市东方建筑设计所党支部书记。

8月16日　聘任王国庆为天津市农垦集团房地产开发建设有限公司总经理助理。

8月30日　农场下属天津市企业双林水电服务队获天津农垦系统"八·五"期间安全生产管理先进单位。王鑫泉、张红霞获先进工作者称号。

8月　公司干部职工向湖南省等受灾地区捐款捐物，共计捐款1761.30元，捐衣被1802件。

9月10日　公司下属天津市恒通服务中心并入天津市津垦物业管理有限公司，实行一套班子、两个牌子，即天津市津垦物业管理有限公司、天津市双林农牧场房管站。

9月　为解决好职工生活困难的问题，落实"送温暖工程"，公司工会开办了职工消费合作社。

9月　公司组织干部职工开展学习现代企业制度基础知识和竞赛活动。

10 月 14 日　李洪跃为天津市农垦集团房地产开发建设有限公司（天津市双林农牧场）总工程师，聘期 3 年（1996 年 10 月 14 日—1999 年 10 月 14 日）。免去李铁珊的天津市农垦集团房地产开发建设有限公司（天津市双林农牧场）总工程师职务。

10 月 24 日　张绍增任天津市农垦集团房地产开发建设有限公司（天津市双林农牧场）正公司级调研员。

● **1997 年**　1 月　双林农牧场治安保卫科获得总公司 1996 年社会治安综合治理达标先进单位称号。

3 月 12 日　公司成立再就业服务中心，办公室设在公司安技部。

3 月 27 日　李洪跃任天津市东方设计所所长（兼）、党支部书记，免去张景和天津市东方建筑设计所所长（兼）、党支部书记职务。

4 月 8 日　为转换企业经营机制，公司向总公司呈报《关于列入天津市现代企业制度试点单位的申请》。

4 月　根据总公司调整产业布局的要求，农场下属企业通利实业公司将 670 头奶牛调往军粮城农场。

5 月 23 日　公司党委组织公司领导干部开展以讲学习、讲政治、讲正气为主要内容的党性党风党纪教育活动。

5 月 26 日　公司获总公司 1996 年度"九五"立功先进企业称号，场下属企业天津市双林水电服务队获总公司 1996 年度"九五"立功先进集体称号，场下属企业天津伸和铸造有限公司造型一工段、天津市油印机厂木盒一组获公司级 1996 年度"学、创、争"明星班组称号，裴宝和获天津市 1996 年度"九五"立功先进个人、总公司 1996 年度"九五"立功先进个人、公司级 1996 年度"学、创、争"能效标兵，马凤岭获天津市和总公司 1996 年度"九五"立功先进个人称号，杨宝聚及赵凡敏获总公司 1996 年度"学、创、争"能效标兵称号。

6 月 30 日　为加强对干部的民主监督，公司党委对中层领导干部开展民主评议工作。评议结果为在岗干部全部合格。

7 月 28 日　在天津市副市长王德惠主持召开的有关专题会上，制定并审查通过了双林地区控制性详规。

7 月　公司第一届董事会第十次会议通过了《关于实施管理人员聘用制的暂行规定》，并于 1997 年 7 月 1 日开始执行，这是公司的一项重要改革。该规定制订了干部聘用、解聘等程序和要求。文件规定：受聘的管理人员因超过聘用年龄（男 55 岁、女 50 岁）而解聘的，可安排其离岗休养，离岗期间，保留原待遇。

9 月 3 日　根据公司产业结构调整、实行规模经营的需要，公司决定将天津市通利实业公司并入天津市双林仓储公司。

9 月 29 日　公司成立销售部。

9 月 29 日　聘任付同起为天津市农垦房地产开发建设有限公司总经理助理。

11 月 26 日　免去王建莉的中共天津市农垦集团房地产开发建设有限公司（天津市双林农牧场）委员会副书记、委员兼纪律检查委员会书记职务。

● **1998 年**　3 月　公司在干部职工中开展了征集公司标记、公司理念的活动。到 4 月底，共征集 107 份作品。经筛选、评定、完善，最终确定了公司标识和企业精神。企业精神为团结、拼搏、创新、务实。

5 月　增补曲继红、李洪春、胡淑婷 3 人为中共天津市农垦集团房地产开发建设有限公司纪律检查委员会委员（兼职）。

5 月　公司团委被中国共产主义青年团天津市委员会授予先进团委称号。

7 月　公司成立企管部。

8 月　公司干部职工向长江受灾地区群众捐款 14945 元。

9 月 18 日　张葵任中共天津市农垦集团房地产开发建设有限公司（天津市双林农牧场）委员会副书记兼纪律检查委员会书记，王永生任中共天津市农垦集团房地产开发建设有限公司（天津市双林农牧场）委员会委员，史美益、李洪跃、王忠升任天津市农垦集团房地产开发建设有限公司（天津市双林农牧场）副总经理（副场）级调研员。

9 月　公司实行"企务公开，民主管理"制度，并成立了"企务公开，民主管理"领导小组。

9 月　总公司调整了公司董事会、经理班子、监事会。调整后，天津市农垦集团房地产开发建设有限公司第二届董事会由以下成员组成：董事长马国寅（兼），副董事长张乃良、张景和，董事阎法立、马风岭。董事会任期 3 年（1998 年 9 月 16 日—2001 年 9 月 15 日）。免去王建莉、张葵、马清华、史美益的该公司董事会董事职务。

天津市农垦集团房地产开发建设有限公司（天津市双林农牧场）董事会聘任张景和为该公司（农场）总经理（场长），聘任王永生、阎法立、马清华为该公司（农场）副总经理（副场长）。以上领导成员聘期3年（1998年9月16日—2001年9月15日）。免去张葵、史美益该公司（农场）副总经理（副场长）职务，免去邢继祖该公司副总经理职务，免去李洪跃该公司（农场）总工程师职务。

天津市农垦集团房地产开发建设有限公司监事会由张葵、王国庆、付同起组成，张葵任主席。监事会任期3年（1998年9月16日—2001年9月15日）。

9月　调整公司党政领导班子成员分管工作，对公司党委委员分工进行调整。

10月28日　农垦集团总公司成立一周年庆祝活动在公司内举行。集团总公司领导何秀恒、汪占琪、马国寅、常汉德及集团总公司所属单位领导到会参加庆祝活动。

12月18日　公司北区职工家属宿舍平房改造工程开始动迁。

12月　公司召开第二届会员（职工）代表大会，选举出第二届工会委员、经费审查委员、女职工委员。

● 1999年　1月22日　公司调整保密委员会成员。

1月26日　公司调整科技委员会成员。

1月　公司组织干部职工开展"树立创新意识，加快农垦发展"大讨论活动。

1月　公司被中共天津市纪律检查委员会、中共天津市委组织部、天津市总工会、中共天津市委工业工作委员会评为"厂务公开、民主管理"先进单位。

2月　公司建立爱国运动委员会。

3月　免去李洪跃东方建筑设计所党支部书记职务。

3月　注销天津市双林房地产开发公司、天津市通达房地产公司。

3月　公司被天津市精神文明建设委员会评为市级文明单位。

3月　公司工会被全国农林系统工会评为1998年度"中国农林工会先进基层单位"。

3月　公司被天津市津南区人民政府评为1997—1998年度绿化先进

单位。

4月 公司成立党风廉政建设责任制领导小组。领导小组办公室设在纪委，负责日常工作。

6月 公司向市政有关部门申请成立津垦供热站。

6月 总公司党委表彰了一批基层先进党支部、优秀党员，公司下属企业油印机厂党支部、公司党委副书记张葵受到表彰。

6月 公司党委开展评优活动，此次评选出3个公司先进党支部——天津市油印机厂党支部、天津市裕达机械工程公司党支部、津垦房地产公司机关党支部，评选出46名公司优秀共产党员。

6月 总公司党委开展新中国成立50周年国庆征文活动，公司共有16篇征文入选《天津农工商时报》。

6月 公司所属企业裕达机械工程公司利用场属土地兴建天津市双林建材批发市场。

9月15日 集团总公司领导何秀恒及集团企管部、计财部、基建部、办公室等有关处室的负责同志在双林农牧场召开现场专题会。会议就房地产公司与总公司及系统内单位未做处理的经济往来和遗留问题进行了专题研究。会议决定：将欧娜公司和伸和公司的中方投资者双林农牧场变更为天津农垦总公司。会议以文件津垦司〔1999〕253号做了会议纪要。房地产公司董事长马国寅，公司副董事长、党委书记张乃良，副董事长、总经理张景和，党委副书记张奎，副总经理闫法立，办公室主任冯欣，企管部部长刘建平参加会议。

9月17日 天津市建委以文件《关于加强经济适用住房计划宏观管理的通知》（建房〔1999〕846号）正式确定华苑、万松、梅江、西横堤、双林五个区为天津市安居工程用地。

9月 为迎接新中国成立50周年，公司举办迎国庆摄影、书法活动，共征集照片172幅、书画30幅，共有400余人参观了展览。

9月 公司团委被共青团中央委员会授予全国五四红旗团委创建单位称号。

10月27日 为加快公司产业结构调整，公司成立天津市河西区科技工业园开发有限公司。同时，成立天津市河西区科技工业园开发有限公司党支部。

10 月 27 日　根据公司第二届第五次董事会研究决定：原由马清华副总经理分管的企管部和基层生产经营的企业，调整为由阎法立副总经理分管。

11 月　总公司以文件津垦司〔1999〕299 号批准了公司职工住房货币分配方案，为公司实施货币分房确立了依据。后又经职代会讨论通过了《津垦房地产员工住房分配实施细则》，由此，公司开始了分房工作。

12 月 28 日　免去马清华共青团天津市农垦集团房地产开发建设有限公司委员会书记职务（兼）。

12 月　阎法立副总经理兼任公司企管部经理职务。

● **2000 年**

1 月　双林农牧场治安派出所获得总公司 1998—1999 年度社会治安综合治理工作先进集体称号。

2 月　农垦集团总公司决定，将欧娜有限公司原双林农牧场的中方股权调整为农垦集团总公司。

3 月 16 日　免去邢继祖的天津市双林农牧场副场长职务。

3 月　农垦集团总公司和总公司党委决定：将天津市伸和公司调整为总公司直属企业（控股公司）。将原中方出资人天津市农工商总公司双林公司变更为天津农垦集团总公司，党组织关系隶属总公司党委。

5 月 31 日　天津市规划局、天津市安居工程办公室在公司召开双林居住区规划设计思路座谈会。

6 月 13 日　在天津市召开的 5～7 年危陋平房改造庆功表彰会上，公司被中共天津市委员会、天津市人民政府授予天津市危陋平房改造先进集体称号。张景和被授予天津市危陋平房改造先进个人称号。

6 月 28 日　公司撤销天津市东方建筑设计所。

8 月 16 日　公司党委开展警示教育活动。

9 月　张景和被天津市总工会评为"九五"立功优秀经营者。

9 月　公司被天津市劳动和社会保障局评为劳动年检合格优秀单位。

9 月　天津德源国际贸易有限公司进行改制，将中方股份全部转让给该公司员工。

10 月　公司在 2000 年龙年金秋天津房地产交易会上获得由天津市建设管理委员会、天津市城市建设综合开发办公室、天津市房地产管理局、天津市规划和国土资源局颁发的"金龙奖"。

12 月 1 日 公司党委委员马风岭任天津市龙森木业有限公司经理（兼）、党支部书记（兼）。

● **2001 年** 2 月 公司被天津市精神文明建设委员会评为 1999—2000 年度天津市文明单位。

3 月 公司成立社会综合治理领导小组。

3 月 公司成立企业改革领导小组，下设公司改革改制办公室。

4 月 10 日 天津市双林食品公司党支部并入天津市裕达机械工程公司党支部。

4 月 30 日 双林农牧场获总公司 1999—2000 年度计划生育先进单位称号。

4 月 公司在直属企业中开展精神文明创建评选活动。

4 月 公司被天津市津南区人民政府评为无偿献血先进集体。

5 月 公司在 2001 年春季天津房地产交易会上获得由天津市建设管理委员会、天津市城市建设综合开发办公室、天津市房地产管理局、天津市规划和国土资源局颁发的金奖。

5 月 公司为表彰先进，出台了《关于给予获得农垦集团总公司级以上光荣称号员工奖励的规定》。

5 月 公司党委开展学习何宝华①先进事迹的活动。

6 月 4 日 公司调整了部分副经理的分管工作。

6 月 22 日 总公司党委表彰了一批先进党支部和优秀党员，公司下属企业裕达机械工程公司党支部、油印机厂党支部书记马风岭、水电服务队队长李洪春受到表彰。

6 月 28 日 公司党委召开庆祝中国共产党建党 80 周年大会，表彰了在争优创先活动中评出的公司级水电服务队、裕达机械工程公司、油印机厂 3 个党支部和 24 名优秀党员，另有 2 名党员、1 个党支部获集团总公司级先进称号。同时，公司还组织了职工文艺会演。

6 月 在集团总公司庆祝中国共产党建党 80 周年系列教育活动中，公司选送了 3 个节目，其中刘素清的独唱演出《我的中国心》获第一名，公

---

① 何宝华是公司下属企业油印机厂木盒车间主任，曾被公司评为 1998 年优秀共产党员，被天津市总工会评为 2000 年度"九五"立功先进个人。2000 年曾在天津市百万职工技术创新活动中被天津市总工会授予技术创新明星个人称号。

司获得组织奖。

7月 公司党委开展针对公司领导班子和领导干部的"三讲"学习教育。

8月 天津市油印机厂停产歇业，随后，该厂调整产业结构，理顺产权关系、劳动关系，进行了大规模的改革。此次改革共有99名员工自愿领取安置费自谋职业，与企业解除劳动合同；37名员工实行内部退休，发生活费；43名员工集资入股，成立新型股份制企业——天津双林木制工艺品有限公司。

9月 双林农牧场被天津市劳动和社会保障局评为天津市劳动年检百佳企业。

9月 公司党委组织公司和基层领导干部对1993年以来党的廉政建设和反腐败工作情况进行一次"回头看"。

11月15日 公司成立医疗保险改革领导小组，领导小组下设办公室。

11月 公司党委开展对公司领导班子及成员的"三讲"学习教育"回查"工作。

12月19日 公司成立社区服务部。

12月19日 成立天津市双林木制工艺品有限责任公司，津垦房地产公司股份占51％，原油印机厂职工股份占49％。公司同意天津市双林木制工艺品有限责任公司股东大会选举出的马凤岭任该公司董事长，同意该公司董事会聘任马凤岭任该公司总经理职（兼）。同日，该公司成立党支部，公司党委委员马凤岭任该公司党支部书记。

12月19日 关闭天津市油印机厂。天津市国营双林服装厂并入天津市双林裕达机械工程公司。天津市双林食品公司并入天津市双林裕达机械工程公司。撤销天津市河西科技工业园开发有限公司。撤销双林保健站。

12月24日 撤销天津市双林恒通服务中心。

12月28日 天津市农垦通联公司重组划转到天津市双林农牧场。双林农牧场接收通联公司15名退休员工，并补偿200万元给通联公司用于改制，其占用土地7188.10平方米划转回双林农牧场。

12月 撤销天津市油印机厂、天津市国营双林服装厂、天津市双林农牧场保健站、天津市河西区科技工业开发有限公司4个单位的党支部。

● **2002年** 1月31日 公司调整科技委员会成员。

1月 公司被天津市审计局、天津市内部审计协会评为天津市内部审计先进集体。

1月　张景和获天津市2001年度"十五"立功活动先进个人荣誉称号。

3月　为鼓励和支持员工参加学历和专业知识培训，公司出台了《关于公司员工进修与培训学习的暂行规定》。

4月2日　公司调整爱国卫生运动委员会成员。

4月　公司党委副书记、工会主席张葵被天津市总工会评为天津市工会积极分子。

4月　公司被农垦集团总公司评为2000—2001年度总公司级精神文明先进单位。

5月　公司在2002年春季天津房地产交易会上获得由天津市建设管理委员会、天津市城市建设综合开发办公室、天津市房地产管理局、天津市规划和国土资源局颁发的优秀奖。

5月　周京华被共青团天津市委员会评为优秀团干部。

5月　公司工会被天津市总工会评为2001年度模范职工之家。

6月26日　公司聘任李洪春为公司总经理助理。

6月　公司被中共天津市委组织部评为党员电化教育示范单位。

8月1日　撤销双林农牧场治安派出所。

8月1日　公司将天津市农垦集团房地产开发建设有限公司社区服务部更名为天津市农垦集团房地产开发建设有限公司社区保卫（服务）部。

9月25日　公司员工刘素清代表农垦集团总公司参加市总工会举办的"天津市第二届职工艺术节'新世界广场杯'歌手比赛"，获天津市职工十佳歌手称号。

9月　公司被天津市劳动和社会保障局授予劳动管理信得过单位称号。

10月　公司在2002年秋季天津房地产交易会上获得由天津市建设管理委员会、天津市城市建设综合开发办公室、天津市房地产管理局、天津市规划和国土资源局颁发的优秀奖。

11月25日　公司成立房改领导小组，下设办公室。

12月3日　公司成立土地管理领导小组。

12月24日　公司对天津市双林裕达机械工程公司和天津市双林仓储公司实行统一管理，两个单位的行政班子合并为一套行政班子。

12月　经推荐选举，公司总经理张景和当选为天津市津南区第十四届人民代表，这是自 1996 年起张景和连续三届担任区人大代表。

● **2003 年** 2 月　公司被天津市精神文明建设委员会评为 2001—2002 年度天津市文明单位。

2 月　公司下属企业天津市津冠乳品饮料公司因长期亏损进行停产整顿，实行改革改制。除对该公司部分员工进行安置分流外（其中，16 名员工自愿领取安置费自谋职业，与企业解除劳动合同；28 名员工实行内部退休，发生活费），另有 7 名员工自愿组合，并结合公司下属的津冠乳品饮料公司的优良资产、职工和社会自然人出资参股，组建了产权多元化的天津可利恩乳业有限公司。

3 月 26 日　农垦集团总公司党委书记、总经理何秀恒，副总经理马国寅、高峰、张文林，办公室副主任杜玉祥等领导同志到公司进行工作调研。

3 月　公司党委被中共天津市委农村工作委员会评为天津市农口系统思想政治工作优秀单位。

4 月　因公司产业结构调整，公司开始置换劳动关系。公司下属企业天津市双林裕达机械工程（仓储）公司开始实施富余人员分流。两次共分流 377 人。

4 月　公司向天津市规划和国土资源局等有关部门申请在小海地建设双林商业公建（大型超市）项目。该项目位于天津市双林农牧场界内，东至学苑路延长线，西至农牧场场部围墙，南至农牧场油印机厂房，北至泗水道，占地 2.3 万平方米，建筑面积 3 万平方米。

4 月　公司在 2003 年春季天津房地产交易会上获得由天津市建设管理委员会、天津市城市建设综合开发办公室、天津市房地产管理局、天津市规划和国土资源局颁发的优秀奖。

4 月　公司副总经理阎法立任天津市可利恩乳业有限公司董事长（兼）。

5 月　张景和被评为 2002 年度天津市劳动模范。

5 月　公司组织员工开展"同舟共济，抗击非典献爱心"募捐活动。全公司捐款 6020 元。

6 月　石连和被天津市农委评为防治非典型肺炎工作优秀共产党员。

8 月　曲继红被天津市总工会授予"十五"立功先进个人称号。

9 月 19 日　张葵任中共天津市农垦集团房地产开发建设有限公司、天津市双林农牧场委员会书记。张乃良任天津市农垦集团房地产开发建设有限公司、天津市双林农牧场总经理级（正场级）调研员，免去其中共天津市农垦集团房地产开发建设有限公司、天津市双林农牧场委员会书记、委员职务。

9月19日　张葵任天津市农垦集团房地产开发建设有限公司董事会副董事长，任期3年（2003年9月19日—2006年9月18日），免去其天津市农垦集团房地产开发建设有限公司监事会主席职务。免去张乃良的天津市农垦集团房地产开发建设有限公司董事会副董事长职务。免去付同起天津市农垦集团房地产开发建设有限公司监事会监事职务。

9月26日　关闭天津市津冠乳品饮料公司，该公司的资产及债权债务并入天津市双林裕达机械工程公司（仓储公司）。同时，撤销天津市津冠乳品饮料公司党支部。

9月26日　免去付同起天津市农垦集团房地产开发建设有限公司总经理助理职务及天津市双林裕达机械工程公司（仓储公司）经理职务。

9月　公司被农垦集团总公司评为全系统整治环境先进单位。

10月　公司在2003年秋季天津房地产交易会上获得由天津市建设管理委员会、天津市城市建设综合开发办公室、天津市房地产管理局、天津市规划和国土资源局颁发的优秀奖。

11月23日　公司召开了天津市双林农牧场知青插场30周年纪念活动。农场局副局长白智生到会祝贺，400余名知青到会参加了该活动。

12月2日　撤销天津市龙森木业有限公司党支部。

12月2日　免去公司党委委员马风岭兼任的天津市龙森木业有限公司党支部书记职务。

12月11日　撤销公司企管部、公司社区保卫（服务）部。

12月11日　公司调整党政领导班子分管工作。

12月19日　天津市河西区政府领导赵书记、葛区长带领区服务办人员到公司就天津市实施财政体制改革、对税收实行属地管辖等问题进行现场服务。

● **2004年**　1月　公司划归天津市河西区纳税，被河西区政府挂牌为河西区重点服务单位。

3月　公司党委被中共天津市委农村工作委员会评为2003—2004年度红

旗党组织。

3月　公司工会被中国农林水利工会全国委员会评为全国农林水利系统工会先进女职工集体。

5月　公司党委组织全公司党员开展学习《追求高水平，实现新跨越——2004年天津市基层党员学习读本》活动。

6月24日　高峰兼任天津市农垦集团房地产开发建设有限公司董事长。免去马国寅兼任的天津市农垦集团房地产开发建设有限公司董事长职务。

7月3日　公司党委组织机关党员、基层企业书记、经理和团干部40余人专程去中国国家博物馆参观"西柏坡精神巡回展览"。

8月31日　双林超市项目工程正式动工兴建。

9月29日　为推动企业文化建设，公司举办迎国庆职工作品展。此次展览共有书画、摄影、征文、手工制作4个系列的120件展品。有87名职工用自己的作品来表达对企业的热爱。

9月　公司通过ISO 9001—2000质量管理体系认证，具备了天津市二级房地产开发企业的资质。

9月　为解决员工生活困难，公司为内部退休、发生活费的员工提高了待遇，实行统一标准。

12月17日　关闭天津市振海商贸公司，该公司的债权、债务、人员并入天津市双林裕达机械工程公司（天津市双林仓储公司），实行统一管理。

12月　张葵被评为天津市农口优秀思想政治工作者。

● **2005年**　1月4日　公司召开双林农牧场职工代表大会，讨论双林农牧场五七新村房改（搬迁）方案，应参加会议代表42人，实到38人。经会议认真讨论审议，全体代表一致通过方案。

1月8日　公司机关迁入位于河西区洞庭路南的原凌云饮料厂办公楼。

4月25日　天津市农垦集团总公司决定将凌云饮料厂固定资产调拨到双林公司。

4月　马清华被中国共产党天津市委员会、天津市人民政府授予2004年度天津市劳动模范荣誉称号。

4月　孙梅被天津市总工会授予2004年度天津市"十五"立功先进个人荣誉称号。

5月8日　天津市农垦集团总公司同意双林农牧场《关于五七新村房改产权出售的请示》。

7月15日　公司获得总公司2003—2004年度计划生育先进单位，曲继红被评为计划生育先进工作者。

7月28日　公司成立保持共产党员先进性教育活动领导小组及办公室。召开先进性教育活动动员大会，100余名党员参加动员会。

8月15日　龙森木业公司处于停产状态。根据自愿的原则，该企业有部分员工进入公司所属其他企业就业，其余员工待岗，享受发放生活费待遇。

10月25日　公司召开保持共产党员先进性教育活动总结大会。经各单位满意度测评，满意和基本满意率达到100％，其中满意票占95％，基本满意票占5％。

10月　公司制作反映双林农牧场和房地产公司发展的纪录片《奋进之历程》。

12月　公司党委被天津市农委评为优秀思想政治工作先进单位。

● **2006年**　3月　公司团委获天津市十佳志愿者集体称号。

4月　李洪春被天津市总工会授予2005年度天津市"十五"立功先进个人荣誉称号。

5月8日　公司组织党员参加由市委组织部、宣传部等部门共同举办的"庆祝建党85周年学习党章知识竞赛"。

5月　公司与天津泰达建设有限公司和天津市康因实业有限公司签署合作协议，成立天津尚邦置地有限公司。

5月　公司下属双林水电队获2005年度"十五"立功活动先进单位称号。

5月　公司团委被天津市团委授予天津市杰出青年志愿服务集体称号。

6月12日　集团总公司表彰先进党组织和优秀党员、优秀党务工作者。荣获总公司党委表彰的先进党组织为双林农牧场水电队党支部；优秀党员为张相鸣；优秀党务工作者为冯欣。

6月12日　刘希臣任天津市农垦集团房地产开发建设有限公司（双林农牧场）总经理级（正场级）调研员。

6月21日　经集团总公司党委研究决定，任命张景和为天津市尚邦置地有限公司董事、董事长。

8月4日 关玉峰任天津市农垦集团房地产开发建设有限公司（双林农牧场）工会主席。免去张葵兼任的天津市农垦集团房地产开发建设有限公司（双林农牧场）工会主席职务。

9月6日 聘任马凤岭为天津市双发建筑工程公司经理（兼）。免去王永生天津市双发建筑工程公司经理职务。

10月 公司党委组织党员、干部、团员100余人参观"纪念中国工农红军长征胜利70周年"展览。

12月1日 公司成立项目开发部。

12月1日 公司党委调整公司党委成员分工，公司党委调整公司党政领导班子成员分管工作。

12月4日 张葵任天津市农垦集团房地产开发建设有限公司（双林农牧场）总经理（场长）。张景和任天津市农垦集团房地产开发建设有限公司（双林农牧场）总经理级（正场级）调研员，免去其天津市农垦集团房地产开发建设有限公司董事会副董事长、董事（已履行免职程序）以及中共天津市农垦集团房地产开发建设有限公司（双林农牧场）委员会副书记、委员、总经理（场长）职务。马凤岭任天津市农垦集团房地产开发建设有限公司（双林农牧场）副总经理（副场长）。王国庆任天津市农垦集团房地产开发建设有限公司（双林农牧场）副总经理（副场长），免去其天津市农垦集团房地产开发建设有限公司监事会监事职务。关玉峰任中共天津市农垦集团房地产开发建设有限公司（双林农牧场）委员会委员、天津市农垦集团房地产开发建设有限公司监事会主席。王永生任天津市农垦集团房地产开发建设有限公司（双林农牧场）副总经理级（副场级）调研员，免去其中共天津市农垦集团房地产开发建设有限公司（双林农牧场）委员会委员、副总经理（副场长）职务。

12月5日 公司调整安全生产委员会成员。

12月11日 公司调整信访办公室成员及科技委员会成员。

● **2007年** 1月18日 聘任孙宝元、郭本强为公司总经理助理。

4月16日 公司成立造价成本部。

5月10日 调整公司党风廉政建设责任制领导小组，该领导小组办公室设在纪委。调整公司厂务公开领导小组，该领导小组办公室设在工会。

5 月 15 日　窦成娥获集团总公司 2005—2006 年度计划生育先进工作者称号。

5 月 28 日　双林裕达机械工程公司和双林仓储公司办理注销手续，企业员工划归双林公司统一管理，公司资产合并到双林公司，公司债权债务归并入双林公司。

6 月 4 日　公司自 2007 年起开展"劳动关系和谐企业"创建活动，成立公司"劳动关系和谐企业"创建活动领导小组，其办公室设在工会。"劳动关系和谐企业"创建活动在公司党委、行政的领导和支持下，由公司领导小组负责组织推动，办公室组织实施。

6 月 7 日　公司下属天津市津垦物业管理有限公司更名为天津市农垦物业管理有限公司。

6 月 29 日　公司调整防汛抗旱领导小组成员，小组下设办公室在公司综合办公室。

7 月 24 日　关玉峰任中共天津市农垦集团房地产开发建设有限公司（双林农牧场）纪律检查委员会书记。免去张葵兼任的中共天津市农垦集团房地产开发建设有限公司（双林农牧场）纪律检查委员会书记职务。王国庆任中共天津市农垦集团房地产开发建设有限公司（双林农牧场）委员会委员。

7 月 30 日　调整公司党委成员分工。

8 月 2 日　调整公司党风廉政建设责任制领导小组。

8 月 8 日　调整纪律检查委员会成员：纪委书记关玉峰，纪委副书记李文兰，委员马风岭、李洪春、孙宝元、胡淑婷。

8 月 30 日　公司成立销售二部，公司原销售部更名为公司销售一部。

● **2008 年**　3 月 10 日　公司党委组织"解放思想、干事创业、科学发展"大讨论活动。

9 月 17 日　成立天津市双发建筑工程公司党支部。

10 月 10 日　聘任王志刚为天津农垦集团房地产建设开发有限公司副总经理。

10 月 28 日　按照天津市土地整理中心与集团总公司签订的关于土地整理中心收购场渌水道南、微山路东侧 3 块地共 181 亩的有关协议，公司组织力量进行拆迁工作。

● **2009 年**　1 月 16 日　郭本强任天津市农垦集团房地产开发建设有限公司（双林农牧场）副总经理级（副场长级）调研员。

2 月 20 日　公司召开第二届第十五次职工代表大会。张葵总经理在公司第二届第十五次职工代表大会上做了题为《坚定信心、沉着应对，开创农垦房地产工作新局面》的讲话。

3 月 25 日　根据《天津市开展第二批深入学习实践科学发展观活动的实施意见》精神和总公司有关文件要求，公司党委成立"深入学习实践科学发展观活动"领导小组及办公室（办公室设在公司政工部），并出台《天津市农垦集团房地产开发建设有限公司"深入学习实践科学发展观活动"实施方案》。

5 月 15 日　公司决定开始实行《关于员工带薪年休假的规定》。

5 月 25 日　天津市国土资源和房屋管理局、天津市规划局、天津市建委、天津市物价局下发文件《关于河西区珠江道双山里定向安置房项目调整建设单位和使用方向的批复》（建〔2009〕49 号），公司正式参与天津市保障房的开发建设。企业参与保障房建设，这在天津市是第一例。公司同时申办了双山里平房拆迁手续。

5 月　为配合双林"100 亩"项目开发，由公司销售二部牵头，政工部、工会共同组织开展征集名称活动。活动从 5 月 13 日持续至 5 月 19 日，共征集 133 个名字，经层层选拔并报总公司批准，最终确定"100 亩"项目名称为仕林苑。

6 月 2 日　公司开展 2009 年安全生产"三项行动"。

6 月 12 日　经集团总公司经理办公会议研究同意，以农垦房地产开发公司名义与天津中兴嘉禾投资有限公司合作开发丁字沽三号路原帕玛拉特公司地块。

10 月　农垦集团总会计师张文林任天津市农工商总公司双林公司法定代表人。免去高峰天津市农工商总公司双林公司法定代表人服务。

11 月 4 日　公司成立保卫部、审计部。保卫部负责公司保卫安全及信访具体工作等事项，审计部负责公司审计工作。

12 月 31 日　公司为开发"仕林苑"房地产项目，决定成立法人独资公司——天津市迪万投资有限公司。

● **2010 年**　2 月 1 日　任命张葵为天津市迪万投资有限公司董事长，为该公司法定代表人。

5月5日　周红任公司团委书记（副科级）。免去周京华公司团委书记职务（调离）。

6月18日　公司党委在农垦房地产公司党组织和党员中深入开展"创先争优"活动，并制定了《关于在农垦房地产公司党组织和党员中深入开展"创先争优"活动的实施方案》。

9月6日　双山里平房实施拆迁，拆迁工作持续到2011年2月24日。双山里最后一户的搬出，标志着农垦房地产公司（双林农牧场）成片平房彻底改造完毕。

10月21日　根据依照市纪委、市委组织部、市国资委、市农委和集团总公司的有关文件《加强委托监管企业重大事项管理的若干意见》进行监督检查的通知精神，按照集团总公司的要求，公司成立此项工作领导小组及办公室。

11月19日　郭本强任天津市农垦集团房地产开发建设有限公司（双林农牧场）副总经理（副场长），免去其天津市农垦集团房地产开发建设有限公司（双林农牧场）副总经理级（副场长级）调研员职务。免去马清华中共天津市农垦集团房地产开发建设有限公司（双林农牧场）委员会委员、副总经理（副场长）职务。孙宝元任天津市农垦集团房地产开发建设有限公司（双林农牧场）副总经理级（副场长级）调研员。

12月2日　成立天津农垦文化产业投资有限公司，该公司办公地点为天津市奥体中心A馆044号。

2011年　1月　公司下属天津市农垦物业管理有限公司被评为天津农垦系统爱国卫生工作先进集体，董旺林被评为先进个人。

3月4日　作为公司重点工程之一的双山里平房拆迁工作全部结束，定向安置经济适用房民生工程"双山新苑"正式开槽动工。

4月4日　公司"津奥广场"改造项目正式开工建设。

4月22日　天津农垦集团总公司领导白智生等到公司视察津奥广场、仕林苑示范项目建设现场。公司党委书记、总经理张葵等陪同检查并汇报工作。

5月27日　天津市农垦地产经纪咨询有限公司隆重开业。公司位于河西区泗水道119号。

5月　公司内刊《双林报》创刊。该内刊为月刊，共四版，主要反映公司经济发展、企业管理、党建团建、工会班组、职工风采、企业文化等方面工作，是展示公司形象的宣传主阵地、对外宣传的主窗口。该内刊编辑部设在公司政工部。

5月　公司获集团总公司2010年度《津垦报》通联工作先进单位称号，周红、孟宪臣获2010年度集团总公司优秀通讯员称号。

6月　公司党委获集团总公司先进基层党组织荣誉称号。田明哲被评为集团级优秀共产党员，冯欣被评为集团级优秀党务工作者。

6月　公司开展第21次"安全生产月"活动，主题为"安全责任、重在落实"。

7月　公司组织开展庆祝中国共产党成立90周年纪念活动，表彰公司级先进党支部1个，公司级先进党员14名。先进党支部：双林水电队党支部；公司先进党员：田明哲等14人。同时，组织开展唱红歌、读书、演讲、摄影、书画展等多项活动。

7月　在天津农垦集团总公司庆祝中国共产党成立90周年——"鲜红党旗在飘扬"农垦员工演讲比赛中，公司王超获得二等奖。

7月　在天津农垦集团总公司庆祝中国共产党成立90周年农垦系统书画摄影比赛中，冯欣获得书画组一等奖，李孝洪获得摄影组二等奖，孟宪臣获得摄影组三等奖。

8月11日　天津农垦集团总公司总经济师董景瑞、土地基建部部长袁庆等到公司重点工程仕林苑、津奥广场等现场考察调研，公司领导张葵等陪同。

8月23日　公司通过质量管理体系监督审核。这是方圆标志认证集团对公司进行再认证后的第一次监督审核。

8月　公司工会组织开展"服务职工、服务一线"送凉爽活动。

9月2日　房地产公司投资合作项目仕林苑首期别墅开盘，当天推出户型共40套，被认购26套，认购额1.75亿元。这是公司房地产开发逐步由开发普通住房向开发别墅拓展的成功尝试。

9月20日　天津农垦集团总公司在公司组织召开全系统人才工作交流会。

9月26日　公司承建的小海地兰江新苑定向安置经济适用房项目开始平

整场地，启动工程建设。

9月　董景瑞兼任天津市农垦集团房地产开发建设有限公司董事长。原董事长张文林退休。

10月12日　天津市商业委员会负责人一行3人到公司下属天津农垦文化产业公司参观考察，集团总公司工会主席张庆东以及公司领导张葵、关玉峰等陪同。

11月8日　天津农垦集团总公司党委副书记、总经理韦恩学到公司重点项目仕林苑进行调研，集团总公司总经济师兼农垦房地产公司董事长董景瑞和公司其他领导陪同。

11月　董景瑞任天津市农工商总公司双林公司法定代表人，免去张文林天津市农工商总公司双林公司法定代表人职务。

12月28日　公司和天津市河西区人民政府东海街办事处共同开发的东林菜市场隆重开业。

12月　公司工会被中国农林水利工会全国委员会评为全国农林水利系统模范职工之家。

● **2012年**　2月7日　天津农垦集团总公司党委书记、董事长白智生，党委副书记、总经理韦恩学带领集团领导班子和集团处室负责人，陪同国资委监事会领导到公司重点项目红桥区阿德勒酒店施工现场、仕林苑项目开展调研，并在观看现场后召开工作会。集团主要领导传达了天津市人民政府有关开展"调结构、惠民生、上水平"活动的会议精神，并针对公司下一步工作提出要求：要以房地产为主，兼顾商贸服务业，要积极树立农垦品牌形象。

3月10日　公司双山里平房改造职工还迁选房大会在河西区陵水道小学召开，160余户职工选定自己的住房。3月16日，职工办理入住"双山新苑"定向安置房手续。至此，双林农牧场成片平房改造任务顺利完成。

3月13日　天津市河西区人民政府副区长张忠汉带领区政府办以及区房管局、规划局、市政局、经发局、执法局、环保局、市容园林委等部门领导莅临公司开展现场帮扶活动，了解公司项目进展情况，帮助公司协调解决目前存在的问题。公司主要领导与他们进行沟通。

4月10日　公司成立深入开展保持党的纯洁性教育办公室，该办公室设在公司政治工作部。

4月　公司党委开展保持党的纯洁性教育活动。

5月3日　天津农垦集团总公司召开天津农垦集团庆"五一"国际劳动节、"五四"青年节表彰大会。张葵获天津市"五一劳动奖章"先进个人称号，李文兰获天津市优秀工会工作者称号；尹楠被评为天津农垦集团优秀团干部，冯欣被评为2011年度总公司《津垦报》优秀通讯员；物业公司团支部被评为2011年度天津市五四红旗团支部，物业公司被评为2011年度天津市模范职工小家，双发公司团支部被评为天津农垦集团五四红旗团支部；公司团委被评为天津农垦集团五四红旗团委，公司被评为2011年度总公司《津垦报》通联工作先进单位。

6月4日　天津农垦集团总公司总经济师兼农垦房地产公司董事长董景瑞带领集团总公司相关处室领导到农垦房地产公司调研指导工作，公司主要领导陪同。

6月21—23日　公司组织机关党员和公司2012年新发展的党员、入党积极分子一行40余人，前往河北省平山县西柏坡，追寻革命红色印记，进行坚定理想信念和以"两个务必"、艰苦奋斗为主要内容的红色教育。

6月29日　公司参与市政府民心工程的第一个项目兰江新苑正式开工。河西区副区长王亚令率领小二楼拆迁指挥部主任、河西区房管局局长季刚，河西区小二楼拆迁指挥部副主任、河西区房管局副局长邵元界，以及区政府相关部门人员莅临兰江新苑项目开工现场。公司副总经理王国庆主持开工仪式。

6月　天津农垦集团总公司表彰创先争优先进基层党组织、优秀共产党员。公司党委、天津市双发建筑工程公司党支部被评为集团创先争优先进基层党组织，王国庆获集团创先争优优秀共产党员称号。

7月10日　天津农垦集团总公司党委副书记、总经理韦恩学，总经济师兼农垦房地产公司董事长董景瑞深入公司重点项目仕林苑进行安全生产大检查，公司主要领导陪同。

7月10日　天津市河西区委书记张杰、河西区副区长王亚令、河西区委办公室主任韩琳、河西区房管局局长季刚、副局长邵元界及住房保障公司总经理俞斌来到兰江里定向安置经济适用房施工现场检查工作，公司党委书记、总经理张葵，党委委员、副总经理王国庆陪同。区政府领导对兰江里经济适用房施工现场生产工作进行了检查，对现场情况表示满意，然后听取了相关工作汇报。

7月　公司成立廉洁风险防控工作领导小组。该领导小组下设办公室，办公室设在纪检委。

8月8—13日　公司工会开展"走基层、送凉爽"活动。

8月21日　国家住房和城乡建设部、天津市房管局、天津市房屋拆迁管理办公室等部门相关领导视察兰江新苑施工现场，查看项目开工情况。公司主要领导陪同。

8月29日　天津农垦集团总公司党委副书记、总经理郝非非和集团相关处室负责人到公司仕林苑项目和解放南路项目进行调研。

8月30日　天津市红桥区委书记赵建国、红桥区商务委员会主任张建、红桥区经贸委副主任权玉群、红桥区委办公室主任刘广礼带领区委办公室等一行，莅临公司下属红桥区阿德勒酒店项目现场参观指导，公司副总经理郭本强、酒店项目负责人陪同。

9月14日　天津农垦集团总公司老干部处组织20余名退休老局长、老干部在公司进行中秋慰问茶话会活动。

9月17日　天津市河西区委书记张杰带领区委、区政府、区人大、区政协领导同志到兰江新苑项目现场进行调研，公司党委书记、总经理张葵和党委委员、副总经理王国庆陪同。

9月28日　天津农垦博纳影视投资有限公司暨农垦博纳国际影城IMAX开业庆典隆重举行。天津市政协副主席何荣林，南开区委书记韩宏范，农垦集团总公司党委书记、董事长白智生，博纳影业集团董事会主席于冬，IMAX中国总裁陈健德，以及农垦集团总公司党委副书记、总经理郝非非，副总经理李连锁、张春善，工会主席张庆东，总经济师兼农垦房地产公司董事长董景瑞，总经理助理王金铭等出席。公司党委书记、总经理张葵等房地产公司领导班子成员及部分干部职工出席开业庆典。著名导演王晶、黄建新、陈国星及演员金巧巧等明星出席本次开业庆典。

10月11日　公司成立天津农垦食品销售有限公司。该公司销售地点位于南开区体育中心津奥广场一层。

10月16日　公司编纂的《天津市双林农牧场志（1991—2010）》，经天津农垦集团总公司集团志编委会审核通过。

12月2日　天津市总工会领导、区县农工委、民管部、女工部等有关职能部门一行5人，在集团总公司工会负责人的陪同下，到集团下属农垦房地产公司、伸和公司等单位，对开展工资集体协商要约的工作情况进行检查。

12月6日　公司开展宣传贯彻党的十八大精神学习教育。

12月7日　天津农垦集团总公司领导白智生、董景瑞等到公司重点项目红桥区阿德勒酒店项目施工现场调研指导工作。

12月19日　为保证党委会议事制度化、规范化，公司出台《天津市农垦集团房地产开发建设有限公司党委会议事规则》。另外，公司还出台了《天津市农垦房地产开发建设有限公司党员教育管理制度》《天津市农垦集团房地产开发建设有限公司干部任命制度》，这是加强公司党委落实主体责任的重要举措。

12月28日　公司选派6名技术人员参加了天津农垦集团总公司举办的"五比一创"劳动竞赛。经过学习技术比武，天津双林水电服务队张莹获得电工组一等奖，邢军瑞、赵俊铭、郭金楼获得电工组三等奖，马连鑫、刘同发获得电气焊组三等奖。

2013年

1月19日　公司下属天津农垦商业运营管理有限公司（当时称天津农垦文化产业投资管理有限公司）津奥广场盛装开业。这是公司进军商业地产、文化产业的重大举措。

1月　公司与天津万科房地产有限公司合作建设的天津仕林苑29号楼荣获天津市建设工程质量的最高荣誉——2012年度天津市建筑工程"结构海河杯"奖。"结构海河杯"由天津市建筑业协会组织评选，是天津市建设工程质量方面的最高荣誉，只有先获得"天津市文明工地"奖的项目才有参选资格。

1月　关玉峰被中共天津市人民政府国有资产监督管理委员会授予天津国资系统廉政勤政优秀党员干部荣誉称号。

3月6日　天津农垦集团总公司副总经理李连锁到津奥广场检查工作，公司领导张葵、马风岭等陪同。

4月2日　公司下属天津农垦文化产业投资有限公司成立天津农垦文化产业投资有限公司党支部。

4月11日　天津市河西区人大常委会主任刘耳荃一行20余人到兰江新

苑项目现场参观视察，公司党委委员、副总经理王国庆陪同。

4月18日　天津市河西区委书记张杰，河西区副区长王亚令、张忠汉等各局委办一行到兰江新苑项目施工现场视察工作，公司副总经理王国庆陪同。

4月　王志刚获农垦集团总公司授予的"五一劳动奖章"，尹楠获2012年度天津市新长征突击手荣誉称号；公司获集团总公司2012年度《津垦报》通联工作先进单位称号，孟宪臣获2012年度《津垦报》优秀通讯员称号。

4月　公司开展"天津农垦系统教育和弘扬国有企业核心价值观"主题教育实践活动。

5月6日　公司以"贯彻十八大、建设新国企"为主题召开动员大会。

5月8日　广西壮族自治区农垦局局长刘刚一行4人到公司仕林苑项目参观考察。农垦集团总公司总经济师兼农垦房地产公司董事长董景瑞，集团总公司办公室主任李宗基，土地基建部部长袁庆，公司党委书记、总经理张葵，天津农工商宏达总公司党委书记、总经理傅同起，天津农垦东方实业有限公司总经理毕国生及公司部分领导班子成员陪同。

5月9日　成立天津长远嘉和置业有限公司，成立天津长远嘉和置业有限公司党支部。

5月　《双林报》加刊出版2011—2013年2周年纪念版。

6月14日　公司开展"深化'法律六进'推进法治天津建设"法治宣传教育主题活动。

7月6日　公司主办的"仲夏之夜"综艺晚会在天津农垦津奥广场隆重开幕，包括来自天津市的著名歌唱家、曲艺家在内的近百名演职人员为市民奉献了一场精彩纷呈的视听盛宴。公司党委书记、总经理张葵，公司纪检委书记、工会主席关玉峰，公司党委委员、副总经理王国庆，公司副总经理郭本强，公司副处级调研员孙宝元等公司领导出席晚会。特邀嘉宾、公司职工及近千名市民到现场观看了演出。

7月15日　天津市河西区委、区政府、区人大、区政协及区各委办局连同街道干部150余人在河西区委书记张杰的带领下来到兰江新苑工地，听取了公司党委委员、副总经理王国庆对兰江新苑项目施工进展情况的汇报。

7月16日　天津农垦集团总公司于7月16—18日开展为期3天的农垦集团"互看互比互学"活动，总公司党政领导、副处长以上干部、各企业场长（经理）、书记、常务副场长90余人的考察组到达仕林苑项目。公司党委书记、总经理张葵汇报了公司2013年上半年主要经济指标完成情况及下半年公司重点项目——仕林苑、津奥广场、农垦博纳国际影城、红桥农垦阿德勒酒店、宝坻圣缇湾、兰江新苑定向安置房、解放南路五星级酒店等项目的基本情况和近期的工作安排。汇报结束后，领导们参观了仕林苑项目高层、别墅样板间及别墅示范区等。

7月19日　公司召开党的群众路线教育实践活动动员大会。

8月3日　天津农垦在津奥广场举办七夕大型单身交友活动。活动由天津农垦文化产业投资有限公司携手世纪佳缘网共同举办，集团总公司工会、团委共同参与。农垦集团总公司工会副主席蒋宗银、宣传部部长李广禾、公司领导班子成员及相关部室领导出席本次活动。在这次"缘分七夕，情定农垦津奥"大型单身交友活动中，农垦系统有5对青年职工牵手成功。

8月21日　公司领导班子成员、两办主任及相关工作人员前往西青区石家大院参观了中央纪委监察部命名的全国廉政教育基地——"新中国反腐败第一大案展览"。此次参观活动是公司深入开展党的群众路线教育实践活动的"自选动作"之一。

8月27日　天津农垦集团总公司领导李连锁、王金铭，集团总公司深化国有企业改革工作领导小组成员刘建民、郑杰、张玉泉到公司进行企业改革工作调研指导。公司党委书记、总经理张葵，纪检委书记、工会主席关玉峰，党委委员、副总经理马风岭及相关部室负责人参与此次会议。

8月　公司调整保密委员会，保密委员会办公室设在公司办公室。

9月12日　公司下属天津长远嘉和置业有限公司投资的宝坻区金水湾花园项目二期怡景园工程于2013年9月12正式举行开槽仪式，它标志着长远嘉和置业有限公司投资的金水湾花园工程项目进行到具体施工阶段。

9月　公司党委积极响应市委和集团总公司党委关于支援天津市社区、支援农村建设的号召，先派出专职干部帮扶天津市社区，后又派出帮扶困难村工作小组。公司副总经理闫法立在帮扶困难村任第一书记，具体负责帮扶工作。公司支援的帮扶困难村为武清区南蔡村镇丁家圈村，公司制定落实了帮扶该村建设 1350 平方米厂房的帮扶方案，由天津市双发建筑工程公司进行施工工程工作。

10 月 21 日　天津市国资委党群工作处魏伯强处长、集团总公司组织部部长刘悦及相关工作人员深入基层指导工作，分别听取公司和嘉立荷牧业有限公司 2011—2013 年发展党员工作情况汇报并提出指导意见。公司党委书记、总经理张葵和嘉立荷牧业有限公司党委书记孙咏健及相关工作人员参加会议并汇报，并与集团总公司组织部部长刘悦等就集团党务工作做了相互沟通。会后，与会人员参观了公司的重点项目仕林苑别墅区。

10 月 22 日　天津市河西区委书记张杰、河西区副区长王令和拆迁指挥部相关领导陪同天津市及河西区人大代表考察了兰江新苑项目，公司领导陪同。

11 月 11 日　对天津市农垦地产经纪咨询有限公司实施清算注销。

11 月 19 日　天津市河西区政协主席率政协委员到兰江新苑项目现场视察、检查。陪同参观的领导主要有河西房管局党委书记季刚、河西区房管局副局长邵元界、公司工程部部长张波。

11 月　根据天津农垦集团总公司关于做好整改落实、建章立制环节的工作要求，公司成立房地产公司党的群众路线教育实践活动第三环节制度建设领导小组。

12 月 31 日　公司调整党风廉政建设责任领导小组，该领导小组办公室设在纪委。

12 月 31 日　公司建立公司领导班子成员联系点制度。

12 月　孙忠任天津市农垦集团房地产开发建设有限公司（天津市双林农牧场）副总经理（副场长）。

2014 年　1 月 3 日　公司出台《天津市农垦房地产开发建设有限公司制度文件汇编》。

1 月 8 日　天津农垦集团总公司党委表彰道德模范人员，公司陈志慧被评为敬业奉献模范。

1 月 21 日　天津市规划局沈磊副局长、河西规划局建管科及天津市建筑设计院第九所负责人到兰江新苑施工现场服务，公司党委委员、副总经理王国庆等相关人员陪同。

1月27日　农垦集团总公司党委书记、董事长孟爱英，总经济师董景瑞到农垦房地产公司调研，深入仕林苑、兰江新苑、解放南路、津奥广场等项目调研，公司党政领导班子陪同。

2月27日　成立天津市晟林房地产开发有限公司，专门负责开发解放南路项目。

3月7日　天津市河西区委副书记、河西区代区长苑广睿，河西区常务副区长陈玉恒，河西区副区长王亚令到兰江新苑项目进行调研，现场听取了公司党委委员、副总经理王国庆汇报。

3月16日　公司开展2014年小金库专项治理工作。

3月　位于津南环内梅江东洺水道与艺林路交口仕林苑项目31、34号楼高层住宅喜获天津市质量奖——"结构海河杯"文明工地殊荣。

4月1日　免去王志刚天津市农垦集团房地产开发建设有限公司副总经理职务。董景瑞不再兼任天津市农垦集团房地产开发建设有限公司董事长职务。张葵任天津市农垦集团房地产开发建设有限公司董事长，免去其天津市农垦集团房地产开发建设有限公司副董事长、总经理职务。刘瑞成任天津市农垦集团房地产开发建设有限公司总经理，免去其天津市农工商宏达总公司（工农联盟农场）副总经理（副场长）职务。免去闫法立天津市农垦集团房地产开发建设有限公司副总经理职务。

4月1日　刘瑞成任中共天津市农垦集团房地产开发建设有限公司委员会委员、副书记。免去闫法立中共天津市农垦房地产开发建设有限公司委员会委员职务。

4月22日　公司被评为集团2013年度《津垦报》通联先进单位，周红被评为《津垦报》优秀通讯员。

4月29日　刘瑞成获天津市总工会授予的"五一劳动奖章"。周红被评为天津市优秀共青团干部，盛英瑞被评为天津农垦集团有限公司优秀团干部，李洋被评为天津农垦集团有限公司优秀团员。公司团委被评为2012—2013年度天津农垦集团有限公司红旗团委，农垦物业公司被评为2012—2013年度天津农垦集团有限公司"五四"红旗团支部。

4月30日　增补刘瑞成为公司董事，袁庆任公司外部董事，刘佩云任公司外部监事。

4月30日　天津宝坻区副区长陈宇、宝坻区建委主任毕长林带领宝坻区规划、房管、建委、开发区等职能部门相关代表和宝坻区街镇负责人与各在建项目的建设单位、监理单位、施工单位的经理及负责人240余人一同参观了公司下属天津长远嘉和置业有限公司开发的宝坻区金水湾怡景园项目。这是宝坻区落实天津市美丽天津"一号工程"以来进行的一次大规模的观摩检查活动。农垦金水湾怡景园项目成为宝坻区"文明工地"示范样板。

5月16日　天津宝坻区委书记贾凤山、宝坻区区长李森阳、宝坻区副区长陈宇等领导，在公司党委副书记、总经理刘瑞成和天津长远嘉和置业有限公司领导等陪同下，视察了金水湾怡景园施工现场。

5月　根据集团公司关于做好企业改制工作的相关要求，经公司党委研究决定，成立公司改制领导小组及改制办公室，下设改制工作办公室，设在政工部。

6月10日　公司下属天津市双发建筑工程公司召开成立20年纪念座谈会，公司党委副书记、总经理刘瑞成到会祝贺。《双林报》推出专版予以报道。

6月10日　公司调整公司安全委员会成员。

6月　公司组织开展2014年"安全生产月"活动。

7月7日　天津农垦集团副总经理高峰带领农垦集团安全检查组的相关同志到农垦宝坻金水湾花园项目现场进行综合安全检查，公司党委书记、董事长张葵，党委副书记、总经理刘瑞成等公司领导陪同检查。高峰对金水湾花园项目工程呈现的景观效果以及该项目二期工程的施工质量、施工进度给予了肯定，并在现场检查后与相关负责同志进行了座谈。

7月11日　公司党委组织党员及部分入党积极分子近100人到天津博物馆参观"奋斗的历程辉煌成就——中共天津地方组织90年发展历程"展览。

7月20日　根据天津农垦集团关于加强"三公经费管理的若干规定"相关工作精神，公司党委成立自查工作领导小组。该领导小组下设办公室，办公室设在公司政工部。

7月30日　安徽农垦集团公司副总经理陈仁虎等一行6人到天津农垦考

察，重点参观考察了农垦房地产公司。天津农垦集团有限公司党委副书记、总经理郝非非，总经济师董景瑞，总经理办公室主任昝云和，资产管理部部长袁庆，农垦房地产公司党委书记、董事长张葵，党委副书记、总经理刘瑞成及相关项目负责人陪同。安徽农垦考察团一行参观了公司兰江新苑项目现场、仕林苑项目别墅区以及销售中心的样板间，并到农垦博纳国际影城体验了7D电影等。参观考察后，听取了公司党委书记、董事长张葵，党委副书记、总经理刘瑞成就公司重点项目的整体规划、施工等情况的介绍。安徽农垦集团考察组表示，希望与天津农垦集团构建合作共赢的长效机制，提升合作层次，优势互补，共同发展。

7月30日　天津市河西区委副书记、河西区代区长苑广睿，河西区副区长王亚令、张忠汉，河西区房管局党委书记季刚，河西区东海街负责人等在公司党委委员、副总经理王国庆的陪同下来到兰江新苑定向安置经济适用房工地，现场实地检查兰江新苑工程进度及后续验收工作。

8月13日　由天津市国资委第四检查组组长狄俊霞以及市国资委、市审计局等相关人员组成的检查组到公司检查指导工作，农垦集团有限公司纪检委副书记王坤陪同参加。公司领导班子成员、相关科室及部分项目负责人参加会议。

8月27日　公司调整厂务公开领导小组，该领导小组下设办公室，设在公司工会。

8月27日　公司调整纪律检查委员会成员。

9月22日　天津市委组织部部长尹德明在河西区委书记张杰、河西区区长苑广睿、河西区副区长王亚令的陪同下，到兰江新苑项目现场进行还迁入住前的检查工作。陪同检查的有公司党委副书记、总经理刘瑞成，党委委员、副总经理王国庆，河西区房管局局长季纲等人。

9月25日　天津农垦集团有限公司党委书记、董事长孟爱英带领总经理助理王金铭、党委办公室主任李宗基、人力资源部部长张红鹰到公司检查指导工作，并宣布公司级干部任免，公司领导班子陪同。李宝启任公司监事会主席；关玉峰任公司职工董事，免去其公司监事会主席职务；公司副总经理郭本强退休。

10月13日　根据公司董事会工作需要，成立董事会办公室，董事会办公室设在公司政工部。

10月14日　公司向天津农垦集团申请成立农垦北辰保障房项目有限公司。

10月17日　按照天津农垦集团有限公司的要求，公司出台进一步规范公司房屋场地租赁合同管理工作的制度。

10月20日　公司出台政策，进一步规范公司采购管理工作，其主要目的是合理控制公司运营成本，杜绝浪费现象。

10月21日　公司上报集团关于整合重组天津市农垦房地产开发建设有限公司方案。

11月3日　公司召开党员大会。会议选举了公司新一届（第五届）党委会委员、纪律检查委员会委员。之后，新一届党委委员等额选举产生了公司党委书记、党委副书记，新一届纪委委员等额选举产生了公司纪委书记，该选举结果报集团审批。集团以文件（津垦党〔2014〕101号）批复，中共天津市农垦房地产开发建设有限公司委员会由3名同志组成。张葵任党委委员、书记，刘瑞成任党委委员、副书记，关玉峰任党委委员。中共天津市农垦集团房地产开发建设有限公司纪律检查委员会由3名同志组成，关玉峰任纪委委员、书记，周红、诸葛增义任纪委委员。

11月3日　集团批复，同意公司整合重组方案。主要内容有：将双林公司持有农垦房地产公司的60％国有股权无偿划转至农垦集团。股权划转完成后，农垦房地产公司的股权结构为农垦集团占股80％，双林公司占20％。产权划转基准日为2014年8月31日。

11月5日　根据天津农垦集团改革工作要求和公司董事会安排，在公司改革领导小组下成立改革专项工作小组。

11月6日　天津农垦集团决定，由天津市农垦房地产开发建设有限公司托管天津红港绿茵花草有限公司（简称红港公司），托管期间，仍保持红港公司的法人地位。由天津市农垦房地产开发建设有限公司托管天津市农垦出租汽车公司（简称出租公司）。托管期间，仍保持出租公司的法人地位。天津红港绿茵花草有限公司、天津市农垦出租汽车公司党的工作由天津市农垦集团房地产开发建设有限公司党委管理。

11月6日　刘瑞成任天津红港绿茵花草有限公司副董事长（兼）。

11 月 11 日　　对双林仓储公司实施兼并重组。

11 月 18 日　　为进一步做强天津农垦集团主业、整合资源，按照集团要求，经公司研究决定，双林公司将持有的天津市农垦房地产开发建设有限公司部分股权无偿划转给农垦集团，划转基准日为 2014 年 8 月 31 日。

11 月 20 日　　张葵任天津市农工商总公司双林公司法定代表人（兼），免去董景瑞天津市农工商总公司双林公司法定代表人职务。

11 月 20 日　　公司基层 9 个党支部完成换届工作。公司党委以文件津垦房地产党〔2014〕15 号批复换届选举结果。

11 月 26 日　　天津市双发建筑工程公司改制为天津市双发建筑工程有限公司，投资方为天津市农工商总公司双林公司，持股 100％。天津市双林水电服务队改制为天津市双林水电安装工程有限公司，投资方为天津市农工商双林公司，持股 100％。

12 月 11 日　　天津农垦集团党委书记、董事长孟爱英就红港公司与房地产公司改制工作情况到红港公司进行调研。农垦集团办公室主任李宗基，公司党委副书记、总经理、红港公司副董事长刘瑞成，红港公司党委书记、总经理郭继霞及副总经理王建国参加了会议。

12 月 22 日　　公司进一步加强企业内部法律服务体系建设，规定从 2015 年起，直属单位重要规章制度、经济合同和重要决策全部要通过公司法务事务机构统一审核，逐步实现各单位与外聘律师签订法律服务合同并统一由公司法务事务机构协调安排。

12 月 26 日　　天津市农工商总公司双林公司将所持有的天津市双发建筑工程有限公司全部股权及天津市双林水电安装工程有限公司全部股权。无偿划转至天津市农垦集团房地产开发建设有限公司。

12 月 29 日　　公司党委批复中共天津市农垦出租汽车公司支部委员会换届选举结果（该公司系托管单位）。

● 2015 年　　2 月 11 日　　经天津农垦集团有限公司研究决定：刘瑞成兼任天津市晟林房地产开发有限公司法定代表人。

3 月 10 日　　公司向天津农垦集团申请成立天津金安投资有限公司。

3 月 16 日　　公司成立公司工资结构改革领导小组。

3 月 16 日　　由于公司原党委委员、副总经理马凤岭退休，其分管的劳资、安全工作由公司副总经理孙忠负责。

3月　王超获天津市三八红旗手荣誉称号。

5月13日　董景瑞兼任天津市农垦房地产开发建设有限公司董事长，免去关玉峰天津市农垦房地产开发建设有限公司职工董事职务。公司上级主管单位天津农垦集团有限公司整合更名为天津食品集团有限公司。

5月18日　刘瑞成任公司党委书记，免去其公司党委副书记职务。免去关玉峰公司党委委员、纪委书记、工会主席（已履行免职手续）职务。

5月22日　经天津食品集团有限公司党委研究决定，满峰峰任天津市农垦集团房地产开发建设有限公司总工程师，试用期1年。

6月8日　公司下属天津长远嘉和置业有限公司投资的宝坻区金水湾花园二期怡景园工程完成竣工验收。

6月11日　为建立现代企业制度，公司出台《天津市农垦集团房地产开发建设有限公司董事会议事规则》及《董事会职责与义务》。

6月12日　刘宗保任公司党委委员、纪委书记、工会主席（已履行任职手续）职务；王国庆任公司党委委员；张杰任公司财务总监，试用期1年。

6月12日　卢震任公司副总经理，刘宗保任公司职工董事。

6月18日　卢震任天津市农垦房地产开发建设有限公司副总经理，免去其天津立达房地产有限公司副总经理职务；刘宗保任天津市农垦房地产开发建设有限公司职工董事。

7月21日　公司成立"十三五"规划编制工作领导小组。

8月3日　农垦房地产公司调整安全生产委员会成员。

8月27日　为进一步加强公司信息化建设，成立信息化建设领导小组。该领导小组下设办公室，设在政工部。

9月8日　集团决定将天津亚太万维投资有限公司交予天津市农垦房地产开发建设有限公司托管。

9月14日　卢震任公司党委委员。

10月9日　公司出台领导干部安全生产"党政同责、一岗双责"实施细则，进一步明确了公司领导干部在安全生产上的责任。

10月22日　公司调整党委委员分工，调整公司领导班子成员分工。

10月　天津农垦食品销售公司（博纳影城底商）清算注销。

11月11日　经集团党委研究决定，中共天津市农工商总公司双林公司委员会改建为中共天津市农工商总公司双林公司支部委员会，天津市农工商总公司双林公司党的工作由天津市农垦集团房地产开发建设有限公司党委管理。

11月11日　刘瑞成兼任天津市农工商总公司双林公司总经理。刘瑞成兼任天津市农工商总公司双林公司书记。

11月16日　集团批复同意房地产公司上报的《关于成立北辰保障房项目公司的请示》（津垦房地产〔2015〕45号）。同意食品集团北辰区安置房项目立项，由农垦房地产公司设立全资项目公司建设该项目。

11月20日　公司调整"三重一大"领导小组。

11月30日　为加强公司科级干部外出活动的管理，公司出台科级以上领导干部外出请假的规定。

12月2日　公司出台《天津市农垦房地产开发建设有限公司总经理办公会议事规则》。

12月23日　经集团党委研究决定：天津亚太万维投资有限公司党政干部管理工作及党的工作由公司党委管理。

12月29日　公司成立专项清理工作小组，重点对公司所属土地房屋被非法占用及对外租赁中的违法违规问题进行专项清理。

● **2016年**　1月7日　根据工作要求，调整公司保密委员会。保密委员会办公室设在公司总经理办公室。

1月26日　撤销天津市双林木制工艺品有限责任公司党支部，原天津市双林木制工艺品有限责任公司所属人员并入天津市农垦物业管理有限公司，工资待遇按原单位标准执行，原天津市双林木制工艺品有限责任公司党支部全体党员并入天津市农垦物业管理有限公司党支部。

1月30日　为完善公司安全管理体系，公司出台安全员管理办法。

2月1日　天津市农垦集团房地产开发建设有限公司更名为天津市农垦房地产开发建设有限公司。

2月14日　天津市北辰区委书记张盛如、北辰区区长高学忠带队到公司下属天津农垦金安投资有限公司开发的艺城华府项目调研指导工作，集团领导孟爱英、董景瑞和公司领导刘瑞成、卢震陪同。

2月25日　食品集团下达同意公司转让所持晟林房地产公司50%股权的批复。按照以2016年1月31日为基准日的资产评估结果挂牌价格，通过产权交易市场公开、规范、有偿转让。

2月26日　公司成立改革领导小组及改革办公室，下设改革工作办公室，改革办公室设在政工部。

3月2日　天津食品集团有限公司工会主席王华、副主席刘卿来到公司进行调研、走访。公司纪委书记、工会主席刘宗保就公司工会及所属基层工会的工作进行了汇报、王华主席、刘卿副主席对工作给予了具体指导。

3月10日　王继权任天津市农垦房地产开发建设有限公司副总经理，试用期1年。

3月14日　天津市国资委专家组一行3人到公司对晟林房地产公司股权转让资产评估工作召开资产评估专家评审会。天津食品集团有限公司资产管理部部长朱继明，公司党委书记、总经理刘瑞成，委托评估机构天津华天盛资产评估事务所有限公司负责人方文刚，审计机构天津中鼎会计师事务所负责人郭义民出席会议；集团公司资产部、公司总经办相关人员参加会议。

3月24日　公司成立招标工作专项领导小组，小组成员包括公司主要领导、各项目公司及经营单位主要负责人。该领导小组下设办公室，日常办公地点设在成本造价部。

3月24日　公司加强外事管理及领导干部因公、因私出国（境）管理工作，要求公司副科级以上干部的个人护照统一由公司管理。

3月31日　经集团董事会审议通过，刘瑞成兼任天津市农工商总公司双林公司总经理，郭剑新任公司监事会主席。免去孙忠公司副总经理职务，调离。

4月6日　集团下达同意天津市农垦出租汽车公司退出经营相关事项的批复，具体内容包括转让318部出租汽车经营管理权、出让天津市新世纪的士有限公司16.67％股权、清退天津市农垦出租汽车公司等事项。

4月12日　集团党委书记、董事长孟爱英，集团总经济师、农垦房地产公司董事长董景瑞带队深入公司下属天津市双发建筑工程有限公司党支部开展调研，听取基层党建工作汇报，召开党员座谈会，推动基层企业党组织开展"两学一做"学习教育，发挥好基层党组织"三个作用"。公司党委书记、总经理刘瑞成专题汇报了公司党建工作。公司领导刘宗保、卢震参加座谈会。

4月19日　公司调整领导班子成员分工。

4月25日　公司调整安全生产委员会成员。

4月　公司仕林苑项目荣获2015年度天津市建筑工程"海河杯"奖。在仕林苑29～37号楼、地下车库工程获得天津市安全文明工地及"结构海河杯"奖的基础上,工程质量历经3年时间的考验,喜获天津市建筑业协会组织评审并颁发的2015年度天津市建筑工程"海河杯"奖。

4月　公司推动落实食品集团《进一步深化党员主题实践活动的通知》,深入开展"两学一做",落实"我是党员我承诺"和"五好"党支部创建活动,加强规范党员活动室建设意见,推动各党支部规范阵地建设。

5月　公司在全体党员中开展"学党章党规、学习系列讲话、做合格党员"活动。

6月21日　公司表彰"七一"优秀党员、优秀党务工作者、先进党支部。经公司党委研究决定:授予潘征等14名党员优秀党员荣誉称号,授予周红、田明哲优秀党务工作者荣誉称号,授予公司机关党支部、物业公司党支部先进党支部荣誉称号。

6月23日　成立天津农垦红旗房地产开发有限公司党支部。

6月28日　董旺林、刘文潮、盛英瑞获得集团级优秀共产党员称号,冯欣、孙团起获集团级优秀党务工作者称号,天津市双发建筑工程有限公司党支部获集团级先进党组织称号。

6月30日　调整公司领导班子分工。

6月　公司党委结合集团关于在基层党组织中深入开展"五好"党支部创建活动实施意见的通知,认真组织各党支部开展创建活动。

7月1日　公司与仁恒发展(天津)有限公司共同签署股权转让协议,共同开发建设河西区解放南路3宗土地。集团领导和房地产公司主要领导出席签约仪式,《天津食品集团报》于2016年7月15日刊登该消息。

7月4日　公司调整安全生产委员会成员,安全生产委员会办公室设在劳资安技部。

7月25日　聘任刘瑞成为公司总法律顾问。

7月26日　经集团董事会审议通过:王继权任公司副总经理,试用期1年。

7月 为做好每年"八一"拥军优属慰问活动,规范慰问标准,公司出台《关于"八一"建军节慰问退伍、复员军人等标准的规定》。

8月8日 依据《关于中国共产党党费收缴、使用和管理的规定》和公司实际情况,公司出台《党员申请党费减免的规定》。

8月12日 天津食品集团党委副书记、总经理郝非非到公司农垦津奥文化广场、博纳影城检查指导安全工作。集团总经理办公室主任陈继江,公司党委书记、总经理刘瑞成等陪同检查。

8月26日 为贯彻天津市"加大公有住房出售"的政策精神,结合天津市农工商总公司双林公司实际,针对产权属于双林公司所有的小海地海翔公寓、珠峰里、三水南里企业产房屋,经总经理办公会研究,同意在现有承租自愿的前提下出售双林公司所持有企业房屋产权,并报食品集团备案。

8月30日 满峄峰任公司总工程师(聘任制),张杰任天津食品集团外派公司财务总监(聘任制)。

8月30日 根据公司改革进程,撤销天津市农垦出租汽车公司党支部,原天津市农垦出租汽车公司党支部全体党员并入天津市双林裕达机械工程公司党支部。

9月1日 农垦房地产公司注册资本由3000万元增至到10000万元,以资本公积和盈余公积转增实收资本方式增资。

9月6日 根据集团三项制度改革要求,公司出台《规定薪酬改革方案》。

9月20日 公司调整部分领导班子成员分工。

9月21日 天津食品集团同意天津农垦宏达有限公司将持有的天津燊辉电力工程有限公司20%的国有股权,依据2016年8月31日审计结果,协议转让给天津市农垦房地产开发建设有限公司。

9月21日 天津市农工商总公司双林公司吸收合并天津市双林裕达机械工程公司。

9月21日 天津食品集团同意将天津市双发建筑工程有限公司持有的天津市农垦物业管理有限公司20%的国有股权无偿划转给天津市农垦房地产开发建设有限公司。按照要求,划转基准日为2016年6月30日。

9月27日 公司组织开展"弘扬红色传统,决胜全面小康"主题教育。

9月27日　天津市农垦房地产开发建设有限公司机关党支部、天津市双发建筑工程有限公司党支部、天津市双林水电安装工程有限公司党支部、天津市农垦物业管理有限公司党支部、天津市裕达机械工程有限公司党支部、天津长远嘉和置业有限公司党支部、天津农垦文化产业投资有限公司党支部、天津农垦红旗房地产开发公司党支部，天津市农垦房地产开发建设有限公司离退休党支部、天津市红港绿茵花草有限公司党支部完成换届工作。

9月29日　张杰任公司外部董事，袁庆任天津东方实业公司外部董事。

9月30日　天津食品集团公司党委书记、董事长孟爱英和集团公司总经济师、房地产公司董事长董景瑞等一行人深入天津农垦金安投资有限公司投资开发的北辰金地艺城华府项目施工现场，进行建筑工地安全生产大检查，公司党委书记、总经理刘瑞成陪同。

10月8日　集团同意公司党委报送的《关于天津市红港绿茵花草有限公司换届选举结果的批复》。

10月8日　根据集团公司"关于做好企业改革工作"的相关要求，经公司研究决定，调整公司改革领导小组及改革办公室，改革办公室设在政工部。

10月21日　公司成立全面预算管理工作领导小组。

11月3日　公司党委组织全公司100余名在职党员到天津博物馆参观"永远的长征——纪念红军长征胜利80周年"主题展览。

11月3日　公司党委书记、总经理刘瑞成当选天津市河西区第十七届人民代表大会代表。

11月10日—12月9日　天津食品集团巡察工作领导小组对公司开展常规巡察。

12月9日　公司学习贯彻党的十八届六中全会精神宣讲会在农垦博纳影城6号厅召开。

12月21日　刘宗保任公司党委副书记。

● 2017年　1月18日　刘瑞成任公司董事长，免去其公司总经理职务。董景瑞不再兼任公司董事长。

1月26日　张杰任公司外部董事。

2月10日　刘瑞成兼任天津农垦东方实业有限公司党总支委员、书记，马清华兼任公司党委委员、副书记。刘瑞成兼任天津农垦东方实业有限公司董事长，马清华兼任公司总经理。张杰兼任天津农垦东方实业有限公司外部董事、天津食品集团外派天津农垦东方实业有限公司财务总监（聘任制）。

2月13日　公司下属天津长远嘉和置业有限公司投资的宝坻区金水湾花园三期湖景园项目举行开工盛典，出席开工典礼的主要领导有天津渤海农业集团董事长徐宝梁，天津渤海农业集团总经理李景龙，公司党委书记、董事长刘瑞成，公司党委副书记、总经理马清华，公司党委副书记、纪委书记、工会主席刘宗保，公司副总经理王继权等。此次庆典由公司党委委员、副总经理卢震主持。

2月23日　公司调整党政领导班子成员分工工作。王继权分管天津市农垦物业管理有限公司，刘宗保不再分管天津市农垦物业管理有限公司。

2月25日　成立天津市晟林房地产开发有限公司党支部。

3月8日　天津食品集团党委常委、总经济师董景瑞等深入房地产公司金水湾三期项目检查工作，公司党委书记、董事长刘瑞成，党委副书记、总经理马清华，长远嘉和置业有限公司领导和渤海农业公司领导陪同检查。

3月14日　公司为支持天津市政府迎办全运会"净化亮化改革提升工程"部署，发扬"顾大局、能吃苦、讲奉献"的传统作风，从3月14日16时接到搬迁通知，到3月15日21时30分，公司本部就已迁入临时办公地解放南路项目35号地施工板房，并在3月16日开始拆除公司旧办公楼。

3月15日　公司成立"迎全运、保安全"安全工作领导小组。

3月16日　董景瑞不再兼任天津市农垦房地产开发建设有限公司董事长职务。刘瑞成任天津市农垦房地产开发建设有限公司董事长，兼任天津农垦东方实业有限公司董事长，免去其天津市农垦房地产开发建设有限公司总经理职务。马清华兼任天津市农垦房地产开发建设有限公司总经理。张杰兼任天津农垦东方实业有限公司外部董事，天津食品集团外派天津农垦东方实业有限公司财务总监（聘任制）。

4月5日　公司开展不作为不担当问题专项治理，重点治理10个方面。专项治理时间从4月持续到12月。

4月7日　公司调整安全委员会成员。

4月11日　马清华兼任公司董事。

4月13日　天津食品集团党委书记、董事长孟爱英到公司开展以牢固树立"四个意识"为主题的宣讲活动。公司、天津农垦东方实业有限公司中层及以上领导干部及部分党员代表100余人在农垦博纳影城6号厅参加会议。

4月17日　公司开展牢固树立"四个意识"主题宣讲活动。

4月19日　公司临时办公地点再次搬迁至解放南路与外环线交口38号地临时办公区。

4月21日　天津食品集团党委书记、董事长张勇带队到公司调研，并现场督导环境整治工作，重点是全运村周边双林农牧场等地块。同时，到晟林公司、金地艺城华府等项目调研。集团领导董景瑞、公司领导班子成员陪同参加。

4月28日　公司及天津农垦东方实业有限公司获得2016年度天津食品集团通联工作先进单位称号，盛英瑞、汪胄千获2016年度天津食品集团优秀通讯员称号。

5月15日　公司出台《开展"不作为不担当"问题专项治理的实施办法》。

5月15日　公司出台《推进"两学一做"学习教育常态化制度化工作的实施意见》。

5月25日　公司开展"维护核心、铸就忠诚、担当作为、抓实支部"主题教育实践活动，主要分三个专题：专题一为增强"四个意识"，坚决维护和捍卫习近平总书记的核心地位；专题二为坚持"四个服从"，以坚毅如铁的信念诠释对党的绝对忠诚；专题三为学习贯彻党的十九大精神，为公司干事创业担当作为。

5月31日　公司成立市委巡视组巡视反馈意见问题整改工作领导小组。

6月6日　公司将持有的天津铭信嘉德小额贷款有限公司10％的国有股权无偿划转给天津食品集团有限公司。

6月12日　天津市双发建筑工程有限公司对天津市双林水电安装工程有限公司实施吸收合并。

7月3日　公司调整保密委员会成员。

7月3日　公司成立普法领导小组。普法领导小组下设办公室。

7月5日　天津食品集团党委书记、董事长张勇向天津市委副书记、市长王东峰汇报双林农牧场区域环境综合治理工作，并现场查看人人乐超市、伸和铸造公司所在地块治理情况。公司党委书记、董事长刘瑞成，党委副书记、总经理马清华，副总经理王继权陪同汇报检查。

7月5日　公司表彰先进共产党员、先进基层党支部。授予苏建杰等16名党员先进共产党员荣誉称号，授予公司文化公司党支部、双发公司党支部、物业公司党支部先进基层党支部荣誉称号。

7月8日　公司及天津农垦东方实业有限公司组织中层及以上领导干部、先进党员及预备党员80余人参观杨柳青石家大院廉政教育基地。

7月11日　集团表彰食品集团系统"五好"党支部创建先进组织单位，天津市农垦房地产开发建设有限公司党委获此荣誉。天津农垦文化产业投资有限公司党支部获"五好"党支部标兵集体称号。

7月13日　天津食品集团党委书记、董事长张勇一行到公司下属长远公司负责的金水湾三期工地现场检查指导工作。食品集团党委常委、副总经理张庆东，党委常委、总经济师董景瑞，公司党委书记、董事长刘瑞成陪同检查。

7月19日　撤销天津市双林水电工程安装有限公司党支部，该支部党员关系转入天津市双发建筑工程有限公司党支部。撤销天津市双林水电工程安装有限公司，该公司人员、资产、债务并入天津市双发建筑工程有限公司，按照账载价值进行吸收合并，合并日期为2017年10月31日。

7月　公司修订党委会议事规则。

8月1日　公司与天津金利保房地产信息咨询有限公司合资成立天津金垦置业有限公司（以工商登记为准），其中公司出资1500万元，占股50%。出资资金自筹。

8月8日　免去刘瑞成天津红港绿茵花草有限公司副董事长、董事职务，王继权任公司副总经理职务（试用期满正式任职）。

8月16日　变更天津金垦置业有限公司股权结构及治理结构。公司出资1500万元变更为1200万元，占股40%；天津金利保房地产信息咨询有限公司出资1800万元，占股60%。法定代表人由天津金利保房地产信息咨询有限公司委派。

8月18日　经食品集团党委研究决定，天津市红港绿茵花草有限公司党的工作不再由公司党委管理，变更为由天津农垦渤海农业集团党委管理。

9月14日　公司、天津农垦东方实业有限公司在天津经贸学校学术报告厅举办"喜迎党的十九大、坚定不移跟党走"文艺展演。

9月19日　公司向集团申请注销下属单位天津农垦金地置业有限公司。

9月28日　公司获得天津食品集团第十三届全运会服务保障工作先进集体荣誉称号，宋华楠获先进个人荣誉称号。

10月13日　天津食品集团党委书记、董事长张勇，党委常委、总经济师董景瑞等到公司红桥酒店项目现场检查工作，公司党委书记、董事长刘瑞成，党委副书记、总经理马清华等陪同。

10月13日　食品集团批复，同意将共青团天津市农垦房地产开发建设有限公司委员会调整为共青团天津市农垦房地产开发建设有限公司总支部委员会。

10月18日　公司成立社会管理综合治理工作领导小组。领导小组下设办公室，办公室成员部门包括信访保卫部、政工部、纪委、总经理办公室、劳资安技部、工会。

10月　公司企业内刊由《双林报》更名为《农垦地产》。

11月7日　公司建立履行全面从严治党主体责任领导小组，领导小组下设办公室，设在公司政工部。成立天津市农垦房地产开发建设有限公司党风廉政建设责任制领导小组，领导小组下设办公室，设在公司纪委。

11月10日　公司调整"三重一大"领导小组成员，该领导小组下设"三重一大"工作办公室。

11月27日　调整公司党政领导班子成员分管工作。

12月11日　聘任王继权为公司总法律顾问，刘瑞成不再担任公司总法律顾问。

12月25日　天津全运会组委会主任杨琳到晟林公司，代表组委会向公司下属天津市晟林房地产开发有限公司颁发第十三届全运会全运村优秀服务团队荣誉证书。

12月26日　公司成立中层管理干部年度考核小组。

12月27日　公司出台废止原离岗休养管理办法的文件。

12月30日　公司、天津农垦东方实业有限公司召开2017年度中层及以上干部工作述职评议考核会议，共计80余人参加会议。

12月　公司工会被天津市总工会评为2015—2016年度天津市模范职工之家。

● **2018年**　1月11日　根据公司改革实际情况，经党委研究决定，成立中共天津市农工商总公司双林公司综合服务部支部委员会。

1月17日　成立天津市农垦房地产开发建设有限公司国家安全小组。

1月29日　公司出台《推进所属单位与街道社区党建共驻共建互联互动的意见》。

1月29日　公司表彰2017年度通联工作先进单位、优秀通讯员、工会积极分子、先进工作者、优秀安全员、优秀共青团员。

2月28日　公司出台"讲好天食故事"宣传推广工作计划，宣传重点围绕以下五个主题：①新春佳节共团圆，天食产品齐拜年；②履行国企责任，展现天食担当；③凝聚正能量，天食展风采；④线上线下齐拓展，助推天食大发展；⑤党建社区双报到，天食服务到万家。

3月1日　食品集团党委书记、董事长张勇带队到公司进行工作调研，集团总经济师董景瑞、集团财务部部长刘佩云、财务部孙建波随行。张勇听取了公司党委书记、董事长刘瑞成和党委副书记、总经理马清华的工作汇报，并针对房地产公司2018年工作提出工作要求。公司党委副书记、纪委书记、工会主席刘宗保，副总经理王继权，政工部主任，总经理办公室主任列席参加。

4月13日　为推进集团整合重组以及企业深化改革，经集团公司2018年第2次董事会会议研究决定，以2017年12月31日为基准日，将天津市农工商总公司双林公司所持有的天津市农垦房地产开发建设有限公司20％的股权无偿划转至天津食品集团有限公司。

4月18日　食品集团表彰2017年度通联工作先进单位、优秀通讯员。优秀单位：天津市农垦房地产开发建设有限公司、天津农垦东方实业有限公司；优秀通讯员：李明伟、郝萌。

4月20日　公司成立法治建设领导小组。该领导小组下设办公室，日常工作由总经理办公室承担。

4月24日　公司成立不作为不担当专项治理三年行动领导小组和办公室。

4月　按照集团部署，公司党委推动深化"五好"党支部创建活动。

5月3日　公司召开不作为不担当问题专项治理三年行动动员会，出台《不作为不担当问题专项治理三年行动方案（2018—2020年）》。

5月18日　公司成立意识形态工作领导小组。该领导小组下设办公室，设在公司政工部，综合协调日常工作。

5月21日　天津食品集团颁发天食创新奖，潘征获天食创新个人（经营管理类）奖励。

5月24日　公司出台《天津市农垦房地产开发建设有限公司重点岗位廉洁风险防控工作实施方案》。公司成立重点岗位廉洁风险防控工作领导小组和办公室。

6月1日　公司成立天津市农垦房地产开发建设有限公司舆情应对工作领导小组，下设办公室在公司政工部。

6月20日　公司、天津农垦东方实业有限公司在天津农垦东方实业有限公司26号楼会议室召开领导干部警示教育大会，80余人参加会议。

6月25日　公司推选先进党支部、优秀党员，表彰邢军瑞等20名优秀党员，表彰双发公司党支部、文化公司党支部、晟林公司党支部3个先进党支部。

6月25日　公司出台《推进"两学一做"学习教育常态化制度化中进一步深化"维护核心，铸就忠诚、担当作为、抓实支部"主题教育实践活动实施方案》。

6月25日　公司对天津农垦东方实业有限公司实施托管，天津农垦东方实业有限公司不再作为天津食品集团有限公司直接监管企业。托管期间，天津农垦东方实业有限公司财务、资产由房地产公司统一管理，有关报表由公司上报，其薪酬管理由公司参照天津食品集团有限公司薪酬管理有关办法执行，原天津农垦东方实业有限公司管理的公司仍由其继续管理。

6月27日　天津食品集团党委常委、总经济师董景瑞，集团总经理助理、红光公司党委书记、董事长毕国生到红旗保障房项目现场召开工作分析会。在听取了公司党委副书记、总经理马清华对红旗保障房项目的工作汇报后，董景瑞对该项目的棚户拆迁、土地办证、建委计划、采购招标等工作进行了周密部署，明确了时间和责任人。

6月27日　食品集团表彰系统优秀共产党员、优秀党务工作者、先进基层党组织。优秀党员：孙团起、王鑫淼、丁云庆；优秀党务工作者：周红、汪胄千；先进基层党组织：中共天津市双发建筑工程有限公司支部委员会。

6月　成立天津农垦兴港房地产开发有限公司。

7月5日　公司、东方公司在农垦博纳影城6号厅召开"农垦房地产公司、东方实业公司庆祝建党97周年表彰大会"。

7月18日　天津食品集团党委常委、副总经理张军带队，就公司及天津农垦东方实业有限公司年中项目投资情况进行调研。集团规划与投资部部长闫法立及相关人员陪同调研，公司党委书记、董事长刘瑞成，党委副书记、总经理马清华，党委委员、副总经理卢震，总工程师满峰峰，天津农垦东方实业有限公司副总经理郭旭东，公司相关部室负责同志参加汇报。

7月26日　公司调整"清理政治小金库"领导小组和办公室，具体工作由公司纪委负责。

7月26日　公司党委会研究决定，成立公司客户服务中心（副科级部门）。

7月26日　集团党委研究决定：天津农垦东方实业有限公司党的工作和干部管理工作由公司党委管理。

8月2日　免去郭剑新公司监事会主席职务。

8月7日　刘东明任天津农垦东方实业有限公司副总经理，免去其天津农垦东方实业有限公司副总经理调研员职务。

8月13日　成立天津农垦兴港房地产开发有限公司。

8月13日　公司成立统战工作领导小组，组长为公司主要领导，成员为政工部、纪委、工会、劳资安技部。该领导小组办公室设在政工部。

8月17日　公司对天津市农工商总公司双林公司实施托管。天津市农工商总公司双林公司实施公司制改制后，继续由公司托管。

8月22日　食品集团党委书记、董事长张勇到公司下属单位晟林公司解放南路38号地块项目现场指导工作，公司党委副书记、总经理马清华陪同。

9月8日　农垦房地产公司启动关于落实食品集团"滚石上山、担当作为，大干 150 天"活动。

9 月 26 日　免去付振昌天津农垦东方实业有限公司副总经理职务，另有任用。免去郭建新公司监事会主席（正职职级）、天津农垦东方实业有限公司监事会主席（正职职级）职务。

9 月 29 日　公司召开公司党委、纪委换届选举党员大会，选举产生了新一届党委委员、纪委委员。新一届委员上报食品集团批复。

10 月 1 日　天津食品集团同意天津市农工商总公司双林公司实施公司制改制，改制后名称以行政许可部门审核通过为准。该公司注册资金为3650 万元，投资方为天津食品集团有限公司，持股 100%。

10 月 11 日　因企业发展需要，天津农垦文化产业投资有限公司更名为天津农垦商业运营管理有限公司，中共天津农垦文化产业投资有限公司支部委员会更名为中共天津农垦商业运营管理有限公司支部委员会。

10 月 13 日　公司党委与太湖路街道开展共建活动。农垦房地产公司党委参与太湖路街道党工委、办事处组织的共建活动——"歌颂改革开放40 周年暨'庆国庆　迎重阳'"文艺演出，公司党委副书记、纪委书记、工会主席刘宗保同志参加了本次活动。

10 月 22 日　为宣传改革开放取得的丰硕成果，公司组织开展"庆祝改革开放 40 周年"主题文艺展演活动。公司党委副书记、总经理马清华，党委副书记、工会主席刘宗保等参加活动。

10 月 29 日　公司在农垦博纳影城举办学习习近平新时代中国特色社会主义思想专题讲座，邀请中共天津市委党校副校长、天津行政学院副院长徐中做了以"新时代　新思想　新境界　学习习近平新时代中国特色社会主义思想"为主题的专题辅导。公司领导班子成员、全体中层正副科级干部、全体党员、全体发展对象及积极分子共计 240 余人参加。

10 月 31 日　食品集团批复公司换届选举。中共天津市农垦房地产开发建设有限公司委员会由刘瑞成、马清华、刘宗保、林继贤、王继权、卢震、刘东明 7 人组成，刘瑞成任委员会书记，马清华、刘宗保任委员会副书记。中共天津市农垦房地产开发建设有限公司纪律检查委员会由林继贤、周红、丁云庆、杨艳征、孙团起 5 人组成，林继贤任纪律检查委员会书记，周红任纪律检查委员会副书记。

11月7日　公司出台进一步深化"五好"党支部创建活动实施方案。

11月7日　王继权任天津市农工商总公司双林公司法定代表人、执行董事、经理，刘瑞成不再担任天津市农工商总公司双林公司党委书记、总经理、法定代表人。

11月12日　集团党委书记、董事长张勇，集团党委常委、总经济师董景瑞，总经理助理、副总会计师孙军和集团相关部室负责人一起到公司调研指导工作，参观仁恒公园世纪销售中心和项目现场。张勇书记听取了公司领导班子工作汇报，对公司工作给予肯定，并提出下一步工作要求。公司领导班子全体参加。

11月18日　公司出台《关于在加强基层党支部建设中实施"六大红色工程"的方案》。

11月18日　根据工作需要，经公司党委研究决定，撤销中共天津农垦东方实业有限公司总支部委员会，相关人员党内职务自行解除。天津农垦东方实业有限公司党总支所属4个党支部调整为2个党支部：保留华北城党支部，项目党支部并入华北城党支部，免去相关人员党内职务，项目党支部党员组织关系划转至华北城党支部，华北城党支部更名为中共华北城（天津）投资有限公司支部委员会，成立中共天津农垦东方实业有限公司支部委员会。撤销党群党支部和行政党支部，相关人员党内职务自行解除，党群党支部和行政党支部党员组织关系划转至中共天津农垦东方实业有限公司支部委员会。调整后的2个党支部——中共华北城（天津）投资有限公司支部委员会和中共天津农垦东方实业有限公司支部委员会由农垦房地产公司党委统一管理。

11月19日　公司党委成立集中整治形式主义官僚主义工作领导小组。

12月3日　刘宗保任天津农垦东方实业有限公司董事，林继贤任公司监事会主席（副职职级），刘东明任公司副总经理，郭旭东公司副总经理，卢震任天津农垦东方实业有限公司副总经理，王继权任天津农垦东方实业有限公司副总经理，满峄峰任天津农垦东方实业有限公司总工程师（聘任制），刘佩云任天津农垦东方实业有限公司外部监事。

12月3日　免去刘瑞成天津农垦东方实业有限公司党总支书记、委员职务，免去马清华天津农垦东方实业有限公司党总支副书记、委员职务，免去刘宗保公司纪委书记职务。林继贤任公司纪委书记，免去其天津农垦东方实业有限公司党总支副书记、委员、纪律检查委员、工会主席职务。

12月10日　集团调整部分企事业党组织。撤销中共天津农垦东方实业有限公司总支部委员会，天津农垦东方实业有限公司党总支所属支部由公司党委管理。

12月12日　天津市河西区规划局党组书记、局长刘庆文一行到公司仁恒公园世纪项目参观考察，公司党委委员、副总经理卢震陪同接待。

12月27日　牛国跃任公司、天津农垦东方实业有限公司副总经理，试用期1年。郑杰任天津食品集团外派公司、天津食品集团外派天津农垦东方实业有限公司财务总监，试用期1年。

12月30日　公司组织召开2018年度公司中层及以上行政领导干部工作述职评议考核会议，公司全体中层及以上行政领导干部共计80余人参会。

12月　公司青年骨干第一期、第二期学习培训班圆满结束。农垦房地产公司党委安排公司40岁以下在岗骨干员工分批到沈阳阳光100青年干部学校进行为期8天的封闭式培训，两期共73名学员全部毕业。

● 2019年　1月4日　公司工程信息化管理BIM平台上线启动会召开，公司及广联达科技股份有限公司天津分公司有关负责人出席。公司工程信息化管理BIM平台的启动上线，标志着公司向着全面建设现代化房地产开发企业的新目标迈出了坚实的一步。

1月17日　调整公司党委委员分工。

1月17日　调整公司机关部室设置。公司机关部室设置如下：党委办公室负责党办、组织、党建巡查、宣传、企业文化、政研、中层考核、保密、民兵武装、离休老干部、离退休党支部等；董事会办公室负责公司董事会、改革等；纪委负责公司纪检监察、廉洁风险防控、党建巡查、纪委工作检查等；工会负责公司工会、共青团、统战工作；总经理办公室负责行政办公、后勤事务、企业发展运营、规划、资产、土地、房产管理、信息化建设等；东方实业公司综合办公室负责东方实业公司综合事务工作，按集团管控条线，设置各类条线专员，按照条线汇总相关数据，上报公司相关分管部门；人力资源部负责公司人力资源、劳动薪酬、员工培训、管理、考核等；安全环保一部负责农垦房地产公司安全环保工作，并负责向集团公司汇总报批等事务；安全环保二部负责东方实业公司土地看管工作，以就近管理原则，按照划定的区域公司及项目，负责日常管理工作，履行安全职责；财务部负责公司计划财务工作等；设计部参与项目规划设计，负责设计管理、项目的论证策划支持；成本运营部负责公司项目开发成本管控等；工程管理部负责公司工程建设的管控、工程管理体系建设与维护及各项检测工作等；前期部负责公司所开发项目的政府报批手续及规划部门的报审、项目勘察等相关工作；投资拓展部负责公司投资管理、土地拓展等工作；营销中心负责公司房屋销售、营销策划、树立品牌等；审计部负责公司审计工作；法务部负责公司法务工作；信访保卫部负责公司信访保卫工作等。新部室设置后，干部在房地产公司、东方实业公司所任原部室职务自行解除，其在各党支部和企业所任职务不变。

1月17日 撤销天津市农工商总公司双林公司综合服务部。原天津市农工商总公司双林公司已更名为天津市农垦双林劳务服务有限公司，天津市农工商总公司双林公司综合服务部人员、资产、债务并入天津市农垦双林劳务服务有限公司，干部原在天津市农工商总公司双林公司综合服务部所任职务自行解除。

1月17日 中共天津市农工商总公司双林公司综合服务部支部委员会更名为中共天津市农垦双林劳务服务有限公司支部委员会。

1月18日 调整公司党政领导班子成员分管工作。

1月21日 公司全体领导班子成员、各党支部书记、党务工作者、政工部等同志到农垦红旗房地产公司新建的"六大红色工程"阵地进行学习观摩交流。

1月21日 调整公司社会管理综合治理工作领导小组。该领导小组下设办公室，办公室成员部门包括信访保卫部、党委办公室、纪委、总经理办公室、人力资源部、工会。

1月29日 公司表彰2018年度先进工作者、优秀通讯员、工会积极分子。

1月30日 牛国跃任公司副总经理、天津农垦东方实业有限公司副总经理，试用期1年。郑杰任天津食品集团外派公司、天津食品集团外派天津农垦东方实业有限公司财务总监，试用期1年。

2月1日　公司在农垦博纳影城会议室召开2018年度民主生活会，天津食品集团有限公司党委常委、总经济师董景瑞全程参加并予以指导，天津食品集团有限公司纪委副书记高同喜以及集团督导组、监督组陪同。会议由公司党委书记、董事长刘瑞成主持，公司党委办公室、纪委相关工作人员列席。

2月14日　天津食品集团经济适用房项目的开工动员大会暨天津农垦红旗房地产开发有限公司主题党日活动，在天津农垦红旗房地产开发有限公司举行。天津农垦红光有限公司党委书记李洪春，天津农垦红光有限公司总经理杨国武，公司党委书记、董事长刘瑞成，公司党委副书记、总经理马清华，天津市建筑设计院副院长王一心，天津市建筑设计院副院长刘祖玲等领导参加开工动员会。

2月22日　天津市第二次全国污染源普查领导小组成员郭福吉、河西区副区长李龙等一行到公司下属晟林公司仁盛花园项目检查环保工作落实情况，公司领导马清华、卢震陪同。

2月25日　公司召开2018年度党建述职评议考核会议。公司领导班子成员、公司党务部门正副部长、各党支部正副书记及群众代表共计65人参加会议，食品集团党委委员、工会副主席、群团部（统战部）部长高德君指导会议并讲话。公司11名党支部书记进行述职，并接受公司党委委员的现场点评。述职结束后，11名党支部书记接受了与会人员的现场民主测评。

3月13日　天津市河西区委书记李学义、河西区副区长李龙一行到公司下属晟林公司仁盛花园项目检查指导工作，河西区消防、建委、安监等部门人员参加，公司主要领导陪同。同日，天津食品集团党委委员、总经济师董景瑞率食品集团土地房产部负责人一行到公司下属晟林公司仁盛花园项目检查指导工作，公司党委书记、董事长刘瑞成，党委副书记、总经理马清华，党委委员、副总经理卢震及晟林公司主要负责人陪同检查。

3月19日　经集团党委研究批准：郑杰任公司二级外派财务总监、外部董事，天津农垦东方实业有限公司二级外派财务总监、外部董事，免去张杰天津食品集团外派公司财务总监、外部董事，天津食品集团外派天津农垦东方实业有限公司财务总监、外部董事职务。郭旭东任天津市农垦房地产开发建设有限公司，天津农垦东方实业有限公司副总经理（试用期满正式任职）。

3月20日　出台公司开展党建和经营工作监督实施方案。

3月28日　天津食品集团将双林公司股权无偿划转至公司。经集团公司2019年第4次董事会会议研究，决定将以2018年12月31日为基准日的审计值作为依据，把集团公司持有的天津市农垦双林劳务服务有限公司100％的股权无偿划转给公司。同意取消公司对天津市农垦双林劳务服务有限公司的托管关系。

4月17日　集团同意公司与渤海农业集团合资设立天津渤海农业稻香小镇置业有限公司（以工商登记为准），开发宝坻区田园综合体项目。公司出资10000万元，占股50％；天津渤海农业集团出资10000万元，占股50％。

4月22日　公司调整意识形态工作领导小组，该工作领导小组负责人为公司领导，小组成员为各部室负责人、各项目公司负责人、各党支部书记。领导小组下设办公室，办公室设在公司党委办公室，综合协调日常工作。

4月23日　公司召开扫黑除恶专项斗争"打伞破网"工作部署推动会，农垦房地产公司党委副书记、工会主席刘宗保出席会议并讲话，公司各部室负责人、基层单位党政负责人参会。

4月23日　公司调整安全生产委员会成员。

4月25日　天津食品集团党委常委、总经济师董景瑞带领土地房产部副部长郑树志等到公司下属晟林公司开展商品房项目调研工作，并召开座谈会，公司党委副书记、总经理马清华，党委委员、副总经理卢震参会。

5月9日　天津食品集团有限公司党委常委、总经济师董景瑞带领土地房产部相关负责同志到公司下属长远公司宝坻金水湾花园三期项目现场检查指导工作，公司党委副书记、总经理马清华，长远公司、双发公司负责人陪同。

5月20日　公司下属天津农垦商业运营管理有限公司获得2018年度国资系统文明单位。

5月20日　成立中共天津农垦兴港房地产开发有限公司支部委员会。

5月20日　公司表彰优秀共产党员、先进党支部。经公司党委研究决定：授予王双健等21名党员优秀共产党员荣誉称号，授予农垦物业公司党支部、商业运营公司党支部、公司机关党支部先进党支部荣誉称号。

5月28日 公司成立人才工作领导小组。该领导小组下设办公室，办公室设在公司党委办公室，负责日常具体工作。

5月 公司下属双发建筑工程有限公司获2018年度天津食品集团有限公司工人先锋号，天津市农垦商业运营公司获2018年度天津食品集团有限公司五四红旗团支部，天津市晟林房地产开发有限公司谢晓璐获2018年度天津食品集团有限公司优秀共青团员称号、汪胄千获2018年度天津食品集团有限公司优秀共青团干部称号。

6月10日 公司党委开展"不忘初心、牢记使命"主题教育实践活动。

6月14日 天津食品集团表彰系统优秀共产党员、优秀党务工作者、先进基层党支部、先进基层党委、优秀共产党员标兵和先进党支部标兵。集团系统优秀共产党员：孙洪凤、李明伟；集团系统优秀党务干部：冯欣；集团系统先进基层党支部：中共天津市农垦物业管理有限公司支部委员会；集团系统先进基层党委：中共天津市农垦房地产开发建设有限公司委员会。

6月26日 天津食品集团表彰合作交流先进集体和"新时代新担当新作为"先进个人。农垦房地产公司下属天津市双发建筑工程有限公司郝晨宇获得天津食品集团"新时代新担当新作为"先进个人荣誉称号。

6月30日 公司成立巡察工作领导小组。该领导小组下设办公室，主任为林继贤，成员部室包括纪委、党委办公室、财务部、总经理办公室、审计部及公司机关相关部室。

6月30日 公司出台《深化三项制度改革实施方案》，重点是深化公司人事、劳动和分配制度的改革，增强企业活力和市场竞争力。

7月1日 公司在农垦博纳影城召开庆祝中国共产党建党98周年暨"不忘初心、牢记使命"主题教育动员会，公司领导班子成员、中层领导干部、全体党员、发展对象、积极分子共计200余人参加。

7月11日 天津食品集团党委常委、总经济师董景瑞到公司下属商业运营公司党支部交流学习，分享学习体会。公司党委书记、董事长刘瑞成，党委副书记、总经理马清华，副总经理牛国跃，总工程师满峄峰和商业运营公司全体党员一同参加。

7月22日　集团表彰2018年度天津食品集团通联工作先进单位、优秀通讯员。先进单位：天津市农垦房地产开发建设有限公司；优秀通讯员：王聃。

7月25日　天津食品集团党委副书记齐晓巍到公司下属天津农垦商业运营管理有限公司进行党建、经营工作调研，公司党委副书记、工会主席刘宗保，副总经理牛国跃和天津农垦商业运营管理有限公司相关负责人参加研讨会议。同日下午，天津食品集团外部董事强志源教授，马克伟律师，集团董事会秘书、董事会办公室主任周京华到公司进行调研指导工作，公司党委书记、董事长刘瑞成，党委副书记、总经理马清华，财务总监郑杰，公司董事会办公室和总经理办公室负责人参加调研。

7月29日　天津食品集团党委常委、总会计师张发洪和财务部部长刘佩云到公司进行调研指导工作，公司党委书记、董事长刘瑞成，党委副书记、总经理马清华，财务总监郑杰及相关部室参加调研。

8月1日　公司召开警示教育大会暨廉政党课，公司领导班子成员和全体中层干部80余人参加会议。纪委书记林继贤通报典型案例，党委书记、董事长刘瑞成讲廉政党课。

8月20日　天津食品集团工会副主席带领集团宣讲团到公司进行"不忘初心、牢记使命"先进事迹宣讲活动，农垦房地产公司、壳牌公司、饮服公司3家企业220余名党员干部参加此次宣讲活动。

8月30日　公司启动将第一冷冻厂改造成为文化创意产业园的项目，成立天津天食创文开发有限公司。

8月　公司各党支部开始进行换届工作。

8月　尹伊获天津市应急管理局举办的天津市第四届"安全在我心中"演讲比赛二等奖。

9月12日　公司按照《天津市人民政府办公厅转发市国资委市财政局关于中央驻津企业和天津市国有企业职工家属区"三供一业"分离移交工作实施方案的通知》等要求，经与天津市房地产信托集团有限公司协商，达成一致意见：原天津市农工商总公司双林公司（现天津市农垦双林劳务服务有限公司）名下的河西区海翔公寓、先登里、珠峰里、三水南里，以及原天津市农垦集团房地产开发建设有限公司（现农垦房地产公司）名下的贵山里、云山里等六片区，共计1426房屋（不含底商和云山里

90 门 208－211），建筑面积 82096.08 平方米，企业产住宅移交房信集团，并报集团审批。

9 月 20 日　公司开展"不忘初心、牢记使命"重走红军长征路主题党日活动，公司全体党员干部 120 余人到辛口镇第六埠村重走红军长征路红色教育基地参加活动。

9 月 23 日　天津食品集团纪委书记李敬忠和纪委监察部的同志到公司下属晟林公司项目公园世纪现场进行了解、调研、指导，之后听取工作汇报。公司党委书记、董事长刘瑞成，党委副书记、总经理马清华，党委副书记、工会主席刘宗保，党委委员、纪委书记林继贤，党委委员、副总经理卢震等参加调研会议。

9 月 28 日　天津食品集团党委书记、董事长张勇，食品集团党委常委、总经济师董景瑞一行到公司北辰职工经济适用房项目进行视察指导。

9 月 28 日　公司下属天津长远嘉和置业有限公司投资的宝坻区金水湾花园三期湖景园项目正式交房。公司党委书记、董事长刘瑞成，党委副书记、总经理马清华一行和渤海农业集团党委书记、董事长徐宝良，党委副书记、总经理袁思堃等来到宝坻区金水湾花园三期项目交房现场，出席仪式并指导交房工作。

10 月 10 日　天津食品集团党委书记、董事长张勇，党委常委、副总经理张庆东和集团董事会办公室负责人到宝坻金水湾花园第三期项目进行视察，公司党委书记、董事长刘瑞成等和渤海农业集团相关领导陪同。

10 月 17 日　北辰区委常委、常务副区长高平武，北辰区副区长胡学春到公司下属天津农垦红旗房地产开发有限公司负责的天津食品集团经济适用房项目现场进行调研。北辰区城管委、建委、环保局等负责人陪同，公司党委副书记、工会主席刘宗保参加。

10 月 18 日　公司对天津食品集团有限公司持有的天津森泰壹佰置业投资有限公司 48％的股权实施托管，由公司代表食品集团对天津森泰壹佰置业投资有限公司进行监管。

10 月 30 日　公司下属天津市农垦物业管理有限公司员工田明哲获首届"天食杯"论文评选优秀奖。

10 月 31 日　天津食品集团"喜迎国庆、祝贺建企 70 周年"首届职工运动会在经贸学校举行，公司工会组织职工积极参加并获多项比赛好成绩，公司工会获优秀组织奖。

11月1—2日　公司组织优秀共产党员赴北京红色革命教育基地开展学习活动。

11月14日　公司成立党风廉政建设和反腐败工作协调小组。

12月20日　公司召开工会第四届第一次会员代表大会，圆满完成了工会换届选举工作。

12月30日　公司党委副书记、总经理马清华主持召开天津燊辉电力科技股份有限公司划转公司对接工作会议。

12月　根据食品集团党委的统一部署，天津燊辉电力科技股份有限公司（简称燊辉公司）股权由宏达公司占股80%、房地产公司占股20%调整为房地产公司占股100%。

2020年

1月9日　集团总经理助理毕国生、集团土地房产部部长袁庆及部门相关人员到公司调研指导工作，公司党委书记、董事长刘瑞成，党委副书记、总经理马清华及公司班子其他成员共同参加。

1月12日　农垦房地产公司印发对2019年度先进工作者、优秀通讯员、工会积极分子的表彰决定：授予林连松等39人2019年度先进工作者荣誉称号，授予王聘等7人2019年度优秀通讯员荣誉称号，授予闫晨等58人2019年度工会积极分子荣誉称号。

1月19日　集团党委书记、董事长张勇带队深入到公司康源酒店天食广场、农垦红旗房地产公司食品集团经济适用房项目现场，检查施工安全工作。公司党委书记、董事长刘瑞成，党委副书记、总经理马清华及其他领导班子成员陪同。

1月30日　天津市河西区住建委党委书记、主任杨阳一行6人到公司下属天津市晟林房地产开发有限公司抽查新冠疫情防控措施，并传达市、区住建委对疫情防控期间施工现场管理的要求。公司党委委员、副总经理卢震陪同检查。

2月4日　调整公司党政领导班子成员分工。

2月4日　公司调整相关机构设置。撤销天津农垦东方实业有限公司综合办公室，相关人员职务自行解除。原公司机关党支部调整为公司机关第一党支部，原公司离退休党支部调整为公司机关第二党支部，原天津农垦东方实业有限公司党支部调整为公司机关第三党支部。

2月5日 公司成立新冠疫情防控攻坚指挥部。公司党委书记、董事长刘瑞成为第一责任人，公司其他班子成员为指挥部成员，公司各单位党支部书记为第一责任人。

2月5日 刘宗保兼任公司纪委书记。

2月17日 调整公司中层干部年度考核小组。该领导小组下设办公室，办公室设在党委办公室。

2月18日 食品集团党委书记、董事长张勇一行到公司调研，食品集团党委副书记、总经理万守朋，总会计师张发洪，党委委员、总经理助理毕国生及集团有关部门、单位负责及公司主要领导陪同。

2月24日 天津市国资委副主任刘智带领工作人员对公司下属天津市晟林房地产开发有限公司进行随机检查，公司党委书记董事长刘瑞成、天津市晟林房地产开发有限公司副总经理高骏、财务总监王红陪同。刘智对晟林公司防疫防控的准备、防疫物资的储备、复工复产工作给予肯定，并表扬晟林公司主动担当了国企之责任，积极主动作为，彰显了国企的责任和担当。

3月3日 郭旭东不再担任公司副总经理职务，不再担任天津农垦东方实业有限公司副总经理职务。刘宗保任公司监事会主席。聘任李国艳、陈立春、刘明举为公司副总经理。

3月5日 根据国资委《关于调整部分农垦土地的通知》，经集团2020年第2次董事会会议审议，天津市农垦双林劳务服务有限公司持有的土地306亩，以划拨形式全部调整至天津农垦宏达有限公司。这些土地位于津南区外环线500米绿化带内，四至为：东至天津市双港中学，南至泰达环保公司，西至外环南路，北至大沽南路。

3月6日 公司出台《关于贯彻落实习近平总书记重要指示批示精神情况开展"回头看"的工作方案》。

3月9日 食品集团副总经理周卫国一行到公司督导查看新冠疫情防控及安全生产情况，食品集团安技部部长李庆发和公司党委班子成员陪同。

3月10日 牛国跃任公司副总经理（试用期满正式任职），郑杰任公司外部董事、二级外派财务总监（试用期满正式任职）。

3月11日 食品集团党委委员、总经理助理毕国生实地查看华北城（天津）投资公司复工后新冠疫情防控落实情况，并召开华北城（天津）投资公司各项目工作推进会议，公司党委书记、董事长刘瑞成，党委副书记、总经理马清华，副总经理李国艳，华北城（天津）投资公司总经理白鸣参加会议。

3月13日　成立公司场史工作领导小组。

3月14日　刘瑞成任天津食品集团总经理助理。

3月22日　成立天津农垦佳阳房地产开发有限公司，成立中共天津农垦佳阳房地产开发有限公司支部委员会。

3月22日　天津市武清区区长倪斌一行到公司托管的东方公司华北城指导复工复产等工作。武清区副区长刘东海、下朱庄街道相关负责人参加，食品集团总经理助理毕国生，公司党委副书记、总经理马清华，副总经理李国艳，华北城投资公司总经理白鸣陪同。

3月23日　张尚莉获集团级三八红旗手荣誉称号，公司财务部获集团级三八红旗集体荣誉称号。

3月24日　天津市国资委企业改革处副处长焦凤磊到公司下属金安公司北辰艺城华府项目对新冠疫情防控工作进行检查指导。

3月29日　公司调整党政领导班子成员分管工作。

3月29日　刘明举任公司总法律顾问、董事会秘书。

4月1日　天津食品集团副总经理郏雷、食品集团市场营销部负责同志到天津农垦商业运营管理有限公司天食广场进行安全、运营工作检查，公司副总经理牛国跃陪同。

4月3日　公司成立"十四五"发展战略规划编制工作领导小组。

4月23日　免去刘宗保公司党委副书记、公司董事职务。

4月　为进一步落实天津市委市政府、市国资委关于国有企业退休人员社会化管理工作会议部署，公司整理了1175名退休人员档案并移交至北方人才服务中心的工作。

5月7日　公司调整混合所有制改革领导小组和其办公室成员。该办公室设在党委办公室，由刘明举作为对接集团混改工作的联络人。

5月13日　公司出台《关于贯彻落实〈中国共产党国有企业基层组织工作条例（试行）〉开展国企党建质量年活动方案》。

5月22日　卢震兼任天津农垦东方实业有限公司董事，刘宗保不再兼任天津农垦东方实业有限公司董事职务。

5月22日　卢震任公司党委副书记、董事。

5月　公司调整总法律顾问，刘明举任公司总法律顾问。

5月　食品集团集中表彰了一批为集团经济发展稳定（尤其是在新冠疫情防控期间）发挥积极作用、做出突出贡献的先进集体和先进个人。公司下属天津燊辉电力科技有限公司运维事业部和公司下属长远嘉和置业有限公司金水湾项目组被评为2019年度集团级工人先锋号，天津农垦商业运营管理有限公司被评为天津食品集团级统筹新冠肺炎疫情防控和生产经营工人先锋号；刘瑞成、潘征获2019年度天津食品集团五一劳动奖章，张辉荣获2019年度集团级统筹新冠肺炎疫情防控和生产经营五一劳动奖章。

5月　天津食品集团工会推荐评选出一批年度集团模范职工之家、模范职工小家、优秀工会工作者、优秀女工工作者、优秀工会积极分子和优秀工会之友。农垦房地产公司1个集体、2名个人分别获得相关荣誉。刘瑞成获天津食品集团优秀工会之友称号，张志彬获天津食品集团优秀工会积极分子称号，天津农垦商业运营管理有限公司分会获天津食品集团模范职工小家称号。

5月　共青团天津市委在"五四"期间集中表彰了一批先进个人和先进集体，农垦房地产公司下属燊辉电力公司运维部青年员工王莹被评为天津市优秀共青团员。

6月1日　公司组织开展"2020年度安全生产月、安全生产专题行"活动。

6月2日　公司下属天津燊辉电力科技有限公司凭借深厚技术底蕴，在2018年取得国家级高新技术企业认证、2019年取得国家级科技型中小企业认证的基础上，于2020年入选天津市第一批25家瞪羚企业榜单。

6月8日　天津食品集团在同意农垦红光公司、公司共同收购天津颐养大健康公司54％的股权项目并立项实施的批复中，同意公司收购26％的股权，评估基准日为2019年5月31日。

6月12日　天津食品集团批复同意公司河东晨阳道地块项目实施。项目投资517839万元，项目负责人满峰峰。

6月18日　公司调整党政领导班子成员分管工作。

6月18日　公司调整中层管理干部年度考核小组。该小组下设办公室，办公室设在党委办公室。

6月18日 公司表彰2020年度优秀共产党员、党务工作者、先进党支部。经公司党委研究决定：授予王聃等27人公司2020年优秀共产党员荣誉称号，授予张红霞等3人2020年优秀党务工作者荣誉称号，授予天津市农垦物业管理有限公司党支部、天津市双发建筑工程有限公司党支部、天津农垦商业运营管理有限公司党支部2020年先进党支部荣誉称号。

6月24日 公司举办安全知识竞赛活动，来自公司下属三级企业的15个代表队参加比赛，燊辉电力公司、双发建筑公司、华北城物业公司分获前三名。

6月30日 天津食品集团批复同意公司宝坻田园综合体一期项目实施。项目投资4268万元，负责人陈立春。

6月30日 天津食品集团批复同意公司解放南路38号地块项目立项并实施。项目投资146555万元，负责人卢震。

7月1日 天津食品集团召开庆祝中国共产党成立90周年大会暨中期工作推动会，并表彰先进。天津食品集团系统优秀共产党员：公司李明伟、丁云庆和公司外派扶贫干部常延宾（时任和田地区津垦牧业科技有限公司副总经理）；天津食品集团系统优秀党务工作者：冯欣；天津食品集团系统先进基层党组织：中共天津农垦商业运营管理有限公司支部委员会。

7月2日 天津食品集团批复同意公司解放南路21号地块项目立项并实施。项目投资251657万元，负责人卢震。

7月2日 公司在农垦博纳影城6号厅召开农垦房地产公司庆祝建党99周年大会暨专题党课，公司领导班子成员、中层领导干部、全体党员、集团和公司"两优一先"获奖人员出席会议。

7月5日 公司农垦含章雅著项目临时接待中心正式启幕。食品集团总经理助理毕国生，食品集团总经理助理兼农垦房地产公司党委书记、董事长刘瑞成，党委副书记、总经理马清华，食品集团土地房产部、公司和项目公司主要领导一行与农垦佳阳公司全体员工共同见证了这一重要时刻。

7月7日 天津市河东区委书记范少军，河东区委常委、常务副区长张寒冰带队到公司农垦含章雅著项目调研，食品集团党委书记、董事长张勇，副总经理郗雷，食品集团总经理助理兼房地产公司党委书记、董事长刘瑞成等陪同接待。

7月7日 集团表彰2019年度天津食品集团通联工作先进单位和优秀通讯员。农垦房地产开发建设有限公司获先进单位称号，尹伊获天津食品集团优秀通讯员称号。

7月8日 公司出台《天津市农垦房地产开发建设有限公司安全生产专项整治三年行动计划》，重点为2个专题8个专项整治。2个专题包括学习宣传贯彻习近平总书记安全生产重要论述专题，以及落实企业安全生产主体责任专题。8个专项整治为消防安全整治、交通安全整治、用电安全整治、仓储物流安全整治、特种设备安全整治、有限空间安全整治、建筑施工工地安全整治、人员密集场所安全整治。时间从2020年6月持续至2022年12月。

7月12日 公司调整意识形态工作领导小组。该领导小组下设办公室在公司党委办公室，综合协调日常工作。

7月12日 公司调整保密委员会成员，下设公司保密委员会办公室。

7月15日 公司调整安全生产委员会成员，安环一部为委员会办公室。

7月22日 天津食品集团表彰"时代新人说——决胜小康，奋斗有我"主题演讲比赛活动获奖选手和单位。公司获优秀组织奖，尹伊获一等奖。

7月28日 天津食品集团下发《关于将纳入混改范围企业权属存在瑕疵的土地房产现状划转至天津食品集团饮服餐饮有限管理公司的通知》。按照通知精神，天津市农垦双林劳务服务有限公司管辖的双山里46-1号（绿岛酒楼）属划转范围，按照要求办理划转手续。

8月2日 成立公司中东欧特色小镇1号地项目专项工作小组，成员包括投资拓展部、设计部、前期部、工程管理部、成本运营部、营销中心及相关单位。

8月3日 集团党委书记、董事长张勇深入公司下属双发公司、燊辉公司进行调研，集团副总经理周卫国，集团总经理助理兼农垦房地产公司党委书记、董事长刘瑞成等集团有关部门及企业负责同志陪同。

8月11日 天津食品集团副总经理周卫国带队到公司含章雅著项目调研指导工作，集团安技部主要负责同志、公司领导班子成员参加。

8月13日　天津食品集团批复同意农垦房地产开发建设有限公司合资设立中东欧特色小镇（天津）开发建设有限公司（津食政发〔2020〕569号文件）。农垦房地产公司与天津农垦红光有限公司、天津正德建设投资有限公司、天津轨道交通城市发展有限公司共同出资成立中东欧特色小镇（天津）开发建设有限公司（暂定名，以登记注册为准），注册资本20000万元，其中农垦房地产公司出资1000万元，占股5％。项目负责人李国艳。

8月23日　公司成立全面推进经理层职业经理人和聘任制改革工作领导小组。该领导小组下设办公室，办公室设在党委办公室，主任卢震（兼），成员包括党委办公室、人力资源部、董事会办公室、总经理办公室、改革办公室负责人，负责指导公司所属各单位组织实施经理层选聘工作。

8月29日　为进一步推进"津承百万只优质肉羊"牛羊屠宰及肉制品加工项目的实施，天津食品集团总经理助理兼公司党委书记、董事长刘瑞成带队深入承德津垦塞羴公司进行检查督导。津垦牧业公司党委副书记、副总经理王江星，农垦房地产公司党委副书记、副总经理卢震，津垦牧业河北项目总指挥娄紫东，津垦塞羴公司、公司工程部、天津建院及双发公司负责人陪同。

8月30日　公司出台《深入开展党史、新中国史、改革开放、社会主义发展史学习教育活动的工作方案》。

8月31日　天津食品集团批复同意农垦房地产开发建设有限公司河东区一冷项目立项实施。项目投资17726万元，负责人满峥峰。

8月31日　天津食品集团批复同意合资设立天津天食厨房餐饮有限公司项目立项实施。项目投资1000万元，其中，农垦房地产公司出资510万元，占股51％；天津津垦牧业集团有限公司出资350万元，占股35％；天津食品集团商贸有限公司出资140万元，占股14％。项目负责人牛国跃。

9月1日　成立天津天食餐饮管理有限公司。

9月8日　李国艳兼任天津农垦东方实业有限公司副总经理，陈立春兼任天津农垦东方实业有限公司副总经理，刘明举兼任天津农垦东方实业有限公司副总经理。

9月9日　公司部署开展"隐患就是事故，事故就要处理"专题教育。

9月12日　聘任李国艳兼任中东欧特色小镇（天津）开发建设有限公司副总经理，李中和兼任中东欧特色小镇（天津）开发建设有限公司监事。聘任潘征为公司副总经理（试用期1年）。

9月14日　公司出台《天津市农垦房地产开发建设有限公司基层党务工作者管理办法》。

9月21日　天津食品集团印发《关于同意农垦房地产公司津港公司职工安置房项目实施的批复》。项目投资71121万元，负责人陈立春。

9月22日　成立中共天津天食餐饮管理有限公司支部委员会。

9月25日　天津食品集团党委书记、董事长张勇带队前往公司农垦含章雅著项目现场调研并指导工作，食品集团总经理助理毕国生，食品集团总经理助理兼农垦房地产公司党委书记、董事长刘瑞成，食品集团安技部部长李庆发，食品集团党办主任韩旭，农垦房地产公司党委副书记、总经理马清华，党委副书记、副总经理卢震，总工程师满峥峰及项目公司主要负责同志陪同调研。

9月27日　潘征兼任天津农垦东方实业有限公司副总经理。

9月27日　按照集团改革要求，对集团外派财务总监职务进行重新聘任。郑杰任公司二级外派财务总监，聘期2年。

9月27日　集团对天津市农垦房地产开发建设有限公司经理层聘任制改革及拟聘任人选进行批复，同意马清华、卢震、李国艳、牛国跃、陈立春、刘明举、潘征、满峥峰为公司经理层拟聘任人选的建议。

10月1日　天津食品集团副总经理周卫国带队冒雨检查北辰保障房项目安全生产工作，集团安技部主要负责同志陪同，公司及项目单位相关负责同志参加。

10月13日　卢震兼任天津市双发建筑工程有限公司党支部委员、书记、执行董事、法定代表人，潘征兼任天津市双发建筑工程有限公司党支部委员、副书记、经理。

10月21日　天津食品集团总会计师张发洪带领集团财务部部长刘佩云等到公司含章雅著项目、北辰保障房项目进行调研指导，食品集团总经理助理兼农垦房地产公司党委书记、董事长刘瑞成，公司党委副书记、总经理马清华，总工程师满峥峰，财务总监郑杰等相关同志陪同调研。

10月21日　公司调整党政领导班子成员分工。

10月22日　食品集团决定表彰协作和合作交流工作先进个人及先进集体。公司下属天津市双发建筑工程有限公司贾秉宇获先进个人，天津市双发建筑工程有限公司获先进集体。

10月29日　汪胄千、王聃获天津食品集团第二届"天食杯"论文优秀奖，公司获优秀组织单位。

10月　中秋国庆"双节"期间，食品集团总经理助理兼农垦房地产公司党委书记、董事长刘瑞成亲自带队赴双发公司承建的津垦塞孳牛羊屠宰厂项目慰问并指导工作，农垦房地产公司党委副书记、副总经理卢震，公司工程部、安环部、燊辉公司、津垦塞孳公司及双发公司主要负责人陪同。

10月　公司本部搬入天津南开区云际道立达公寓三楼。

11月4日　公司成立"风险管控质量工程"专项工作机构，成立"风险管控质量工程"领导小组，设立"风险管控质量工程"办公室。成员包括公司全部部室、公司所属全资、控股三级企业主要负责人。

11月5日　天津市河东区委常委、副区长张寒冰带领区住建委、消防支队、街道办事处等相关职能部门，对河东区阳光里项目的安全、环保、消防、食品安全等情况进行检查，食品集团总经理助理兼房地产公司党委书记、董事长刘瑞成，双发公司项目部和佳阳公司人员陪同检查。

11月14日　天津食品集团党委书记、董事长张勇带队到集团所属华北城现场检查安全生产工作，集团安技部部长李庆发，农垦房地产公司党委副书记、总经理马清华以及第三方安全机构专家和相关部室、单位负责同志陪同。

11月19日　为规范租赁管理工作，公司重新修订《天津市农垦房地产开发建设有限公司房产、土地（场地）租赁管理办法》。

11月30日　公司出台中层聘任制改革方案。文件规定：12月8日完成中层正职公开竞聘；12月15日完成中层正职人选公示和任命，同步进行中层副职公开竞聘；12月31日完成中层副职人选公示和任命。

12月11日　天津食品集团党委委员、总经理助理毕国生到公司宣讲党的十九届五中全会及市委十一届九次全会精神，食品集团总经理助理兼农垦房地产公司党委书记、董事长刘瑞成，集团公司土地房产部、资产部负责同志以及公司领导班子成员和各党支部书记参加宣讲。

12月11日　天津食品集团党委委员、总经理助理毕国生带队到公司调研指导工作，集团土地房产部、规划投资部同志随行，食品集团总经理助理兼农垦房地产公司党委书记、董事长刘瑞成及公司领导班子成员陪同。

12月29日　经集团党委研究决定：提名卢震为公司总经理人选及天津农垦东方实业有限公司总经理人选。免去马清华公司党委副书记、委员职务，马清华不再担任公司总经理、天津农垦东方实业有限公司总经理。由企业履行决策程序，依法对经理层职务进行聘任解聘。

12月31日　公司调整党风廉政和反腐败工作协调小组，该协调小组设在公司纪委。

12月　农垦房地产公司属燊辉公司电力保障队积极参加天津市团委、市应急管理局联合开展的天津市青年安全生产示范岗创建活动。经逐级推荐、审核、公示，燊辉公司电力保障队被评为天津市青年安全生产示范岗创建集体。

12月　公司纪委被集团授予2020年度食品集团纪检监察公司信息先进单位称号，何亭亭被授予2020年度纪检监察工作信息先进个人称号，苗青获2020年度集团优秀纪检监察干部称号。

● **2021年**

1月1日　经集团党委研究决定，免去王继权公司党委委员职务，不再担任公司副总经理、天津农垦东方实业有限公司副总经理职务。

1月8日　公司调整公司领导班子成员分工。

1月16日　集团第一期"青马班"学员到公司参观学习。集团总经理助理兼房地产公司党委书记、董事长刘瑞成带领公司班子成员全程参与活动。

1月26日　免去马清华公司董事、天津农垦东方实业有限公司董事职务。

1月28日　经集团党委研究决定：刘宗保任公司党委副书记，免去其公司纪委书记职务。

2月1日　公司与天津嘉立荷牧业公司签订合作协议。

2月4日　授予丁冠群等40人获公司2020年度先进工作者荣誉称号，授予王鑫森等4人2020年度优秀通讯员荣誉称号，授予孙占等61人2020

年度工会积极分子荣誉称号。

2月5日　天津市西青区张家窝镇党委书记王云一行到公司下属双发公司、燊辉公司考察调研，食品集团总经理助理兼农垦房地产公司党委书记、董事长刘瑞成以及相关企业负责人参加。

2月5日　陈铁林任公司党委委员、纪委书记。

2月9日　经集团党委研究，集团行政办公会审议通过：陈铁林任公司监事会主席，免去刘宗保公司监事会主席、监事职务。

2月10日　在集团总经理助理兼农垦房地产公司党委书记、董事长刘瑞成，公司党委副书记、总经理卢震和城投集团投资总监兼创业环保集团党委书记、董事长刘玉军，创业环保集团总经理李杨的见证下，公司下属天津市双发建筑工程有限公司与天津凯英科技发展股份有限公司签署了战略合作框架协议，建立了战略合作伙伴关系。公司副总经理潘征，创业环保集团副总经理、总工程师、凯英公司支部书记、董事长李金河分别代表双方签约。

2月21日　公司召开2021年新春工作会议，公司班子成员、全体中层正职干部共计50余人参会。会上，佳阳、双发、燊辉等14个项目公司负责人分别对2021年度工作计划及重点、难点工作进行了汇报，食品集团总经理助理兼农垦房地产公司党委书记、董事长刘瑞成，以及公司党委副书记、总经理卢震逐一对汇报内容进行了点评。

2月25日　公司工会举办了"农垦房地产公司工会2021年文艺演出"。在文艺演出前，经过层层选拔，最终确定了以电子琴演奏、诗朗诵、手风琴演奏、吉他弹唱、个人独唱等弘扬爱党、爱国精神为主题的节目。

3月11日　集团总经理助理兼农垦房地产公司党委书记、董事长刘瑞成到蓟州区祖代种猪场项目和嘉立荷唐山牧业有限公司新建万头奶牛项目指导工作，公司相关人员陪同。

3月15日　经集团党委研究决定：潘征不再担任公司副总经理职务及天津农垦东方实业有限公司副总经理职务，改任公司管理总监、天津农垦东方实业有限公司管理总监。

3月21日　天津市北辰区小淀镇镇政府宣传委员王爱娟一行到王朝御苑酒堡项目调研，授予王朝御苑酒堡小淀镇新时代文明实践基地称号。

3月23日　公司与天津大学建筑设计规划研究总院战略合作框架协议

签约仪式在天津大学设计总院学术报告厅成功举行。集团总经理助理兼农垦房地产公司党委书记、董事长刘瑞成,公司党委副书记、总经理卢震,天津大学设计总院党委书记、董事长程万海,天津大学院长袁大昌,天津大学总规划师黄晶涛等出席仪式并座谈交流。

3月25日　公司举办了"情系女职工法在你身边"专题法律知识讲座。按照新冠疫情防控的要求,本次讲座以现场会和视频会相结合的形式举办,150余名女职工聆听讲座。

3月30日　调整公司领导班子成员的分工。

4月2日　公司与天津市立达置业有限公司组织开展"参观烈士陵园,缅怀革命先烈,学习革命精神"主题纪念活动。

4月12日　公司与天津测绘院有限公司签订战略合作框架协议。

4月19日　公司修订出台《天津市农垦房地产开发建设有限公司投资管理办法》等4个文件制度,加强企业投资管理、科学决策。

4月23日　公司党委在农垦博纳影城召开全体党员大会,选举产生出席天津食品集团有限公司第二次党员代表大会的代表。此次选举从出席食品集团第二次党代会代表的9名候选人中按照不少于20%的差额比例选出7名党代表,代表农垦房地产公司全体党员参加天津食品集团有限公司第二次党员代表大会。会后,中共天津市委党校党史教研部杨肖老师为参会的党员讲授了中国共产党的光辉历史及基本经验。

4月23日　经集团党委研究决定:提名满峰峰为公司、天津农垦东方实业有限公司副总经理人选,由企业履行相关决策程序,依法对经理层职务进行聘任。

4月23日　设立公司企业运营部、商业管理部。

4月28日　公司35名党员参加了天津市委宣传部组织开展的"永远跟党走"群众性主题宣传教育活动。

4月29日　天津市南开区委副书记张勇勤,南开区委宣传部部长李艳霞,南开区卫健委、南开消防救援支队、南开区应急管理局、南开区商务局及体育中心街主要负责同志到天津农垦商业运营管理有限公司天食广场进行新冠疫情防控工作和"五一"节前安全生产检查,公司党委副书记、工会主席刘宗保及副总经理牛国跃陪同。

4月30日　食品集团副总经理周卫国、食品集团安技部副部长刘金柱对公司进行"五一"节前安全生产大检查，公司党委副书记、总经理卢震，公司副总经理牛国跃，公司管理总监潘征等相关人员陪同。

4月　公司获得天津市总工会颁发的天津市五一劳动奖状。

5月1日　天津市河东区委政法委书记胡志勇一行到农垦地产含章雅著项目进行安全、环保检查，公司党委副书记、总经理卢震，管理总监潘征，佳阳公司与双发公司相关负责同志陪同检查。

5月8日　公司举办第一期"农垦大讲堂"开班仪式暨首次培训课，集团总经理助理兼公司党委书记、董事长刘瑞成，公司党委副书记、总经理卢震和公司领导出席活动。首次培训课围绕投资相关制度展开，组织所属各单位、各部室相关人员参加培训。

5月16日　任向民任公司营销总监，许洪涛任公司安全总监。

5月中旬　武清区区长倪斌到华北城进行安全专项检查，武清区应急管理局局长曹加旺，武清区消防救援支队支队长王东，下朱庄街道党工委书记张新鹏、主任付小桃及第三方安全专家，天津食品集团党委委员、总经理助理毕国生，公司副总经理牛国跃，安全总监许洪涛，华北城投资公司及其他单位相关负责人陪同检查。

5月21日　经集团党委研究决定：公司纪委书记、监事会主席陈铁林试用期满考核合格，正式任职。

5月30日　天津食品集团总经理助理兼农垦房地产公司党委书记、董事长刘瑞成到食品集团北辰经济适用房项目检查指导工作。

5月31日　天津食品集团党委委员、总经理助理毕国生带队到公司进行调研指导，集团总经理助理兼农垦房地产党委书记、董事长刘瑞成，农垦房地产公司党委副书记、总经理卢震，集团土地房产部部长闫法立及相关人员参加。

5月　公司下属燊辉公司获天津食品集团2020年度"双战双胜"优秀青年集体称号，冯锐获天津食品集团2020年度"双战双胜"优秀青年称号。

5月　公司获天津食品集团工会"中国梦·劳动美——永远跟党走，奋进新征程"主题演讲赛优秀组织奖。

5月　公司组织35名党员参加天津市文化局、旅游局等共同举办的"走津城，学党史——致敬建党100周年"主题活动，探寻工业文明，见证城市发展，先后参观天津纺织博物馆、海鸥表博物馆和空客组装线等地。

6月5日　公司表彰优秀共产党员、优秀党务工作者、先进基层党支部。经公司党委研究决定：授予顾业华等10名同志优秀共产党员荣誉称号，授予何广阔、张红霞2名同志优秀党务工作者荣誉称号，授予双发公司党支部先进基层党支部荣誉称号。

6月14日　集团总经理助理兼农垦房地产党委书记、董事长刘瑞成到天津农垦商业运营管理有限公司天食广场检查端午节假日期间安全生产情况。

6月17日　杨宗朝任公司、天津农垦东方实业有限公司专职外部董事，王洪润任公司、天津农垦东方实业有限公司专职外部董事。

6月18日　公司召开董事会会议，修订出台新版《天津市农垦房地产开发建设有限公司章程》。这次章程扩大了公司的经营范围，增加了注册资本，规定了董事会由7人组成，其中6人由出资人委派，1名职工董事由公司职工代表大会选举产生。

6月28日　在由天津市委宣传部、市委网信办主办，"学习强国"天津学习平台、天津网信网、网信天津承办，天津食品集团协办的天津市党史学习教育知识竞赛总决赛中，公司机关第一党支部曹舜代表食品集团获得团体三等奖。

6月29日　顾业华、汪胄千获食品集团优秀共产党员荣誉称号，何广阔获食品集团优秀党务干部荣誉称号，中共天津市双发建筑工程有限公司支部委员会被评为食品集团先进基层党支部，公司党委被评为食品集团先进基层党委。

6月　公司党委副书记、总经理卢震，华北城（天津）物业服务有限公司保安徐永庆被天津食品集团有限公司工会授予2021年度天津食品集团有限公司五一劳动奖章，华北城（天津）物业服务有限公司被天津食品集团有限公司工会授予2021年度天津食品集团五一劳动奖状。

7月2日　公司在博纳影城6号厅召开"两优一先"表彰暨党史学习教育专题党课，全体党员240余人参加。会议补选牛国跃为公司党委委员。

7月6日　公司党委重视安全生产工作，按照集团要求，围绕"迎百年华诞，创平安天津"的主题，召开专题会议，进行专题部署，组织开展

"庆祝建党百年华诞，百日安全攻坚行动"。

7月9日　公司党委副书记、总经理卢震以"苦难的辉煌"为题，为公司中层党员干部讲授专题党课。

7月22日　公司党委组织全体党员集中观看了红色影片《1921》。

7月24日　中共天津市农垦房地产开发建设有限公司机关第三支部委员会更名为中共天津农垦东方实业有限公司支部委员会。

7月24日　公司信访保卫部加设武装部，公司党委办公室不再负责武装部工作。

7月下旬　公司位于津湾广场的"天食厨房云餐厅"正式开业运营。

8月5日　公司党委副书记、总经理卢震，副总经理满峰峰、刘明举带领商业运营公司及佳阳公司相关负责人到天津津投资产管理有限公司进行交流考察，天津国有资本投资运营有限公司总经理助理雷雨，津投资管城市更新事业部经理李谦，招商运营总监王子对接此次考察工作。

8月10日　公司举行学习贯彻习近平总书记在庆祝中国共产党成立100周年大会重要讲话精神宣讲会，食品集团总经理助理兼公司党委书记、董事长刘瑞成宣讲，食品集团规划与投资部部长袁庆出席，公司领导班子成员及全体中层干部参加。

8月11日　食品集团党委书记、董事长万守朋带队到公司下属双发建筑工程有限公司承接的王朝研发中心项目检查工作，王朝酒业集团总经理李广禾，公司管理总监潘征，王朝公司及双发公司项目相关负责同志陪同。

8月12—13日　公司相关部室接受质量管理体系认证审核组审核，并顺利通过评审。至此，公司已连续17年通过ISO 9001质量管理体系认证。

8月20日　食品集团副总经理周卫国，食品集团总经理助理兼农垦房地产公司党委书记、董事长刘瑞成，食品集团总工办主任尹吉泰，食品集团安技部部长李庆发，公司管理总监、天津市双发建筑工程有限公司党支部书记潘征等深入宝坻康嘉12万头育肥猪厂项目及天食智慧牧场进行视察。项目人员详细介绍了现场防疫工作、食品安全、施工安全的情况。

8月24日　为理顺产权关系，促进企业发展，经集团2021年第14次董事会会议审议，同意以2021年6月末的审计值为依据，将博纳影视投资有限公司 49％的股权无偿划转至公司。

9 月 10 日　公司成功竞得宝坻区津宝（挂）2019－036 地块。

9 月 27 日　公司与天津工程咨询公司签订战略协议。

9 月 30 日　由天津食品集团党委副书记、总经理赵国荣带队，到公司下属王朝御苑酒堡调研，集团总经理助理兼农垦房地产公司党委书记、董事长刘瑞成，集团相关部室主要负责同志及公司领导班子成员参加调研。

9 月 30 日　天津市西青区副区长张海英带领西青区建委、张家窝镇等相关领导到 40 号地商务楼宇项目视察工作，公司管理总监、天津市双发建筑工程有限公司党支部书记潘征，双发公司总经理徐亭及该项目相关人员陪同。

10 月 9 日　满峰峰不再担任公司副总经理职务，在集团系统其他兼任职务一并解除。

10 月 12 日　中共天津市农垦房地产开发建设有限公司机关第一支部委员会更名为中共天津市农垦房地产开发建设有限公司本部第一支部委员会，中共天津市农垦房地产开发建设有限公司机关第二支部委员会更名为中共天津市农垦房地产开发建设有限公司本部第二支部委员会。

10 月 12 日　公司调整下属相关部室、单位分管领导。经公司党委研究决定：刘明举分管天津市迪万投资有限公司，代管天津农垦佳阳房地产开发有限公司、天津农垦金安投资有限公司、天津天食创文建设开发有限公司；潘征代管天津市农垦房地产开发建设有限公司设计部；任向民负责天津市农垦房地产开发建设有限公司营销中心、客服中心、博林园公建资产处置阶段的相关工作。

10 月 28 日　天津市西青区区长殷学武一行到由公司下属天津市双发建筑工程有限公司承建的天津南站科技商务区商务楼宇项目现场检查工作，集团总经理助理兼农垦房地产公司党委书记、董事长刘瑞成，天津市双发建筑工程有限公司相关负责同志陪同。

10 月　在天津市 982 家参与信用等级评价企业中，公司以总分 850 分跻身市信用等级评价 A 级开发商企业行列。

11 月 9 日　公司安全培训体验中心、大数据中心启动仪式和首届培训班开班仪式在天津燊辉电力科技有限公司举行。食品集团副总经理周卫国出席开班仪式，集团安技部和公司领导班子成员和各部室负责人参加。

11月17日　调整公司党委意识形态工作领导小组成员。

11月18日　经天津食品集团2021年第20次董事会会议审议，决定将天津食品集团有限公司持有的天津天宫葡萄酿酒有限公司100%股权交由天津市农垦房地产开发建设有限公司托管。天津市农垦房地产开发建设有限公司对天津天宫葡萄酿酒有限公司的监管方式需按照《食品集团关于加强对托管企业管理意见》执行。

11月20日　集团总经理助理兼农垦房地产公司党委书记、董事长刘瑞成到东丽区张贵庄项目进行调研检查工作。

12月3日　经集团党委研究决定：聘任汪金刚为公司、天津农垦东方实业有限公司二级外派财务总监（聘期自2020年9月起连续计算）及外部董事。郑杰不再担任公司、天津农垦东方实业有限公司二级外派财务总监职务，免去其外部董事职务。

12月7日　集团总经理助理兼农垦房地产公司党委书记、董事长刘瑞成到天津海河乳品新厂建设项目检查工作。

12月14日　公司领导班子调整分工。

12月22日　调整公司中层管理人员年度考核小组。

12月23日　公司被天津市房地产协会评为2021年度天津市房地产协会先进房地产开发企业。

12月　在天津市房地产开发企业协会第四届换届中，公司当选天津市房地产企业协会副理事长单位，公司下属晟林公司、佳阳公司当选理事会员单位。

12月　经"广厦奖"评审委员会研究决定，全国共评出55个项目列入第十届（2021—2022年度）"广厦奖"第三批候选奖项，天津地区仅3个项目入围。农垦房地产公司天津食品集团职工经济适用房红旗公司项目、农垦含章雅著项目这2个项目入围。

中国农垦农场志

第一编

历史沿革

中国农垦农场志丛

第一章 天津市双林农牧场历史沿革

第一节 双林农场的建立

一、地理位置、地势、土地等自然条件

天津市人民政府为增加粮食生产，于 1950 年决定，在天津灰堆双港附近地区开辟国营农场，种植水稻。因该地区邻近双港、柳林，故命名为"双林农场"。双林农场坐落在市区东南灰堆村之东南方向，距海河约 1 公里，地临公路，交通颇为方便。搭乘公共汽车可直达市区，乘郊区公共汽车去南郊三镇（咸水沽、葛沽，小站）、大沽、北大港等地很方便。

初期全场面积 6400 余亩，除去渠道、水沟及一部分坟地外，净面积 4700 余亩。地势东高西洼，东西长约 12 里[①]，南北宽约 5 里。地形横跨河西、南郊，周围邻近灰堆、何庄子、黄庄子、双港，北马集、郭黄庄等村。此地区在解放前系盐碱荒草地，遍地坟墓，人迹稀少，雨季积水，无从宣泄，当地农民称之为"灰堆大洼"。

该地常年属海洋性气候，春冬两季多为西北风，夏季一般东南风多。土质瘠薄，为冲积性褐色黏质土壤，含盐量为 0.3%～0.5%，多为硫酸盐类。海拔标高 -3.2～2.4 米，地下水位 0.7～1 米，矿化程度很高。常年降水量 600 毫米上下，降水多集中在 7—8 月，年蒸发量为 1150～1700 毫米，无霜期为 180～190 天。年平均气温 13.5℃，最高气温 34～36℃，一般出现在 7 月下旬至 8 月上旬。

双林农场西邻长泰农场。长泰农场原为军垦农场，后改为公安局劳改农场，于 1954 年移交天津市农林水利局领导。两场东、西边界之间仅有一条公路相隔，土地基本相连。

二、建场初期的职工、户数、人口等情况

双林农场于 1951 年 5 月开始生产经营时，有干部 9 人、领工（原是有多年种植水稻技术的农民，被农场招为工人）5 人、工人 129 人。在建场初期的几年中，主要以种植水

---

① 里为非法定计量单位，1 里＝500 米。——编者注

稻为主，在插秧，挠秧、收获等生产环节，用工量大，活又集中，只得大量雇用农民承包队及附近农村临时工完成生产任务。

在工人中，除少部分是建场时由天津市失业工人救济委员会组织来场劳动的城市失业工人以外，绝大部分是从天津市郊区及临近省的农民中招的，其中年龄在20岁左右的约占80%，其他水稻栽培、园田、牲畜饲养、电工、木工等技术工人，年龄多在30岁左右。

1952年，天津市建设委员会为农场新建家属宿舍30间，交农场使用。从郊、县招工来场的工人中，有26家已婚的迁来农场落户，还有1户干部从市区迁来农场居住。当时共有27户职工及其家属住进场内新建宿舍，这是本场的第一批职工家属在场落户。除职工27人外，家属共有50余人。加上常年住场的季节工、临时工30余人，全年平均住场人数约100人。

三、建场初期开发（1950—1956）

1. **建场规划、过程** 双林地区地势低洼，雨季积水，附近农民力量有限，无法改造大面积土地面貌，故一直荒芜。天津市人民政府水利处曾邀请北京农业大学教授来津考察，认为该地区条件优厚，距海河甚近，灌溉方便，可以开发。又有邻近天津县政府及渤海区农垦局所开辟的稻田，生长极为旺盛。因此，水利处决定，将此地区大片荒地开辟为稻田。

1950年夏，经天津市人民政府批准，由水利处与天津市失业工人救济委员会（以下简称救委会）合办双林农场。该场为天津市直营农场，作为市郊荒地开辟稻田的示范，同时，用以培养一部分擅长种植水稻的工人，作为开辟其他稻田的基本编，遂由水利处与救委会成立了"双林农场筹建委员会"，开始筹建农场事宜。

筹建委员会于至1950年11月7日召开第一次会议，水利处处长王华棠和胡晓槐、苏翔达等9人及救委会常征等3人，共12人参加会议。会议由王华棠主持。略谓：筹建双林农场事宜，经数月来积极进行准备，已大致就绪，有关建场原则问题，两单位领导已达成协议，日后经营工作，另行组织人员负责。

会议讨论决议事项：

（1）通过《双林农场筹建委员会组织规程》。

（2）加紧设计工作，11月15日开始测量、放线、打桩，开始土方工作，其他各组也进行各项准备。

（3）挖土下水问题，尽量在工程布置上解决，避免让工人下水。

（4）以工代赈工款争取营利，如有盈余可放入农场算作投资。

（5）土地征用问题，与天津县人民政府接洽办理。

（6）工人工具由水利处与救委会双方向有关单位进行商借。

天津市人民政府于 1950 年 11 月中旬批准《双林农场筹建委员会组织规程》，确定人员组成及机构设置。农场设主任委员 1 人，由水利处处长担任；副主任委员 1 人，由救委会生产处处长担任；委员 7 人，由救委会指派工人，其余由水利处安排。农场下设总务、会计、材料、组教等组。

天津市建设委员会于 1950 年 12 月批准《双林农场建场计划》。根据计划安排，有关人员即到现场，开始进行测量、放线、打桩、设计等基础工作。

1950 年 12 月 22 日，农业部农田水利局派渤海区灌溉工程处总工程师阎一清、徐缅唐到双林农场，视察农场情形及工程规划，并协助研究电力扬水中的设计问题。为让双林农场修建桥闸、扬水场、渠道等项工程按计划日期施工，所需经费由水利处派员赴北京申请农业部贷款，并呈报天津市人民政府备案。天津市人民政府于 1951 年 1 月 9 日指令水利处："1950 年 12 月 27 日科技字第 931 号文呈悉，你处经办双林农场派员赴京接洽贷款情况一节，准予备案，希即知照。"

1951 年 1 月 2 日，农业部以农水字第 212 号文批复水利处："据送双林农场初步计划书，经本部派员查勘研究，认为可以兴办，并核定全部工程贷款 35 亿元。"

经过筹建委员会各业务组的具体筹备，建场土方工程于 1951 年 3 月下旬全面启动。引海河水入场是一项重要工程，通过各有关方面协商研究，决定从何庄子迤西海河故道之老河口开始，通过柳林地区部分土地，向南直通双林农场扬水场。原有沟身加宽加深、河口淤垫浚挖及开辟新渠措等工程同时施工。其他如新建扬水场、闸门、涵洞、桥梁等配套工程，也开始进行。

为保证机电工程质量，水利处特聘请北洋大学教授邓曰模为机电顾问，负责双林农场机电工程指导事宜。建场的一切机电工程都是在邓教授的指导、协助下完成的，质量达到设计要求。

1951 年 4 月 26 日，农业部农田水利局派工程师刘荣溁、何伟来津，会同水利处处长王华棠、主任工程师苏翔达到双林农场，了解检查建场工程进展情况。在市人民政府、中央农业部的关怀支持下，在水利处的具体指导、救委会的密切合作、有关部门和单位以及邻近村的帮助下，双林农场各项建场工程得以按计划顺利进行。从 1951 年 3 月开始动工，到 5 月中旬，仅用了 2 个多月的时间，建场工作已基本完成。

2. "以工代赈"开荒建场 1951 年 2 月 23 日，天津市人民政府水利处与救委会合办双林农场联合召开"商讨办理双林农场会议"。水利处王华棠、彭举，救委会王勇进、常征及建委会张华戡就等共13人参加。

会议内容包括：水利处苏翔达报告双林农场筹备经过及设计概要；讨论双方投资、农场领导、安置失业工人及开工完工日期等问题。救委会方面，以承做全部土方工程和4幢活动铁房作价，作为对农场的全部投资，农场建成后，按所需长工的50％安置失业工人（当时初步计划需长工100人，其中由水利处安置有耕作稻田技术和特殊技术等方面的工人50人，由救委会安置失业工人50人）。

按照双方达成的协议，救委会于3月初先安排失业工人1200人到现场，土方工程开工后，又续增2800人到现场，先后共计4000人。工程技术指导由水利处负责，政治领导及工作效率由救委会负责。农场工地远离市区，当时交通极为不便，而劳动强度大，工作时间又长，数千名工人和干部只能吃住在现场。

工人和干部们住的是苇席搭建的大工棚，时值初春，寒意未消，条件的艰苦可想而知。吃饭方面，救委会为解决失业工人暂时的生活困难，用"以工代赈"的方式，组织他们来参加建场劳动，每人每天专付7000元（系旧人民币），半数发给本人，半数作为集体伙食之用。由于受伙食费用的限制，每日三餐基本上是玉米面大窝头，早晚咸菜、稀饭，中午大锅熬菜。每周只有1～2次吃"通粉"馒头，菜里加点肉。开工初期，喝的是蒸锅水，色黄味涩，后来才用砖架起几口大锅烧开水。饮用水源开始是挖土井，后改压把井，饮用地下水。

尽管生活条件和劳动条件都很艰苦，但工人们情绪饱满，早出晚归，劳动积极性很高。土方活有数量和质量要求，又脏又累，特别是挖到下方活和坑洼及杂草丛生的荒地，又粘、又臭、又费劲，仅靠手挖肩挑（抬），劳动强度更大。

中华人民共和国成立后，在国民经济恢复时期，救委会用"以工代赈"的方式暂时解决了部分失业工人的生活问题，使他们深深感受到了党和政府的温暖。在开辟双林农场的大量土方工程中，4000名失业工人成为主力。

筹建委员会各业务组的人员，于3月初开工之前已到达现场并开始工作，救委会投资的4幢活动铁房也已运到现场安装。铁房子在当时遍地是工棚的环境中犹如"鹤立鸡群"，每幢铁房子的面积约为5大间普通房屋，4幢加起来大致相当于20间房屋。现场领导、管理干部，除几个人因工作需要住在铁房子外，其他干部一律深入工人群众中，与工人同吃同住，混合编组，同甘共苦。干部只有23名，要在42公里长、4000多工人劳动的渠线上做放线、检查验收等工作，并且还要解决好工人们的生活等问题，他们的工作也很艰苦。

失业工人在大量土方工程中的劳动积极性是非常高的，但他们久居城市，对挖土方的活是"门外汉"，而且体力较差，所以工作效率较低。加之工程进展由近及远，较远距离的土方，只能靠手挖肩挑（抬），劳动强度加大，有些人体力不支，再加生活艰苦等因素，到工程后期，一些人陆续离去。

面对这种情况筹建委员会领导决定，为不误工期，由天津建筑公司承做了部分土方工程，从而保证了工程的按期完成。

1951年3月21日，在筹建委员会的领导下，在现场负责同志、干部、工人的努力奋战下，加上后期天津建筑公司的"参战"，到5月20日，仅用了2个月的时间，就完成了建场初期规划的全部土方工程，共计完成土方总量达47.6万立方米，质量达到设计要求。至此，在地势低洼、杂草丛生、遍地坟墓的数千亩荒地上，国营双林农场的规模已基本形成。

3. 征用土地，迁移坟墓　开辟农场，土地是根本。经水利处勘测确定，在双林地区6000余亩低洼荒地范围内开办农场，仅土地一项就涉及方方面面，是个非常复杂的问题。在规划范围内，基本上是国有土地，但它的周边所及并不规范，与邻近农村及私有土地互有交错，农场域内也分散夹杂着一些私有土地、坟墓和少数单位开垦的少量生产用地，此外，根据农场的水利工程、挖渠、筑路、架桥及建设等需要，还要涉及占用一些非国有土地。因此，当年开辟双林农场时，为解决好土地问题，天津市有关领导机关及天津县政府等单位下了很大功夫。

为妥善解决占用私有土地问题，由水利处与天津县政府进行了协商，取得了县政府的支持。县政府于1951年1月16日下达了由县长张镜签署的指示："为了发展生产，将灰堆洼拨给水利处开垦，一方面增加国家财富，另一方面救济失业工人的生活，对土地方面存在的问题，提出两点解决办法：①界内有耕地者，依据该户其他地方是否还有土地加以处理。如无土地，可由水利处按生产量拨给其一部分稻田；如有土地且能维持生活，不再拨给。②如有变稻田无力耕种者，可动员变为农场农工，保持一定的工资。"

3月15日，水利处又召开了双林农场排水占地问题协商会议。出席人包括灰堆村代表谢恩洪等5人，何庄子代表张凤巢等7人，天津县政府黄道，天津县一区刘宝林，水利处王华棠、苏翔达、胡晓槐等8人。与会同志经过讨论，决议（摘要）如下："开辟渠道、占用民地，决定予以照顾。按政府规定，在一般情况下，按一年半至二年之产量（按农业税登记之产量），折价收买；如有特殊情况，如灾情严重地区，可按三年折价收买。本区内根据此次园田登记税产量，每亩600斤小米，决定以最高标准予以特别照顾，每亩按1800斤小米计算。"

至于农场域内占用之民地，确为依靠其生活者，竭诚欢迎参加农场工作，以解决其生活问题；如不能参加农场工作，可按占地面积比较产量之多少，划拨以农场内边缘之成熟稻田予以交换，以求不影响农场整体经营。

渠道占地、场内占地及坟墓迁移之处理办法，均按政府有关规定办理。根据天津县政府关于占用土地问题的指示精神及有关占地问题会议的决定，分别予以解决：①对有能力耕种的户，按其土地情况做交换调整；②对无力耕种又生活困难的户，折价给以补助；③对愿来农场参加工作的，立即给予安置。

自愿选择来农场工作的人，根据本人特长，都做了妥善安排。例如，北马集的何瑞英有较高的木工技术，安排他负责木工组；左永当时已近古稀之年，有较高的蔬菜栽培技术，就安排他在园田做技术指导。

为解决土方工程挖引水渠、两岸培堤压地问题，农场筹建委员会在本场召开解决地亩问题会议。会议讨论决定，赔偿压地青苗费，共涉及何庄子、宋庄子、灰堆等村 40 余户，压地 14.8 亩，青苗折价补助 3973900 元；对市公安总队所开园田地 2.7 亩，也同样给予 570000 元的补助（均系旧币）。

其他关于土地方面的具体情况，也都依照上述精神逐一进行了解决。另有灰堆村、何庄子村民要求农场在适当角落拨一块土地，作埋坟及取土之用，该问题也做了妥善处理。

在解决土地问题的同时，农场范围内遍地分布的数千座坟墓，也是在土方工程进行中必须同步解决的突出问题。为此，水利处、天津县政府于 1951 年 3 月 21 日，以〔51〕利农字第 142 号文联合通告："天津双林农场，场址在天津县灰堆村南，现正值进行灌溉水渠施工测量，并开挖土方工程。此项工程地段内，有许多坟墓必须迁移。兹规定，由通告之日起，凡测量队指定（坟顶以白灰为记）应迁移之坟墓，统限于 4 月 10 日以前一律迁移完竣。所有迁移费用，按照河北省所订办法办理，特登载如下：①移坟费每座发给小米50 斤；②棺木腐朽不堪移动者，外加制棺匣费小米 100 斤；③在规定期限内，如无主前来领费移坟者，则由双林农场代为迁移，不另给费。"

根据通告精神及现场施工需要，农场筹建委员会组织专人立即开始这项工作。此工作进行难度大，具体情况非常复杂，通过登记摸底调查，初步查明，有的坟主就在附近村，解决比较容易；有的在市区，也不难解决；还有的在外地，联系通知费时费事，难度较大；还有相当数量的无主坟，需要逐座进行登记编号，划出草图，标明坟墓所在具体位置，由农场代为迁至指定地点，必须做到准确不紊，以备日后有人查找。

迁坟工作对多数坟主来说，是极难下手操作的，他们有些为难。灰堆等村看准了这一时机，组织了数十人的农工队伍和若干辆畜力大车，替人们迁移坟墓。大批无主坟也由民工们承包，负责迁移到指定地点。绝大多数坟墓年代久远，棺木腐朽，有的甚至无棺木，迁移时，只能将尸骨装包迁走，能整棺迁走的是少数。有一座坟里埋有两口棺木，都是里棺外椁，30多位民工，费了2天的时间，才把棺木弄到地面上来。

政府规定的移坟补助费，按民工们完成的数量拨付给他们。当年，组织民工给农场迁坟的村，仅移坟费这一项，就是一笔可观的收入。农场自建场就开始移坟，集中迁移了一段时间，通过各方面的积极努力，有碍土方、水利工程进行的坟墓已迁移完竣。农场建成后，因发展生产和建设的需要，对在其他位置需清除的坟墓，又断续地进行了迁移工作，到1953年初，此项工作方告基本结束，总共迁出坟墓3000余座。

4. 初具规模、开始生产 农场面积共6400亩，公安部队占地划出180亩，实有面积6220亩。其中，沟渠、坟地占地2375亩，房基占地60亩，交通道路占地160亩，场院占地60亩，地形复杂当年未能上水土地有450亩，稻田3000亩，园田40亩，旱田75亩。建成分水闸及节制闸3座、桥梁5座、砖拱涵洞及涵管28座、倒虹管3座、扬水场1座，引水排水干、交渠总长度41公里，房屋1000平方米。主要机电设备有900厘米抽水机1部、600厘米抽水机3部、200马力电动机5台、50马力电动机2台、真空泵马达1台。

参加施工的工人约5000人，动用马车100余辆，昼夜紧张地工作，仅用了60天，就具备了当年稻作生产的条件。

在紧张进行建场工程的同时，各项生产准备工作也在积极进行。农场派人去宣化、张家口购买骡子31头，于3月底运抵农场，购买的农具、肥料、种子等也陆续运到农场，为生产经营做好了物质准备。

建场当年即开始种植水稻，水利处于1951年1月与芦台农垦局商妥，暂借用该局所属津郊农场附近（在灰堆村北）稻田200亩，开始培育稻秧。

一切生产准备工作已就绪，农场于5月25日正式开闸放水，机电设备及水流等运行正常，开始生产经营。农场首次种植水稻3000亩，按农事季节，准时全部插上稻秧；园田30多亩，多种蔬菜也按时播上种；旱田播种上高粱。当时，只有领导和管理干部9人、工人134人，还有骡子31头、马1匹及几辆马车，除有新式农具马拉犁15台外，其余都是传统旧农具，主要是靠人工生产。

从开始筹建双林农场就参与设计、领导工作的水利处胡晓槐被任命为场长。经过领导及全体职工的积极工作，水稻、蔬菜生长情况良好，形势喜人。

为了向有关领导汇报农场建成及开始生产等情况，水利处特邀请市长及有关部门领导共40余位，于7月28日来场参观指导。被邀请到场的有：市长黄敬，副市长许建国，副市长周叔弢，市委秘书长，市人民政府委员丁一、黄松龄、张逢时、靖任秋、李允恪、杨石先、张恩和、俞霭峰、穆芝房、边洁清、孙冰如、资耀华、毕鸣岐、李华生，市总工会主席，天津县县长张镜，以及财经委员会、建设委员会、渤海农垦局、劳动局、财政局、建设局、卫生局、民政局、公用局、电业局、公产管理局、交际处、地政处、园林处和新闻出版处等单位的领导。

到了收获季节，农场首次种植的 3000 亩水稻获得较好收成，稻谷总产量 124.5 万斤，亩产平均 415 斤。此时，副业方面已有来亨鸡 179 只、北京种鸭 76 只、北京填鸭 1050 只、白鹅 59 只、绵羊 157 头、种猪 10 头、奶牛 3 头，还栽种了苹果、杏、李、梨、桃等树苗 49 种，共计 509 株。

按照建场设计规划，从 1951 年春开始，在全场范围内大量植树造林，因地制宜，栽种各种树苗上万株，为后来农场进一步开展绿化工作奠定了基础。

农场建场初期，以种植大面积水稻为主。为了科学用水、合理灌溉、健全管水机构、加强扬水场机电设备保养，并以余水协助附近农村生产，逐步扩大灌溉面积，提高农作物生产，特编制了《双林农场灌溉管理编制法规》，并报请水利处批准实施。这部法规在后来的生产用水、管水、促进生产、密切与附近农村的关系等方面，发挥了相当重要的作用。

1952 年春，因工作需要，胡晓槐调回水利处，劳动局系统的郭生秀调任双林农场场长，技术干部孙杰任副场长。

当时的组织机构较简单，在场长下设办公室、财务组、农业组和副业组，生产单位划分为若干小队，由技术工人担任小队长，受场长直接领导，业务上由农事、副业组具体指导。到 1953 年，根据生产需要，将稻田分为东、西区两个大队和园田队，大队以下仍设生产小队，由大队直接领导。

1954 年春，当时的天津市市长吴德在农林水利局领导陪同下，来农场视察工作，郭生秀场长向市长汇报了建场以来的生产等各方面情况。

1954 年秋收后，转入冬季生产时期，为了把农业生产再提高一步，根据上级指示，在不影响冬季生产的原则下，在全面检查和总结工作的基础上，开展了以查计划、查技术、查浪费为中心的"三查"工作。

1954 年 11 月 28 日，召开全场职工大会，由场长郭生秀对当年的生产工作做了简要总结和深刻检查。他指出：通过学习国家过渡时期总路线和中央办好国营农场方针、任务的指示，全体职工的政治思想觉悟有了很大提高，明确了办好国营农场的意义。经过全体职工的热情劳动，在生产上精打细算、因陋就简，今年的工作有一定成绩，但生产任务完成的不够理想。所以，要针对生产工作中存在的缺点和问题，进行一次"三查"工作，为下年工作打下良好基础。

在场领导的带动下，干部们就自己的职责，围绕"三查"内容，也都做了深入、具体的检查，并组织全体工人认真讨论，充分发表意见。"三查"工作很快在全场展开，查出了一些影响完成生产任务的主要因素，提出了多项改进意见，到 12 月 10 日，这项工作才结束。

"三查"工作结束后，职工们的心情比较舒畅，大家心中都有了"计划生产"的概念，生产责任心普遍加强。尤其是工人群众，扭转了以往"只知干活，不问其他"的雇佣观点，初步树立了主人翁责任感。

开始生产后，农场与上级领导机关的工作联系日渐增多，最初只安排一名通讯员，每日往返一次，传递文件，互通情况。直到 1953 年冬，农场才获准安装了一部电话机，这台电话是灰堆地区人工交换台的分机，是农场的第一部电话机（手摇式）。

第二节　双林农场的早期整合

一、接收黄庄农场

1952 年 12 月 31 日，农林水利局接管了津南合作农场。按照中央农业部和天津市有关领导部门决定，将渤海区农垦局所属天津地区的各农场统交天津市农林水利局接管。津南合作农场所属黄庄农场是当地解放后开办的，地处黄庄子村附近，在津沽公路（天津市区通往南郊咸水沽等地）左侧，与双林农场东区队的稻田仅隔公路相对。该场土地约 800 亩，全部为稻田，因已种植几年，水稻生长情况良好，有管理干部、技术干部和工人共 20 多人。农林水利局接管津南合作农场后，因黄庄农场距双林农场相近，两场作物相同，为了管理方便，有利于发展生产，决定将该场并入双林农场。

1953 年 3 月，由双林农场接管了黄庄农场，原场长、干部、工人及津南合作农场所属其他场的少数工人共 28 人转入双林农场，根据工作需要及本人情况做了统一安排，黄庄农场改为双林农场的生产小队建制，继续种植水稻。该地块虽与东区队相近，但有公路相隔，在生产管理等方面存在一定困难。例如稻田用水问题，不能由场内输送，还要靠邻近农村水泵供水，这就产生了某些矛盾，再加上其他方面一些因素的制约，给生产管理造成了许多麻烦。为此，经场领导研究决定，报请主管局同意，与有关村协商，调换这块土地，以利生产。

1956 年 3 月 28 日，经与灰堆五星生产合作社商定，双方签订互换土地协议书，天津市双林农场为甲方，天津市河西区灰堆五星生产合作社为乙方。

在农业合作化运动的高潮中，双方为了发展生产，本着统一规划、便于管理的原则，经协商，同意互换土地，兹将具体条件规定如下：

（1）甲方愿将坐落于农场的黄庄子水稻地（一区二区）437.65亩与乙方坐落在三角地的133.449亩、小海地的179.749亩、稻草站的117.295亩等，合计430.493亩土地，在亩数相等的原则下互相交换。

（2）在双方所换土地中，双方所盖之房屋，经协议后，视其新旧程度进行估价。

（3）一切水利设备，经双方协商，根据建筑范围及新旧程度进行评价。

（4）在乙方同意与甲方交换之土地中，所遗留有关地权地债等问题，均由乙方负责解决。

（5）关于房屋及水电设备评价款项之差价，乙方应每年付甲方467.20元。该款必须在4年内付清。

（6）甲方黄庄子大闸产权部分，无偿地移交乙方使用。

（7）以上协议所订条件，甲乙双方均应确切执行。协议书双方各持1份，并报送市农林水利局、区人民委员会备案。

农场与五星社交换土地后，原黄庄农场其余土地及职工家属住房仍归农场所有，已迁去的10多户职工家属，仍继续在那里居住。

二、双林、长泰两场合并

双林农场西邻国营长泰农场，两场东西边界之间仅隔通往郭黄庄的大道，土地基本相连。长泰农场土地面积1万余亩，其中耕地面积7000多亩，土壤及自然条件等基本与双林相同，且两场作物都以水稻为主。农林水利局根据两场基本条件，从实现农业机械化、改良土壤、发展多种经营等方面考虑，拟将两场合并经营，以便集中管理，更有效地发挥社会主义国营农业经济的优势。自1954年下半年，农林水利局即开始调查研究，并于1955年初主持两场具体商讨合并事宜，随即做出并场规划，报请天津市人民政府批准，决定将两场合并。

1954年12月2日，农林水利局〔54〕农人字第1191号文通知，陈来卫任双林农场副场长。1955年1月31日，农林水利局〔55〕农人字第119号文通知，双林农场陈来卫调局，另行分配工作。

1955年下半年，根据农林水利局指示，为双林、长泰两场合并做准备，组建了基建工程组，上级派来工程师，立即开始勘测设计工作及大规模的基建工程。新场部选址在两场之间南北大道东侧，新场部办公室、职工宿舍、大仓库、拖拉机库、大礼堂及食堂等基建项目也陆续开工。为扩大奶牛饲养，新建奶牛舍工程同时动工，地址选在新场部迤西，长泰农场南区的东端。经过当年秋、冬季紧张施工，至 1956 年初，除大礼堂、食堂工程尚在进行外，其他主要工程项目均已竣工，交付使用，新场部全部建筑面积约为 2800 平方米。

1956 年 1 月，为了不误农时，统一安排春耕生产，遵照农林水利局 1956 年 1 月 27 日〔56〕农管字第 106 号文通知，双林、长泰两场于 3 月正式合并，仍称"双林农场"。合并大会在新场部大仓库召开，原两场的干部职工共约 300 人参加。大会由郭生秀主持，杨英、张玉明同志讲话，宣布两场正式合并。新的领导班子和组织机构为：场长郭生秀，党支部书记张玉明，副场长杨英、孙杰、陈来卫。场长下设农业技术室、行政股、财务股、供销股、总务股、东区生产队（原双林范围）、西区生产队（原长泰西区、南区范围）、北区生产队（原长泰北区范围）、畜牧队、园林队、马拉队、机务队（包括机电组），另在场部设医务室。

两场合并后，场领导和各职能部门均迁至新场部办公，原双林场部改为东区队队部，原长泰场部改为北区队队部，南区队部改为西区队队部。随着两场合并，场工会组织也相应做了调整。在上级工会（市政工会）的指导帮助下，场工会进行了改选，由全体会员按选举程序，选举出新的双林农场工会基层委员会，主席刘继祥。

两场合并时，各自的人员、房屋及生产设备情况为：

1. 双林农场 有干部 23 人（行政管理 18 人、技术人员 5 人），工人 101 人（农工 90 人、畜牧饲养 6 人、机电 3 人、木工 2 人），勤杂工 9 人（炊事员 4 人、警卫 2 人、理发员 1 人、杂务 2 人），共计 133 人。

有砖木、砖灰、土坯结构的各种用途房屋共计 149 间（自然间），建筑面积 4308 平方米。

有各种型号电动机 12 台，扬水机 4 台（900 厘米 1 台、600 厘米 3 台），各类变压器 6 台，配电盘 2 部，真空泵、油开关共 27 台（套），扬水场 1 座。

传导设备有电话机 1 部、避雷器 1 组，高压线路总长度 2900 米。

建筑物有用水排水总、干、支、小渠总土方量 506400 立方米，分水闸 1 座（钢混结构），桥梁 7 座（木结构），涵洞 16 座（砖混结构），涵管 134 座（缸管），涵闸 1 座，木涵洞、过水桶 3 座。

役畜有骡 41 头、马 5 头，共 46 头。

运输工具有大小胶轮车 19 辆、小铁轮车（俗称轱辘马）11 套、轻便铁轨 759 根、对槽木船 2 对。

大型农具有马拉播种机 1 台，双轮一铧犁 15 架，单把犁 5 架，圆盘耙 1 架，捋稻机 29 部，扇车 2 架，脱粒机 1 架，大小喷雾器 24 台，水旱耙 48 个，龙骨车 15 台，手推车 10 辆，耪子、云锄等 24 件，玻璃罩子（园田用）124 扇。

其他机具有铡草机 1 台、碎饼机 1 台、孵化机 1 部、碾米机 1 台、打绳机 1 台。

2. 长泰农场 有干部 38 人（行政管理 32 人，技术人员 2 人、卫生员 4 人），工人 146 人（农工 127 人，汽车司机 4 人、机电 15 人），勤杂工 8 人（通讯员 2 人，炊事员 5 人、理发员 1 人），共计 192 人。

有砖瓦、砖灰、土坯结构的各种用途房屋共计 122 间（自然间），建筑面积 2456 平方米。

有各种型号电动机 14 台、600 厘米扬水机 7 台、各类变压器 20 台、配电盘 2 部、自动油开关 2 套。

传导设备有避雷器 5 组，高压线路总长度 3950 米。

建筑物有围埝 13274 米、用水干渠 6943 米、排水干渠 13332 米、用水支渠 20386 米、排水支 17840 米、引水河 976 米、以上总土方量 197477 立方米；桥梁 36 座（砖木结构）、水闸 23 座（砖木结构）、涵洞 8 座（砖木结构）、过水管 1 个（缸管）、扬水场 5 座。

役畜有骡 16 头、马 16 头，共 32 头。

运输工具有大小胶轮大车 11 辆、汽车 2 辆（10 轮卡车、6 轮卡车）、对槽木船 1 对、小木船 4 只。

大型农具有双轮一铧犁 10 架，单把犁 82 架，捋稻机 41 部，龙骨车 17 台，脱粒机 2 架，扇车 4 架，喷雾器、耪子等 86 件。

其他机具有碎饼机 1 台，小型电动机、变压器、柴油机、碾米机等 28 台。

1957 年 12 月，河北牧场并入天津市双林农场。

第三节 双林农（牧）场在不同历史时期的发展变化

一、双林农场被并入先锋公社

1958 年夏，国营双林农场按照上级指示，被并入天津市南郊区先锋公社，成为公社下属第四团（当时按民兵组织称呼）。社主任是南郊区刘子铎，双林农场副场长杨英为副职（未到任），副场长马清元为生活福利部长（未到任），后又抽调干部王文库等 3 位同志，去公社福利部和财务部工作。先锋公社开始调用双林农村的骡马、稻草、大闸板及车辆等，去支持公社生产。

国营农场是全民所有制企业，在农业机械化、农田科学管理、培育良种、提高产量等方面。发挥着示范作用，却反被并入集体所有制的公社。那时农场的组织机构，完全按民兵组织形式设置，设有政治处等部门，干部称主任、干事、参谋等，各生产队按连队编制，干部称连长、指导员、排长等。经过约半年多的过程，农场在领导关系、生产管理、物资分配等方面发生了许多具体问题，到 1959 年春耕前，根据上级指示，又将双林农场从先锋公社划出来，恢复了原体制。

二、天津市双林农场更名天津市双林农牧场

1958 年下半年，根据上级指示，双林农场更名为双林农牧场。当时河北省农垦局随省直机关迁入天津市，由于办公地址未确定，暂在双林农牧场场部办公。到 1960 年 3 月，该局移至长春道 16 号。

1966 年 5 月 16 日，双林农牧场成立了"双林农牧场文化革命委员会"，主任陈锡泉，副主任赵功杰、康国申，另有工作人员 2 人。不久，根据市、局统一布置，又建立了"双林农牧场赤卫队"组织，队长杨树德，副队长赵功杰、王金贵。这一时期，双林农牧场改名为"东方红农牧场"。1968 年，天津市革命委员会成立，农垦局也建立了革命委员会。

1968 年 4 月，在驻场解放军的帮助下，双林农牧场首次建立了革命职工委员会，主任阎宗礼，副主任肖增云。场革职会建立后，在驻军代表韩维庆的主持下，与场有关人员进行筹建场革职委员会事宜。经过酝酿、协商后，报请农垦局革委会批准，于 1968 年 6 月 4 日正式建立双林农牧场革命委员会，主任一职暂缺，第一副主任梁友珠（负责主持全面工作），副主任陈笃诚，常委贾贵生、邸自来、伊金章，白凤亭、康淑琴、孙中云，有委员 11 人。下设办公室、政治处、生产、后勤等部门，另有工作人员 5 人，办理日常具体工作，各生产单位基本上仍保持原组织形式。常委采取轮流值班制，值班常委负责处理全场各项日常工作。

1969 年春，按上级决定，双林农牧场成为河西区的干校，改名为"河西区双林五七干校"。天津市河西区的部分领导席元祥、郑森、安云峰等进入领导班子。

1970 年春，上级指示撤销干校，席元祥等领导回河西区，农场恢复"双林农牧场"原名。当年秋季，楚云调入双林农场，任场党委书记、革委会主任。

1970 年 11 月 10 日，市革委会以津革〔70〕第 69 号文通知：国营农场划归市农林水利局领导。据此，双林等 9 个国营农场，自 15 日起正式由农林水利局革委会领导。此后，农场又由市农林局领导。

1971年底，农林局革委会派驻局解放军刘振荣、刘振忠来到双林农牧场，作为军代表协助工作，刘振荣被任命为场党委副书记、革委会副主任，刘振忠任场党委委员、革委会副主任。

三、成立天津市渤海农工商联合总公司双林公司（双林农牧场）

十一届三中全会以来，农场逐步恢复和发展了各种形式的生产责任制。

1. 恢复奖金制度　1979年，双林农牧场第一次实行超利润奖的分配办法。

2. 全面推行生产责任制　从1983年开始，农牧场全面推行各种形式的生产责任制。在农工商各业利益分配中，坚持农牧业分配比例大于工业、工业大于商业，促进三业协调发展。

3. 成立职工联营厂（队）　为进一步完善农牧场的承包经营责任制。从1979年开始，试办农工商联合企业。经过几年的努力，原以农牧业为主的经济结构已有明显的变化。1983年11月9日，中共天津市委农村工作部、天津市农业食品委员会批复，同意成立"天津市渤海农工商联合总公司双林公司"，与天津市双林农牧场两个牌子、一套人马，不增加人员编制。自1984年开始，在全场范围内兴办职工联营厂，至1987年，双林农牧场初步形成农牧业、新兴的渔具加工和仓储事业"三大支柱"。

四、天津市农垦集团房地产开发建设有限公司与天津市渤海农工商联合总公司双林公司（双林农牧场）整合

为发挥天津农垦的整体优势和土地资源优势，加快对双林农牧场所处地域的综合开发。1996年5月24日，农垦集团总公司以津垦司〔1996〕171号文件，决定将天津市农垦集团房地产开发建设有限公司与天津市双林农牧场合并，实行一套班子、两个牌子。合并后，公司按《公司法》运作，逐步改制为国有独资公司。新组建的以房地产开发建设为主业的国有独资公司即天津市农垦集团房地产开发建设有限公司（双林农牧场）。

天津市农垦集团房地产开发建设有限公司登记注册为有限责任公司，实际运作为国有独资公司，为天津农垦集团公司核心企业，具有独立法人资格，全权经营所占用的国有资产并负有保值增值责任。

2015年5月13日，公司上级主管单位农垦房地产公司上级主管单位天津农垦集团有限公司整合更名为天津食品集团有限公司。由此，天津农垦集团房地产开发建设有限公司更名为天津市农垦房地产开发建设有限公司。

根据集团总公司的安排，2015年12月26日，将天津市农工商总公司双林公司所持

有的天津市双发建筑工程有限公司100％的股权无偿划转至天津市农垦集团房地产开发建设有限公司，将天津市农工商总公司双林公司所持有的天津市双林水电安装工程有限公司100％的股权无偿划转至天津市农垦集团房地产开发建设有限公司。随着双林农牧场股权的变化，2015年11月11日，经天津市食品集团党委研究决定，中共天津市农工商总公司双林公司委员会改建为中共天津市农工商总公司双林公司支部委员会，天津市农工商总公司双林公司党的工作由天津市农垦集团房地产开发建设有限公司党委管理。

2018年8月17日，经食品集团公司2018年第7次董事会会议审议研究，决定由天津市农垦房地产开发建设有限公司对天津市农工商总公司双林公司实施托管。天津市农工商总公司双林公司实施公司制改制后，继续由天津市农垦房地产开发建设有限公司托管。至此，双林农牧场已经变成一个三级企业，其原来的主要资产为农垦房地产开发建设有限公司持有。

2018年11月，企业改制更名，单位名称由天津市农工商总公司双林公司变更为天津市农垦双林劳务服务有限公司，企业性质由原来的全民所有制变更为有限责任公司。公司股东是天津食品集团有限公司，注册资本金3650万元，实收资本3650万元。

2019年3月28日，公司股东天津食品集团有限公司将双林公司股权无偿划转至天津市农垦房地产开发建设有限公司。注册资本金3650万元，实收资本3650万元，截至评估基准日2019年9月30日。至此，双林公司（双林农牧场）成为天津市农垦房地产开发建设有限公司下属国有全资企业之一。

第二章　公司（农场）的组织机构

天津市双林农牧场从 1950 年建场到 2021 年变成公司，风风雨雨走过 71 个年头。
1951—1953 年，农场处于建场初期；1954—1965 年，农场处于调整和发展时期；1966—
1976 年，农场发展停滞；1976—1978 年，农场进入改革时期。党的十一届三中全会以后，
经过财务包干、农工商综合经营、实行场长负责制等措施，农场发展呈现出良好发展态
势。农场经过多年耕耘，到 20 世纪 80 年代末，发展成全民所有制以农业生产、畜牧养殖
为主的农场。进入 1980 年后，按照商品经济发展的需要，农场大力发展第三产业和外向
型性经济，形成农工商一体化的发展态势。1990 年后，根据市场变化，加上政府规划调
整市政发展，农场土地被大量征用，出于自身生存和发展的需要，农场开始尝试房地产开
发。随着产业调整，农场逐步结束农业种植的历史，创建了一批第三产业。

特别是 1996 年双林农牧场和天津市农垦房地产开发建设有限公司整合，农场变为公
司，创办了一批新兴企业，如天津市双发建筑工程公司、天津市农垦物业管理公司、天津
农垦商业运营管理公司等，这些公司的成立标志着农场产业结构的重大变化。公司从"十
二五"到"十四五"规划的发展进程，也彰显了由农场到公司，由种植业到农工商一体发
展再到以房地产开发为龙头，带动其他相关产业，如建筑施工、物业管理、商贸经营（含
餐饮）、电力运维、大数据中心等板块的发展变化。现在的农垦房地产公司经过多次股权
的不断变化，形成了隶属天津食品集团的全资公司，是天津食品集团骨干企业之一。农垦
地产的品牌效应在天津地产市场逐渐被认可，从事生活服务的农垦慧生活品牌系列也呈现
良好的发展态势。

第一节　1950—1995 年农场所属企业、农场部室设置及变化

一、农场下属各单位设置及变化

1950 年夏，经天津市人民政府批准，由天津市水利处与天津市失业工人救济委员会
合办双林农场，为天津市直营之农场。遂即由水利处与救委会成立"双林农场筹建委员
会"，开始筹建农场事宜。

1951 年，双林农场从 3 月筹备动工，到 5 月建场完成，开始生产经营时，有干部 9 人、领工 5 人、工人 129 人。

1953 年 2 月，双林农场归渤海区农垦局领导。3 月，双林农场接管黄庄农场。4 月，双林农场归天津市农林水利局领导。

5 月，双林农场下设生产大队，分为东区队、西区队、园田队等大队，大队又下设小队。

1954 年 10 月，农场成立畜牧队和机耕队（后改称机务队）。

1955 年 12 月，天津市卫生局儿童福利院奶牛场并入双林农场畜牧队。

1956 年 1 月，双林、长泰两农场合并，仍称天津市双林农场，下设东区生产队、西区生产队、北区生产队、畜牧队、园林队、马拉队、机务队（含电工组）。

1957 年，农场分设生产队，有 3 个稻田队以及园林队、畜牧队、机务队、马拉队等。12 月，河北牧场（公私合营）并入双林农场。

1958 年 3 月，双林农场被并入天津市南郊区先锋公社，成为先锋公社第四团。当年，农场机务队建立农机修配厂。

1959 年 2 月，双林农牧场从先锋公社划出，恢复原体制。

1960 年初，双林农牧场成立葡萄糖厂、淀粉厂，年底整合为双林药厂。

1965 年，农场下设有稻田 1 队、稻田 2 队、稻田 3 队、园林队、苗圃队、积肥队、畜牧队、基建队、机务队 9 个生产队。

1973 年 4 月，农场畜牧队成立种公牛育站。

1974 年 3 月，育种站改为农场直属单位。

1979 年 12 月，农场成立天津市华林电子仪器厂。

1980 年 1 月，双林农牧场成立综合门市部，此为双林农牧场最早发展的商业。

1981 年 3 月，农场成立天津市双林缝纫厂。5 月，成立天津市双林制锁厂。9 月，成立双林农牧场外贸队。11 月，成立天津市双林针织厂。

1993 年 11 月，双林农牧场自筹资金建成 2000 吨冷库。

1984 年，双林农牧场外贸队改为双林贸易货栈。4 月，成立天津市双林公司渔具加工厂。9 月，成立天津市农工商总公司双林公司，农场与公司实行一套班子、两个牌子。12 月，天津市双林制锁厂、天津市油印机厂合并，仍称天津市油印机厂。

1988 年 7 月，成立天津市农工商总公司双林公司双林餐厅。8 月，成立天津伸和铸造有限公司（合资）。

1989 年 1 月，农场下属企业有奶牛场、养鸡场、商业公司、贸易货栈、双林餐厅、园艺场、农机队、基建队、针织厂、油印机厂、服装厂、制锁厂、铸造厂、电工组欧娜公司、渔具厂、保健站。

1989年4月,公司电工组升级为双林水电队。

1991年7月,成立天津浩林汽车配件有限公司。

1992年7月,成立天津劳伦斯装饰材料有限公司。12月,成立天津市裕达机械工程公司。12月,成立天津市双林水电队、天津丸六食品有限公司、天津市通利实业公司。

1993年1月,成立天津市津冠乳品饮料公司。3月,成立天津德源国际贸易有限公司。4月,成立德源食品有限公司。7月,成立天津市双林仓储公司。8月,天津双林园艺冷冻厂并入天津市双林食品公司。12月,天津双林贸易货栈、天津市双林仓储公司、天津市双林农牧场基建队合并为天津市双林仓储公司。

1994年1月,成立天津市双发工程公司。

1995年12月,成立天津市双鹤渔需有限公司。12月,成立天津市农垦物业管理有限公司(2016年更名为天津市农垦物业管理公司)。

二、农场场部及部室设置及变化

1950年11月,成立天津市双林农场筹建委员会。场部下设工务、会计、材料、组教、总务等组。

1951年3月,双林农场建场工作开始,筹建委员会各工程业务组的人员到达现场,土方、水利等工程开工。救委会将原美国兵营的4幢"活动铁房子"运到双林农场,作为建场投资,铁房子安装在场部院内,用作办公、开会、仓库等。救委会先安排失业工人1200人,之后又续增2800人,共到4000人。

3月下旬,双林农场首次招收有耕作水稻技能及有饲养牲畜能力的工人60名,并带动失业工人50名。5月,天津市水利处胡晓槐任双林农场首任场长。

1953年2月,双林农场归渤海区农垦局领导。3月,津南黄庄农场撤销。按上级指示,该场的800余亩土地及房屋设备、生产资料等统由双林农场接管,干部职工共10余人同时转入双林农场。4月,双林农场归天津市水利局领导。5月,根据生产发展需要,经天津市水利局批准,双林农场健全组织机构。农场下设办公室、农事组、副业组、财务组及生产队等单位。

1956年1月,双林、长泰两农场合并,仍称天津市双林农场,下设农业技术室、行政股、财务股、供销股、总务股、医务室等。

1957年5月,双林农场更改场名为双林农牧场。

1958年3月，国营双林农场被并入天津市南郊区先锋公社，成为公社下属第四团（当时按民兵组织称呼）。

1959年春耕前，双林农牧场从天津市南郊区先锋公社划出，恢复原体制。

1966年5月，双林农牧场改名为东方红农牧场，后改回双林农牧场。

1968年6月，成立双林农牧场革命委员会，下设办公室、政治处、生产科、后勤科等。

1969年2月，天津市双林牧农场改为天津市河西区五七干校。

1970年5月，撤销天津市河西区五七干校，恢复天津市双林农牧场名称。11月，双林农牧场划归天津市农林水利局管理。

1973年11月，农场设置知青办公室。

1975年5月，天津市双林农牧场组织机构改名，过去的部、组改为科、室。10月，双林农牧场建立劳资科，原政治处、财务科、保卫科分管的部分业务由劳资科接管。

1985年3月，为加强经营管理力量，农场成立智囊团、经济开发小组、技术改革小组、科研小组。

1989年1月，农场场部科室设置生产经营办公室、财务科、劳资科、审计科、基建科、总务科、派出所、保卫科、安技科、组织科、宣传科、纪委、团委、工会、武装部等。4月，成立节能办公室。8月，撤销经营办公室，成立场长办公室、生产科。

1991年，双林公司实行场长聘任制并调整科室。公司机关下设劳资科、财务科、能源安技科、审计科、总务科、基建房管科、治安保卫科、法制科、武保科，原农牧科分成畜牧科、农牧科，党委办公室和场长办公室合并为场长办公室，还有工会、团委、保健站等，后又成立商业科。

1992年4月，为"精简上层、强化中层、充实基层"，双林农牧场对场部机关人员进行调整，并调整了部分科室的划分。调整后，设党委办公室、场长办公室、财务科、劳资科、安技科、总务科、基建房管科、生产科、武保科、审计科、工会、保健站。同时，成立项目开发领导小组。为调整产业结构、发挥地理优势，1992年7月，双林农牧场成立开发办公室，负责项目开发、土地规划开发工作。

1992年9月7日，天津市农工商总公司为深化改革、发展经济，决定从即日起，所属农场对外经济活动一律启用公司名称，保留农场名称。双林农牧场启用天津市农工商总公司双林公司名称。

1992年12月，农场调整机关科室，设党群工作部、计财劳资部、后勤工作部、武保安技部、场长办公室、综合开发公司。

1993年11月9日，中共天津市委农村工作部、天津市农业食品委员会批复：同意成立天津市渤海农工商联合总公司双林公司，与双林农牧场两个牌子、一套人马，不增加人员编制。

1994年10—11月，农场分别成立土地管理办公室、平房改造办公室，后又成立开发一部、开发二部。10月，成立国有土地管理办公室。11月，成立平房改造办公室。

1995年12月，农场本部撤销后勤工作部。

第二节　1996—2022年9月公司（农场）所属企业、公司本部设置及变化

一、公司（农场）各单位设置及变化

1996年1月，成立天津市双林恒通物业管理中心。9月，天津市恒通服务中心并入天津市津垦物业管理有限公司，实行一套班子、两个牌子（即天津市津垦物业管理有限公司、天津市双林农牧场房管站）。

1997年9月，天津市通利实业公司并入天津市双林仓储公司。

1999年3月，注销天津市双林房地产开发公司、天津市通达房地产公司。10月，为加快公司产业结构调整，公司成立天津市河西区科技工业园开发有限公司。12月，公司建立天津市津垦供热站。

2000年2月，农垦总公司将欧娜有限公司原双林农牧场的中方股权调整至天津农垦集团总公司。3月，农垦总公司将天津市伸和公司调整为总公司直属企业（控股公司），将中方出资人原天津市农工商总公司双林公司变更为天津农垦集团总公司，党组织关系隶属总公司党委。9月，德源国际贸易有限公司进行改制，并将中方股份全部转让给该公司员工。撤销天津市东方建筑设计所。

2001年8月，总公司同意天津市油印机厂停产歇业，进行改革。随后，该厂为调整产业结构，理顺产权关系、劳动关系，进行了大规模的改革，43名员工进行集资入股成立新型股份制企业天津市双林木制工艺品有限公司。12月，成立天津市双林木制工艺品有限责任公司，房地产公司股份占51％，原油印机厂职工股份占49％；关闭天津市油印机厂；天津市国营双林服装厂并入天津市双林裕达机械工程公司；天津市双林食品公司并入天津市双林裕达机械工程公司；撤销天津市河西科技工业园开发有限公司、双林保健站、天津市双林恒通服务中心；农垦总公司将天津市农垦通联公司重组划转到天津市双林农牧场。

2002年，天津市农工商总公司双林公司主管部门由天津市双林农牧场变更为天津农垦集团总公司。12月，公司对天津市双林裕达工程机械公司和天津市双林仓储公司实行统一管理，原两个单位行政班子合并为一套行政班子。

2003年2月，公司下属企业天津市津冠乳品饮料公司因长期亏损进行停产整顿，实行改革改制，7名员工自愿组合，并结合公司所属的原津冠乳品饮料公司的优良资产、职工和社会自然人出资参股，组建了产权多元化的"天津可利恩乳业有限公司"。9月，公司决定从即日起关闭天津市津冠乳品饮料公司，该公司的资产及债权债务并入天津市双林裕达机械工程公司（仓储）。

2004年12月，关闭天津市振海商贸公司，该公司的债权、债务、人员并入天津市双林裕达机械工程公司（天津市双林仓储公司），实行统一管理。

2005年4月，天津市农垦集团总公司将凌云饮料厂固定资产调拨到双林公司。8月，注销天津市龙森木业有限公司。

2006年5月，公司与天津泰达建设有限公司和天津市康因实业有限公司签署合作协议，成立天津尚邦置地有限公司，7月注册公司。

2007年5月，双林裕达机械工程公司和双林仓储公司企业员工划归双林公司统一管理，公司资产合并到双林公司，公司债权债务归并入双林公司。6月，天津市津垦物业管理有限公司更名为天津市农垦物业管理有限公司。

2010年2月，成立天津迪万投资有限公司（合资）。7月，成立天津农垦文化产业投资有限公司，2018年更名天津农垦商业运营管理有限公司。

2012年4月，成立天津农垦博纳影视投资有限公司（合资）。10月，成立天津农垦食品销售公司。11月，公司收购天津长远嘉和置业有限公司。

2013年10月，注销天津市双鹤渔需有限公司。

2014年11月，天津农垦出租汽车公司由集团总公司划转农垦房地产公司管理。

2015年3月，成立天津农垦金安投资有限公司（合资）。11月，成立天津农垦红旗房地产开发有限公司。

2017年9月，成立天津颐养大健康小镇建设开发有限公司（合资）。

2018年6月，托管天津市东方实业有限公司（含东方公司下属及参控股企业）。7月，成立天津农垦兴港房地产开发有限公司。

2019年8月，成立天津天食田园综合体开发有限公司（合资）。10月，托管天津森泰壹佰置业投资有限公司。12月，成立天津天食创文建设开发有限公司成立（合资），天津燊辉电力科技有限公司划转至农垦房地产公司管理。

2020 年 3 月，成立天津农垦佳阳房地产开发有限公司。12 月，成立中东欧特色小镇（天津）开发建设有限公司（合资）。

2021 年 11 月，托管天津天宫葡萄酿酒有限公司。

2022 年 1 月，成立天津农垦兴辰房地产开发有限公司及天津农垦辰昇房地产开发有限公司。

二、公司本部和部室设置及变化

1996 年 5 月 24 日，为发挥天津农垦的整体优势和土地资源优势、加快对双林农牧场所处地域的综合开发，总公司以〔1996〕171 号文件，决定将天津市农垦集团房地产开发建设有限公司与天津市双林农牧场合并，实行一套班子、两个牌子。合并后，按《公司法》运作，逐步改制为国有独资公司。天津市农垦集团房地产开发建设有限公司（简称农垦房地产公司）是具有二级资质的国有房地产企业，坐落在天津河西区洞庭路南。

1996 年 6 月 14 日，根据董事会会议，决定对原天津市农垦集团房地产开发建设有限公司和天津市双林农牧场机关部室进行合并，调整为"四部一室"，即政治工作部、计划财务部、劳资安技部、工程部、综合办公室，工会独立设置。

1997 年 9 月，成立销售部。

1998 年 7 月，成立企管部。

2001 年 12 月，成立社区服务部。

2002 年 8 月，撤销双林派出所。

2003 年 12 月，撤销企管部、社区服务部。

2006 年 12 月，成立项目开发部。

2007 年 4 月，成立造价成本部。8 月 30 日，公司成立销售二部，公司原销售部变更为公司销售一部。公司销售一部的主要工作是水语花城等新项目销售（对原已出售的房屋尚未办结的相关一切手续仍由原销售部门办理）；销售二部的主要工作是双山平房改造、五七新村平房改造、房屋销售、其他新项目开发销售及公司目前所剩余房销售、房屋租赁业务等。

2009 年 11 月，成立公司保卫部、审计部。保卫部负责公司保卫安全及信访具体工作等事项，审计部负责公司审计工作。

2014 年 10 月，成立董事会办公室。董事会办公室设在公司政工部。

2018 年 7 月，成立天津市农垦房地产开发建设有限公司客户服务中心（副科级部门）。

2019 年 1 月 17 日，公司调整机关部室设置，设党委办公室、董事会办公室、纪委、工会、总经理办公室、东方实业公司综合办公室、人力资源部、安全环保一部、安全环保二部、设计部、成本运营部、工程管理部、前期部、投资拓展部、营销中心、审计部、法务部、信访保卫部。

公司机关部室设置分工为：党委办公室负责党办、组织、党建巡查、宣传、企业文化、政研、中层考核、保密、民兵武装、离休老干部、离退休党支部等。董事会办公室负责公司董事会、改革等。纪委负责公司纪检监察、廉洁风险防控、党建巡查、纪委工作检查等。工会负责公司工会、共青团、统战工作。总经理办公室负责行政办公、后勤事务、企业发展运营、规划、资产、土地、房产管理、信息化建设等。东方实业公司综合办公室负责东方实业公司综合事务工作，按集团管控条线，设置各类条线专员，负责按照条线汇总相关数据，上报公司相关分管部门。人力资源部负责公司人力资源、劳动薪酬、员工培训、管理、考核等。安全环保一部负责农垦房地产公司安全环保工作，并负责向集团公司汇总报批等事务。安全环保二部负责东方实业公司土地看管工作，以就近管理原则，按照划定的区域公司及项目，负责日常管理工作，履行安全职责。财务部负责公司计划财务工作等。设计部参与项目规划设计，负责设计管理、项目的论证策划支持。成本运营部负责公司项目开发成本管控等。工程管理部负责公司工程建设的管控、工程管理体系建设与维护及各项检测工作等。前期部负责公司所开发项目的政府报批手续及规划部门的报审、项目勘察等相关工作。投资拓展部负责公司投资管理、土地拓展等工作。营销中心负责公司房屋销售、营销策划、树立品牌等。审计部负责公司审计工作。法务部负责公司法务工作。信访保卫部负责公司信访保卫工作等。

2021年4月，设立企业运营部、商业管理部。7月，公司信访保卫部加设武装部工作，公司党委办公室不再负责武装部工作。

2022年1月，公司设立纪检监察部。

第三章　农垦房地产公司管理架构

第一节　公司管理架构

天津市农垦房地产开发建设有限公司组织架构见图1-1。

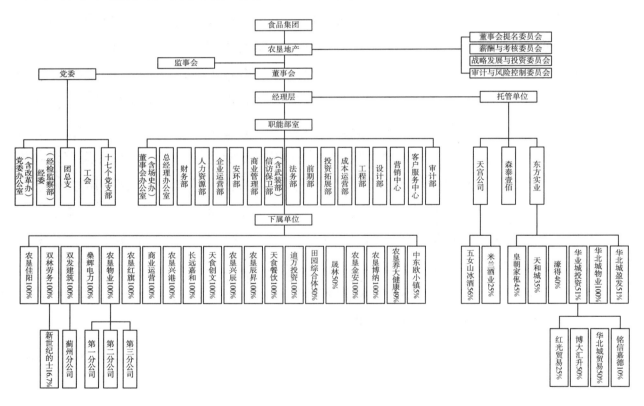

图1-1　天津市农垦房地产开发建设有限公司组织架构

第二节　企业体制机制改革变动

2011年8月，农垦房地产公司通过质量管理体系监督审核，建立规章制度，推动精细化管理。2012年2月27日，天津农垦集团总公司党委书记、董事长白智生和总经理韦恩学带领集团领导班子、国资委监事会领导和集团处室负责人到公司重点项目红桥区阿德勒酒店施工现场、仕林苑项目开展调研，在观看现场后，召开工作会。集团主要领导传达了天津市政府有关开展"调结构、惠民生、上水平"活动的会议精神，并针对农垦房地产公司下一步工作提出要求：要以房地产为主，兼顾商贸服务业，要积极树立农垦品牌形象。公司以此为工作指导，开始向商贸服务业拓展。2013 年 1 月，公司下属商业公司津奥广场开业。2013 年，同时打造的项目有仕林苑高层及别墅、津奥广场、农垦博纳国际影城、红桥阿德勒酒店、宝坻圣缇湾、兰江新苑定向安置房等。

2014 年 10 月 21 日，按照上级部门要求和公司根据经济发展需要，公司上报集团关于整合重组天津市农垦房地产开发建设有限公司方案。2014 年 11 月 3 日，天津农垦集团以津垦司〔2014〕246 号文件批复：同意公司整合重组方案。这次改革的主要内容有：①增强企业实力，增加企业的注册资本金，调整企业股份比例。进一步明确投资主体，彰显农垦集团的作用。拟定企业资本金为 1 亿元，农垦集团有限公司占 80％股份、天津市农工商总公司双林公司占 20％股份。②完善农垦房地产企业产业链的组合。将天津市农工商总公司双林公司所属的企业——天津市双发建筑工程公司、天津市双林水电服务队无偿划转至天津市农垦集团房地产开发建设有限公司。将双林公司持有的农垦房地产公司的 60％股权上划到集团有限公司，使集团有限公司 80％控股天津市农垦集团房地产开发建设有限公司，将房地产公司升级为集团有限公司的二级企业，以便提高集团对主业的控制力，为下一步开发集团有限公司整体相关地产业务打下基础。③资金来源。一是房地产公司注册资本 3000 万元；二是双发建筑工程公司资产；三是农垦房地产公司法定盈余公积金、任意盈余公积金等。④对天津市双林裕达机械工程公司为主整体清算注销，即注销天津市双林仓储公司、天津市双林裕达机械工程公司，双林公司不再有下属企业。

2014 年 11 月，天津农垦集团决定，由天津市农垦房地产开发建设有限公司托管天津红港绿茵花草有限公司（简称红港公司），托管期间仍保持红港公司的法人地位。由天津市农垦房地产开发建设有限公司托管天津市农垦出租汽车公司（简称出租公司），托管期间仍保持出租公司的法人地位。天津红港绿茵花草有限公司、天津市农垦出租汽车公司党的工作由天津市农垦集团房地产开发建设有限公司党委管理。2014 年 11 月，为贯彻天津农垦集团改革改制精神，农垦房地产公司对低效企业进行改革。关于由双林裕达公司对双林仓储公司实施兼并重组的方案，经集团津垦司〔2014〕286 号文件批复，同意对双林仓储公司实施兼并重组。2014 年 11 月 12 日，关于将双林水电队改制为天津市水电安装工程有限公司的请示，经天津农垦集团批复，同意天津市双林水电服务队改制方案。2014 年 11 月 12 日，关于将天津市双发建筑工程公司改制为天津市双发建筑工程有限公司的请示，经集团津垦司〔2014〕275、276 号文件批复，同意天津市双发工程公司改制方案。

改制后，天津市水电安装工程有限公司注册资本 400 万元人民币，投资方为天津市农工商总公司双林公司，持股 100％。同年 11 月，为进一步做强天津农垦集团主业，整合资源，按照集团要求，经农垦房地产公司研究决定，向集团申请，将天津市农工商总公司双林公司所持天津市农垦集团房地产开发建设有限公司 60％的股权无偿划转至天津市农垦集团有限公司。经集团津垦司〔2014〕297 号文件批复，同意双林公司将持有的农垦房地产开发建设有限分公司部分股权无偿划转给农垦集团，截至划转基准日 2014 年 8 月 31 日。通过这些改革，公司进一步理顺了产权隶属关系，为今后深化改革打下了基础。

2015 年 5 月 13 日，经天津食品集团有限公司党委研究决定：董景瑞兼任天津市农垦房地产开发建设有限公司董事长；刘瑞成任天津市农垦集团房地产开发建设有限公司党委书记，兼任总经理。公司上级部门天津农垦集团有限公司与其他单位整合更名为天津食品集团有限公司。2015 年 11 月，经集团党委研究决定，中共天津市农工商总公司双林公司委员会改建为中共天津市农工商总公司双林公司支部委员会，天津市农工商总公司双林公司党的工作由天津市农垦集团房地产开发建设有限公司党委管理。刘瑞成兼任天津市农工商总公司双林公司总经理及天津市农工商总公司双林公司书记。随着股权关系的调整，至此，天津市农工商总公司双林公司（天津市双林农牧场）和天津市农垦房地产开发建设有限公司真正划分为股权独立的 2 个公司。天津市农垦房地产开发建设有限公司、天津市农工商总公司双林公司的上级部门为天津农垦集团有限公司。

2015 年 9 月 8 日，集团决定将天津亚太万维投资有限公司赋予天津市农垦房地产开发建设有限公司托管，从 2015 年 9 月 15 日进入托管程序。

2016 年 2 月 1 日，食品集团批复同意天津市农垦集团房地产开发建设有限公司更名为天津市农垦房地产开发建设有限公司。

2016 年 9 月 21 日，天津食品集团经津食政发〔2016〕309 号文件批复：同意将桑辉电力部分股权协议转让给农垦房地产。同意天津农垦宏达有限公司将持有的天津桑辉电力工程有限公司 20％的国有股权，依据 2016 年 8 月 31 日审计结果，协议转让给天津市农垦房地产开发建设有限公司。

2016 年 9 月 21 日，天津食品集团批复同意天津双林公司吸收合并裕达机械公司。为整合资源，经集团公司研究，同意天津市农工商总公司双林公司吸收合并天津市双林裕达机械工程公司。

2016 年 9 月 21 日，天津食品集团批复同意农垦物业公司国有股权无偿划转，同意将天津市双发建筑工程有限公司持有的天津市农垦物业管理有限公司 20％的国有股权无偿划转给天津市农垦房地产开发建设有限公司。按照要求，划转基准日为 2016 年 6 月

30 日。

2017 年 6 月 6 日，根据改革总体部署，经集团 2017 年第 4 次董事会会议研究，决定将天津市农垦房地产开发建设有限公司持有的天津铭信嘉德小额贷款有限公司 10％的国有股权，无偿划转给天津食品集团有限公司。

2017 年 8 月 18 日，经集团党委研究决定，天津红港绿茵花草有限公司党的工作不再由天津市农垦房地产开发建设有限公司党委管理，变更为由天津农垦渤海农业集团党委管理，行政经济管理权随同转出。

2018 年 4 月 13 日，为推进集团整合重组以及企业深化改革，经集团公司 2018 年第 2 次董事会会议研究决定，以 2017 年 12 月 31 日为基准日，将天津市农工商总公司双林公司持有的天津市农垦房地产开发建设有限公司 20％的股权，无偿划转至天津食品集团有限公司。

2018 年 6 月 25 日，经集团公司 2018 年第 5 次董事会审议，决定由天津市农垦房地产开发建设有限公司对天津农垦东方实业有限公司实施托管，天津农垦东方实业有限公司不再作为天津市食品集团有限公司直接监管企业。托管期间，天津农垦东方实业有限公司的财务、资产由房地产公司统一管理，有关报表由房地产公司上报，其薪酬管理由房地产公司参照天津食品集团有限公司薪酬管理有关办法执行，天津农垦东方实业有限公司管理的公司仍由其继续管理。

2019 年 1 月 17 日，撤销天津市农工商总公司双林公司综合服务部。经公司党委研究，原天津市农工商总公司双林公司已更名为天津市农垦双林劳务服务有限公司。为方便开展工作，天津市农工商总公司双林公司综合服务部撤销，人员、资产、债务并入天津市农垦双林劳务服务有限公司，干部原在天津市农工商总公司双林公司综合服务部所任职务自行解除。

2019 年 12 月 12 日，根据食品集团党委的统一部署，天津燊辉电力科技股份有限公司（简称燊辉公司）股权由原宏达公司占股 80％、房地产公司占股 20％，调整为现房地产公司占股 100％，即将燊辉公司划入房地产公司麾下。

2021 年 11 月 18 日，天津食品集团经 2021 年第 20 次董事会会议审议，决定将天津食品集团有限公司持有的天津天宫葡萄酿酒有限公司 100％的股权由天津市农垦房地产开发建设有限公司托管。天津市农垦房地产开发建设有限公司对天津天宫葡萄酿酒有限公司的监管方式按照《食品集团关于加强对托管企业管理意见》（津食政发〔2018〕699 号文件）执行。

2021 年以来，公司创新运营模式，由原来的工作汇报变成每月、每季度召开企业运营分析会。靠数字、指标、报表、分析对各企业进行把控，将企业运营管理作为管理企业的工具成为企业管理的新常态，推动实现公司精益化、产品系、标准化的管理目标。

第三节　规范董事会制度，落实董事会职权，建立现代企业制度

2011—2021 年，公司始终坚持推进中国特色社会主义现代企业制度建立。根据公司发展需要，公司多次调整完善农垦房地产公司"三会"议事规则，制定了法人治理主体"1＋3"权责表，进一步完善了权责法定、权责透明、协调运转、有效制衡的公司治理机制。在 2011—2021 年担任公司董事长的先后为董景瑞、张葵、刘瑞成。从 2016 年开始，按照上级要求，公司积极推动落实将党组织写入公司章程的工作，经过各企业的支持，除个别外资企业外，已完成这项工作。为提升董事履职能力，公司于 2019 年 3 月 28—29 日在天津海河文华酒店多功能会议厅专门举办董事会及改革工作培训班。培训得到了集团董事会办公室及资产部的大力支持，集团相关部室还邀请了 20 余个兄弟单位一同培训学习。在为期 2 天的培训中，食品集团外部董事、天津财经大学现代经济管理研究院原院长强志源教授，集团董事会办公室主任周京华，集团资产部部长朱继明，集团资产部副部长刘建民等领导精彩授课。房地产公司领导班子成员、相关部室负责人及骨干、兄弟单位相关负责同志，共计 180 余人参加。2020 年，公司党办、总办、董办联合开展议题写作专项培训，利用公司多功能厅大讲堂组织培训教育，提升公司本部及公司下属各单位相关工作人员的业务能力，逐步推动上报公司会议决策议题规范化。

从 2020 年起，公司积极推动落实国企改革三年行动方案。

1. **公司加强董事会建设，落实经理层改革**　从 2021 年起，公司经理层全部签订制式转换意向书，推进了经理层任期制和契约化管理。公司在 2021 年新设 4 个专门委员会，即农垦房地产公司提名委员会、薪酬与考核委员会、审计与风险控制委员会、战略发展与投资委员会，目前专门委员会全部为外部董事占多数，通过提高外部董事在各专门委员会的任职比重，发挥外部董事的专业特长，为专门委员会有效发挥作用奠定基础。严格落实各专门委员会工作制度，凡属于专门委员会工作职责范围内的事项，提前召开会议进行论证把关，严格把控经营管理风险，对拟提交公司董事会的重大事项进行充分论证，为董事会决策提供意见建议，提高董事会的决策效率。加强三级企业董事会建设，健全基层企业职能。公司党委选派董事进入合资公司，根据公司章程决策合作事项。至2021 年，所有的企业已实现外部董事大于内部董事，确保公司依法合规运行，确保国有资产保值增值。

2. 有序推进国企改革三年行动董事会建设各项工作，实现公司治理法治化、市场化

（1）建立国企改革三年行动规范董事会建设工作机制。①制定工作台账。认真落实国企改革三年行动实施方案，牵头制定农垦房地产公司国企改革三年行动实施方案中关于完善中国特色现代企业制度模块，制定完善工作台账，明确工作任务，实行挂图作战，按照工作责任和完成时限稳步推动各项工作落实。②召开工作推动会。根据任务落实情况召开3次推动会，强调工作要求、分解工作任务、明确工作时限，逐家企业了解工作进度和具体困难，一企一策，指导企业明确工作方向和措施，切实保障各项改革任务有效落实。③落实月报制度。实行月报机制与日常指导相结合的工作方式，实时推动工作，确保所属企业高水平完成规范董事会建设各项工作任务。

（2）摸清底数，建立董事会相关工作信息库。进一步加大工作推动力度，对公司所属企业建立董事会情况信息库，梳理形成应建董事会企业名册，建立企业董事基本信息库，确保各项工作底数清、情况明，为国企改革三年行动各项董事会建设任务在系统企业的落实落地夯实基础。

（3）健全董事会架构。落实董事会应建尽建，推动建立董事会专门委员会，制定专门委员会工作细则。推动配齐配强董事，实现外部董事大于内部董事。截至2021年底，公司所属各级财务合并报表口径企业20家，其中建立执行董事的企业11家，建立董事会的企业9家，100%实现董事会应建尽建。应建尽建董事会的9家企业中，已实现外部董事占多数的企业有9家，占全部应建尽建董事会企业的100%，提前完成2021年底集团各级子企业70%以上实现董事会中外部董事占多数的工作任务。

2021年，实施公司"十四五"发展规划。公司"十四五"战略规划是将公司打造成集地产开发、工程建设、商业运营、物业服务四大板块为一体的美好生活服务商，以专业化发展、市场化运营、精益化管理为主攻方向，确定实现战略目标的关键路径和重点措施。

第四节　公司现任领导

截至2023年7月，公司领导人员如下：

一、公司决策层

1. **党委会**　党委书记、董事长马清华；党委副书记、总经理李海强；党委副书记、工会主席牛国跃；纪委书记、监事会主席陈铁林。

2. **董事会**　公司设董事长1人、董事6人。董事长马清华；董事李海强、牛国跃

（职工董事）、郑树志（外部董事）、王洪润（外部董事）杨迅（外部董事）、邹江（外部董事）；董事会秘书刘明举。

公司董事会四个专门委员会成员为：①提名委员会主任委员马清华，委员牛国跃、郑树志、邹江、杨迅。②战略发展与投资委员会主任委员李海强，委员郑树志、邹江、王洪润、杨迅。③薪酬与考核委员会主任委员牛国跃，委员郑树志、杨迅。④审计与风险控制委员会主任委员杨迅，委员郑树志、邹江。

二、公司执行层

总经理办公室有成员 4 人：总经理李海强，副总经理李国艳、陈立春、刘明举（兼法律总顾问）。

公司管理总监：潘征、董旺林。

集团公司外派财务总监：于艳萍。

公司营销总监：任向民。

公司安全总监：许洪涛。

公司外部董事：邹江、郑树志、王洪润、杨讯。

三、公司监督层

1. **监事会**　监事会主席陈铁林；外部监事吕凤寅；职工监事韩宝芙。
2. **纪委**　纪委书记陈铁林；纪委副书记周红。

第四章 公司（双林农牧场）所属企业历史沿革及简介

第一节 房地产公司全资企业

一、天津市双发建筑工程有限公司

（一）企业概况

天津市双发建筑工程有限公司（以下简称双发公司）成立于1994年6月，注册地位于天津市河西区东江道南侧青林大厦3/4-1009-1013，隶属于天津食品集团旗下天津市农垦房地产开发建设有限公司，注册资金5900万元。经过20多年的发展，双发公司已成长为一个拥有10项施工资质的承包企业。公司现地址为天津市高泰科技产业园天安路与安泽道交口东北侧燊辉电力科技有限公司。

该企业资质类别和等级包括：建筑工程施工总承包二级；消防设施工程专业承包二级；防水防腐保温工程专业承包二级；建筑装饰装修工程专业承包二级；电力工程施工总承包二级；市政公用工程施工总承包三级；地基基础工程专业承包三级；钢结构工程专业承包三级；环保工程专业承包三级和施工劳务不分等级。

公司经营范围：房屋建筑工程；地基与基础工程；土石方工程；建筑装饰装修工程；预拌商品混凝土工程；钢结构工程；房屋租赁；五金交电、机械设备及配件、建筑材料、装饰材料批发兼零售；机械设备租赁；线路管道安装；输配电及控制设备租赁；家用电器及电子产品维修；消防设施工程；防水防腐保温工程；电力工程；市政公用工程；施工劳务（劳务派遣除外）；环保工程。

双发公司承建的项目包括住宅、公建、畜牧业等项目，项目主要来源为集团内部和外部市场。作为天津食品集团下属唯一的建筑施工企业，双发公司贯彻落实"环保、安全、质量、进度、成本、效益"十二字方针，提高政治站位，增强政治责任感和历史使命感，牢固树立安全生产标准化的管理理念，对在建工程抓好现场的施工管理，配合好建设单位完成各项任务，积极推进管理能力的全面提升，努力加强企业品牌建设，为食品集团树立良好的企业口碑形象。

2021 年 12 月公司营业收入 173237.69 万元，利润 4400.6 万元。

（二）获奖情况（集团级及以上）

2005 年 10 月，获共青团天津市委员会颁发的青年文明号。

2010 年 5 月，获天津市五四红旗团支部。

2012 年，获天津农垦集团总公司先进党支部。

2014 年，金水湾花园被评为天津市建筑工程"结构海河杯"。

2015 年 2 月，获天津市建筑施工行业协会"结构海河杯"奖。

2015 年，金水湾花园怡景园项目被评为天津市文明施工工地。

2016 年，获天津市建设行业联合会文明施工工地称号。

2016 年，获天津食品集团有限公司先进党组织。

2018 年，获天津食品集团有限公司先进基层党支部。

2019 年 4 月，获 2018 年度天津食品集团有限公司工人先锋号。

2020 年，被天津食品集团授予"扶贫协作和合作交流工作先进集体"。

2020 年 11 月，获天津食品集团有限公司成果展示优秀奖。

2020 年 12 月，获围场满族蒙古族自治县住房与城乡建设局颁发的先进项目部。

2021 年，获天津食品集团有限公司先进基层党组织。

2021 年，获天津食品集团有限公司班组安全建设与管理成果展示优秀奖。

2021 年 3 月，获围场满族蒙古族自治县住房与城乡建设局颁发施工现场安全生产、文明施工优秀单位。

2022 年 1 月，获天津食品集团有限公司最佳党建品牌。

（三）双发公司历年工程业绩

双发公司历年工程业绩见表 1-1。

表 1-1　双发公司历年工程业绩

序号	时间	项目名称	项目属地	建设单位
1	1989 年 7 月—1994 年 10 月	天津市河西区小海地三水南里（一期、二期工程）	天津市河西区	
2	1994 年 11 月—1996 年 12 月	天津市河西区小海地贵山里（一期、二期、三期工程）	天津市河西区	
3	1996 年 12 月—1998 年 12 月	天津市河西区小海地玉峰花园（一期工程）	天津市河西区	
4	1998 年 12 月—1999 年 12 月	天津市河西区小海地玉峰花园（二期、三期工程）	天津市河西区	
5	1999 年 12 月—2001 年 12 月	天津市河西区小海地祺林园（一期、二期工程）	天津市津南区	
6	2001 年 12 月—2002 年 12 月	天津市河西区小海地儒林园（一期工程）	天津市津南区	
7	2002 年 9 月—2003 年 3 月	河西区小海地祺林园（一期、二期工程）	天津市津南区	

（续）

序号	时间	项目名称	项目属地	建设单位
8	2002 年 12 月—2003 年 12 月	天津市河西区小海地泗水道人人乐超市	天津市津南区	
9	2003 年 3 月—2003 年 12 月	天津市河西区小海地儒林园（一期工程）	天津市津南区	
10	2003 年 12 月—2004 年 12 月	天津市西青区宝德学院学生公寓楼（一期、二期工程）	天津市西青区	
11	2004 年 1 月—2005 年 4 月	天津市西青区宝德学院大学生公寓楼（一期、二期工程）	天津市西青区	
12	2005 年 5 月—2006 年 2 月	天津开发区西区海燕蓝领公寓	天津市开发区	
13	2005 年 12 月—2006 年 5 月	天津市西青区水语花城花溪苑	天津市西青区	
14	2006 年 3 月—2008 年 5 月	天津市西青区水语花城花溪苑	天津市西青区	
15	2006 年 5 月—2008 年 5 月	宝坻区大口屯宝翔景苑二期工程	天津市宝坻区	
16	2008 年 5 月—2009 年 4 月	天津市嘉立荷现代示范牧场	天津市宝坻区	天津嘉立荷牧业有限公司
17	2009 年 8 月—2010 年 10 月	仕林苑示范区项目	天津市津南区	天津市迪万投资有限公司
18	2010 年 8 月—2011 年 8 月	天津嘉立荷大港奶牛 11 场项目	天津市滨海新区	天津嘉立荷牧业有限公司
19	2011 年 4 月	天津体育馆 B 馆及连接体内部改造项目	天津市南开区	天津农垦文化产业投资有限公司
20	2011 年 4 月—2011 年 12 月	河西区珠江道双山里地块平房改造定向安置住房项目	天津市河西区	天津市农垦集团房地产开发建设有限公司
21	2012 年 8 月	天津嘉立荷牧业有限公司奶牛 10 场工程	天津市宝坻区	天津嘉立荷牧业有限公司
22	2013 年 9 月—2014 年 9 月	金水湾花园怡景园项目	天津市宝坻区	天津长远嘉和置业有限公司
23	2012 年 2 月—2019 年 9 月	金水湾花园湖景园	天津市宝坻区	天津长远嘉和置业有限公司
24	2018 年 6 月—2019 年 8 月	天津桑辉电力科技股份有限公司新建厂房	天津市西青区	天津桑辉电力科技股份有限公司
25	2019 年 1 月—2022 年 5 月	天津食品集团职工经济适用房一期项目	天津市北辰区	天津农垦红旗房地产开发有限公司
26	2019 年 5 月—2019 年 10 月	天津市第八十二中学（桥一校区）加固提升改造项目	天津市河东区	天津市河东区教育局
27	2019 年 8 月—2019 年 11 月	天津市河东区凤凰小学室内外装修工程	天津市河东区	天津市河东区教育局
28	2020 年 3 月—2022 年 5 月	天津食品集团职工经济适用房二期配建项目	天津市北辰区	天津农垦红旗房地产开发有限公司
29	2020 年 3 月—2021 年 8 月	中国农业发展银行天津市分行营业办公用房维修改造项目	天津市河西区	中国农业发展银行天津市分行
30	2020 年 4 月—2020 年 8 月	天津市河东区田庄中学加固改造工程	天津市河东区	天津市河东区教育局
31	2020 年 4 月—2020 年 6 月	新疆和田地区规模化肉羊产业园建设项目（于田县）	新疆于田县	
32	2020 年 4 月—2020 年 6 月	新疆和田地区规模化肉羊产业园建设项目（策勒县）	新疆策勒县	
33	2020 年 5 月—2022 年 12 月	天津南站科技商务区 40 号地商务楼宇	天津市西青区	天津市聚慧科技有限公司
34	2020 年 5 月—2020 年 8 月	天津市河东区香山道小学（昆仑路校区）加固改造工程	天津市河东区	天津市河东区教育局
35	2020 年 7 月—2023 年 8 月	河东区阳光里地块一期	天津市河东区	天津农垦佳阳房地产开发有限公司
36	2020 年 7 月—2024 年 5 月	河东区阳光里地块二期	天津市河东区	天津农垦佳阳房地产开发有限公司
37	2020 年 8 月	天津海河乳品新厂建设项目	天津市	天津海河乳品有限公司
38	2020 年 8 月—2020 年 10 月	农垦房地产公司立达公寓办公楼装修改造项目	天津市南开区	天津市农垦房地产开发建设有限公司
39	2020 年 12 月—2021 年 9 月	津西解放（挂）2013 - 090 - 35 号地块（解放南路东侧一区 35 号地块）幼儿园项目	天津市	天津市晟林房地产开发有限公司

（续）

序号	时间	项目名称	项目属地	建设单位
40	2021年3月—2021年8月	津湾广场（一期）提升改造项目	天津市和平区	天津金融城开发有限公司
41	2021年3月—2023年4月	张贵庄南侧居住区C1地块EPC工程总承包项目	天津市东丽区	天津正东置业发展有限公司
42	2021年4月—2021年11月	天津市桂顺斋食品有限公司宝坻九园厂房提升改造项目	天津市宝坻区	天津市桂顺斋食品有限公司
43	2021年5月—2022年2月	天津市桂顺斋食品有限公司新建设备用房项目	天津市宝坻区	天津市桂顺斋食品有限公司
44	2021年10月—2023年12月	肉制品深加工及物流基地项目二期项目	天津市西青区	天津二商迎宾肉类食品有限公司
45	2021年1月—2023年5月	津滨大（挂）2020-1号地块项目	天津市滨海新区	天津农垦兴港房地产开发有限公司
46	2022年1月—2022年9月	天津一冷文创园项目	天津市河东区	天津天食创文建设开发有限公司
47	2022年1月—2023年12月	含章宝邸项目怡锦园	天津市宝坻区	天津长远嘉和置业有限公司
48	2021年12月—2022年3月	天津市海燕置业有限公司海燕公寓提升改造项目	天津市滨海新区	天津市海燕置业有限公司
49	2021年12月	国家海洋信息中心海洋环境信息保障基地	天津市河东区	国家海洋信息中心
50	2021年9月—2022年5月	天津天食清真肉类城市配送中心项目	天津市南开区	天津天食望月清真食品有限公司
51	2021年12月	天津市教育科学研究院软硬件设施更新改造项目	天津市南开区	天津市教育科学研究院

二、天津农垦商业运营管理有限公司

（一）企业概况

天津农垦商业运营管理有限公司（原天津农垦文化产业投资管理有限公司）成立于2010年7月27日，注册资本金1000万元人民币，为天津市农垦房地产开发建设有限公司独资成立的全资子公司。为了满足企业的发展需要，自2018年9月起，公司更名为天津农垦商业运营管理有限公司，承担着农垦房地产公司商业招商、运营的职责。

公司成立之初仅有员工9人，至2021年底有正式员工30人；党支部成立于2013年4月，至2021年底有党员16人。公司平均年龄33岁，拥有初级职称的12人、中级4人，有专科学历的6人、本科学历21人、研究生学历2人。公司地址为天津市南开区宾水西道南侧卫津南路西侧天津体育馆B馆三层。

按照农垦房地产公司党委部署要求，商业运营公司积极拓展商业运营服务板块，推动"农垦慧生活"综合服务平台的打造与运营，持续完善产品和服务，实现从起步阶段向发展场景的迅速转换。主要涉及业务范围有商业招商运营管理、农垦慧生活、新媒体宣传与营销。商业运营公司于2021年3月13日开启"农垦慧生活"内循环，拉开融通业务序幕；4月28日，中标建院食堂食材采购项目，开拓良好合作供应商维度；5月，与建行南开支行形成合作，选品进入善融平台；6月，与廊坊银行东丽支行签订供采协议，挖掘金融系统维度群体；7月，开启"职工慧生活"内部融通，响应为群众办实事工作指示精神；8月，筹备农垦线上店运行，完成线上销售平台搭建；9月，服务建院中秋福利采购，完成"农垦慧生活"品牌建立以来第一单福利采购；10 月，第一次实现线上线下结合营销模式；11 月，服务晟林交房业主伴手礼，实现业主人群入会工作；12 月，"农垦慧生活"建院体验店开业运营，走进金地格林世界社区，开展品牌推广与营销，洽谈经贸学校"农垦慧生活"店前期筹备，实现"农垦慧生活"进工地、进社区、进校园。完善食品集团内部供货商 16 家，外部供应商 13 家。积极优选食品集团外产品，代理广药集团出品王老吉黑凉茶以及哪吒气泡水，加强"农垦慧生活"品牌竞争力。

2020 年 7 月 27 日，天食厨房云餐厅落地子津湾，正式开业运营，这是第二家天食厨房，可加强食品集团品牌推广，擦亮天食厨房金字招牌。同时，完善"农垦慧生活"前期品牌塑造，形成线上运营和电商营销标准化，2021 年 9 月 15 日，"农垦线上店"商城小程序正式开通上线。商业运营公司积极创新业务发展新思路，开展了新媒体宣传与营销工作，不断挖掘新的利润增长点，新媒体营销全年实现收入 73.96 万元。截至 2021 年 12 月，公司当年营业收入 2980.26 万元。

（二）企业获奖情况（集团级及以上）

2017 年，天津食品集团系统"五好党支部"标兵集体。

2018 年，天津食品集团有限公司五四红旗团支部。

2018 年，国资系统年度文明单位。

2019 年，星城社区优秀共建单位。

2020 年，天津食品集团系统先进基层党支部。

2020 年，星城社区优秀共建单位。

三、天津市农垦物业管理有限公司

（一）企业概况

天津市农垦物业管理有限公司成立于 1995 年 12 月，注册资本 300 万元人民币，公司注册地址为天津市河西区祺林园 6-2-101。

1995 年，双林农牧场根据经济工作需要，撤销了后勤工作部，成立了双林服务公司（此为物业公司的前身）。1995 年 12 月，天津市农垦物业管理有限公司（原名称为天津市津垦物业管理有限公司）由天津市农垦集团房地产开发建设有限公司（现更名为天津市农垦房地产开发建设有限公司）和天津市双发建筑工程有限公司共同出资组建。1996 年 9 月 10 日，公司以津垦房地产〔1996〕号文件决定，天津市恒通服务中心并入天津市津垦物业管理有限公司，实行一套班子、两个牌子（即天津市津垦物业管理有限公司、天津市双林农牧场房管站）。

2000 年，物业公司注册资本增加到 50 万元，其中天津市农垦房地产开发建设有限公司出资 40 万元（占股 80%），天津市双发建筑工程有限公司出资 10 万元（占股 20%）。2004 年，物业公司注册资本增资到 300 万元，其中天津市农垦房地产开发建设有限公司出资 240 万元（占股 80%），天津市双发建筑工程有限公司出资 60 万元（占股 20%）。2016 年，天津市双发建筑有限公司将持有的物业公司 20% 的股份无偿划拨给天津市农垦房地产开发建设有限公司，至此，物业公司成为农垦房地产公司全资子公司。

农垦物业公司主营业务为物业管理服务、对外实物产品经营，核心产品为物业管理服务。主要客户群体包括：企业办公楼、写字楼、商业体及住宅小区业主，客户市场在天津市范围内，主要集中在河西区，南开区、河东区、红桥区、东丽区、北辰区、滨海新区等。

2011—2020 年，随着农垦物业公司的发展，公司积极开拓市场，逐渐增大管业面积。2018 年是《天津市物业管理条例》重新修订之年，新条例的实施不仅为整个物业管理行业提出新的发展方向，同时也为企业工作提出新的准则。公司经营思路由"量"向"质"转变，即由过去战略规模扩张，向追求效益化的方向转变，实现公司可持续发展。农垦物业公司依托农垦房地产公司积极开拓市场，逐渐增加管业业态，退出不盈利项目，由原先单一的住宅小区项目到现在的高端住宅、写字楼、商业体、工业厂房等多种业态。

农垦物业公司文化特色：农垦物业公司始终坚持党建促发展，以打造红色物业为目标，转变发展观念，开拓发展思路，创新发展模式，为农垦房地产公司打造好品牌效应。

农垦物业公司使命：物业作为房地产公司四大板块之一，是房地产产业链的末端环节，提供优质服务，为打造农垦房地产的品牌奠定基础。

农垦物业公司愿景：实现服务的标准化、军事化、规范化、专业化、高品质，从细节体现出食品集团服务美好生活，农垦地产铸造阳光家园，农垦物业关爱服务生活，用细节诠释品质。

农垦物业公司的理念：公司实施品牌战略，有计划、有步骤、积极稳妥地建立农垦房地产品牌，充分利用品牌所带来的巨大的市场效应和社会信誉，注重业主和社会的口碑，这种口碑还能起到引导消费和开拓市场的作用。积极开拓市场，不断扩大管理规模，占据更大的市场份额，以此提高物业管理企业的总体盈利能力和抗风险能力，注重财务管理，加强服务管理，加强设备设施的管理维护，节能降耗，有效地控制和降低成本，为企业带来良好的经济效益。

天津市农垦物业管理有限公司作为一家国有企业，是农垦房地产公司项目开发、建筑施工、商业运营、物业服务四大板块之一，是房地产行业产业链中服务的终端环节。农垦物业公司紧紧围绕天津食品集团及农垦房地产公司发展的整体战略布局，不断提高服务品质，拓展物业服务项目，提供个性化服务，满足客户美好生活需要，用细节诠释品质，打造好农垦地产品牌。目前公司下设 4 个分公司，2021 年营业收入 2398.47 万元，实现利润 14 万元。

（二）企业获奖情况（集团级及以上）

2011 年，农垦集团总公司的爱国卫生工作先进集体。

2012 年，荣获天津市总工会 2010—2011 年度天津市模范职工小家。

2015 年，被评为天津市国土资源局信用等级 AAA 物业服务企业。

2017 年，朗诵《我们永远跟党走》在"喜迎党的十九大 坚定不移跟党走"系列主体活动中被食品集团工会、宣传部评为朗诵类三等奖。

2017 年，获天津市国土资源局颁发的 2017 年行业职业技能竞赛优秀组织奖，被评为天津市国土资源局 2017 年信用等级 AAA 物业服务企业。

2019 年，被天津市物业管理协会评为 2018 年优秀会员单位，获天津市食品集团党委先进基层党支部称号。

2020 年，被天津市物业管理协会评为 2020 年优秀会员单位，天津市物业管理协会"八大行动"中被推选为先进单位。

2021 年，在天津市物业管理协会"八大行动"中被推选为典型示范单位。

四、天津市农垦双林劳务服务有限公司

（一）企业概况

天津市农垦双林劳务服务有限公司（以下简称双林劳务）成立于 1984 年 9 月 8 日，注册资本为 3650 万元人民币，统一社会信用代码为 91120103103107498，企业地址位于天津市河西区东江道南侧青林大厦 3/4－1010，所属行业为农业，企业类型为有限责任公司（法人独资）。天津市农垦双林劳务服务有限公司（前身是天津市双林农牧场）是隶属于天津食品集团有限公司的国有企业。

天津市农垦双林劳务服务有限公司的前身是成立于 1984 年的天津市农工商总公司双林公司，注册资本 7680140 元，实收资本 7680140 元。2002 年，天津市农工商总公司双林公司主管部门由双林农牧场变更为天津农垦集团总公司。经过多年发展，公司经营规模扩大，资金积累增加，实收资本逐渐增加至 3650 万元。2013 年，注册资本 3650 万元，实收资本 3650 万元。2014 年，经天津市政府批准，将天津农垦集团有限公司、天津二商集团有限公司、天津市粮油集团有限公司、天津立达集团有限公司合并，组建天津食品集团

有限公司，注册资本 3650 万元，实收资本 3650 万元，双林公司主管部门由天津农垦集团总公司变更为天津食品集团有限公司。2018 年 11 月，企业改制更名，单位名称由天津市农工商总公司双林公司变更为天津市农垦双林劳务服务有限公司，企业性质由原来的全民所有制变更为有限责任公司。公司股东是天津食品集团有限公司，注册资本金 3650 万元，实收资本 3650 万元。2019 年，公司股东天津食品集团有限公司将双林公司股权无偿划转至天津市农垦房地产开发建设有限公司，注册资本金 3650 万元，实收资本 3650 万元，截至评估基准日为 2019 年 9 月 30 日。

天津市农垦双林劳务服务有限公司是施工服务类型企业，其实物资产的种类主要有存货、房屋建（构）筑物、机器设备、车辆、电子设备等。上述实物资产主要分布在天津市河西区，实物资产量大、地点分散，部分固定资产的单位价值较大，企业资产日常使用及管理状况良好。

1. **主营产品或服务**　公司经营业务范围是房屋租赁、劳务服务、建筑安装服务等。

2. **经营模式**　多元化经营模式。

3. **生产经营管理状况**　公司经营业务以劳务服务、房屋租赁服务为主。双林劳务公司服务于全集团，在集团产业结构整合中，一些企业退出了，这些企业的旧厂房、土地需要进行开发整理。双林公司可以充分发挥自身具备大量有经验的场地看管人员的优势，为前期的土地看管和整理土地工作提供人员劳务服务。

4. **公司组织结构及人力资源**　截至 2021 年 12 月，双林劳务公司员工总数为 117 人，公司当年营业收入 12177.09 万元，实现利润 11889.45 万元。

根据天津食品集团财务部 2018 年 5 月 21 日调账通知，即根据津食政发〔2017〕409 号文件，同意由天津市农工商总公司双林公司兼并天津市农垦出租汽车公司，合并基准日为 2017 年 10 月 31 日，农垦出租汽车公司的资产、负债由双林公司按照账面价值进行合并。由此，原天津农垦出租汽车公司持有的新世纪的士有限公司 16.7% 的股权业转入双林公司名下，整合后，天津市农垦双林劳务服务有限公司持有天津市新世纪的士有限公司 16.7% 的股权。

（二）企业获奖情况（集团级及以上）

2020 年，获得天津市人民政府颁发的绿化工作先进集体。

五、天津长远嘉和置业有限公司

（一）企业概况

天津长远嘉和置业有限公司是一家隶属于天津食品集团下属二级企业天津农垦房地产

开发建设有限公司的全资子公司，注册地点为天津宝坻节能环保工业区，现公司办公地点位于宝坻区津围公路北侧金水湾花园二期物业办公楼3～4楼。该公司前身非农垦房地产公司属企业，是2012年农垦房地产公司根据开发宝坻圣缇湾工程项目的需要成立的，股东名称为天津市农垦房地产开发建设有限公司，出资方式为货币、资本公积。出资额为16000万元人民币，出资时间2012年11月8日；资本公积15000万元，出资时间2012年11月8日，收购原天津市长远嘉和置业有限公司。2013年5月9日，重新成立注册天津市长远嘉和置业有限公司，同日成立党支部。

公司经营宗旨：始终遵循诚实、守信、扬信的企业宗旨，坚持重细节、高品质的工作理念，信奉"敬业、合作、求知、创新"的企业精神，以诚信为本，规范运作，为集团公司打造一流品牌效应。

公司开发的项目主要是金水湾花园一、二、三期，其中金水湾花园一期翠景园、二期怡景园为商品房项目，现已全部入住完毕。三期湖景园为天津渤海农业集团职工还迁住房项目，2019年10月交房。2021年，公司积极参与含章宝邸怡锦园项目，该项目是为解决京津新城管委会与天津食品集团5000万元土地整理资金，由农垦房地产公司竞拍宝坻区36号地项目，并指派长远嘉和公司负责开发的。长远嘉和公司做了大量的前期准备工作和调研工作，经过各级领导和专业公司与会论证可行。2021年9月10日，农垦房地产公司摘地成功，并给宝坻区36号地项目命名为含章宝邸项目怡锦园，后期成立新公司进行开发建设。

2021年，公司营业收入1251.05万元，利润－153.46万元。

（二）企业获奖情况（集团级及以上）

2015年，长远公司作为建设单位，获天津市建筑施工行业协会颁发的金水湾花园怡景园项目2014年度"结构海河杯"证书。

六、天津农垦红旗房地产开发有限公司

（一）企业概况

天津农垦红旗房地产开发有限公司是隶属于天津市农垦房地产开发建设有限公司的全资子公司，于2015年11月20日成立，注册资本3000万元人民币，地址位于天津市北辰区宜兴埠镇科园道红旗农场院内。

公司主要承建天津食品集团职工经济适用房项目。该项目用于定向安置红旗农场、曙光农场等居住在危陋住房中的职工，坐落于北辰区姚江东路西侧，四至范围为东至姚江东路、西至姚江路、南至辽河道、北至辽河北道。项目规划用地面积66504平方米，总建筑

面积 155358.19 平方米，其中地上建筑面积 120946.04 平方米，地下建筑面积 34412.15 平方米，共分为住宅和幼儿园 2 个地块。住宅地块规划可用地面积为 59739.1 平方米，建筑面积 149949.08 平方米，其中地上建筑面积 115536.93 平方米，包括 1～16 号住宅 109437.93 平方米，配套公建 5367 平方米，4 座变电室 732 平方米，地下建筑面积 34412.15 平方米，容积率 1.93，建筑密度 20%，绿地率 40%，总户数 1572 户。幼儿园地块规划可用地面积为 6764.9 平方米，建筑面积 5409.11 平方米，容积率 0.8，建筑密度 30%，绿地率 35%。目前该项目已基本竣工。

（二）企业获奖情况（集团级及以上）

2021 年 12 月，天津农垦红旗房地产开发有限公司开发的天津食品集团职工经济适用房项目，列入第十届（2021—2022 年度）"广厦奖"候选项目。

七、天津农垦兴港房地产开发有限公司

天津农垦兴港房地产开发有限公司成立于 2018 年 7 月 20 日，地址位于天津市滨海新区小王庄镇北大港农场第二大队西 500 米，注册资本 3000 万元人民币，主要承建天津食品集团有限公司北大港农场职工住房项目，即津港公司职工安置房。

津港公司职工安置房项目位于天津市滨海新区小王庄镇晟宏路以南，由天津农垦兴港房地产开发有限公司开发建设，含有居住用地及商业用地 2 个地块。其中居住用地部分由 15 栋住宅楼及配套公建组成，总用地面积 41032.80 平方米，总建筑面积为 100692.38 平方米，地上建筑面积 73171.77 平方米，其中住宅建筑面积 69959.58 平方米，包含 17 层住宅楼 6 栋、14 层住宅楼 2 栋、11 层住宅楼 2 栋、8 层住宅楼 1 栋、11 拼 7 层住宅楼 4 栋，配套公建总建筑面积为 2842.19 平方米，地上构筑物面积 370 平方米，地下建筑面积 27520.61 平方米。容积率为 1.78，绿地率 40.0%，总居住户数 870 户。

该项目自 2020 年 10 月 14 日摘牌取得土地后，用时 90 天，于 2021 年 1 月 12 日取得施工许可证，在此期间完成了监理、勘察、EPC 总承包等招标工作。2021 年 1 月 18 日正式开工，首栋洋房已于 2021 年 11 月 12 日封顶，其他高层楼栋也于 2021 年底全部封顶。

自公司成立以来，带头贯彻落实国有企业党建 30 项重点任务，带领支部班子扎实开展"两学一做"学习教育，实施"六大红色工程"，创建"五好"党支部，党建活动阵地达到"十个有"标准。围绕"争当国企新时代先锋，推动国企高质量发展"主题，设立"新时代国企党员先锋岗"，发挥典型示范引领作用。组织成立"新时代国企党员突击队"，在急难险重任务中充分发挥基层党组织的战斗堡垒和党员先锋模范作用。

八、天津农垦佳阳房地产开发有限公司

（一）企业概况

天津农垦佳阳房地产开发有限公司（以下简称农垦佳阳公司）成立于 2020 年 3 月 10 日，为天津市农垦房地产开发建设有限公司全资子公司，注册资本 10000 万元人民币。公司地址位于天津市河东区大王庄街道津塘公路 31 号，主要致力于河东农垦含章雅著项目的开发与建设。公司于 2020 年成立农垦佳阳党支部，主要决策机构为支委会、经办会及执行董事。

农垦佳阳公司于 2020 年 3 月 5 日获取土地，6 月 17 日获取施工证，9 月 23 日取得销许，实现了 104 天开工、202 天开盘的速度，达到了标杆房企的开发水平。同时，项目于 9 月 30 日首开，10 月即成为全市单盘销售金额榜第 8 名。

农垦含章雅著项目位于河东区红星路及靖江路交口，项目可建设占地面积约 6 万平方米，总规划建面约 26 万平方米，分为住宅及商业等多种业态，住宅规划有高层及洋房 2 种产品，整体预计于 2025 年实现交付。截至 2021 年底，项目累计认购 424 套，金额约 15.71 亿元。公司 2021 年营业收入 121554.64 万元，实现利润 13081 万元。

（二）企业获奖情况（集团级及以上）

2021 年 12 月，天津农垦佳阳房地产开发有限公司开发的农垦含章雅著项目，列入第十届（2021—2022 年度）"广厦奖"候选项目。

九、天津燊辉电力科技有限公司

（一）企业概况

天津燊辉电力科技有限公司（简称燊辉公司）成立于 2010 年 6 月 10 日，坐落于天津市高泰科技产业园安泽道 1 号，注册资本 5000 万元人民币。2016 年 12 月，根据食品集团相关政策要求，按时完成有限公司转为股份制公司。2019 年 12 月底，燊辉公司划转至天津市农垦房地产开发建设有限公司。2020 年 3 月，按要求从股份制公司转为有限责任公司（法人独资）。2019 年 8 月，燊辉公司成立工会。

公司秉承技术引领服务的经营理念，践行"运维为根，工程为基，生产为翼，服务为本"的发展战略，打造拼搏竞进、开放包容、和谐共赢的企业文化，实现"创燊辉形象，保电力安全，扬天食精神，展国企担当"的企业追求。

燊辉公司连续 10 年获得先进集体或先进支部称号，拥有实用新型专利 21 项、软件著作权 16 项，是食品集团唯一电力行业国家级高新技术企业、国家级科技型中小企业、国

家电网电力工程施工主要服务商、国网天津电力智能运维主要服务商。

公司积极推动国企改革，于2021年完成公司中层竞聘工作。2021年7月，根据精益管理要求，完善并开始执行公司中层绩效考核工作。2021年10月，上报公司"智慧用电保护器"项目的中长期激励工作方案。

2021年9月13日，在集团指导下，聘请天津渤海证券公司对燊辉公司进行"新三板"上市调研工作。2021年9月27日，渤海证券出具《关于燊辉电力公司新三板挂牌事项的汇报》。经渤海证券公司初步研判，燊辉电力公司符合"新三板"挂牌条件，2022年启动"新三板"挂牌事宜。

2021年，公司营业收入11153.4万元，实现利润153.4万元。

（二）企业获奖情况（集团级及以上）

2018年8月7日，获得天津市高级高新技术企业称号。

2018年11月30日，获得国家级高新技术企业称号。

2019年3月15日，获得天津市科技型企业称号。

2019年4月，获得天津食品集团有限公司五一劳动奖状。

2020年6月2日，获得天津市瞪羚企业称号。同年，被评为2019年度天津食品集团工人先锋号。

2021年10月9日，获得国家级高新技术企业称号。

十、天津天食创文建设开发有限公司

天津天食创文建设开发有限公司（以下简称天食创文公司）成立于2019年12月13日，注册资金3000万元人民币，为天津市农垦房地产开发建设有限公司全资子公司，地址位于天津市河东区大王庄街道津塘公路31号。

公司主要致力于河东一冷老厂房提升改造项目的开发与建设。其主要决策机构为支委会、经办会及执行董事，党组织决策由农垦佳阳公司党支部代管。一冷项目位于河东区津塘公路31号，前身为天津第一冷冻集散物流基地，厂区所占土地面积约5.3万平方米，厂房建筑面积约6.5万平方米。根据计划安排，天食创文公司拟对一冷现有厂房仓库等进行提升改造，将一冷厂区改造成文化创意产业园区，目的在于响应政府改造老旧厂区、提升天津夜间经济的号召，并为集团及公司带来持续收益。2020年，天食创文公司与河东区政府积极沟通项目审批手续、优惠政策等，与多家意向合作单位进行沟通，探讨合作方式、园区业态、改造方案等事宜。同时，根据现有改造方案，完成工程管理策划方案，完善施工方案，配合推进现场租户清理、搭设施工围挡等施工前置准备工作。截至2021年，一冷项目正处于施工前准备阶段，一期改造图纸已完成，正在进行 EPC 合同招标算量、对量工作，争取早日完成 EPC 合同签订。对于二期和三期项目，正在积极与河东区政府沟通城市更新和保障性租赁住房政策，争取在规划指标、支持资金、低息贷款等方面取得政策支持。对接商业公司第三方意向合作单位，沟通合作开发、市场定位、招商运营等相关事宜，并根据现有改造计划，完善工程管理策划和施工方案等施工前置准备工作。

十一、天津农垦兴辰房地产开发有限公司

天津农垦兴辰房地产开发有限公司成立于 2022 年 1 月 11 日，公司地址为天津市北辰区小淀镇津围公路东（天津小淀国际当代艺术区 F–27）。企业类型为农垦房地产公司全资子公司，注册资本 82100 万元人民币。公司主要项目土地面积为 69086.9 平方米，规划用地性质为住宅、商业用地，容积率 2.0，地上建筑面积 138173.2 平方米，住宅建面 119942.0 平方米，非经营性公建建面 3973.0 平方米，商业建面 14258.2 平方米（商业服务网点及社区商业按可售计）。

十二、天津农垦辰昇房地产开发有限公司

天津农垦辰昇房地产开发有限公司成立于 2022 年 1 月 11 日，公司地址为天津市北辰区小淀镇津围公路东（天津小淀国际当代艺术区 F–28）。企业类型为农垦房地产公司全资子公司，注册资本：136200 万元人民币。公司主要项目土地面积为 116085.0 平方米，规划用地性质为住宅、商业，容积率 2.0，地上建筑面积 232170.0 平方米，住宅建面 201956.6 平方米，非经营性公建建面 7651.0 平方米，商业建面 22562.4 平方米（商业服务网点及社区商业按可售计）。

第二节 公司下属国有控股、参股企业

一、天津天食餐饮管理有限公司

天津天食餐饮管理有限公司（以下简称天食餐饮公司）成立于 2020 年 8 月 31 日，注册资本 1000 万元人民币，其中，天津农垦房地产开发建设有限公司投资占比 51%，天津津垦牧业集团有限公司投资占比 35%，天津食品集团商贸有限公司投资占比 14%，股东均为国企。截至 2021 年，各方股东秉承同股同权基本原则，经协商，按照股权比例的 50% 对餐饮公司进行首次注资，即房地产公司首次注资额 255 万元，津垦牧业首次注册额 175 万元，商贸公司首次注资额 70 万元，用于支付餐饮公司的日常经营、人员工资及项

目改造等费用。公司地址为天津市南开区宾水西道天津体育馆 B 馆内 A 区，有 1 处分支机构。

天津天食餐饮管理有限公司是食品集团旗下首家全资餐饮服务类公司，经营面积为 1200 平方米，致力打造"从田间到餐桌"的食品安全产业链，所有食材原料均来自天津食品集团旗下企业，确保绿色健康。公司主要围绕堂食、工作餐制售及食品融通平台三大板块开展业务，获得了"外交官烹饪赛"大赛金奖，同时，完成质量管理体系、食品安全管理体系、环境管理体系、危险分析与关键控制点体系、职业安全健康管理体系五体系的认证工作，并已取得证书。为提高网络宣传力度，又增加了宴请承办业务，如寿宴、百岁宴、小型婚宴等。另外，结合"从田间到餐桌"的食品安全理念，计划推出新菜品，主推羊肉串及羊肉类、牛肉类、驴肉类菜品，从融合类菜品餐厅转化为绿色草原、绿色健康特色餐厅。公司配有工作餐操作间，现工作餐每日订单量为 500 份，根据操作间的配置实际最高出餐量可达到 2000 份。2021 年，公司营业收入 520.81 万元。

二、天津市晟林房地产开发有限公司

天津市晟林房地产开发有限公司成立于 2014 年 3 月 6 日，同年，公司通过招拍挂方式，取得津西解放（挂）2013-090-21、津西解放（挂）2013-090-35、津西解放（挂）2013-090-38 号 3 宗地块。2016 年 7 月，天津市农垦房地产开发建设有限公司与仁恒发展（天津）有限公司签署战略合作协议，转让天津市晟林房地产开发有限公司股权 50％给仁恒方，现股东双方各占 50％股权。公司注册资本 3000 万元人民币，注册地址为天津市河西区东江道南侧青林大厦 1/2/3/4 号楼-3/4 号楼-609。

公司主营业务为房地产开发经营，包括住宅项目和商业项目的开发。2018 年 2 月 8 日，开发的 35 号地块住宅项目取得地名证，名称为仁盛花园（推广名为仁恒公园世纪）。该项目位于河西区解放南路与外环线交口东北侧解放南路地区新梅江板块，可售建筑面积约 15.2 万平方米（1072 套），已于 2018 年 7 月 15 日正式对外开盘销售，2021 年底实现交付入住。公司下一步将进行 21 号及 38 号商业地块项目开发，21 号地块占地面积约 3 万平方米，建筑面积约 10 万平方米，拟建设 7.5 万平方米的商业综合体和 2.5 万平方米的写字楼，为周边梅江及新梅江区域提供中高端的购物休闲娱乐场所。38 号地块用地面积约 2.8 万平方米，总建筑面积约 6.2 万平方米，计划引入国内业绩领先的商业运营品牌进行后期运营。2021 年，公司营业收入 106299.94 万元，利润 56202 万元。

三、天津农垦金安投资有限公司

天津农垦金安投资有限公司（以下简称农垦金安公司）成立于 2015 年 3 月 13 日，注册资金 10000 万元，为天津市农垦房地产开发建设有限公司、金地集团以及平安不动产公司共同出资组建，所占股比分别为 50%、20% 及 30%。公司主要致力于北辰艺城华府项目的开发与建设，主要决策机构为股东会及董事会，党组织决策由农垦佳阳公司党支部代管，注册地址为天津市北辰区京津公路 280 号天穆镇老政府院内 320 室。公司于 2015 年 3 月摘得土地，同年 12 月首期开盘，直至 2018 年，住宅部分实现全部清盘，在 2015—2017 年 3 年主销期内，不仅各年度成交价格居于前列，销额更是一直位列片区前茅。2020 年，项目住宅部分全部交付使用，自持商业在稳步开发建设中。该项目位于北辰区铁东路与淮河道两条快速路交口东侧 500 米处，可建设占地面积 18.3 万平方米，总规划建面 45.36 万平方米（其中住宅 31.5 万平方米，商业约 3.8 万平方米），容积率 2.0，是天津北部低密的大型高档社区。项目规划有高层、小高层、洋房、别墅 4 种产品。其中高层层数为 20～34 层，小高层为 11 层，洋房为 6～8 层，别墅为 3 层，套数总计 3123 套。截至 2020 年底，项目累计营业收入 69.9 亿元，总利润约 11.54 亿元，投资收益率约 21.17%，股东投资 IRR 约 40.20%。

2021 年，公司营业收入 5086.2 万元，利润 67416 万元。

四、天津天食田园综合体开发有限公司

天津天食田园综合体开发有限公司成立于 2019 年 8 月 20 日，公司注册资本 20000 万元，由天津市农垦房地产开发建设有限公司和天津农垦渤海农业集团有限公司共同出资成立，双方股东各持股 50%。公司注册地址位于天津市宝坻区牛家牌镇晶宝温泉农庄院内。

公司设董事长 1 名，由天津农垦渤海农业集团有限公司派出；总经理 1 名，副总经理 3 名，由公司董事会聘任；设工程部、成本部、前期部、设计部、办公室、财务部 6 个部门。

公司主要开发田园综合体项目，项目位于天津市宝坻区南，宝白路自北向南、自西向东从用地中间沿东西向穿过，四至范围东邻津蓟高速、西至南北向宝白路及其南侧延长路、北至柴家铺排干渠北侧边线、南至东西向宝白路南边线向南约 645 米位置，总用地规模 2827 亩，约 188.47 万平方米。该项目以乡村旅游为先导，以水稻繁育为核心，以水稻文化、农事体验为支撑，以振兴乡村为目的，推进水稻繁育产业和旅游业协调发展，致力于打造集现代农业、休闲旅游、田园社区等产业于一体的田园综合体，形成宝坻温泉城片区新的观光旅游区。项目成立后，已先后完成田园综合体起步区景观建设及水王府装修改造。

五、天津农垦博纳影视投资股份有限公司

天津农垦博纳影视投资股份有限公司成立 2012 年 4 月 20 日，公司注册资本 1000 万元，是天津市农垦集团房地产开发建设有限公司与北京博纳影业集团正式签署战略合作协议项目，农垦房地产开发建设有限公司出资 49％，博纳影业集团出资 51％。公司注册地位于天津自贸试验区（空港经济区）中心大道华盈大厦 1006 室。

自天津农垦博纳影视投资有限公司成立以来，公司下属博纳影城 2015 年票房突破 2000 万元，一直在天津名列前茅，2017 年票房收入近 2500 万元，位居天津市第 6 名，全国排名第 352 名。新冠疫情期间，公司加强防控工作，合理引导观众观影。2021 年 2 月 12 日，博纳影城当日票房为天津地区影城票房前十名。

六、天津市迪万投资有限公司

（一）企业概况

天津市迪万投资有限公司成立于 2010 年 02 月 03 日，注册地位于天津市津南区双港镇浯水道北侧仕林苑 28 号楼。公司注册资金 3921.57 万元，天津市农垦集团房地产开发建设有限公司出资 2000 万元，占 51％；天津万科房地产有限公司出资 1568.63 万元，占 40％；天津吉象投资发展有限公司出资 352.94 万元，占 9％。公司重点开发"仕林苑"房地产项目，该项目总占地面积 6.3 万平方米，规划总建筑面积约 14 万平方米（地上建筑面积约 11.44 万平方米，地下建筑面积约 3.12 万平方米），住宅建筑面积约 11.17 万平方米（联排别墅 26554.35 平方米，高层 81228.18 平方米，多层 3936.06 平方米），公建配套建筑面积约 1217.04 平方米，商业建筑面积约 2500 平方米。绿地率 40％，容积率 1.8，建筑密度 25％，总居住户数 1040 户。产品种类包括联排别墅、高层（带装修）、多层、商业 4 种，产品风格整体为英伦都铎浪漫主义风格。具体来看，示范区为英国古典主义风格，别墅区为英国自然主义风格，高层区为英国现代主义风格。项目紧邻地铁 1 号线的终点站双林站，在方便业主出行的同时，使项目本身更具价值。项目 2011 年开盘，2014 年入住，商品房、别墅已售罄。截至 2022 年 2 月，仅余 20 余个车位在售。鉴于公司已完成项目工作，后期计划注销该公司。

（二）企业获奖情况（集团级及以上）

2013 年 1 月，天津仕林苑 29 号楼荣获天津市建设工程质量的最高荣誉——2012 年度天津市建筑工程"结构海河杯"奖。"结构海河杯"由天津市建筑业协会组织评选，是天津市建设工程质量方面的最高荣誉，只有先获得天津市文明工地奖的项目才有参选资格。

七、天津颐养大健康小镇建设开发有限公司

天津颐养大健康小镇建设开发有限公司（以下简称颐养大健康公司）成立于 2017 年 9 月 27 日，注册资本 50000 万元，其中天津农垦红光有限公司占股 51％，天津市农垦房地产开发建设有限公司占股 49％，营业期限为 2017 年 9 月 27 日—2037 年 9 月 26 日，注册地址位于天津市北辰区小淀镇津围公路东（天津小淀国际当代艺术区内）。公司按照现代企业法人治理结构设置治理结构，设有董事长、总经理、监事，董事会有 5 人。法定代表人由董事长担任，公司重大经营管理事项由控参股单位党委代为履行前置程序，再按相关议事规则提交公司经理层、董事会及公司股方审议决策。

按照《天津市人民政府关于同意北辰区人民政府与天津食品集团有限公司共同开发建设中东欧特色小镇的批复》（津政函〔2020〕45 号）要求，北辰区人民政府与天津食品集团将合作开发小淀镇内 430.04 公顷土地，打造中东欧特色小镇，项目区涉及公司权属土地王朝酒堡地块。目前，王朝酒堡地块已列入中东欧特色小镇项目土地整理成本，项目起步区土地出让后，将依据土地整理成本返还进度回收公司投资资金。2021 年，公司实现收入 206.42 万元。

八、中东欧特色小镇（天津）开发建设有限公司

中东欧特色小镇（天津）开发建设有限公司成立于 2020 年 12 月 16 日，注册资本 20000 万元，天津农垦红光有限公司持股 41％，天津市农垦房地产开发建设有限公司持股 5％，天津轨道交通城市发展有限公司持股 39％，天津市建设投资有限公司持股 10％，天津正德建设投资有限公司持股 5％。公司注册地址为天津市北辰区小淀镇津围公路 29 号。

为加快落实中共中央、国务院印发的《关于进一步推进农垦改革发展的意见》（中发〔2015〕33 号）和天津市委、市政府《关于进一步推进农垦改革发展的实施方案》（津党发〔2017〕28 号）对农垦改革的任务要求，北辰区人民政府与天津食品集团有限公司共同发起并吸引部分战略投资共同出资成立中东欧特色小镇（天津）开发建设有限公司，打造天津中东欧特色小镇。该小镇位于北辰区小淀镇，是经天津市人民政府批准同意由北辰区政府与天津食品集团有限公司共同开发建设的重点项目。项目四至为：西至刘安庄村、北至淀南引河、南至丰产河、东至规划津围快速路。对规划占地面积 430.04 公顷土地实施收储整理，项目概算总投资 207.2 亿元。中东欧特色小镇平台公司以国际合作视角、城市发展视角、企业特色视角对项目进行综合研判，确定以国际贸易产业（中东欧云商联盟

平台）、食品科创产业（中东欧食品科创中心）、文化旅游产业（中东欧永久论坛会址）为产业发展引擎，打造以生态环境基础设施、健康服务、教育服务、智慧服务为基础的中东欧特色小镇。2021 年，实现项目起步区三、四号共 278 亩土地出让。

九、天津市新世纪的士有限公司

天津新世纪的士有限公司成立于 2005 年 7 月 12 日，注册地点为天津市河东区盘山道增 88 号。公司注册资本 60 万元，光大出租汽车有限公司持股 50％，天津市农垦双林劳务服务有限公司持股 16.7％，天津市出租汽车有限公司持股 16.7％，天津市银建的士有限公司持股 16.7％。

第三节 公司托管企业之一——天津农垦东方实业公司及其直属、参控股企业

一、天津农垦东方实业有限公司

（一）企业概况

天津农垦东方实业有限公司（以下简称东方实业公司）成立于 1995 年 12 月 28 日，注册资本 15665 万元。公司类型为有限责任公司（国有独资），投资人为天津食品集团有限公司，占股比例 100％。公司地址为天津市武清区下朱庄街京津公路东侧天津国际工业品交易城会所 101－108、201－211、314、414。

2018 年 6 月 25 日，由天津市农垦房地产开发建设有限公司对天津农垦东方实业有限公司实施托管。东方实业公司目前主要从事房地产开发与经营、货物进出口、物业管理服务、房屋租赁等，近 3 年主要经营的业务为房屋销售、房屋租赁、钢贸业务、融资服务等。

东方实业公司下有全资子公司华北城物业公司，参控股企业有皇朝傢俬公司、天河城公司、濠得公司、华北城盈发创建公司、华北城投资公司。其中，华北城投资公司下有参股公司红光贸易公司、博大汇升公司、华北城贸易公司、铭信嘉德公司。

（二）企业获奖情况（集团级及以上）

2011—2018 年连续获得天津食品集团通联工作先进单位称号。

2012 年，获天津市爱国卫生先进集体称号及市级卫生先进单位称号。

2013 年，获天津农垦集团五一劳动奖状。

2014 年，获 2013 年度天津市五一劳动奖状及天津市文明单位称号。

2014 年，获得 2013 年度工会工作创新成果先进单位称号。

2016 年，获天津食品集团先进基层党组织称号。

2017 年，获集团系统"五好"党支部创建先进组织单位称号。

二、华北城（天津）物业服务有限公司

（一）企业概况

华北城（天津）物业服务有限公司成立于 2010 年 6 月 11 日，是天津农垦东方实业有限公司全资子公司，是一家面向社会的专业化物业管理企业，投资主体为企业法人。公司注册资金 100 万元，具有国家物业管理三级资质，公司注册地址为天津市武清区下朱庄街京津公路东侧天津国际工业品交易城会所 102 室。华北城（天津）物业服务有限公司最初由华北城（天津）市场管理有限公司持 100％股权。2017 年 2 月，华北城（天津）市场管理有限公司将持有的股权转让给天津农垦东方实业有限公司。至此，出资人变更为天津农垦东方实业有限公司，注册资本 100 万元，持股比例 100％。

华北城市场占地 2300 亩，集展示交易、仓储货运、加工产品、室内设计及装修等功能于一体，是目前天津市面积最大、功能最为齐全的家居建材交易平台。作为整个华北城商业中心的物业服务体系，华北城物业为城区商户提供公共秩序维护、清洁卫生管理、房屋及公用设施设备管理等基础服务和增值服务，保障了日常配套设施的正常运转和商户经营活动的顺畅进行。2018 年，公司又新增加了悦澜园项目，这是华北城物业公司管理的第一个住宅小区。

公司内设综合办公室、财务部、市场部、客服部、维修部、后勤保障部、秩序维护部、电站、悦澜园项目部 9 个部门。2011 年实现收入 616.16 万元，利润总额 4.01 万元，资产总额 828.9 万元，所有者权益 95.72 万元。2020 年，实现收入 1882.31 万元，增长 205.49％；利润总额 6.18 万元，增长 54.11％；资产总额 3010.04 万元，增长 263.14％；所有者权益 200.48 万元，增长 109.44％。经过 10 余年的发展，各项财务数据均显示企业发展良好，均实现大幅增长。2021 年公司营业收入 2014.03 万元，利润 8.89 万元。

（二）企业获奖情况（集团级及以上）

2019 年 3 月，被天津市武清区安全生产委员会评为 2018 年度安全生产工作先进单位。12 月，被共青团天津市武清区委员会、武清区青年志愿者协会评为"美丽武清，扮靓家园"公益支持单位。

2021 年 6 月，被天津食品集团授予五一劳动奖状。10 月，被共青团天津市武清区委

员会、武清区青年志愿者协会评为"美丽武清，扮靓家园"公益支持单位。

三、华北城盈发创建（天津）有限公司

华北城盈发创建（天津）有限公司（以下简称盈发创建公司）成立于 2011 年 1 月 27 日，是由天津农垦东方实业有限公司与香港盈发创建有限公司合作开发的中外合资企业，注册资本为 10000 万元。出资人为天津农垦东方实业有限公司（中方股东，股权比例 51％，实缴出资额 5100 万元），盈发创建有限公司（港方股东，股权比例 49％，实缴出资额 4900 万元），企业类型为有限责任公司（港澳台与境内合资），经营年限为 50 年，经营范围为房地产开发、经营、物业服务。

华北城盈发创建（天津）公司投资建设的美亿家广场项目位于武清区下朱庄街京津公路东侧，宗地编号为津武（挂）2011－090 号，用地性质为商业金融业。项目占地面积 60235.2 平方米，规划总建筑面积 69586 平方米，建筑栋数 1 栋（地上 3 层，局部 4 层）。该项目于 2015 年初策划设立，2015 年 7 月正式报建启动，2015 年 11 月取得立项，2016 年 6 月取得工程施工许可证，2016 年 10 月取得商品房销售许可证，2017 年 12 月主体结构封顶，2019 年底完成装饰装修和各专业配套管线工程，2020 年 5 月公司复工复产后进行消防设备安装与调试，2020 年 7 月完成项目五方竣工验收，2020 年 11 月 20 日取得工程竣工验收备案书。

华北城盈发创建（天津）公司领导层有 4 人，其中，中方委派 2 人，港方委派 2 人，现有职工 16 人。2019 年 9 月，成立盈发创建党支部，将党建工作融入企业管理各个环节。公司共设 8 个职能部室，即成本合约部、工程部、前期部、设计部、财务部、招商部、销售部、办公室。华北城盈发创建（天津）公司于 2019 年 11 月与亿鑫聚流量公司签订整体租赁合同，受新冠疫情影响，2020 年亿鑫聚流量公司无力承租后租赁关系解除。之后，盈发创建公司先后与居然之家天津分公司、红星美凯龙公司、月星集团、天津家具协会、世纪天雅公司等展开洽谈，并与世纪天雅公司达成初步租赁意向。目前，拟将美亿家广场在产权交易中心公开挂牌租赁，尽快盘活资产，实现美亿家项目租赁收益。

四、濠得（天津）置业有限公司

濠得（天津）置业有限公司（以下简称濠得置业公司）原名为濠得（天津）投资有限公司，是由天津农垦东方实业有限公司与上海万得凯建设工程有限公司出资设立的。公司成立于 2012 年 12 月 21 日，注册资本 10000 万元，实投资金 5000 万元。股权结构为天津农垦东方实业有限公司持股 40％，实际投资 2000 万元；上海万得凯建设工程有限公司持

股 60％，实际投资 3000 万元。公司地址为天津市武清区下朱街华北城 E 区西侧，经营范围包括房地产开发与经营、物业服务、商品房销售代理。

濠得置业公司属于混合多元型企业，未办理产权登记。因万得凯公司资金不足，无法对项目继续进行建设投资，致使开发建设停滞。2018 年，上海万得凯建设工程有限公司对持有的 60％ 股份进行转让，转让方为尚轩阁（天津）文化传播有限公司，之后公司更名为濠得（天津）置业有限公司。2020 年 12 月 29 日，在武清区行政审批局进行了公司法人变更。

濠得置业公司于 2013 年 5 月与武清区国土局签署了津武（挂）2013－2 号建设用地使用权出让合同，项目名为东汇广场，坐落于天津市武清区下朱庄界内，立项总投资 5.3 亿元。合作方股东变更前，该地块已经取得了房地产开发资质证、土地证、发改委立项、建设用地批准书、建设用地规划许可证、项目规划方案和建筑方案通知书、工程报建、项目环评、能评批复、标准地名批复、工程规划许可证、桩基部分施工许可证。东汇广场项目于 2016 年 12 月开工建设，截至 2017 年 8 月 8 日，项目已经完成的主要工作包括：地块内 10 千伏高压线的迁移、项目临建（生活区和项目部）建设、监理、勘探、设计单位的招投标；临水、临电、临排的施工并投入使用；桩基部分施工。合作方股东变更后，由于当前商业综合体项目的整体市场发展不乐观，再加上原计划定位的高端智能家居体验馆项目与武清客群的消费水平不太平衡等因素的影响，该项目一直处于停滞状态。自 2020 年 5 月开始，濠得置业公司与上海美凯龙文商商业管理有限公司就濠得项目洽谈合作事宜，计划打造成商业总部基地，双方于 2020 年 12 月签订了《项目合作框架协议》，并于 2021 年初完成了概念规划设计，但股东双方就新方案研判后均认为不可行。濠得置业公司拟按照原方案启动项目，正在逐步落实。

五、天津皇朝傢俬有限公司

天津皇朝傢俬有限公司成立于 2011 年 3 月 21 日，注册资本 15000 万元。其中天津农垦东方实业有限公司出资 6750 万元，占 45％；香港皇朝傢俬集团有限公司出资 6000 万元，占 40％；香港思尼采实业有限公司出资 2250 万元，占 15％。公司地址为天津市武清区汽车产业园天福路 5 号，公司经营范围包括生产、销售家具和家居用品，自有房屋租赁。皇朝傢俬公司属于工业型企业，于 2013 年 5 月开始生产，由于市场原因，于 2014 年 7 月底停产。

六、天和城（天津）置业投资有限公司

天和城（天津）置业投资有限公司（以下简称天和城公司）成立于 2009 年 1 月 8 日，

注册资本 10000 万元人民币，其中天津农垦东方实业有限公司持有 35％股权，北京博大坤元房地产开发有限公司持有天和城 65％股权。该公司是京津两大国企北京经济技术投资开发总公司和天津农垦集团合资成立的专业房地产开发公司，经营范围包括以自有资金对房地产、基础设施进行投资以及物业服务，地址为天津市武清区下朱庄街天湖路云海产业园 4 号楼。公司开发的"天和城"项目位于京津走廊咽喉要地武清，占地 14 平方公里，由京津高速、京津塘高速、112 高速公路和京津高铁围合而成，交通极度便捷。"天和城"项目开发将持续 8～10 年，计划打造一个集运动、生态、会议、休闲、养老功能于一体的京津旅居小镇，并使之成为京津环渤海区域乃至全国首屈一指的运动休闲中心。

天和城项目需对约 1402 公顷（约 21027 亩）土地进行一级开发整理，完成总规划可出让建设用地面积为 7408.86 亩，其中住宅用地面积 4830.46 亩，商业面积 2578.40 亩。

七、华北城（天津）投资有限公司

华北城（天津）投资有限公司成立于 2007 年 8 月 20 日，是以自有资金对房地产业、基础设施进行投资的房地产开发与经营企业。公司注册资本 6000 万元，其中天津农垦东方实业有限公司占股 51％，天津富格投资发展有限公司占股 15％，天津盛奥科技发展有限公司占股 34％。公司地址为武清区下朱庄街京津公路东侧。主要经营项目为天津国际工业品交易城（简称"华北城"）的开发、销售、招商租赁。

2008 年 3 月，华北城投资公司通过摘拍挂形式取得津武挂 2008－006 号地块。2008 年 7 月，开始建设"天津国际工业品交易城"项目（简称华北城）。该项目占地约 32 万平方米，建筑面积约 36 万平方米，已于 2010 年 10 月开业运营，截至 2021 年，为武清区最大、最具规模的家装建材城。

华北城地处京津走廊——武清，紧邻京津公路（103 国道）和京津高速（京津塘高速二线），距天津中心商业区仅 10 公里，距北京市区 71 公里，到天津新港 71 公里，到天津滨海国际机场 35 公里，至北京国际机场 76 公里，交通极为便利。华北城项目作为 2009 年天津市二十项重大服务业项目之一、2009 年天津市重点推进十大批发市场之首，市场建设成熟后，每年将为国家贡献 3 亿～5 亿元税收，为 2 万～3 万人提供就业岗位，具有巨大的经济和社会效益。

公司领导班子有董事长 1 人、总经理 1 人、副总经理 2 人，其中董事长、副总经理由农垦房地产公司委派，总经理由民营股东方委派。公司部室有办公室、财务部、前期部、设计部、成本部、工程部、销售客服部、招商部，主要经营的业务有土地整理、招商运

营。在华北城投资公司与天津农垦东方实业有限公司的共同整理下，朱庄街 14－05－05
单元控规 02－25/B 商业地块 163.1 亩（天津农垦东方实业有限公司整理 45 亩，华北城投
资公司整理 118.1 亩）土地于 2019 年 10 月 17 日在天津市土地交易中心由亿鑫巨贸（天
津）房屋租赁有限公司顺利摘牌。另外，华北城投资公司已整理未出让土地 169.8 亩
（02－04 商业地块 75 亩、02－06 地块 94.8 亩）。华北城投资公司还对步行街进行了招商
出租，已出租商铺 19 套，正在与多家洽谈步行街整体出租招商事宜。2021 年，公司营业
收入 375 万元。

八、华北城投资公司投资的股权公司

（一）天津红光贸易有限公司

天津红光贸易有限公司成立于 2018 年 6 月 25 日，注册资本 1000 万元，华北城（天
津）投资有限公司持股 25％，天津农垦红光有限公司持股 26％，众信城国际贸易（天津）
有限公司持股 49％。公司地址为天津市静海区大邱庄镇恒泰路一号 501 室，经营范围包
括：①一般项目。金属材料销售；金属制品销售；耐火材料销售；仪器仪表销售；建筑材
料销售；五金产品批发；五金产品零售；橡胶制品销售；办公设备耗材销售；日用百货销
售；化工产品销售（不含许可类化工产品）；电子元器件与机电组件设备销售；钢压延加
工；模具销售；国际货物运输代理；工程和技术研究和试验发展；技术服务、技术开发、
技术咨询、技术交流、技术转让、技术推广；机械零件、零部件加工；电气设备修理；机
械设备租赁；信息技术咨询服务；普通货物仓储服务（不含危险化学品等需许可审批的项
目）；鲜肉零售；鲜肉批发；水产品批发；水产品零售；畜牧渔业饲料销售；会议及展览
服务；林业产品销售；家用电器销售；农副产品销售；家居用品销售；互联网销售（除销
售需要许可的商品）；非金属矿及制品销售；有色金属合金销售；高性能有色金属及合金
材料销售；石油制品销售（不含危险化学品）；金属矿石销售；再生资源销售。（除依法须
经批准的项目外，凭营业执照依法自主开展经营活动）。②许可项目。货物进出口；技术
进出口；食品经营（销售散装食品）；食品经营（销售预包装食品）；家禽饲养；活禽销
售；食品互联网销售。

（二）博大汇升（天津）投资发展有限公司

博大汇升（天津）投资发展有限公司成立于 2011 年 9 月 16 日，注册资本 10000 万
元，华北城（天津）投资有限公司、重庆红星美凯龙企业发展有限公司各持股 50％。公
司地址为天津市武清区下朱庄街京津公路东侧林溪大厦 208 室，经营范围包括以自有资金
对房地产业、基础设施进行投资，以及房地产开发与经营。

红星国际广场——星湖苑项目是博大汇升（天津）投资发展有限公司开发的住宅类项目，于 2014 年 3 月开工。项目总用地面积 13.42 万平方米，土地成交价款 2.71 亿元，房屋建筑面积 18.61 万平方米，其中住宅用房建筑面积 13.93 万平方米，地下工程（人防及地下停车场）4.68 万平方米，于 2017 年竣工。

（三）华北城（天津）贸易有限公司

华北城（天津）贸易有限公司成立于 2010 年 8 月 5 日，注册资本 3000 万元，华北城（天津）投资有限公司、天津农垦红光有限公司各持股 50％，公司地址为天津市武清区下朱庄街京津公路东侧华北城 E 区会所，经营范围包括：①一般项目。水产品批发；水产品零售；钢压延加工；模具销售；模具制造；金属制品销售；工程和技术研究和试验发展；技术服务、技术开发、技术咨询、技术交流、技术转让、技术推广；机械零件、零部件加工；电气设备修理；机械设备租赁；普通货物仓储服务（不含危险化学品等需许可审批的项目）；会议及展览服务；农副产品销售；家用电器销售；信息技术咨询服务；互联网销售（除销售需要许可的商品）；家居用品销售；国际货物运输代理；建筑材料销售；木材销售；五金产品批发；五金产品零售；电气机械设备销售；仪器仪表销售；日用百货销售；非金属矿及制品销售；石油制品制造（不含危险化学品）；耐火材料销售；专用化学产品销售（不含危险化学品）；金属矿石销售；纸制品销售；有色金属合金销售；高性能有色金属及合金材料销售；再生资源销售；金属材料销售；煤炭及制品销售。（除依法须经批准的项目外，凭营业执照依法自主开展经营活动）。②许可项目。货物进出口；技术进出口；食品经营（销售散装食品）；食品经营（销售预包装食品）；食品互联网销售；家禽饲养；活禽销售。

（四）天津铭信嘉德小额贷款有限公司

天津铭信嘉德小额贷款有限公司成立于 2010 年 2 月 25 日，注册资本 30000 万元，由天津食品集团有限公司持有 90％股权，华北城（天津）投资有限公司持 10％股权。公司地址为天津市武清区下朱庄街京津公路东侧，经营范围包括办理各项小额贷款、办理票据贴现、办理贷款转让、办理与小额贷款相关的咨询业务、办理贷款项下的结算业务。2022 年，华北城（天津）投资有限公司对持有的 10％股权进行转让，由集团收回统一安排。

第四节　公司托管企业之二——天津森泰壹佰置业投资有限公司

天津森泰壹佰置业投资有限公司（以下简称森泰壹佰公司）成立于 2010 年 5 月 10 日，注册地址位于天津市宝坻区周良庄镇京津温泉城上京顺园 708。原天津农垦集团总公司（以下简称农垦集团）与阳光壹佰置业集团有限公司（以下简称阳光壹佰公司）、北京阳光之星国际咨询管理有限公司（以下简称阳光之星公司）合作成立森泰壹佰公司，注册资本 10000 万元，实缴 7000 万元，其中，农垦集团占股 48％，阳光壹佰公司占股 45％，阳光之星公司占股 7％。阳光壹佰公司与阳光之星公司是一致行动人，为森泰壹佰公司实际控股人。经营范围包括以自有资金对房地产进行投资；室内外装饰装修；物业管理；企业管理咨询。公司主要负责开发宝坻区温泉城的欧洲小镇和威尼斯水城项目。

2019 年 10 月 18 日，经集团公司 2019 年第 14 次董事会会议审议研究，决定由天津市农垦房地产开发建设有限公司对天津食品集团有限公司持有的天津森泰壹佰置业投资有限公司 48％的股权实施托管，由天津市农垦房地产开发建设有限公司代表食品集团对天津森泰壹佰置业投资有限公司进行监管。

第五节　公司托管企业之三——天津天宫葡萄酿酒有限公司（含股权参控及注销企业）

一、天津天宫葡萄酿酒有限公司

天津天宫葡萄酿酒有限公司成立于 1997 年 10 月 25 日，注册资金 8002 万元，2020 年 3 月由天津食品集团收购股权，成为食品集团 100％全资子公司，2021 年 11 月，食品集团将天宫公司划归农垦房地产公司托管。公司注册地址为天津市北辰区天津滨海高新区北辰科技园小淀分园滦水西路 6 号，经营范围包括：葡萄酿酒技术的开发、咨询及相关服务；生产纯净水、矿物质水；销售自产产品并提供相关的咨询服务；食品销售；葡萄苗木的栽培与销售。天津天宫葡萄酿酒有限公司现采用 OEM 模式经营各类饮用水，目前有纯净水、矿泉水两大系列共 8 款产品。天宫系列矿泉水以产品富含"锶"元素作为主打卖点，除此之外，还富含碘、锂、钾、钙、偏硅等多种对人体有益的矿物质及微量元素，经国家地质部门检验鉴定为含锶弱碱低钠重碳酸钙镁型饮用天然矿泉水。对比国外同类型、同档次产品，天宫系列矿泉水价格低廉，为物美价廉的首选品牌。2021 年，公司营业收入 134.1 万元。

二、天津天宫葡萄酿酒有限公司投资的股权公司

（一）辽宁五女山米兰酒业有限公司

1. **企业概况**　辽宁五女山米兰酒业有限公司成立于 2001 年 6 月 12 日，由辽宁能源投资（集团）有限责任公司、辽宁省五女山绿色食品开发有限公司、天津天宫葡萄酿酒有限

公司三方合资经营，三方持股比分别为 40％、35％、25％。公司注册资本 2000 万元，注册地址为本溪市桓仁满族自治县桓仁镇泡子沿汇丰街。公司经营范围包括：冰葡萄酒、葡萄酒、果酒、配制酒、白酒、果汁、非酒精饮品、其他饮料类产品生产、加工；广告设计、制作、代理、发布。该公司是全国第一家引进威代尔冰葡萄种苗、建立威代尔冰葡萄原料基地、生产出威代尔冰葡萄酒、推出窖藏年份冰酒的，也是我国第一个研究、开发、生产冰葡萄酒的专业企业。公司占地面积 4.2 万平方米，建筑面积 1.7 万平方米。公司有从意大利引进的具有国际先进水平的葡萄酒全套生产线设备，年生产加工能力 10000 吨，产品包含以冰葡萄酒为主，野生原汁山葡萄酒、干型葡萄酒、饮料为辅的四大系列 46 个品种。

2021 年 11 月 18 日，经天津食品集团 2021 年第 20 次董事会会议审议，决定将天津食品集团有限公司持有的天津天宫葡萄酿酒有限公司 100％的股权由天津市农垦房地产开发建设有限公司托管，天津市农垦房地产开发建设有限公司对天津天宫葡萄酿酒有限公司的监管方式按照《食品集团关于加强对托管企业管理意见》（津食政发〔2018〕699 号）执行。

2021 年，公司营业收入 2480.63 万元，利润 61.96 万元。

2. 企业获奖情况（集团级及以上） 公司先后荣获中国驰名商标、国宴用酒、2008 北京奥运指定用酒、2015 年国际领袖产区金奖和首届世界冰酒巅峰挑战赛金奖、第 28 届比利时布鲁塞尔国际葡萄酒大奖赛金奖、全国工业旅游示范点、辽宁省名牌产品、辽宁省农业产业化重点龙头企业等各类殊荣及认证 30 余项。

（二）辽宁王朝五女山冰酒庄有限公司

辽宁王朝五女山冰酒庄有限公司成立于 2009 年 11 月 4 日，由天津天宫葡萄酿酒有限公司、辽宁能源投资（集团）有限责任公司、阳光壹佰置业集团有限公司三方合资经营，三方持股比分别为 56％、24％、20％。公司注册资本 9825 万元，注册地址为辽宁省桓仁满族自治县桓仁镇水电街 9 组 51 幢 0 单元 2 号。公司经营范围包括：预包装食品兼散装食品、乳制品批发兼零售；住宿服务；餐饮服务；会展服务。从 2015 年开始，辽宁五女山冰酒庄有限公司一直处于对外停业状态。

（三）天津天宫饮品销售有限责任公司

天津天宫饮料销售有限公司成立时间 2021 年 1 月 13 日。公司注册资本 10 万元，地址为天津市红桥区邵公庄街道咸阳路 19 号中保财信大厦 1888，经营范围为食品经营。2021 年 4 月，该公司注销。

第六节　公司（双林农牧场）下属注销、吊销、关闭、转出企业

一、天津尚邦置地有限公司

天津尚邦置地有限公司于 2006 年 7 月 12 日成立，是天津市农垦房地产开发建设有限公司及天津泰达建设集团有限公司和天津市汇龙投资有限公司合作成立的。天津市农垦房地产开发建设有限公司占股 40％，天津泰达建设集团有限公司占股 35％，天津市汇龙投资有限公司占股 25％。公司注册资本 15000 万元，注册地址为天津市河西区气象台路 96 号。公司经营范围包括：以自有资产对房地产业、建筑业、工业投资；商品房销售；物业管理；房屋租赁；写字楼和酒店管理；基础建设工程施工；建设工程招投标代理。2011 年 4 月，该公司办理注销。

二、天津农垦食品销售有限公司

天津农垦食品销售有限公司成立于 2012 年 10 月 8 日，公司注册资本 300 万元，注册地址为天津市南开区宾水西道南侧卫津南路西侧天津体育馆 B 馆（津奥广场）首层 103 区域。公司经营范围包括预包装食品兼散装食品、乳制品（含婴幼儿配方乳粉）、日用百货、文化用品、体育用品、五金交电、针纺织品、电子产品、家用电器、包装材料、玩具、工艺品、办公设备、文化用品批发兼零售以及烟零售。因经营问题，2015 年 10 月，按照天津食品集团改革部署，公司各低效企业清理退出，2015 年 12 月，该公司办理注销。

三、天津双林裕达机械工程公司（双林农牧场农机队）

天津双林裕达机械工程公司成立于 1992 年 12 月 7 日，公司注册资本 324.9 万元，注册地址为河西区微山路南。公司经营范围包括：土方工程；粮食作物、蔬菜瓜果种植；淡水养殖；机械配件、木材、竹子、装饰材料零售兼批发；机械加工、修理；电气焊；市场开发服务；市场内场地库房租赁。天津市裕达机械工程公司的前身是双林农牧场农机队。1954 年，农场根据农田水田的作业需要，成立了机耕队，1957 年更名为机务队。1982 年，为使农业生产和机务专业更好地发挥作用，农场将机务队和农业队合并，组建双林农牧场农机队。1992 年 11 月，为充分发挥农场机械及车辆加工能力，拓宽职工就业渠道，农场向总公司申请成立天津市裕达机械工程公司。11 月 21 日，总公司以津垦司〔1992〕717 号文件批复同意成立。1995 年 2 月，裕达公司在天津市外环线厂界内兴建天津市双林建材批发市场，带动土地出租利用。双林裕达机械工程公司系国有企业，主营业务是土方

工程。2001 年 12 月，天津市国营双林服装厂、天津市双林食品公司并入天津市裕达机械工程公司。2002 年 12 月 24 日，因产业结构调整的需要，农垦房地产公司对天津市双林裕达机械工程公司和天津市双林仓储公司实行统一管理，原两个单位行政班子合并为一套行政班子。随着企业改制需要，天津市双林裕达机械工程公司于 2017 年 11 月 29 日整体清算注销，同时注销天津市双林仓储公司、天津市双林裕达机械工程公司，全部资产、人员并入天津市农垦双林劳务服务有限公司。

四、天津双林仓储公司

天津双林仓储公司成立于 1993 年 7 月 26 日，公司注册资本 30 万元，注册地址为河西区小海地微山路南。公司经营范围包括：物资储存；商业零售兼批发，代购代销；金属、木制家具加工；室内外装饰；汽车货运。

1994 年 6 月，成立天津市双林仓储公司第二分公司，公司注册地址为河西区微山路南。公司经营范围包括：物资储存；物资供销业，商业零售兼批发，代购代销；木制家具加工；室内外装饰；汽车货运；商品信息咨询。

1993 年 5 月，为安置场内富余职工，场领导决定利用农场内空闲房舍和土地成立以经营栈租仓储业务为主的全民所有制性质的天津市双林仓储公司。1993 年 6 月 4 日，农工商总公司以津垦司〔1993〕272 号文件批复同意成立该公司。1993 年 12 月，天津市双林贸易货栈撤销，企业并入天津市双林仓储公司。2002 年 12 月 24 日，因产业结构调整需要，公司对天津市双林裕达机械工程公司和天津市双林仓储公司实行统一管理，原两个单位行政班子合并为一套行政班子。天津双林仓储公司于 2017 年 11 月 29 日注销。

五、天津市双林贸易货栈

天津市双林贸易货栈是天津市双林农牧场下属企业。1981 年 9 月，农场成立外贸队。1984 年 11 月，公司将场属的外贸货场外贸队改为天津市双林贸易货栈。后因资源整合，1993 年 12 月，天津市双林贸易货栈撤销关闭，该企业人员、资产并入天津市双林仓储公司。

六、天津市双林水电工程安装有限公司（双林水电队）

天津市双林水电工程安装公司于 1993 年 2 月 24 日成立，注册资本 400 万元，注册地址为天津市河西区浯水道祺林园底商 6 - 2 - 101 号。公司经营范围包括：建筑水暖管道线路设备安装；五金工具、电工器材零售兼批发；输配电及控制设备租赁；日用电器及日用电子器具修理；机加工；劳务服务。双林水电工程安装公司的前身是双林水电队。1951年双林建场初期，农场成立了电工组。1978年夏季，电工组脱离机务队，改由场部生产科领导，当时共有成员18人，是为生产服务的小单位。在改革开放的新形势下，从1980年开始，场部要求电工组由单纯服务型向经营服务型发展，经济上实行单独核算。

1989年4月，根据农场业务生产发展需要，农场将电工组升级为水电队，作为独立核算单位，也称双林水电服务队。水电队除负责农场用电外，还承担农场自建的一座变电站的维护使用工作，给周边单位供电。除原电工组所担负的任务外，水电队又增加对生产、生活用水管理和自来水管道的新建、改建、维修等任务，并负责各职工住宅水电费的收取工作。2014年，企业更名为天津市双林水电工程安装有限公司。2017年7月19日，经公司党委研究，决定撤销天津市双林水电工程安装有限公司党支部，该支部党员关系转入天津市双发建筑工程有限公司党支部。同日，撤销天津市双林水电工程安装有限公司，该公司人员、资产、债务并入天津市双发建筑工程有限公司，按照账载价值进行吸收合并，合并日期为2017年10月31日。2017年12月，该企业注销。

七、大红门农垦（天津）建设开发有限公司

大红门农垦（天津）建设开发有限公司成立于2018年12月29日，公司注册地址为天津市武清区下朱庄街京津公路东侧天津国际工业品交易城128号楼-5-401，注册资本1000万元其中北京大红门福成商贸市场中心出资55%，天津市农垦房地产开发建设有限公司出资18%，天津农垦红光有限公司出资17%，尚轩阁（天津）文化传播有限公司出资10%。公司经营范围包括：房地产开发与经营，装饰装修工程施工，工程项目管理咨询，自有房屋租赁，停车场管理服务，展览展示服务，企业管理咨询，设计、制作、代理、发布广告，服装鞋帽、日用百货、建筑装饰材料、针纺织品、文体用品、五金产品批发兼零售，物业服务。2020年9月1日，公司注销。2020年9月25日，按照集团要求，企业档案资料转交天津食品集团饮服餐饮有限责任公司管理。

八、天津金垦置业有限公司

天津金垦置业有限公司成立于2017年8月4日，公司注册地址为天津市武清区下朱庄街知业道13号305室-56集中办公区，注册资本3000万元，其中天津金利保房地产信息咨询有限公司出资60%，天津市农垦房地产开发建设有限公司出资40%，经营范围为：房地产开发。2019年8月，该公司注销。

九、天津德源国际贸易有限公司

1993 年 6 月，天津市农工商总公司双林公司与日本吉原产业株式会社签订合作意向书，双方合资兴建天津德源国际贸易有限公司，总投资 28 万美元，注册资本 20 万美元，其中中方投资占 60％，日方投资占 40％。公司主要从事国际贸易、简单加工、引进技术、咨询服务、代办保税仓储和货运业务。1993 年 4 月 26 日，天津港保税区管理委员会以津保管经字〔1993〕753 号文件批复同意成立该合资企业。1993 年 6 月 5 日，天津市经济技术开发区管理委员会以津开批〔1993〕621 号文件批复同意成立该合资企业。2000 年 9 月，天津德源国际贸易有限公司改制，经资产评估后，将中方股份全部转让给该公司员工，同时对公司 7 名员工实行劳动关系转换，实行货币安置。2019 年，公司办理工商注销。

十、天津德源食品有限公司

1993 年 4 月，天津市农工商总公司双林公司、日本吉原产业有限公司、天津劳动保护用品公司三方共同出资兴建天津德源食品有限公司，总投资 16 万美元，注册资本 12.5 万美元，其中双林公司出资 40％，日本吉原产业公司出资 40％，天津劳动保护用品公司出资 20％。公司主要从事加工、销售土特、水产品，杂豆副食品及冷饮制品。2006 年，公司吊销营业执照。2020 年 9 月 25 日，按照集团要求，企业转交天津食品集团饮服餐饮有限责任公司管理。2020 年 11 月 6 日，公司注销。

十一、天津利盛再生金属有限公司

天津利盛再生金属有限公司成立于 1994 年 12 月 21 日，公司为合资企业，注册资金 100 万美元，美国 TYC 国际实业公司出资 98％，天津通利实业公司出资 2％（后 2％股权转给天津市农垦双林劳务服务有限公司）。公司注册地址为天津经济技术开发区 1 号多层厂房 2 层，经营范围包括金属废料的拆解、再生深加工及其相关制品的生产、加工、销售。企业 2001 年未年检，营业执照被吊销。2020 年 9 月 25 日，按照集团要求，企业档案资料转交天津食品集团饮服餐饮有限责任公司管理。

十二、天津丸六食品有限公司

天津丸六食品有限公司成立于 1993 年 2 月 9 日，由 1992 天津市农工商总公司双林公司与日本株式会社丸六商会双方合资兴建，总投资 28 万美元，注册资本 20 万美元，其中日方投资各占 50％。公司主要业务为加工、销售各类副食品、水产品、水果、饵料，后企业经营困难，停业。2020 年 9 月 25 日，按照集团要求，该企业材料转交天津食品集团饮服餐饮有限责任公司管理。2021 年 6 月 3 日，该公司注销。

十三、天津永兴服饰有限公司

天津永兴服饰有限公司成立于 1992 年 12 月 28 日。经天津市滨海新区市场和质量监督管理局登记，该公司注册资本 100 万元，其中天津市农工商总公司双林公司出资 50 万元（持股 55％），香港奕进电子公司出资等值于 25 万元人民币的美元（持股 25％），天津劳保用品公司出资 20 万元（持股 20％）。公司注册地点为天津市开发区商贸中心五区四层，主要经营范围为生产、销售服装、服饰及劳保用品，营业期限为 1992 年 12 月 28 日—2003 年12 月 27 日。1998 年 10 月，公司被吊销营业执照。2020 年 9 月 25 日，按照集团要求，企业资料转交天津食品集团饮服餐饮有限责任公司管理。2021 年 10 月 18 日，公司注销。

十四、天津浩林汽车配件有限公司

1991 年 7 月，天津市双林农牧场与台湾健生企业有限公司签订合作意向书，双方合资兴建天津浩林汽车配件有限公司，总投资 30 万美元。1991 年 9 月，天津市计划委员会以津计外〔1991〕696 号文件批复该项目。1991 年 10 月，总公司以〔1991〕外 384 号文件批复同意成立该公司。公司经营范围为生产、销售汽车前灯灯泡，加工、组装车灯总成、稳压器、闪光灯及其他汽车电器类配件，提供相关的技术服务。1994 年 11 月，由于该公司合资方不履行有关协议，致使生产经营困难，天津市双林农牧场终止与浩林公司的房屋租赁协议，申请对该公司清算。1998 年 7 月，企业执照被吊销。2018 年 11 月，公司办理工商注销手续。

十五、天津亚太万维投资有限公司

天津亚太万维投资有限公司成立于 2008 年 4 月 24 日。公司注册资本 1000 万元，股东为天津农垦集团总公司，公司注册地址为天津市蓟州区开发区天阳路 9 号，公司经营范围包括对葡萄酒产业进行投资及葡萄种植。2015 年 9 月 8 日，天津食品集团将该企业交由天津市农垦房地产开发建设有限公司进行托管。2015 年 9 月 15 日，企业进入托管程序。2020 年9 月 25 日，按照集团要求，该企业转交天津食品集团饮服餐饮有限责任公司管理。

十六、天津市红港绿茵花草有限公司

2014 年 11 月，按照集团党委部署，农垦房地产公司托管天津市红港绿茵花草有限公司。托管期间，红港公司仍保持法人地位。2017 年 8 月，按照集团党委部署，红港公司不再由农垦房地产公司管理，变更为由天津农垦渤海农业集团负责管理。

十七、天津市双林园艺冷冻场（天津市双林食品公司）

天津市双林园艺冷冻厂成立于 1984 年 4 月 16 日，注册资本 141 万元，公司经营范围为冷冻、恒温储存，冷饮品、饮料加工。公司冷库除自用外，也对外开放，办理储存业务。园艺冷冻厂的前身是双林园林队。1953 年，农场组建双林园林队，主要种植蔬菜、水果，后随着园田面积扩大，开始试种果树。1984 年，园林队停止蔬菜种植，全部改种果树，为了保存水果等产品，1983 年已修建储存 1000 吨容量的冷库。1992 年 7 月，为适应改革开放的形势，在原园艺冷冻厂的基础上成立天津市双林食品公司，注册资金 30 万元人民币，企业性质为全民所有制，经营范围为粮食、食油、食用动物、副食品、饮料、食品罐头、干鲜果品等。1993 年 8 月 30 日，为加强企业管理，农场对部分场属企业进行整合，天津市双林园艺冷冻厂撤销营业执照，其债权、债务并入天津市双林食品公司，实行两厂合并、统一管理。2001 年 12 月 19 日，根据企业调整经营的需要，天津市双林食品公司并入天津市双林裕达机械工程公司。

十八、天津市通利实业公司（天津双林畜牧队、双林农牧场奶牛场）

天津市通利实业公司成立于 1993 年 2 月，公司注册资本 181 万元人民币，注册地址为河西区小海地微山路南双林农牧场奶牛队院内。公司经营范围包括：奶牛饲养；商业、物资供销业；汽车货运；奶制品加工，饲料加工，铁木家具加工。

天津市通利实业公司的前身是双林农牧场畜牧队。双林农牧场畜牧队成立于 1954 年 10 月，随着牛群的不断扩大，成为当时全国较大的奶牛群之一。为了适应生产结构变化，1985 年，畜牧队更名为双林奶牛场。1992 年 12 月，为安置富余人员、广开就业门路，农场决定以奶牛场为基础，成立天津市通利实业公司，主要经营牛奶及奶制品。12 月 22 日，总公司以津垦司〔1992〕772 号文件批复同意，该企业为全民所有制。1996 年 4 月，根据总公司调整产业布局的要求，通利实业公司将 670 头奶牛调往军粮城农场。1998 年 9 月 3 日，根据公司产业结构调整、实行规模经营的需要，公司决定将天津市通利实业公司的资产、人员并入天津市双林仓储公司。1999 年 10 月，注销天津市通利实业公司。

十九、天津市双林养鸡场

1953 年，双林农场就开始发展副业，试养鸡鸭，1955 年开始增加养鸡养鸭数量，归双林园艺队领导。1983 年，农场决定大规模发展养鸡产业，当年就成立了双林养鸡场。鸡场在计划经济的时期曾为天津市民供应鸡蛋，规模一度达到 15 万只混养鸡。1984—1990 年，企业累计盈利 111 万元。进入市场经济后，企业经营困难。1993 年 2 月，因养鸡场经营不景气，经上级研究、批准转产，利用原养鸡场的厂房和部分设备，成立天津市津冠乳品饮料公司，并把原养鸡场的生产工具等变卖后的流动资金 20 万元、固定资金 180 万元投入公司，原养鸡场人员进入天津市津冠乳品饮料公司。

二十、天津市双林养猪场

1955 年，农场形成养殖副业，开始养猪、养羊，当时归双林园林队管理。1953 年，养羊业停止。1958 年，猪存栏数 614 头。1960 年，国家经济出现暂时困难，国家号召农场多交生猪，于是农场开始大规模养猪，猪群一度达 3000 余头。1978 年，农场建立大型养猪场。猪场建成后，因市场变化，猪肉销售出现困难，于是农场下马了养猪场，设施、设备、场地划给双林养鸡场使用。1985 年，养猪业彻底停止。

二十一、天津市双林制锁厂

1981 年 5 月，农场与天津市五金站合作，在对方的技术支持下，农场投资成立天津市双林制锁厂。企业注册资本 39 万元，注册地址为河西区小海地微山路南，经营范围包括制锁及五金制品、渔具制造。1990 年，由于有色金属原材料上涨，供应渠道由双轨制变为单轨制，企业无法维持生产经营。1990 年末，制锁厂关闭。1995 年 4 月，该企业注销。

二十二、天津市油印机厂（含天津市誊写钢板厂）

天津市油印机厂成立于 1981 年 7 月。油印机当时原由天津市一轻局钟表公司所属第二手表厂生产，誊写钢板原由该公司所属钟表铜材厂生产，1974 年和 1978 年，这两个产品分别被放到双林农牧场加工，生产加工设备一并转入双林农牧场。1981 年，双林农牧场出资成立了天津市油印机厂，注册资本 90 万元，注册地址为河西区微山路南，企业经营范围包括油印机制造、胶卷轴制造、誊写钢版制造、木制品制造。1984 年，原双林制锁厂和油印机厂合并，仍称天津市油印机厂。1991 年 4 月，天津市油印机厂生产的"文化"牌 711 型油印机和"文化"牌誊写钢板，以其优质的质量和新颖的款式，双双被天津市优质产品审定委员会批准认可为天津市 1990 年优质产品。这是该厂生产的"文化"牌 711 型油印机自 1985 年获得市优产品称号后，再次荣获市优产品这一荣誉称号。

随着科技的进步，文化用品更新换代，"文化"牌油印机成为市场淘汰产品，该厂于

2001年6月歇业。2001年8月，总公司以津垦司〔2001〕182号文件同意天津市油印机厂停产歇业，进行改革。随后，该厂为调整产业结构，理顺产权关系、劳动关系，进行了大规模的改革。此次改革共有99名员工自愿领取安置费自谋职业，与企业解除劳动合同；37名员工实行内部退休和发生活费；43名员工集资入股，成立新型股份制企业天津双林木制工艺品有限公司。2001年12月19日，公司关闭天津市油印机厂。2004年6月，该企业注销。

天津市油印机厂双林建材经营部于1988年5月成立，企业注册资本17万元人民币，企业注册地址为河西区小海地微山路南双林院内。企业经营范围包括：民用建材；五金、电工器材、油漆、干鲜果品零售兼批发；雕刻工艺品加工。2002年3月，该企业注销。

天津市油印机厂下属三产企业——天津市文雅文体用品经营部于1992年8月成立，注册资金50万元，注册地址为河西区大沽南路977号，经营范围为百货、五金、针纺织品、民用建材、化工。1994年11月，该企业注销。

二十三、天津市双林木制工艺品有限责任公司

天津市双林木制工艺品有限责任公司成立于2001年11月，公司注册资本122万元，天津市农垦房地产开发建设有限公司股份占51%，原天津市油印机厂职工股份占49%。公司注册地址为河西区微山路南，经营范围包括：木制品、木制工艺品制造、加工；金属制品、塑料制品、民用建材、五金批发兼零售。2001年12月19日，房地产公司同意天津市双林木制工艺品有限责任公司股东大会所选举马凤岭任该公司董事长职，同意该公司董事会聘任马凤岭为该公司总经理职（兼）。同日，该公司成立党支部，公司党委委员马凤岭任该公司党支部书记。后因企业生产转型，该公司于2010年9月注销，人员转入天津市农垦物业管理有限公司。

二十四、天津双林阿迪克木制品工艺有限公司

天津双林阿迪克木制品工艺有限公司于2003年4月成立，注册资本12.12万美元，为中日合资企业。公司注册地址为天津市河西区微山路南，经营范围为生产加工各种木制品。后因企业生产市场变化、外资合作方等原因，公司产品外销困难，基本停止发展。2018年，公司注销。

二十五、天津市振海经贸公司

天津市振海经贸公司成立于1984年7月，其前身是天津市双林商业公司。1982年成立天津市渤海农工商总公司双林分公司副食商店，俗称商业公司，下设双林奶品一店、双

林菜店、双林综合副食店、双林经营部、双林五金交电商店、五金交电经营部批发站等。天津市振海经贸公司注册资本 50 万元，公司地址位于河西区小海地微山路双山里 46 号，经营范围为百货、日用杂品、针织品、纺织品、渔具、五金、电工器材、油漆、劳保用品、木材、建筑材料零售兼批发、代销以及房屋出租。2004 年 12 月 17 日，关闭天津市振海商贸公司，该公司的债权、债务、人员并入天津市双林裕达机械工程公司（天津市双林仓储公司），实行统一管理。

二十六、天津双林渔具厂（天津市双林渔轮厂）

天津双林渔具厂成立于 1989 年，也称天津市双林渔轮厂，当时主要是给天津市欧娜有限公司配套生产渔轮加工。1989 年，双林农牧场与总公司签订"承包经营协议书"，总公司以定期承包的形式经营天津双林渔具厂。1991 年，该企业终止经营。

二十七、天津市国营双林服装厂

天津市国营双林服装厂成立于 1981 年 9 月。公司注册资本 80 万元，注册地址为河西区灰堆南双林东区，经营范围包括服装制造、劳保单加工、棉服装加工、房屋租赁及劳务服务。服装厂曾一度辉煌，生产的呢子大衣火爆天津服装市场。

1991 年，公司曾和外资合作，成立天津市三庆制衣有限公司，但时间不长就终止合作了。2001 年，双林服装厂经营困难，12 月 19 日，双林农牧场决定关闭天津市国营双林服装厂，该企业资产、人员并入天津市双林裕达机械工程公司。2002 年 7 月，注销天津市国营双林服装厂。

二十八、天津市双林农牧场基建队

天津市双林农牧场基建队成立于 1964 年。1958 年，农场成立房屋维修小组，担负农场房屋维修等工作。随着工作量的增大，农场成立修建队，后改称双林农牧场基建队。1993 年 12 月，根据产业结构调整的需要，经场长办公会研究决定，天津市双林农牧场基建队并入天津市双林仓储公司。

二十九、天津市双林针织厂

天津市双林针织厂成立于 1982 年 8 月，注册资本 140 万元，企业经营范围为毛针织品业，农场俗称其为毛衣厂。1983 年 1 月，天津市双林针织厂正式投产，该厂生产的"冷杉"牌毛衣，曾畅销天津各大商场，产品还销往辽宁、山东、河北、上海等地。

1985—1987 年，针织厂发展势头良好。进入 20 世纪 90 年代后，因产品跟不上市场变化，企业经营困难，于 1993 年停产。1993 年 5 月，为安置富余职工，利用原厂闲置设备成立天津市河西区林翔毛衣厂，实行职工个人租赁经营，后因经营无力关闭企业。1995 年 2 月，天津市双林针织厂注销。

天津市双林针织厂销售部成立于 1983 年 2 月，主要销售针织厂的产品。1995 年 7 月，该销售部注销。

三十、天津市农工商总公司双林公司双林餐厅

天津市农工商总公司双林公司双林餐厅成立于 1988 年 7 月，注册资本 104 万元，主要经营范围为快餐、小吃、饮料、食品罐头、烟、酒。双林餐厅于 1988 年 3 月筹建，9 月 20 日正式开业，经营地点在天津龙门大厦，面积 230 平方米，主要经营方便套餐、风味炒菜等。后因天津龙门大厦餐饮经营整体调整，1992 年 3 月，双林餐厅合并到天津市振海商贸公司，双林餐厅在天津龙门大厦的股份出售给天津龙门大厦，餐厅部分人员自愿选择去天津龙门大厦从业，其劳动关系转到天津龙门大厦从业。1994 年 5 月，双林餐厅注销。

三十一、天津市津冠乳品饮料公司

1993 年 1 月，为充分发挥农场牛奶资源优势，解决待业工人就业问题，场领导决定成立天津市津冠乳品饮料公司，企业性质为全民所有制。天津市津冠乳品饮料公司成立于 1993 年 3 月，注册资本 460 万元，经营范围为乳品加工、塑料袋加工、汽车货运，主要开发生产果汁乳饮料、发酵乳饮料及雪糕等乳制品。

1993 年 9 月 22 日，天津市津冠乳品饮料公司举行开业典礼。天津市领导陆焕生、王立吉，农场局领导张国村、查禄忠及几十家兄弟单位、农场的领导到现场祝贺。当时公司主要生产"可利恩"牌乳酸饮料、学生奶、雪糕等。1996 年 4 月，集团调整产业布局，将双林奶牛场的奶牛全部调往军粮城农场，乳品饮料公司依托自己奶源的优势没有了，加之其他产品微利，企业发展困难。

2003 年 2 月，天津市津冠乳品饮料公司因亏损停产整顿，实行改革改制。除对该公司部分员工进行安置分流外（其中，16 名员工自愿领取安置费自谋职业，与企业解除劳动合同；28 名员工内部退休、发放生活费），另有 7 名员工自愿组合，并结合原津冠乳品饮料公司的优良资产、职工和社会自然人的出资参股相组建了产权多元化的天津可利恩乳业有限公司。2003 年 4 月，成立新公司，注册资金 50 万元，实缴 24 万元。2005 年 4 月，由于企业所处土地，政府征地拆迁，企业关闭注销。

自 2003 年 9 月 26 日起，关闭天津市津冠乳品饮料公司，该公司的资产及债权债务并入天津市双林裕达机械工程公司（仓储公司），同时撤销天津市津冠乳品饮料公司党支部。2003 年 10 月，注销该企业。

三十二、天津劳伦斯装饰材料有限公司

1992 年 7 月，天津市农工商总公司双林公司与台湾劳伦斯国际企业有限公司签订合作意向书，双方合资兴建天津劳伦斯装饰材料有限公司。项目总投资额 250 万美元，双林公司投资 57%，劳化斯投资 43%。公司主要经营各种高档华丽板、保丽板、塑丽板等建材产品。

1993 年 9 月 22 日，天津劳伦斯装饰材料有限公司举行开业典礼。天津市领导陆焕生、王立吉及几十家兄弟单位、农场的领导到现场祝贺。

自公司开业以来，由于合作方不履行合作协议，返销产品无法按照合同执行，致使生产困难，合资企业处于停滞状态。后经与合作方多次协商无果，2000 年经诉讼解决问题，关闭企业。

三十三、天津市龙森木业有限公司

天津市龙森木业有限公司公司成立于 1998 年 5 月。公司注册资本 50 万元。注册地址为河西区洞庭路南，经营范围包括锯材加工、人造板及木制品制造、木材零售兼批发、房屋租赁。由于天津劳伦斯装饰材料有限公司合作方不履行合同，导致企业停滞，1998 年，该企业职工开展生产自救，在现有厂房设备基层上成立了天津市龙森木业有限公司，利用厂房设备组织生产，后因市场变化、技术和产品无法满足市场要求，企业亏损关闭。2005 年 8 月 22 日，天津市农垦集团总公司以津垦〔2005〕111 号文件批复，同意注销天津市龙森木业有限公司，该公司人员整合到天津双林木制工艺品有限公司，后转到农垦物业管理公司。2005 年 9 月，天津市龙森木业有限公司注销。

三十四、天津市双林房地产开发公司

天津市双林房地产开发公司成立于 1993 年 2 月，注册资本 500 万元，经营范围为房地产开发、房屋租赁、室内外装饰、咨询服务。1993 年 8 月，该公司注销。

三十五、天津市东方建筑设计所

天津市东方建筑设计所成立于 1992 年 3 月，注册资本 50 万元，经营范围为建筑工程设计、建筑工程技术服务、技术咨询。1996 年 7 月，天津农垦集团总公司将该所划归天

津市农垦集团房地产开发建设有限公司管理。1997 年，该所实行新的管理办法，即事业单位采取企业化管理模式，自负盈亏，独立核算。2000 年 6 月 28 日，鉴于天津市东方建筑设计所经营不佳，经公司董事会决议及党政班子会议研究，决定撤销该设计所。2000年 8 月，该企业注销。

三十六、天津市双林恒通物业管理中心

1996 年 1 月，双林农牧场为解决下岗人员就业问题，决定成立天津市双林恒通物业管理中心。该中心主要负责公司产权住房维修、房屋出租、场地栈租、锅炉房司炉、锅炉及管道维修，注册资金 30 万元，办公地点位于天津双林农牧场场部院内。1996 年 9 月 10 日，公司以津垦房地产〔1996〕号文件决定，天津市恒通服务中心并入天津市津垦物业管理有限公司实行一套班子、两个牌子。2001 年 12 月 24 日，因改革需要，撤销天津市双林恒通服务中心。

三十七、天津市伸和铸造有限公司

1988 年 4 月，双林开始筹建双林铸造厂，8 月，铸造厂成为场属独立单位。1989 年 1月 26 日，双林公司与日本伸和兴业株式会社合作，正式签订合同，成立天津伸和铸造有限公司。双方合作经营，共同投资 200 万元人民币，股份各占 50%，合作期限 16 年。公司地址选在河西微山路以西、松江道以南，占地 1 万平方米，主要生产管道压环、运动哑铃等铸件销往日本。2001 年 3 月，农垦集团总公司以津垦司〔2000〕41 号、总公司党委以津垦党〔2000〕11 号文件，将天津市伸和公司调整为总公司直属企业（控股公司），将中方出资人原天津市农工商总公司双林公司变更为天津农垦集团总公司，党组织关系隶属总公司党委。天津市伸和公司就此归集团总公司管理。

三十八、天津双鹤渔需有限公司

天津双鹤渔需有限公司成立于 1995 年 12 月，是天津农工商总公司双林公司和日本丸日株式会社合资建立的具有独立法人资格的公司，注册资本 10 万美元，经营范围为生产、销售各类鱼饵、渔具、渔服装、渔需产品、水产品。公司主营业务是饲料加工，主要产品为大蜡螟、蚯蚓，产品销往日本，2010 年，中日双方董事会经研究决定不再继续合作，双鹤公司的业务转入国内市场。2012 年 6 月，公司不再继续经营，7 月正式停产，员工另行安排。2013 年 10 月，该企业注销。

三十九、天津欧娜有限公司

天津欧娜有限公司成立于 1984 年 9 月，是双林农牧场与日本欧娜株式会社共同投资

兴办合资企业。成立初期，中方占股51％、日方占股49％，共同投资41万元人民币，后双方追加投资到291万元人民币，股比不变。公司地址位于天津市河西区微山路南，经营范围为生产、销售渔需、渔具、鱼饵等。这是双林历史上第一家中外合作企业，建立后发展良好。2000年2月，农垦集团总公司以津垦司〔2000〕28号文件，将天津欧娜有限公司原双林农牧场的中方股权调整为农垦集团总公司。

四十、天津市双林农牧场保健站

天津市双林农牧场保健站成立于20世纪70年代。农场在1950年专门设置了一名卫生员，为原部队卫生员，负责农场职工保健工作。1956年1月，长泰农场、双林农场合并后，双林农场成立医务室，职工一般就医都在农场医务室。医务室先后与天津市、区医院建立特约就诊关系。1976年，农场将医务室改为双林农牧场保健站，增添医疗设备，充实主治医师、药剂师等人员数量，成立了化验室。农场的计划生育工作归保健站负责，该站曾获得全国农垦系统卫生先进集体，长期以来供农场广大职工及职工家属就诊。

1990年后，保健站推行医疗制度改革，迁址到河西微山路底商，除供农场职工就诊外，同时对外开设门诊，经济独立核算。1996年，农场出台大病医疗合作制度，具体实施由双林保健站负责。随着房地产公司的发展，农场一些社会化管理职能逐渐减少，根据房地产公司发展需要，2001年12月19日，双林保健站正式撤销。

四十一、天津农场局第十三业余中学

双林农场建场初期，为提高工人文化水平，成立了双林农场工人业余学校。天津市总工会派专职干部1名，主持文化教育工作。1954年，天津市委加强教育管理，统一归口管理，农场业余学校由天津市总工会移交东郊区文教科管理，学校改称双林工校。1956年，学校管理权移交河西区教育局职工教育科和河西工会教育科共同管理。1960年，因国家经济困难停办。1964年，学校又恢复到农场职工业余学校。1983年，天津市农场局要求各农场成立业余中学，双林农牧场业余学校被天津市农场局正式任命为天津市农场局第十三业余中学，当时补课学员有750名。1985年，除补习文化课外，设置2个中专班，分别是天津市会计统计、企业管理班，另外还有一个中央广播学校班。这些学员毕业后，农场定向输送一批学员上大学，学成后为农场发展服务。随着市场经济发展，国家政策调整，1992年，学校停办。

四十二、天津市河西科技工业园开发有限公司

为加快公司产业结构调整，1999年10月27日，公司成立了天津市河西区科技工业园

开发有限公司，注册资金 100 万元，实缴 1 万元。公司经营范围包括：科技园区内市政配套设施的维修、保养、租赁、管理；提供生活区的劳务服务；食品工业技术开发、服务、转让；日用百货、副食品、食品饮料批发兼零售；烟酒零售。因开发地块政策变化，企业无存续需要，2001 年 12 月 19 日，撤销天津市河西科技工业园开发有限公司，后办理注销。

四十三、天津华林电子仪器厂

1979 年 12 月，双林农牧场出资成立天津华林电子仪器厂，主要产品有录放心电监护仪、稳压电源、工业对讲机等。后因技术条件、生产销售的原因，企业停办，转产建立天津华林印刷厂，因技术原因，不久也停业了。

四十四、天津双林药厂

1960 年初，双林农牧场成立淀粉加工厂、葡萄糖加工厂。1960 年底，农场将 2 个企业整合为天津双林药厂。1962 年，药厂停产。

四十五、天津市农垦出租汽车公司

天津市农垦出租汽车公司成立于 1993 年 5 月 25 日，注册资本 30 万元，经营范围为汽车客运、汽车租赁。2014 年 11 月 6 日，天津农垦集团决定将天津市农垦出租汽车公司交由天津市农垦房地产开发建设有限公司托管。根据企业改革需要，2020 年 9 月 1 日，公司注销，其所持有的天津市新世纪的士有限公司 16.7% 的股权转为天津市农垦双林劳务服务有限公司持有。

第七节　公司托管的东方实业公司下属注销、吊销、关闭、转出企业

一、天津大枫叶乳业有限公司

天津大枫叶乳业有限公司于 1996 年 8 月 16 日由天津农垦东方实业有限公司和益高力乳业有限公司共同出资设立，天津农垦东方实业公司占股 49%，益高力乳业有限公司占股 51%，注册资本 20 万美元。后企业吊销执照，2019 年，根据改革需要，开始办理注销手续。

二、天津市东亚珠海实业公司

天津市东亚珠海实业公司于 1996 年 1 月 28 日由武清农场出资成立，注册资本 1000

万元，为全民所有制企业。2019 年，根据改革需要，公司办理注销工作。2020 年 9 月 25 日，按照集团要求，转交天津食品集团饮服餐饮有限责任公司管理。2021 年 6 月 15 日，公司清算注销。

天津市东亚珠海实业公司投资的股权公司有以下 2 家：

（一）珠海亚东实业发展公司

珠海亚东实业发展公司成立于 1994 年 7 月 16 日，注册资本 180 万元，出资人为天津市东亚珠海实业公司，经营范围为五金、交电、化工、建筑材料、化工原料、金属材料（不含金银）、纺织品、针织品。2020 年 9 月 25 日，按照集团要求，企业转交天津食品集团饮服餐饮有限责任公司。2021 年 6 月 15 日，公司注销。

（二）珠海亚东实业发展公司东亚洗车场

珠海亚东实业发展公司东亚洗车场于 1995 年 4 月 22 日成立，经营范围为洗车。2020 年 9 月 25 日，按照集团要求，企业转交天津食品集团饮服餐饮有限责任公司管理。2021 年 6 月 15 日，公司注销。

三、天津市宇越建筑工程有限公司

天津市宇越建筑工程有限公司成立于 2009 年 5 月 25 日，注册资本 50 万元，由天津农垦东方实业有限公司占股 80%，袁忠占股 20%。2012 年 6 月，公司注销。

四、南京喜百年投资管理有限公司

南京喜百年投资管理有限公司由三方共同出资建立，天津农垦东方实业有限公司占股 10%、白鸣投资占股 80%、南京六合经济技术开发总公司占股 10%，注册资本 1000 万元。因其连续几年亏损，为使国有资产不流失，东方实业有限公司决定撤回在该公司 100 万元的投资，并对其股权进行转让，截至 2021 年，东方实业公司已收到撤回的投资款及收益 120 万元。因喜百年公司未能及时提供天津产权交易中心所需资料，目前此项工作仍在进行。如无法办理，企业将进行清算。

五、华北城众创（天津）科技有限公司

华北城众创（天津）科技有限公司于 2015 年 7 月设立，注册资本 600 万元，天津农垦东方实业有限公司占股 51%，华北城（天津）投资公司占股 49%，双方均未注资。2017 年 2 月，天津农垦东方实业有限公司收购华北城（天津）投资有限公司持有的 49% 股权，至此，出资人变更为天津农垦东方实业有限公司持股 100%。2020 年 8 月 21 日，华北城众创（天津）科技有限公司注销。2020年9月25日，按照集团要求，企业转交天津食品集团饮服餐饮有限责任公司管理。

六、愉天（天津）石业有限公司

愉天（天津）石业有限公司成立于2016年12月22日，经营范围为石材加工、销售，货物及技术进出口，自有房屋租赁及咨询。公司注册资本3000万元，天津农垦东方实业有限公司占股45%，深圳市粤核实业发展有限公司占股55%，双方均尚未注资。公司属于混合多元型企业，未办理产权登记，原计划对142亩的工业厂房项目进行开发建设，后由于政府明确表示不同意该项目，在与股东沟通后，公司于2018年12月18日清算注销。

七、武清农场职工医院

1981年，在武清农场卫生所的基础上，武清县成立了武清农场公社卫生院。1984年，场、乡分家后，恢复为武清农场卫生所，1986年，更名武清农场卫生院。1997年8月，经天津市卫生局核准，更名为武清农场职工医院。1997年底，被天津市卫生局批准为医保定点医院。2001年10月，医院与天津市社保中心实现了门诊联网，后又增加了住院联网。

武清农场职工医院属于非营利性、独立的医疗机构，医院级别为一级甲等，具备国家卫生部中华人民共和国医疗机构执业许可证，是天津市最早一批医保定点单位。由于武清农场职工医院是武清农场历史遗留下来的农场办社会的非营利性单位，此种企业办社会的职能既不符合集团主业发展方向，又无法做大做强，因此，2017年9月14日，农场医院转让方案经东方实业公司董事会会议决议通过，并对农场医院进行审计评估。因医疗资质许可证不得转让出售，只能采取无偿转让或企业自行注销的方式进行处置，经集团公司2018年第8次董事会研究，同意武清农场职工医院撤销。2018年10月收到天津市武清区卫生和计划生育委员会通知，2018年11月完成了对武清农场职工医院医疗机构执业许可证的注销事宜。

第二编

农牧渔业

中国农垦农场志丛

第一章　种植业

第一节　水稻栽培

农场土地是滨海冲积性黏质土壤，盐碱成分高，酸碱度 8.5 左右。地势低洼，海拔标高平均 3 米左右，地下水位高，一般 0.7~1 米。矿化度高，土壤有机质含量 0.6%~0.8%。全年无霜期 180 天左右，适宜种植水稻。

1951 年，农场开始生产后，即采取以种植水稻为主，农牧结合、多种经营的方针进行生产。当年种植小站稻 3000 亩，稻谷总产量 124.5 万斤，平均亩产 415 斤。1952 年插秧 3400 亩，稻谷总产量 172.4 万斤，平均亩产 510 斤。1953 年插秧 3400 亩，产量大幅度上升，稻谷总产量 270.6 万斤，平均亩产达 796 斤。

1954 年，水稻插秧面积略有增加，但生产形势欠佳，平均亩产稻谷 670 斤。为了扭转产量下降的局面，把来年的产量提上去，根据上级指示，在不影响冬季生产的原则下，于 11 月 28 日至 12 月 22 日，针对水稻生产技术管理工作中存在着问题，开展了以查计划、查技术、查浪费为中心的"三查"活动。

1955 年，进一步实行合理密植、合理施肥、浅水灌溉，防止了稻热病的危害。利用场内隙地，开荒种稻 218 亩，平均亩产稻谷 550 斤。今年共种植水稻 3983 亩（包括新开荒地 218 亩），其中还有试验田旱直播 87.4 亩、水直播 5.8 亩。稻谷总产量 345.4 万斤，平均亩产 867 斤（计划为 787 斤），旱直播亩产 729 斤，水直播亩产 846 斤。

1956 年，双林、长泰两场合并后，土地面积大幅度增加。当年水稻插秧面积 12482 亩（包括新开荒地 294 亩），平均亩产稻谷 684 斤，只完成计划亩产 830 斤的 82.4%。没有完成计划的主要原因有：①产量指标高，制定指标未从实际出发；②积肥少，追肥迟；③产生白穗，千粒重减轻（1955 年 27 克以上，1956 年只有 26 克）；④气候影响，秧田期在种胚开始萌芽时即遭到冰雹袭击，造成秧苗不足；⑤领导对春耕工作缺乏整体计划安排，导致一系列工作失掉时机，造成损失；⑥耕地紧而粗放，未经充分风化即进行拉荒，导致闷碱多，大大影响秧苗发育；⑦插秧晚，株数少。

1957 年 4 月，引进日本白金、银芳等水稻新品种，在大面积稻田栽种，生长情况良好。7月，日本农业厅代表团到农场参观，对所栽新品种的后期管理给予技术指导。1957年插秧 11305 亩，平均亩产稻谷 663 斤。

1958 年，水稻插秧 11710 亩，平均亩产 832 斤。1959 年，插秧 3375 亩，平均亩产 821 斤。11 月，在天津市农业社会主义建设积极分子代表大会上，双林农牧场被评为市级先进单位。1960 年，插秧 3479 亩，平均亩产 588 斤。

1961 年，稻田面积大幅度压缩，只插秧 2500 亩，平均亩产 810 斤。

1962 年，插秧 2496 亩，平均亩产 673 斤。1963 年，插秧 7300 亩，平均亩产 800 斤。夏季，农场邀请天津市水稻种植能手姜德玉来场，传授水稻高产技术管理经验。

1963 年 12 月，农场技术干部王玉生与天津市农垦局阎光磊，参加农垦部在芦台农场举办的 14 省市化学除草训练班，并参加了北京、上海、天津 3 市协作组，为天津市制订了化学除草方案，在农场大面积稻田及其他作物上得到了实际应用。农场还与天津市稻作研究所、东郊农牧场等单位联合多点进行了化学除草试验，效果显著。

1964 年，种植水稻 9033.74 亩，平均亩产稻谷 788 斤。其中，小面积高产样板田 13.74 亩，平均亩产 1422 斤；高产样板田 689 亩，平均亩产 1001 斤；另有 3635 亩，平均亩产 900 斤以上；剩余 4696 亩，平均亩产 600～700 斤。

1956 年农牧场建立了良种繁殖田，建立了原原种、原种、繁殖种三级留种制度，确定良种繁殖区实行单株、单穗选种。1957—1964 年，种子纯度年年有所提高，并支援了公社和有关单位良种 454 万斤。种植水稻的第一个关键环节是耙地，上万亩稻田要在约一个月的时间内插完秧，单靠畜力远不能解决问题。

1958 年，机务队开始试验用链轨式 KS07 拖拉机耙水地，获得成功，但还存在着一些问题。1963 年，又试用轮胎式铁牛拖拉机耙水地，效果比较理想。1964 年，机耙水地 6391 亩，占全部稻田的 71%，主要是靠铁牛拖拉机完成的。

田间管理是一项细致复杂的经常性工作，是水稻生产中的重要环节。在防治病虫害方面，1955—1957 年，干尖线虫病连年发生，经采取综合防治措施，效果非常显著。农场建立队长、技术员、放水员三结合的防治病虫害组织，认真贯彻"防重于治"的方针。1964 年以后（连续 3 年），在民航部门的支持配合下，采用直升机撒药防治稻田黏虫的方法，取得很好效果，为大面积防治虫害开辟了一条新路。大搞科学实验，不断改进生产措施，争取稳产高产。

农场生产上的关键措施，绝大部分都是过去科学实验的运用，技术水平的提高，也是从科学实验中培养训练出来的。农场的塑料薄膜保温育秧实验，就是与中国科学院物研究所进行水稻栽培的一项技术协作。这项协作，几年来已表现出安全可靠、培育壮秧，早播早插、提高产量，成苗率高、节约用种，以及降低水稻生产成本四大好处。

1965 年春，农场参加了河北省天津市 1965 年农业生产、技术动员大会，《双林农牧场改造低产田，狠抓生产关键，大搞科学实验，获得水稻大面积丰产经验》作为大会文件印发。

1965 年，水稻种植面积 9357 亩，计划稻谷总产量 736 万斤，单产 800 斤，在比 1964 年基肥少 40％、化肥少 5％的情况下，实际稻谷总产量为 798 万斤，平均亩产 853 斤。其中，亩产千斤以上的有 3117 亩，亩产 900 斤以上的有 2789 亩，亩产 660 斤以上的有 3451 亩。100 亩高产样板田亩产 1246 斤。这一年，是农场种植水稻史上大面积丰产年份，稻谷总产量在历史上处于较高水平。每亩平均计划成本为 87.50 元，实际为 78 元，比 1964 年的 92.81 元降低 14.81 元。

1966 年水稻的大面积丰产，是由于采取了以下几方面的措施：①大搞农田基本建设，调整区划，疏浚沟渠，变低产为高产。②充分利用污水，积极扩大污水灌溉面积，增强有机肥料，利用城市污水浇灌了 6500 亩稻田。③选用优良品种，选用了抗倒、抗病、高产稳产的"农垦 39"品种，代替了过去的"银芳""水原 300 粒""393"等品种。④早育秧，育壮秧，及时提供壮秧，保证及时插秧、及时挠秧。⑤合理施肥，防重于治，彻底消灭病虫灾害。在这一年的生产中，取得了一些经验，但教训也不少，例如不仅秧田损失较大，而且各项作业比较粗放，影响了产量的进一步提高。

1966 年，水稻插秧 9580 亩，平均亩产稻谷 741 斤。1967 年，插秧 9505 亩，平均亩产 820 斤。1968 年插秧 9548 亩，1969 年插秧 9423 亩，1970 年插秧 9454 亩，1971 年插秧 9439 亩。在此期间，天津郊区缺水问题日益严重，在短期内不能从根本上得到解决，对农场大面积种植水稻构成很大威胁。因此，先是在部分稻田试验用城市污水浇灌，后逐渐以污水灌溉全部稻田。后来，污水也不能满足大面积种植水稻的需要了。

1972 年，农场把水稻种植面积压缩为 5554 亩。插秧后，由于天旱无水，先后死苗 1740 亩，实际收获面积为 3814 亩，稻谷总产量只有 65 万多斤。西区三小队当年投入很多劳力，插秧补秧，结果 1000 余亩地的稻秧，最终只收稻谷 5000 余斤，每斤稻谷的成本高达 14.90 元。

1973 年，根据上级指示精神，针对缺水问题在短时期不易解决的实际情况，场领导决定停止种植水稻，全部改种旱田作物。

1966—1976 年，干部职工共同努力，排除各种干扰，在水源日趋紧张的困难条件下，采取各项有效措施，精心管理，大面积稻田仍保持着较好的收成。

1978—1983 年，根据水源等条件，每年种植水稻 800 余亩，6 年共种植 5170 亩，累计稻谷总产量 312.2 万斤，平均亩产 604 斤。

农场在建场后的 20 多年里，在生产项目上，一直以种植水稻为主，为国家提供了大量稻谷，有力地支援了国家建设；为兄弟农场及有关单位提供了大量优良稻种，支援了各单位的生产；在一段时间里，还为南郊振华造纸厂提供了大量稻草，作为制造板纸的原料，支援了该厂的生产。多年种植水稻，也为农场经营取得了一定的经济效益。

双林农牧场 1951—1983 年粮食播种面积及产量统计见图 2-1。

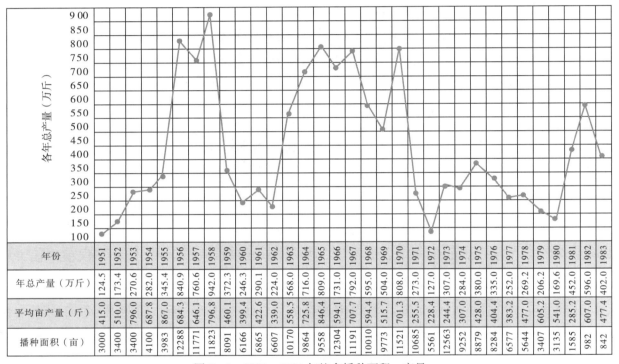

年份	1951	1952	1953	1954	1955	1956	1957	1958	1959	1960	1961	1962	1963	1964	1965	1966	1967	1968	1969	1970	1971	1972	1973	1974	1975	1976	1977	1978	1979	1980	1981	1982	1983
年总产量（万斤）	124.5	173.4	270.6	282.0	345.4	840.9	760.6	942.0	372.3	246.3	290.1	224.0	568.0	716.0	809.0	731.0	792.0	595.0	504.0	808.0	273.0	127.0	307.0	284.0	380.0	335.0	252.0	269.2	206.2	169.6	452.0	596.0	402.0
平均亩产量（斤）	415.0	510.0	796.0	687.8	867.0	684.3	646.1	796.8	460.1	399.4	422.6	339.0	558.5	725.8	846.4	594.1	707.7	594.4	515.7	701.3	255.5	228.4	244.4	307.0	428.0	404.4	383.2	477.0	605.2	541.0	285.2	607.0	477.4
播种面积（亩）	3000	3400	3400	4100	3983	12288	11771	11823	8091	6166	6865	6607	10170	9864	9558	12304	11191	10010	9773	11521	10685	5561	12563	9252	8879	8284	6577	5644	3407	3135	1585	982	842

图 2-1 1951—1983 年粮食播种面积、产量

第二节 种植旱田

1951 年，农场种植旱田 75 亩，之后几年，种植面积无大变化。1956 年开始把种植旱田纳入生产计划，主要作物是青饲，为奶牛提供饲料。当年收获青饲料 108.7 万斤，并利用沟稜、隙地点种黄豆，共收获 8 万斤。

1957 年，农场开始播种粮食作物。1957—1962 年，播种高粱、谷子、大麦、小麦、黄豆等品种共计 16183 亩，6 年累计总产量 291.9 万斤，平均亩产 180 斤。在此期间，种植块根、青贮等饲料作物共 6506 亩，总产量 1023.5 万斤，平均亩产 1573 斤。此外，还种植了少量经济作物：种青麻 853 亩，总产量 6.6 万斤，平均亩产 77 斤；种棉花 72 亩，总产量 6188 斤，亩产 86 斤。

1964 年，粮食作物品种减少，播种大麦、小麦 223 亩，总产量 5 万斤，平均亩产 224 斤；种经济作物青麻 50 亩，总产量 1030 斤，亩产只有 20.6 斤；种植早、晚青饲玉米 1408 亩，总产量 574.1 万斤，平均亩产 4077 斤。这一年青饲亩产较高，比 1963 年增长约 3 倍，为自种植青饲作物以来的最高水平。取得较好收成的主要原因有以下几个：①秋耕、冬灌及时，墒情好，出苗率达 90% 以上；②田间管理精细，抓得紧，适时完成中耕、除草、培土等各项农活；③雨前及时追施化肥，促进了作物生长；④种子经过日光消毒处理，播种前拌药剂，基本未发生病害。

1966 年，水稻改旱 1790 亩，种植小麦 355 亩、大麦 485 亩、青饲玉米 740 亩、甜菜 160 亩，玉米留种 50 亩。

1967 年，冬小麦播种 742 亩，部分地块受盐碱害，死苗 222 亩，实际收获面积 520 亩，总产量 12.6 万斤，平均亩产 242 斤。其中，园田间作 8.5 亩，亩产 715 斤；果树间作 3.5 亩，亩产 587 斤。春大麦播种 860 亩，死苗 100 亩，实际收获面积 760 亩，总产量 14.5 万斤，平均亩产 190 斤。播种青饲玉米 792 亩，总产量 249.8 万斤，平均亩产 3154 斤。

1971 年，夏粮播种 1045 亩，总产量 8.5 万斤，平均亩产只有 81 斤。

1972 年，农场水稻大幅度减产，除旱情严重的客观原因外，对于水源短缺情况也估计不足。年初，场领导在安排种植计划时，曾考虑大量压缩稻田，多种旱田，搞水旱轮作，以缓和缺水和劳力紧张的矛盾。但一些人片面认为种水稻熟悉，有把握，种旱田生疏，改旱麻烦，产量不保险，可能赔钱等，因此未下决心。当年夏粮作物播种 2090 亩，由于严重干旱和浇水不适时等原因，死苗 1300 余亩，实际收获面积仅有 700 余亩，但产量还比较高。粮食总产量 23 万余斤，大麦、小麦平均亩产 310 斤。其中，小麦 188 亩，亩产 529 斤；玉米、高粱、苜蓿等青饲作物总产量 160 余万斤。另外，收获胡萝卜 40 余万斤。1972 年，因海河水紧张，天津市政府对用水问题做出决定：第一，保证市民生活用水；第二，保证工业用水；第三，保证蔬菜生产用水。农场大面积的小站稻，多年都是引用海河水灌溉，市政府明确规定不允许提用海河水灌溉农田，给农场种植水稻带来不能克服的困难。之前曾尝试引用城市工业污水灌溉稻田，但工业废水含有的毒物质多，对农业生产影响很大，且水源无保证。在此情况下，1973 年，农场全部稻田改种旱田作物。当年计划种植粮食作物面积 11134 亩，其中高粱 5785 亩、小麦 4183 亩、黑豆 622 亩、谷子 198 亩、玉米 84 亩、高粱制种 262 亩；种植青饲作物 2021 亩，包括青饲玉米 1532 亩、胡萝卜 296 亩、山芋 193 亩。

1974—1983 年，共播种粮食作物 48587 亩，10 年累计总产量 2041 万斤，平均亩产 420 斤。其中，1974 年单产最低，平均亩产 307 斤；1982 年最高，平均亩产 607 斤。这一时期，由于国家建设用地和 1976 年唐山地震后在小海地等处建造居民楼用地（即现小海地、珠江道地区）等原因，农场土地面积逐年减少。用一部分土地种植青饲料以供应奶牛需要后，粮食播种面积不得不压缩。例如，1974 年农场粮食作物面积 9252 亩，1978 年仅为 5644 亩。1977 年，双林农牧场青饲作物除苜蓿之外，全部采用了化学除草。1977 年，双林农牧场种植小麦 4500 亩，平均亩产达到 500 斤，这已是第 6 年种植。而 1983 年小麦种植只有 842 亩。1984 年以后，停止种植粮食作物。

为了彻底扭转靠买草饲养奶牛的局面，农场大力推动青饲作物生产，如玉米、高粱、苜蓿等。1974—1977 年，共播种青饲作物 22549 亩，4 年累计总产量 3652.2 万斤，平均亩产 1620 斤。1978—1987 年，共播种青饲作物 56582 亩，10 年累计总产量 16370.6 万斤，平均亩产 2893 斤。其中，1978 年亩产 1232 斤，1986 年亩产 5317 斤。1988—1990 年，共播种青饲作物 10153 亩，3 年累计总产量 3592.6 万斤，平均亩产 3538 斤。到 1990 年，耕地面积还有 2500 余亩，主要是种植青饲作物，由农机队经营管理。1996 年后，随着政府大量征地和养殖奶牛的整体迁出，农场不再种植青饲作物。

双林农牧场 1974—1990 年青饲料播种面积和产量见图 2-2。

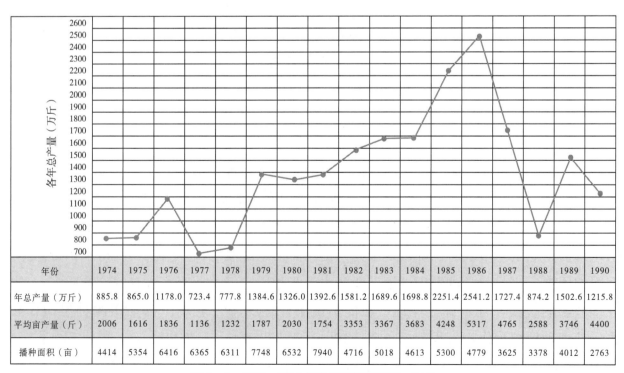

年份	1974	1975	1976	1977	1978	1979	1980	1981	1982	1983	1984	1985	1986	1987	1988	1989	1990
年总产量（万斤）	885.8	865.0	1178.0	723.4	777.8	1384.6	1326.0	1392.6	1581.2	1689.6	1698.8	2251.4	2541.2	1727.4	874.2	1502.6	1215.8
平均亩产量（斤）	2006	1616	1836	1136	1232	1787	2030	1754	3353	3367	3683	4248	5317	4765	2588	3746	4400
播种面积（亩）	4414	5354	6416	6365	6311	7748	6532	7940	4716	5018	4613	5300	4779	3625	3378	4012	2763

图 2-2 1974—1990 年青饲料播种面积、产量

第三节　园林园田、果树、造林

一、园林园田

1951 年，建场初期种植园田 30 亩，播种蔬菜十几种。

1953 年，组建园林队，配备了专业技术人员，加强了对蔬菜、果树生产的计划与技术管理，扩大了蔬菜播种面积。1953 年及 1954 年平均播种面积 81 亩，平均亩产 4400 斤。

1955 年，园田播种面积 585 亩（有温室 40 间），种植蔬菜 16 种，总产量 269.4 万斤，平均亩产 4605 斤，产品大量上市，满足城市人民生活需要，并对蔬菜市场价格的稳定起到一定作用。

1956 年，园田面积扩大到 475 亩，实际播种面积 810 亩，其中有的地复种 3 次，还有温室 100 间。计划种植蔬菜 18 种，计划外种植 14 种（多为复种），总产量 389.5 万斤，平均亩产 4809 斤。实行多样复种是充分发挥地力、增加产量的重要措施。例如 4 小队，对 40 亩秋番茄地进行了一年三作：先种早熟豌豆 8 亩，亩产（除留种）522 斤；种蚕豆 4 亩，亩产 794 斤。番茄收获后，又种油菜 8 亩，亩产 6449 斤；种芹菜 4 亩，亩产 5283 斤；种雪里蕻 15 亩，亩产 3686 斤。温室蔬菜前两茬亩产 10403 斤；温室韭菜仅 0.35 亩，产量 1115 斤，且价值很高。

1957—1962 年，6 年共播种蔬菜 7236 亩，产量 2866.7 万斤，平均亩产 3962 斤。据调查，农场亩产比附近一般生产队的亩产高 27.7%，比灰堆生产队的亩产低约 10%。几年来，农场除生产了大量各种粗、细菜供应城市人民生活需要外，还为兄弟农场及北京、武清等地区提供了蔬菜优良品种 4.3 万斤，有力地支援了各单位的生产。

1963 年，压缩了园田播种面积。1963—1965 年，共播种蔬菜 807 亩，总产量 356 万斤，平均亩产 4411 斤。1966—1967 年，播种面积共 517 亩，总产量 303 万斤，平均亩产 5861 斤，是亩产较高年份。这两年的经营利润为 5963 元。

1968—1977 年，10 年共播种蔬菜 4096 亩，总产量 1977.8 万斤，平均亩产 4829 斤。其中，1970 年亩产 7224 斤，1972 年亩产 2958 斤，是农场种植蔬菜史上平均亩产最高和最低的年份。

1977 年 5 月，农场从市外贸部门引进日本朝天椒原种，在园林队试栽成功。在栽种和生长过程中，日本有关技术人员曾来场做技术指导。当年秋季开始小批量收获，产品由天津市外贸部门收购，返销日本。

1978—1983 年，6 年共播种蔬菜 4568 亩，总产量 1889.6 万斤，平均亩产 4137 斤。

农场自 1951 年开始种植蔬菜，到 1983 年共计 33 年，总播种面积 18841 亩，累计总产量 8147.2 万斤，平均亩产 4324 斤。

农场园田面积在建场初期只有 30 余亩，到 20 世纪 70 年代末，播种面积已达 1200 余亩。在此期间，开垦、改造、调整土地的任务也相当繁重。园田蔬菜生产逐渐压缩，果园面积逐步增加。

1984 年以后，农场停止种植蔬菜。

双林农牧场 1951—1983 年蔬菜播种面积和产量见图 2－3。

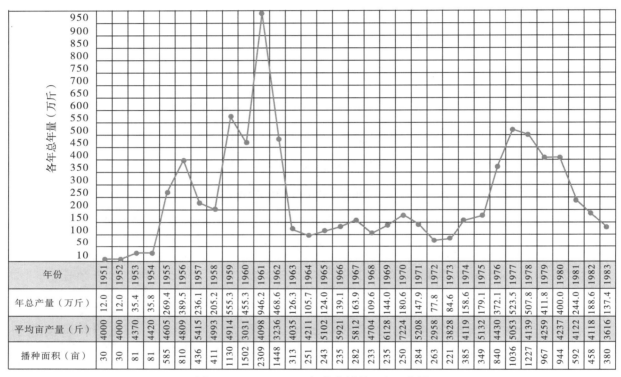

年份	1951	1952	1953	1954	1955	1956	1957	1958	1959	1960	1961	1962	1963	1964	1965	1966	1967	1968	1969	1970	1971	1972	1973	1974	1975	1976	1977	1978	1979	1980	1981	1982	1983
年总产量（万斤）	12.0	12.0	35.4	35.8	269.4	389.5	236.1	205.2	555.3	455.3	946.2	468.6	126.3	105.7	124.0	139.1	163.9	109.6	144.0	180.6	147.9	77.8	84.6	158.6	179.1	372.1	523.5	507.8	411.8	400.0	244.0	188.6	137.4
平均亩产量（斤）	4000	4000	4370	4420	4605	4809	5415	4993	4914	3031	4098	3236	4035	4211	5102	5921	5812	4704	6128	7224	5208	2958	3828	4119	5132	4430	5053	4139	4259	4237	4122	4118	3616
播种面积（亩）	30	30	81	81	585	810	436	411	1130	1502	2309	1448	313	251	243	235	282	233	235	250	284	263	221	385	349	840	1036	1227	967	944	592	458	380

图 2－3 1951—1983 年蔬菜播种面积、产量

二、果树

1951 年，农场试栽少量果树苗，品种有苹果、梨、葡萄、桃等，共 509 株。经过职工们几年的精心培育，至 1954 年，已发展为 10 亩果园，有少量品种开始结果，首次摘果 1000 余斤。

1955 年，果园面积增到 15 亩。1956 年，果园面积达到 121 亩，各种水果产量共 4000 余斤，开始小量上市。随着果树面积的不断扩大，成果面积也逐渐增加，产品陆续批量供应市场。至此，一个多品种的果园已初具规模，水果生产成为园林队的主要生产项目之一。

1957—1962 年，果树面积共计 652 亩，6 年总计生产各种水果 27 万余斤，平均亩产 414 斤，供应市场水果 24.5 万斤，商品率为 90.2％。这几年农场的水果产量稳步上升，但果品市场销售价低于成本价，经营上仍处于亏损状态。

1963 年，果树面积 151 亩，水果总产量 6.8 万斤。1964 年，面积 164 亩，计 7337 株，收果面积 94.1 亩，总产量 7.98 万斤，平均亩产 849 斤。当年还栽种草莓 10 亩，总产量 685 斤，但仍亏损 2834 元。亏损的主要原因有：①这几年果树受病虫害较严重，虽采取了刮树皮涂药、喷药等措施，但未得到根除。尤其梨、桃病虫更多，直接影响了产量；②产值过低，当年果树亩成本为 172 元，比 1963 年的 208 元下降 17.3％。每斤水果平均销售价 0.176 元，比 1963 年的 0.245 元下降 28.2％。

1965 年，果树面积 119 亩，收果面积 71.1 亩，总产量 6.58 万斤。另外，在行间栽种草莓 10 亩，共收获 3895 斤，产量比上年大幅度提高。每斤水果平均销售价 0.226 元，但仍无盈利。

1966—1972 年，果树面积共 1006 亩，7 年水果总产量 77.8 万斤，平均亩产 773 斤。其中，1966 年经营利润 3630 元，其他年份仍是亏损。

1973 年，农林局和市外贸部门决定，将从日本大阪引进的优质高产草莓秧 7000 株交双林农牧场试栽。草莓秧从大阪空运到津后，立即运到农场，在几位日本技术人员的指导下，园林队开始栽种，只用几天时间即全部完成。草莓试栽成功后，于 1974 年开始收获，产品由市外贸部门收购，返销日本。

1969 年，果树面积呈现逐年扩大趋势，水果总产量也相应增长。1973—1980 年，果树面积共 3262 亩，8 年水果总产量 258.8 万斤，平均亩产 793 斤。

1987 年 7 月 13 日，农场范围降了冰雹，持续时间长达 15 分钟，冰雹大的如乒乓球，小的如玻璃球，来势猛烈、密集，致使千亩果园全部受灾，造成直接经济损失 10 余万元。

1981—1990 年，果树面积共 9343 亩，10 年水果总产量达 1078.5 万斤。其中，1988—1990 年果树面积共 2979 亩，成果面积 1958 亩，水果总产量 457.5 万斤，平均亩产 2337 斤；1989 年平均亩产量最高，为 2892 斤。

40 年来，农场果园生产了大量水果，其中，"双林久保桃"等产品当时在天津市场属知名品牌水果。农场供应的水果满足了城市部分需要，为丰富人民生活做出了一定的贡献。1992 年后，随着城市化进程的推进，园林队种果树占用的土地开始被重新定位，有的开发房地产，还有的要满足政府征地需要等。再加上农场当时的果树品种已经老化，需要淘汰，于是农场决定不再种植果树，企业转产。

双林农牧场 1954—1990 年水果种植面积和产量见图 2-4，1978—1990 年主要水果品种各年产量见表 2-1。

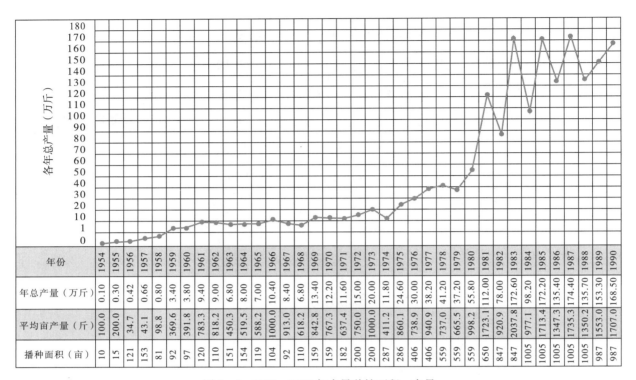

年份	1954	1955	1956	1957	1958	1959	1960	1961	1962	1963	1964	1965	1966	1967	1968	1969	1970	1971	1972	1973	1974	1975	1976	1977	1978	1979	1980	1981	1982	1983	1984	1985	1986	1987	1988	1989	1990
年总产量（万斤）	0.10	0.30	0.42	0.66	0.80	3.40	3.80	9.40	9.00	6.80	8.00	7.00	10.40	8.40	6.80	13.40	12.20	11.60	15.00	20.00	11.80	24.60	30.00	38.20	41.20	37.20	55.80	112.00	78.00	172.60	98.20	172.20	135.40	174.40	135.70	153.30	168.50
平均亩产量（斤）	100.0	200.0	34.7	43.1	98.8	369.6	391.8	783.3	818.2	450.3	519.5	588.2	1000.0	913.0	618.2	842.8	767.3	637.4	750.0	1000.0	411.2	860.1	738.9	940.9	737.4	665.5	998.2	1723.1	920.9	2037.8	977.1	1713.4	1347.3	1735.3	1350.2	1553.0	1707.0
播种面积（亩）	10	15	121	153	81	92	97	120	110	151	154	119	104	92	110	159	159	182	200	200	287	286	406	406	559	559	559	650	847	847	1005	1005	1005	1005	1005	987	987

图 2-4　1954—1990 年水果种植面积、产量

表 2-1　1978—1990 年水果品种各年产量

年份	苹果	桃	葡萄	梨	其他	总产量
1978	17.2	11.0	5.2	6.8	1.0	41.2
1979	11.6	17.4	5.8	1.2	1.2	37.2
1980	41.0	8.6	3.8	1.8	0.6	55.8
1981	84.4	22.2	4.6	0.4	0.4	112.0
1982	27.2	39.8	8.8	1.6	0.6	78.0
1983	119.0	37.2	12.6	3.2	0.6	172.6
1984	49.2	30.6	14.0	4.0	0.4	98.2
1985	110.4	37.6	13.8	10.0	0.4	172.2
1986	71.2	43.2	11.4	9.2	0.4	135.4
1987	105.4	49.4	11.0	8.4	0.2	174.4
1988	47.4	62.0	14.3	11.4	0.6	135.7
1989	84.9	38.2	14.9	15.3	—	153.3
1990	93.4	37.1	22.4	15.6	—	168.5

三、植树

农场非常重视绿化造林工作。在 1951 年的建场规划中，植树造林也是其中重要一项。

农场土地区划工程基本完成后，随即在路旁水渠两侧、田间道边及场部周围等地，进行了大规模植树造林活动，给全场绿化打下了良好基础。

双林、长泰两场合并后，郭生秀场长亲自指挥干部职工，在新场部周围、畜牧队及树林稀疏地带植树。几年后，全场基本实现了树木成林、到处有树、夏季随处可乘凉的喜人绿化环境。农场每年春季都要进行植树造林活动，并建立苗圃，自己培育树苗。

1966年，苗圃面积40亩，当年植树2500株。

1967年，苗圃已有花椒树、加拿大杨、小叶榛、臭椿、洋槐、桑树等树苗8万余株，新培育国槐、合欢、泡桐等幼苗6万余株。当年植树5200株，成活率为90%。重点绿化了畜牧队，对牛舍、牛栏起到了防风、防尘及遮阳的作用。

农场多年来培育了大量树苗，除供本场栽植、更新、补苗外，大部分对外销售，支援了不少单位的植树造林活动。同时，园林队也增加了一些收入。经过连年的植树造林，全场范围已绿树成荫，后根据工作需要成立了造林小队，职工最多时有20余人。造林工人在农忙季节，从事培育树苗、植树管理等工作，冬季进行整枝、护林、编筐等工作。

1973年春季，农场利用育成的树苗，植树1913株（榆树1280株，加拿大杨85株，刺槐548株），移栽中型榆树7675株。完成新疆杨与北京杨嫁接11种，计109株。苗圃完成插条杨树育苗3亩，共24个品种，总计7383株。

1988—1990年，共植树5519株。建场40年来，累计植树20余万株。林木覆盖面积由建场初期的5%提高到16%。林木覆盖面积的不断提高降低了大风危害的影响对农场的农田、果园、菜地等起到了保护作用，防止了沟渠的淤塞，对排灌水干支渠道也起到了保护作用；改变了农田小气候，为各类作物提供了良好的生态环境；净化了空气，为农场职工提供了良好的生产、工作、生活环境条件；形成了绿化、美化、香化农场的生态环境。后来，由于农场的土地大面积被陆续征用，林木也随之逐渐减少，尽管年年植树造林，且成活率较高，但仍抵不过大量砍伐的数量。到1990年，全场零星树木还剩8.2万株。

1996年房地产公司和双林农牧场整合后，大量的农场土地用于房地产开发，基本不再种植树木。

第二章 养殖业

第一节 养 牛

1954年10月，农场成立畜牧队，建队初期从黑龙江省海拉尔地区购进"滨州""三河"等品种奶牛51头，饲养在东区队一所由马厩改建的简易牛舍内。当时，共有11名养牛工人，住在建场时移来的铁房子里。这就是畜牧队的雏形。

由于生产条件恶劣、设备极其简陋，又缺乏具有一定业务水平的畜牧工人，再加所购奶牛属杂交改良种，生产性能不高，致使产量较低。

1955年底，天津市卫生局所属儿童福利奶场并入农场畜牧队，该场饲养的80头奶牛全部转入，干部工人也随之调入农场。并入的牛只中，有少数品种是纯的黑白花奶牛（接近荷兰纯种），对提高牛群质量起到一定的作用。

1956年，畜牧队迁入新址，新建的畜牧队包括钟楼式牛舍（现一小队）和敞篷式育成牛舍、全封闭式产房各1幢，以及饲料库、兽医室、办公室、集体宿舍等附属建筑。随后，又相继建设了6幢鸭舍、4排鸡舍和猪舍。除牛群已发展到混合群180头外，还饲养了约200头"新金"猪、2600余只北京鸭和800只来亨鸡。职工队伍也随着生产的发展而壮大，工人业务水平有了明显的提高，畜牧、兽医等专业技术人员已基本能适应生产需要，成为农场畜牧生产中一支生力军。此时，畜牧队已发展成为初具规模、以牛为主、全面发展综合饲养的畜牧专业企业。

1957年底，河北牧场（公私合营性质）并入农场，230头质量较好的荷兰乳用奶牛迁入畜牧队。该场的大部分干部工人及私方人员也随之调入农场，根据各人的条件，在畜牧队安排了适当工作。这批牛产奶性能较高，乳用性突出，是优良品种的乳用牛，为后来改进农场牛群品种、提高牛群质量、发展牛奶生产奠定了基础。但这批牛中的大多数是结核阳性和布鲁氏菌凝集试验阳性，为防止牛只相互感染，进行了分群隔离饲养。为接纳河北牧场的230头奶牛，将原6幢鸭舍改建成6个奶牛车间（因市场对鸭的需求量小，而压缩生产），并组建了病牛点——畜牧队第二小队，原本队牛群为第一小队。

1958年，进行奶牛人工授精，结束了农场奶牛交配繁殖的历史。

1960 年，奶牛群已发展到 540 余头，年产奶量已达 80 余万公斤。1960 年底，为扩大牛群，从工农联盟农场调入奶牛 70 余头。

1964 年夏季，为了在农场的畜牧队发展健康牛群，经主管局决定，将农场结核、流产及检疫阳性的牛只 114 头，全部调给红光农场（原青光农场）集中饲养，以防疫病蔓延。至此，畜牧队清除了全部病牛。在此后的 20 余年中，由于严格执行卫生防疫检疫制度，坚持做好卫生消毒工作，控制疫病传播，畜牧队牛群从未流行过结核、流产病。

20 世纪 60 年代初期，农场畜牧队牛群就已成为天津市最大的奶牛群之一，牛奶产量虽有增长，但始终未达到年产 5000 公斤的目标。虽然在 1972 年动用大量战备料，以料催奶，年单产水平曾一度达到 5000 公斤；但牛群质量因之受损，此后产奶量急剧下降。仅 1973 年一年，单产就下降近 900 公斤；1974 年奶产量再度下滑，年单产仅为 4100 公斤。此后数年，牛奶产量虽有回升，但回升缓慢，畜牧队也成了市奶牛业的"后进单位"。

1973 年，主管局根据全国黑白花奶牛育种（北方片）的要求，为更好地发展天津市奶牛事业，集中发挥优秀种公牛的作用，建立为天津市奶牛育种服务的种公牛站，当时选址在农场畜牧队，工作人员主要由农场抽调。建站初期，技术领导是局主管部门，行政领导为农场畜牧队。经过技术人员和职工们的精心饲养、科学管理，不久，即开始为本系统各奶牛队（场）提供优良种公牛的冷冻精液。约 1 年后，该站与畜牧队脱离关系，由局直接领导。1985 年，因种公牛站并入育种站，遂即迁出畜牧队。在主管局有关部门指导下，农场畜牧队的兽医开展了奶牛三大疾病（结核、流产、肺疫）的检疫工作，采取措施，使牛群逐步健康，1974 年成为假健牛群，1977 年成为健康牛群。

1977 年，由于畜牧队不断提高管理水平，采取科学的喂养方法，使牛奶产量大幅度上升，单产达到 5085 公斤，农场奶牛生产从此登上了新的台阶，跨入了高产行列，畜牧队成为全市奶牛生产的先进单位之一。牛奶产量连年大幅度上升，1978—1980 年，年单产都在 5500 公斤以上，1981 年单产 6273 公斤，1982 年单产 6731 公斤，1983 年单产达到 6805 公斤，1984 年单产 6629 公斤。1985 年以后，年单产都在 6000 公斤以上，其中 1989 年单产 6662 公斤。牛奶产量的稳步上升带来较好的经济效益，仅 1981—1987 年，就创利润 3083467 元，其中 1984 年最高，为 73 万元，经济效益（单牛创利）跃进全国同行业的先进行列。畜牧队也先后获得全国农垦先进集体、全国高产牛群、天津市先进集体等光荣称号，并多次被评为局级先进单位。双林奶牛场已成为天津市奶牛生产的骨干企业。

1982 年，在天津市政府编印的代表市先进水平的大型丛书《走向世界的天津》里，用中英文和多幅彩色照片，详细介绍了天津市双林奶牛场的情况，受到国内外同行的重视。农场还多次接待了国内外来宾和各省、市的团体，广泛交流了生产经营管理经验，大大提高了天津市双林奶牛场的知名度。

1983 年，农场建成第一台机器挤奶设备并正式使用，之后基本实现挤奶机械化。

1985 年，农场畜牧队正式更名为"双林奶牛场"，受饲料基地等条件所限，饲养规模不再扩大。

1990 年，奶牛年末存栏 1309 头，牛奶产量 4497 吨，每头奶牛全年平均产奶 7070 公斤，创历史最高水平，每头成母牛创利 707 元。

1991 年，双林奶牛场亏损。总场决定实行竞争上岗，鼓励全场干部职工自荐报名，参加场长竞选。1992 年 4 月 3 日，经该场百余名职工投票，选出了奶牛场新场长。这是双林农牧场所属单位首次打破干部"铁交椅"，实行竞争上岗。

1992 年 12 月，为安置富余人员，广开就业门路，农场决定以奶牛场为基础，成立天津市通利实业公司，主要经营牛奶及奶制品。

1996 年 4 月，根据总公司调整产业布局的要求，通利实业公司将奶牛调往军粮城农场，牛场关闭。至此，双林养牛业完成历史任务。

1998 年 9 月 3 日，根据公司产业结构调整、实行规模经营的需要，公司决定将天津市通利实业公司资产、人员并入天津市双林仓储公司。1999 年 10 月，天津市通利实业公司注销。

双林农牧场 1954—1990 年奶牛饲养头数和产奶量见图 2-5。

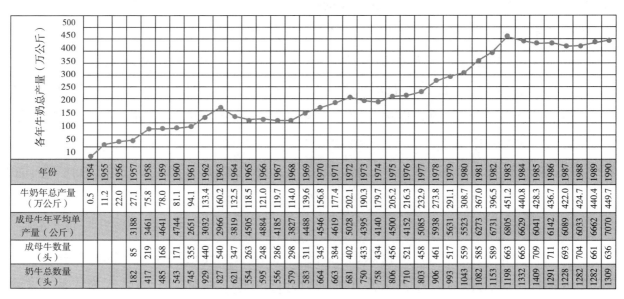

年份	1954	1955	1956	1957	1958	1959	1960	1961	1962	1963	1964	1965	1966	1967	1968	1969	1970	1971	1972	1973	1974	1975	1976	1977	1978	1979	1980	1981	1982	1983	1984	1985	1986	1987	1988	1989	1990
牛奶年总产量（万公斤）	0.5	11.2	22.0	27.1	75.8	78.0	81.1	94.1	133.4	160.2	132.5	118.5	121.0	119.7	114.0	139.6	156.8	177.4	202.1	190.3	179.7	205.2	216.3	232.9	273.8	291.1	308.7	367.0	396.5	451.2	440.8	428.3	436.7	422.0	424.7	440.4	449.7
成母牛年平均单产量（公斤）				3188	3461	4641	4744	2651	3032	2966	3819	4505	4884	4185	3827	4488	4546	4619	5028	4395	4140	4500	4152	5085	5938	5631	5523	6273	6731	6805	6629	6041	6142	6089	6033	6662	7070
成母牛数量（头）				85	219	168	171	355	440	540	347	263	248	286	298	311	345	384	402	433	434	456	521	458	461	517	559	585	589	663	665	709	711	693	704	661	636
奶牛总数量（头）				182	417	485	543	745	929	827	621	554	595	556	579	583	664	663	681	750	758	806	710	803	906	993	1043	1082	1153	1198	1332	1409	1291	1228	1282	1282	1309

图 2-5　1954—1990 年奶牛饲养头数、产奶量

第二节　养鸡、养鸭

1951 年，农场开始饲养少量家禽，作为副业经营，当时有来亨鸡 600 只、太和鸡 100 只、北京鸭 120 只和鹅 46 只。那时对饲养家禽尚无明确的计划安排，只是按传统方法喂养，缺乏管理制度，又无专人负责，实际上是盲目生产，以致造成亏损。

1953 年，存栏鸡 173 只、鸭 154 只、鹅 28 只。

1955 年，鸡鸭生产由园林队领导。年初，鸡群发展到 524 只，但增殖和产蛋率都不高，只完成了计划的 75％。每只鸡年平均产蛋仅 118 个，全年经营亏损 545 元。其主要原因是饲养管理、技术水平低、饲料调剂不科学等。到年末，鸡存栏 570 只，其中成母鸡 427 只，育成鸡 143 只。

1956 年，农场相继建设了 6 幢鸭舍、4 排鸡舍和猪舍，有 2600 余只北京鸭和 800 只来亨鸡。

1957—1960 年，鸡群发展较快，各年的年末存栏数分别为 1014 只、1115 只、3522 只、5148 只。在国家经济暂时困难时期，受饲料供应等多方面影响，养鸡生产遇到困难，遂压缩了饲养数量。

1961 年，鸡存栏 951 只；1962 年存栏 714 只；1963—1965 年，年末存栏数都在 500 只左右。1963 年，每只鸡年平均产卵仅 94 个，1964 年略好，为 128 个。农场自建场后开始养鸡，10 多年来虽有发展，但由于饲养管理跟不上，雏鸡成活率低，育成鸡死亡多，产卵率低，经营连年亏损。

1966—1980 年，养鸡生产断断续续，有时少量饲养，有时停养。1981 年，根据有关政策精神及市场形势的变化，恢复养鸡。1981 年、1982 年，年末鸡群存栏分别为 900 只、167 只。

1983 年，场领导决定大规模发展养鸡业，对天津市农委在农场投资兴建的新猪场（建成多年，一直闲置未用）进行改建，建成双林养鸡场。当年开始扩大生产，年末鸡群存栏 42469 只。

1984 年，农场开始大量养鸡，购进种鸡雏自育种鸡。从东北购进尼克种鸡雏，引进 B300 种鸡，又从北大港农场引进星杂 509 父母代种鸡。4 月 4 日，双林农牧场以津双政发〔1984〕026 号文下达《天津市双林农牧场鸡场扩建设计任务书》：饲养蛋鸡由原来 4.6 万只增加到 10 万只，需扩建鸡舍 3750 平方米、在产辅助设施 250 平方米，占用原鸡场院南空地 19000 平方米，共计投资 112 万元。

1985年，农场开始孵化及自行培育0日龄雏鸡，不足部分求援于供雏单位。同年，增建养鸡棚3座。1986年，又新建开放式鸡舍2栋。

1988年，把凌云饮料厂仓库改建为蛋鸡舍，基建工费共用1163320元，设备费542772元。鸡舍容量可养混合鸡群15万只，其中蛋鸡11万只，雏鸡4万只。同年，根据本系统安排，停养种鸡和孵化，并不再自行育雏。

1989年，由东郊农牧场供给60日龄雏鸡。同时，鸡场建立了科技小组，由技术人员与老职工共同组成，有关技术方面的重大事项，必须经科技小组讨论通过后执行。鸡场采取"走出去，请进来"的方针，通过到先进单位学习、请有关人员来场指导、参加科技培训等方式，广取众长，使思路大为开阔，解决了不少技术上的难题，促进了生产发展。

1990年，养鸡场开展"双增双节"活动，从各方面节约挖潜，压缩开支，增加收入。1990年末，鸡群存栏112287只，其中蛋鸡85112只（平均饲养79369只）。当年鸡蛋总产量993832公斤，每只蛋鸡平均产蛋12.52公斤，产蛋率为61.85%。

双林养鸡场于1983年建立，曾为天津市民供应鸡蛋做出贡献。从1984—1990年经营成果来看，有的年份盈利，如1984年盈利24万元，1985年盈利80万元，1986年盈利36万元，1989年盈利9.5万元；有的年份亏损，如1987年亏损32万元，1988年亏损24万元。7年的经营，盈亏相抵后，累计利润111万元。1990年后，企业经营困难，1993年2月，因养鸡场经营不景气，经上级研究，批准转产，利用原养鸡场的厂房和部分设备，成立天津市津冠乳品饮料公司，并把原养鸡场的生产工具等变卖后所获流动资金20万、固定资金180万投入该饮料公司。1991年，双林养鸡场关闭。

1981—1990年双林农牧场鸡生产经营情况见图2-6、图2-7。

1951年，农场试养鸭子，当年养北京鸭154只。起初，鸭群生产情况较好。1956年出售填鸭1982只、种鸭48只、雏鸭941只，死亡填鸭40只、种鸭17只、雏鸭300只，年末存栏计划120只，实际存栏1350只，完成计划的1100%。每只鸭计划年平均产卵100个，总数9000个，实际完成总数17795个，每只年平均产168个，完成计划的168%。1957年末，鸭群存栏数4481只。1958年以后，由于市场需求发生变化，停止填鸭生产，鸭群逐年压缩。1959—1961年，鸭年末存栏数分别为525只、90只、52只。1964年初，又购入雏鸭800只，成活率为88.4%。后因畜牧生产计划调整、集中力量保牛等原因，到1964年，鸭群全部淘汰。

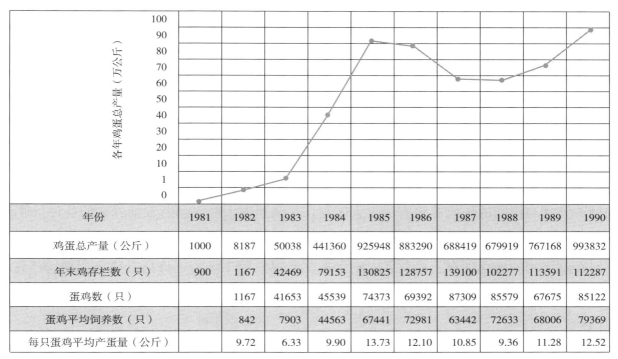

年份	1981	1982	1983	1984	1985	1986	1987	1988	1989	1990
鸡蛋总产量（公斤）	1000	8187	50038	441360	925948	883290	688419	679919	767168	993832
年末鸡存栏数（只）	900	1167	42469	79153	130825	128757	139100	102277	113591	112287
蛋鸡数（只）		1167	41653	45539	74373	69392	87309	85579	67675	85122
蛋鸡平均饲养数（只）		842	7903	44563	67441	72981	63442	72633	68006	79369
每只蛋鸡平均产蛋量（公斤）		9.72	6.33	9.90	13.73	12.10	10.85	9.36	11.28	12.52

图 2-6　1981—1990 年鸡饲养数、产蛋量

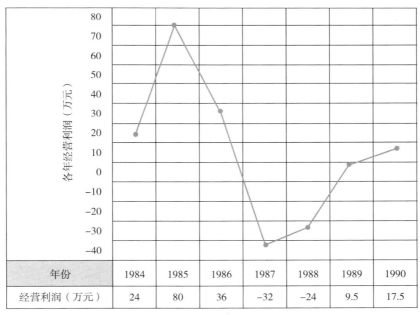

年份	1984	1985	1986	1987	1988	1989	1990
经营利润（万元）	24	80	36	−32	−24	9.5	17.5

图 2-7　1984—1990 年养鸡经营利润

第三节　养羊、养猪

　　1951 年，农场有羊 129 只。羊为放牧养殖，一般情况不应亏本，但由于羊只多数有病，得不到及时治疗，再加无内行人管理，1952 年就死亡 40 余只。由于羊群的增殖率很

低，经营亏损，遂于 1953 年将羊全部卖掉，集中力量养猪。

1951 年，农场有猪 29 头。猪群到 1953 年只剩 9 头，既没有繁殖，也没有很好地积肥，经营亏损。之后，确定了专人负责，加强了饲养管理，生产逐渐走向正常。

1955 年，养猪生产曾一度归园林队领导。年初有猪 69 头（基本母猪 12 头，育肥猪 35 头，仔猪 22 头），经过 1 年的饲养，育成肥猪 110 头，繁殖仔猪 40 头，供应城市肥猪 30 头。从基本母猪每年产仔次数看，繁殖周转率不低，但仔猪成活率只有 44%。除客观不良条件外，成活率低与对仔猪的饲养管理和母猪的身体不健康关系很大。当时，对猪群的饲养管理与民间的传统养猪方法无大区别，只是猪群大些。国营农场养猪的各种条件要比群众的养猪条件优越得多，之所以饲养结果不理想，与干部职工在工作上因循守旧、缺乏对新鲜事物的敏感性有直接关系。到年末，猪存栏数 133 头，每只母猪全年平均产仔 2 次。1955 年底建成新猪舍，地址在新场部以北（即青苑里职工住宅区），猪群全部移到此处饲养。

1956 年，按计划养猪业应有较大发展，但实际完成情况却很差。当年计划育成基本母猪 105 头、检定母猪 105 头、种公猪 23 头、4 个月以上育肥猪 419 头，共计 652 头。年末实际育成基本母猪 61 头、种公猪 4 头、2 个月以内仔猪 31 头、2～4 个月仔猪 61 头、4 个月以上育肥种 30 头，共计 187 头，只完成计划的 28.7%。农场这几年的养猪工作，总的来说是不成功的，虽然在环境卫生、防疫免疫、饲料配方、对工人的技术教育等工作方面有所改进，但在其他方面还存在不少问题。如运输车辆带来病菌、猪群的发展计划有些贪多冒进等。另外，农场基建工作没能把为生产一线服务放在首位，新建猪舍工程拖延时间过长，未能按时竣工，影响了猪只的分群管理。从死亡的猪只看，多为未检疫的仔猪，说明防疫免疫工作不扎实。配猪无计划，又无精确记录，在管理上缺乏科学性。

1957 年，由于附近农村养猪户增加，纷纷到农场求购仔猪，一年共卖出仔猪 582 头，支持了养猪业的发展。到年末，猪存栏 265 头。

1958 年末，猪存栏 614 头。

1959 年，上级号召大搞养猪业，在畜牧队草场附近新建简易猪舍 1 处。下半年，又在西区队高压机处建成大型简易猪舍 1 处，用蒺藜丝圈围，以代围墙。年初饲养约 500 头育肥猪，后又陆续从食品二厂、南郊区调进几批猪，增加了饲养头数。1959 年末存栏 1594 头，但粮食饲料供应日趋紧张，给大量养猪增加了困难。

1960 年，国家经济暂时发生困难，粮食短缺，猪饲料更加紧张。夏季，天津市畜牧局（当时国营农场的主管局）在农场召开本系统打草养猪动员大会，有关部门及所属各单位领导共约 300 人参加大会。陈宝玉局长做报告，主题是"以草代料"发展养猪；天津市副市长宋景毅到会做出指示；天津市二商局石局长到会讲话，要求各国营农场多交售生猪；天津市副食品委员会翟新副主任参加会议。根据大会号召，农场领导立即动员职工业余打草，并开始大养"水葫芦"，以弥补饲料之不足，支持养猪生产。

1959—1960 年，农场猪群最多曾发展到 3000 余头。由于饲料短缺和其他客观因素，猪只体质下降，发病率高，死亡多。在 1960 年夏季天气炎热时，奄奄一息的幼猪有时日达数十头。为了及时处理这些猪，当时在"高压机"猪舍附近架起大锅，煮熟猪肉出售。畜牧队 1 位副队长带领 2 名老职工，昼夜加工，以减少经济损失。

1961 年初，猪存栏下降到 402 头。到 1961 年末，猪只剩 77 头，其中种公猪 3 头、基本母猪 72 头、后备母猪 2 头。自 1959 年以来，因猪只大量死亡及其他诸多因素，养猪经营严重亏损，但还是为社会做出了一定贡献，仅 1959 年和 1960 年两年，就交售给国家肥猪 198 头。至此，农场基本放弃养猪业。因猪只大大减少，畜牧队草场附近的猪舍撤销，"高压机"猪舍也闲置了，猪群仍集中在场部北猪舍饲养（俗称老猪舍）。1963 年末，猪存栏 182 头。

1964 年，农场积极贯彻天津市国营农场会议精神，经过努力，养猪生产又有发展，年末存栏数 597 头。当年经营计划亏损 5368 元，实际亏损 9397 元，主要原因是猪只死亡多，仍有死胎、流产，受胎率不高，增重慢，饲料品种变化大，成本高、售价低，积肥少等。

1965 年，产小猪 677 头，成活率为 80.7%，年末猪存栏 100 头，经营亏损 31663 元。

1966 年末存栏 214 头，经营亏损 7164 元。

1967 年末存栏 107 头，经营亏损 15000 元。

1968 年末存栏 140 头，1969 年有 197 头，1970 年有 236 头。

1970 年，又在畜牧队新建 1 处猪舍，为便于管理，把老猪舍的猪群全部迁至新建猪舍。

1971—1974 年，养猪情况无大变化，各年年末存栏分别为 384 头、472 头、486 头、719 头。

1978 年，由天津市农委投资，在农场兴建了 1 座较现代化的大型猪场（称万头猪场），于当年竣工，地址在农场畜牧队的西南方向（即后来的鸡场）。共建大猪舍 8 栋，办公室、兽医室、化验、仓库、食堂、维修车间等配套建筑齐全，猪场的领导班子及所需其他人员均由农场做了安排。之后，上级考虑到当时种猪销售困难等情况，根据以发展奶牛业为重点的经营方针，计划将该猪场部分建筑（猪场建成后，一直闲置）划给奶牛研究所使用。

1979—1984 年，养猪数量呈逐年下降趋势，各年末存栏数分别为 384 头、159 头、93 头、65 头、110 头、8 头。

1985 年，猪只全部清理，停止养猪生产。

纵观农场 30 多年的养猪生产历史，有起有伏，也有过高潮。从事此项工作的领导和职工们，付出了很大努力，勤勤恳恳，坚持本岗位的工作，做出了一定贡献，为社会提供了大量肥猪等产品，为有关单位和农村养猪户提供了大量优良品种仔猪，支援了养猪的发展，同时大量积肥，肥料直接供给农场农田使用，也支援了农业生产。

第四节　渔　　业

1982 年，在开展多种经营、为城市多提供副食品的方针指导下，将农场井塘开挖的蓄水池改为养鱼池，并开始在农场西区 11 区 120 亩的大坑里养鱼。

1983 年，又开始在西南区 30 亩的大坑里养鱼。两个鱼池面积共 150 亩，鱼总产量 9000 斤，平均亩产 60 斤。1984—1985 年，养鱼面积均为 150 亩，年总产量 8000 斤，平均亩产 53.3 斤。

1986 年，在西南区又开挖了一个 30 亩地的鱼池，当年开始喂养。鱼池面积共计 180 亩，总产量达到 21600 斤，平均亩产 120 斤，单产比前几年增加一倍。

1987 年，西区 11 区的鱼池面积增加到 170 亩，西南区增加到 74 亩，鱼池面积共计 244 亩，总产量 61000 斤，平均亩产达到 250 斤，单产比上年又提高了一倍多。

1988 年，开始发展养鱼业，在麻地新开挖鱼池 380 亩，在外环线新开挖鱼池 115 亩，鱼池总面积已达到 739 亩，总产量 184750 斤，平均亩产 250 斤，当年总产量比上年增长了 2 倍。至此，农场渔业生产已基本上形成生产力。

1989—1990 年，鱼池面积略有增加，每年均为 754 亩，平均亩产上升到 350 斤。

1983—1990 年，8 年累计鱼池面积为 3121 亩，累计总产量 820150 斤，平均亩产 262.8 斤。在经营管理上，采取职工承包及场外人承包的方式。

1994 年，将近 800 亩低洼易涝地块改为鱼池，每亩地的效益是种青饲的 10 倍以上。1995 年，随着城市化进程，天津市政府大量征用农场土地，鱼池面积逐步减少。2001 年后，全部鱼塘清空，相应土地被市政府征用。农场发展渔业养殖生产多年，为市场提供了大量的多品种鲜鱼，满足了人民的生活需要，取得了一定的社会效益，同时也为农场创造了一定的经济效益。

1982—1990年双林农牧场鱼类生产情况见图2-8。

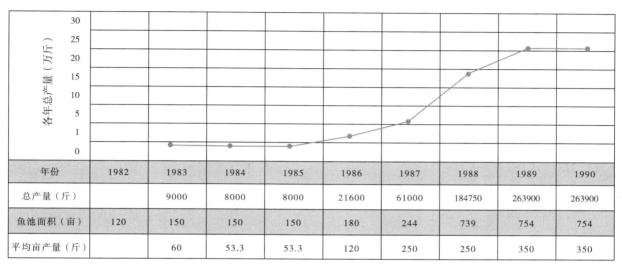

年份	1982	1983	1984	1985	1986	1987	1988	1989	1990
总产量（斤）		9000	8000	8000	21600	61000	184750	263900	263900
鱼池面积（亩）	120	150	150	150	180	244	739	754	754
平均亩产量（斤）		60	53.3	53.3	120	250	250	350	350

图2-8 1982—1990年鱼类生产情况

第三章　农林牧渔服务业

第一节　农田水利基本建设

农场是由原长泰和双林两农场于 1956 年合并组成的，其农田水利基本建设是独立完成的，下面分别述之。

一、双林农场

双林农场建场以前地势低洼，是盐碱荒滩，因无渠道泄水，土地长期荒芜，只有点点坟墓、片片野草，人称灰堆大洼。

1950 年 9 月 27 日，天津市人民政府工作会议决定，投资 466 万斤小米（折价），对灰堆大洼 6000 多亩土地进行彻底改造，兴建国营农场，种植水稻。改造方案为：在柳林以南，大沽路旁建一扬水场，穿大沽路挖一条河道，引海河水进入农场。

1951 年 3 月动工，全部建场土方工程到 5 月中旬完成，历时仅 2 个月余。大小沟渠总长度 283650 米，土方工程总量 475950 立方米。其中，用水、排水总渠共长 4800 米，土方量 8.4 万立方米；用、排水干渠共长 11100 米，土方量 13.5 万立方米；用、排水支渠共长 24750 米，土方量 9.9 万立方米；用、排水小渠共长 24.3 万米，土方量 157950 立方米。建造桥闸 55 处，有扬水场 1 座、分水闸 1 座、节制桥闸 2 座、倒虹管 3 处、六米桥 5 座、公路涵洞 2 座、分水涵洞 26 座、人行板桥 15 座。

1953 年 3 月，根据农林水利局决定，将津南黄庄农场交双林农场经营。该场共有稻田 800 余亩、小扬水场 1 座及配套的水利设备，接管后改为一个生产小队的编制。但它的水利设施自成系统，稻田与东区队稻田有海大道相隔，仍单独使用原有的水利系统对稻田进行浇灌。

二、长泰农场

日本侵华时，使用了临近农民所垦之稻田 3000 余亩；1949 年天津解放后，由驻津解放军部队继续扩大开垦，稻田面积增加到 7000 余亩，建成军垦长泰农场；1952 年 6 月，部队奉命转移，将农场移交天津市公安局，作为劳改农场；1954 年 5 月，公安局将劳改犯人转走，农场交由天津市农林局领导。

部队垦荒建场，主要是种植稻田，农田水利基本建设工程土方量很大。用、排水干渠共长 20275 米，用、排水支渠共长 38226 米，引水河道长 976 米，3 项工程总长 59477 米，再加上围堤埝共长 13274 米，总土方量为 197477 立方米。建造大小扬水场 6 座，砖木结构的固定水闸 23 座，涵洞 8 座，过水管 1 处，砖木结构桥梁 36 座。

三、合并后情况

1956 年，双林、长泰两场合并后，土地面积扩大，耕地面积达到 1.2 万亩，并不断开垦荒地，增加耕地面积。在行政管理上，划编为东区、西区、北区 3 个生产大队。根据生产发展需要，调整土地规划，开挖、疏浚沟渠，理顺用、排水系统等农田基本建设工作，几年间从未间断。按全场农田水利工程的统一规划，原有的几处扬水场的设备能力已不适应稻田生产发展的需要，故于 1963 年在西区队新建大型扬水场一座，增加 900 厘米扬水机 1 台，承担西、北两个区队的稻田用、排水任务。原东、西红桥的两个扬水场停止使用。

进入 20 世纪 60 年代以后，天津地区水源开始紧张。农场多年来都是引用海河水灌溉稻田，在水源日趋短缺的情况下，市有关部门限制农田用水，给农场种植稻田增加了困难。1964 年，农场开始试用城市工业污水浇灌稻田；1965 年，充分利用污水，积极扩大稻田浇灌面积，共浇灌稻田 6500 亩，比 1964 年扩大 1.4 倍。

1964 年春季，以集中力量打歼灭战的方法，调整区划，挖掘沟渠，总长度达 25 公里，新开和疏浚大型干沟 4 公里，土方量为 5 万立方米。修建大小桥闸 10 余处。改变了 2800 余亩低洼稻田排水不畅的局面。1965 年春季，确定海河引水工程，并于当年完成。这一年，调整土地规划 2300 亩，疏浚大小沟渠土方量共 81230 立方米，使排水畅通，相对降低了地下水位。这一工程既利于洗盐压碱，又增强了秧苗成活率，使水稻产量大幅度上升。

1966 年，平整土地 500 亩，调整区划、疏浚沟渠，土方量共 63572 立方米。

1967 年，为进一步改善水利系统，适应农田生产需要，进行了较大规模的农田水利基本建设工程。新建临时扬水场 2 座、砖石水闸 6 处（东区队 2 处、西区队 4 处）、西区队水泥过水桶及涵管各 1 处、大道石桥代闸 1 处、北区队涵洞 2 处，新制作各种木闸 1200 个，修理木闸 2000 余个。

1972 年冬及 1973 年春，为大面积稻田改种旱田做准备，农场制定了全场农田水利基本建设的新规划。在场领导的组织领导下，一个"学大寨、赶正定"的改造农田潮很快形成。由于时间紧、工作量大，各级干部和职工投入改土工作，全场约有 50% 的劳力投入这项工作，妇女职工名副其实地起到了"半边天"作用，还出动推土铲 2 台。经过干部、技术人员和职工们的共同努力，终于保质、保量地按计划完成了这一期改土的艰巨任务，共挖掘、疏浚处大小沟渠 327 条，工程总土方量 84764 立方米。春季整地面积 5500 亩，为 1973 年夺取农业生产丰收创造了有利条件。

1972 年，天津市政府规定，不允许取用海河水灌溉示范农田。农场砍掉稻田改种旱田后，水的问题仍然得不到解决。1973—1976 年，为解决农场农牧业生产用水问题，先后共打井 8 眼。其中，4 眼用于农田粮食、青饲作物的浇灌、3 眼用于园田、果树浇水，1 眼为畜牧队使用。农田的 4 眼机井主要是为解决水源，故先后在西南区开挖了一个 30 亩地的大坑，在西区 11 区开挖了一个 120 亩地的大坑，作蓄水之用，深度都在 4～6 米。

多年来，农场职工除完成各项生产任务外，还完成了大量的农田水利基本建设土方工程，职工们的苦干、实干精神是值得肯定的。

1976 年以后，由于国家征用土地等原因，全场土地面积逐渐减少，旱田播种面积也相对减少许多。所余农田自 1984 年以后未再种植粮食作物，只种植青饲作物，在农田水利基本建设方面也无较大的土方工程。

1983 年，因国家建设征用农场土地，大扬水场作废，故在区队又建扬水场 2 座。

1988 年，因天津市河西区大沽路拓宽工程，使农场农田的一些渠道系统被毁坏。为恢复原渠道系统，重新调整、开挖渠道共长 2140 米，工程土方量共 16480 立方米。到 1990 年，农场还有扬水场 4 处（西区队 2 处，园艺场 1 处，五星墩 1 处），共有扬水机 7 台（900 厘米 1 台，600 厘米 4 台，立式 18 寸 2 台）。

1990 年后，农场土地逐渐减少，企业生产逐步转型，不再整修水利设施。

第二节　农业机械

一、从机耕队到农机队

建场初期，耕地有 3000 多亩，当时，共种植水稻 3000 亩，园田、旱田共 120 余亩。耕作上主要靠人工和畜力，耕地靠马拉犁，由人工扶犁；耙水地时，用骡马套上水耙，工人随着耙掌握操作，劳动强度很大。水稻插秧、收获和旱田作物收获，基本上是靠人工操作。农忙时，人手少，无法完成任务，就承包给民工干。这种传统的耕作方式维持了好几年，与当时的农民耕作相比，所不同的仅是大型农机具多一些。

1954 年，农场大型农机具有马拉播种机 1 合，双轮-铧犁 15 架，单把犁 5 架，圆盘耙 1 架，捋稻机 29 节，扇车 2 架，大小喷雾器 24 台，水旱耙 48 个，龙骨车 15 台，秸子、云锄 24 件，其他还有铡草机、碎饼机、打绳机等。

1954 年成立机耕队，当时共有职工 16 人。建队初期，耕地使用马拉-铧犁，后又增添了双铧犁，担负着 3000 多亩地的耕作任务。

1955 年底，农场购进德意志民主共和国产"KS07"拖拉机 2 台，捷克产"热拖"拖拉机 1 台，开始由用马拉犁改为机械耕作。当时，配合拖拉机耕作，增添三铧犁 1 台、五铧犁 2 台、重耙 2 台、轻耙 2 台，购置拖车 2 辆。

1956 年春季两场合并时，长泰农场转入的大型农机具有双轮-铧犁 10 架，单把犁 82 架，捋稻机 41 节，龙骨车 17 台，脱粒机 2 架，扇车 4 架，喷雾器、秸子等 86 件。其他还有柴油机、碾米机等。

1957 年，土地面积增加，此时机耕队担负的耕作任务达 1.2 万亩。为适应日益繁重的生产需要，加强机务方面的管理，将机耕队改组为机务队，购进"KS07"和"HS35"轮式拖拉机各 1 台、"铁牛 40"拖拉机 2 台、北京产拖拉收割机 1 台、轻耙 6 台。在机务队成立后，经上级安排，从拖拉机站调入驾驶员、修理工等技术工人 6～7 名（其中女性 3 人），同时，场领导还安排了有专业技术特长的复员转业军人 2～3 名，负责机务方面的工作。这些同志，是农场第一代机务工作人员，也是农场农业机械化的骨干力量。由于拖拉机及为其配套的大型农机具陆续增加，几部旧汽车也归机务队管理，驾驶员、农具手不够用，又从各生产队抽调了几名素质较好、文化程度较高的青年职工到机务队，将他们培养成为汽车、拖拉机驾驶员和农具手，初步解决了生产需要。

1958 年冬季，机务队建立了修配车间（后改为修配厂），主要承担场内各种农机具的修配及小型制造等任务。

1982 年 1 月，机务队与农业队合并，组建为农机队。新建的农机队，为农机合一型，当时共有职工 240 余人。农机队建队以来，认真贯彻《国营农场农机化管理暂行细则》，加强机务队伍的建设，把"细则"作为培训职工的一项主要内容，每年至少组织 1～2 次专业技术培训和安全知识教育，农机标准化管理工作基本达到了制度化、经常化的目标。机务队伍坚持定员定额，人员相对稳定，在对机务人员实行经常性考核、培训的基础上，还给他们建立了技术档案，使机务队伍朝着与农业现代化相适应的方面发展。在保证本队农业生产任务的前提下，充分利用农闲时间把机械拉出去，支援邻近地区的河道治理、农田基本建设和城建土方工程，这为附近农村代耕，充分发挥了机械潜力，创造了较好的经济效益和社会效益。

农机队重视加强基础设施的建设和管理，先后共投资 5 万余元，修建了 4 间收割机库；新建 4000 平方米的农具场，共垫土和炉灰 1700 立方米，并建起农具场的围墙；修建了一个机车修理罩棚和一个农具安装调整平台，从而实现了机车、农具定位停放。物料库建卡分类，物料排列整齐，坚持入库、领发登记手续，做到账物相符、日清月结。油料管理坚持净化、沉淀、规范化，还新建了地下油库，达到了密封、计量等要求。

1990 年，农机队共有拖拉机 10 台（"铁牛 55" 4 台、"东方红 75" 2 台、"东方红 70" 1 台、"东方红 60" 2 台、"东方红 15" 1 台）、挖掘机 1 台、装载机 1 台、青饲收割机 2 台、主要机引农具 36 台（件）。有职工 96 人，其中机务职工占 60%，聘任机务工程师、工人技师各 1 名。耕地面积 2500 余亩，主要种植作物为青饲，为奶牛场提供青贮饲料。新建果园 71 亩、鱼池 700 余亩。随着农机化管理工作的加强，经济效益也不断提高，1979—1990 年，累计创利润 340 万元。1990 年后，随着企业生产转型，不再种植青饲料，农机使用逐步减少。最终，农机随着企业变化消失。

二、农机具的制造与革新

1970 年 3 月，农场制造出第一台自行设计、优质高效的农业塑料薄膜洗刷机，结束了 10 多年来农场农用薄膜用后靠人工洗刷的局面。用洗刷机操作可提高约 25 倍的工效，减轻了工人的劳动强度，且能提高薄膜的洗刷质量，减少薄膜的损失，延长薄膜的使用年限。

水稻是农场 20 世纪 50—70 年代初期的主要粮食作物，实现插秧机械化，确保水稻稳产高产，是农场领导与职工多年的理想。农业的根本出路在于机械化，机务队的技术人员和修配厂的职工，在场领导的支持下，与天津市农业机械研究所有关人员合作，于 1970 年 4 月试制成 5 台 "东风-2 型" 机动水稻插秧机。

1970 年 5 月 4 日，插秧机下水插秧，共插秧 3000 亩。经有关人员测定，插秧质量符合农业技术要求，机插水稻亩产可达千斤，可比人工插秧增产 5%～8%，提高工效 25 倍左右，可降低约 20% 的插秧成本；大大减轻了工人们的劳动强度。农场机动水稻插秧机的试制成功，受到主管局有关部门的重视，并组织插秧机去支援塘沽、东郊等场插秧，受到各场欢迎。

1971 年 4 月，研制出宽垄密植的 "津东风-2 型" 水稻插秧机 11 台，经初步试插，效果较好。津东风-2 型水稻插秧机适应科学种田，宽垄（行距大有利于水稻通风），密植（株距小，保证每亩株数），可促使水稻高产，且具有株距调节变速机构，使用方便。

20 世纪 50 年代，双林农牧场近万亩稻田的耙水地作业完全靠人工和畜力完成，工人的劳动强度很大，而且工效低。那时，稻田以人粪（用城市垃圾搅拌）为底肥，杂质多，在耙地作业中，因工人赤脚下水，脚、腿部被扎伤的情况时有发生，后来给工人发了用帆布做的"水袜子"，工人被扎伤情况有所减少。

为了提高稻田耙水地的工作效率，保证稻田适时插上稻秧，机务队有关人员努力钻研，大胆进行革新。1958 年，对链轨拖拉机进行改装，进行耙水地作业试验。主要方法是在拖拉链轨上打眼，装上方木，抬高机体 2°。通过实地操作，几经改进，效果良好，这一革新措施终于获得成功。农场使用拖拉机耙水地，在市属国营农场中是首家，主管局有关部门对此项革新给予肯定，不久即在各农场普遍推广。

自 20 世纪 60 年代开始，机务队的技术人员和职工不断对农机具进行研究、改进，根据农场的条件，仿造水稻插秧机 30 台，还自己设计制造圆盘式水稻收割机、挠秧机、开沟犁等多种农机具，为农场加速推动农业机械化做出了一定的贡献。

三、机电工作的开展

双林建场时，水利处特聘请北洋大学邓曰模教授为机电顾问，负责机电工程的设计、指导事宜。建场时一切机电方面的工作，都是在邓教授的主持下完成的，工程质量达到设计要求。长泰建场初期的机电工程，聘用一位电气技师担任指导（此人随长泰转入双林工作），由解放军专业人员施工，工程质量符合要求。两场合并后，各项机电设施比较完备，技术力量也比较强，为后来农场机电的发展奠定了良好的基础。

1957 年机务队建立后，农场把电工集中，成立了电工组。当时全组共 15 人，担负全场高低压线路和电气设备的安装、维修，以及各扬水场的值班开车任务。那时的主要机电设备有 900 厘米扬水机 1 台，600 厘米扬水机 10 台，大型电动机 26 台，真空泵、油开关29 台（套），变压器、小型电动机 20 多台，扬水场 5 处。在 1956 年水稻收获之前，按西郊区有关部门规定，农场各扬水场及当班电工统归西郊区水利站管理。从工作实际出发，农场与西郊区水利部门协商，于 1957 年水稻插秧时，把农场各扬水场和电工的管理权又收了回来。

1957 年，在场工会的主持下，电工组设法就地取材，因陋就简地架起从场部通往东区队、西区队、北区队、畜牧队及五七新村等处的有线广播线路，总长度 6000 多米，形成以场部为中心的有线广播网。当时，场部有 1 部 25 门手摇式旧电话交换机，可做场内通话用。电工组修好几部旧电话机，安装在各生产队，利用已架好的广播线路，使场部与各生产队能互相通话，方便了内部的工作联系。那时，全场只在场部安装有 1 部外线电话。

1963年，在西区队新建大型扬水场1座，增加900厘米扬水机1台，可供西区队、北区队稻田灌排水之用。

1978年夏季，电工组脱离机务队，改由场部生产科领导，是为生产服务的小单位。

1989年4月，成立水电队，作为场部领导下的独立核算单位。除原电工组所担负的任务外，又增加了对生产、生活用水的管理和自来水管道的新建、改建、维修等任务，并负责各职工住宅水电费的收取工作。建队时共有职工28人，后增至30人。

到1990年，有扬水场4处（西区队2处，园艺场1处，五星墩1处）、有扬水机7台（900厘米1台，600厘米4台，立式18寸2台）。随着生产的发展和行业的增多，为有利于工作，把部分电工分配到场属各单位工作，负责本单位低压用电管理和电机、电器的维修工作。分配到各单位的电工，属该单位编制，由单位管理。对无电工的生产单位，其低压线路的维修等由水电队负责，线路共长约500米。

为改善农场用电状况，场领导决定建设1座大容量变电站。1987年4月，由天津市农电公司负责施工的35千伏变电站动工，建在场部迤西，于1988年11月建成投入运行，开始供电。变电站总投资额90万元，资金由农牧场自筹。

变电站除担负全场各单位的生产和生活供电任务外，还负责给场区附近的欧娜公司、伸和公司、第二乳品厂、凌云饮料厂、中芬奶类培训中心、建筑装潢材料厂、大楼金属柜厂、自来水双林水源厂、自来水机械施工处、国际鞋厂、七建综合加工厂、劳保批发部仓库、河西区武装部弹药库等20多个单位供电，此外，还给在农场租用土地的10来个单位供电。变电站的建成投产提高了供电质量和用电可靠性，可保证连续供电。由变电站供电的各单位，使用变压器共37台，高压线路总长度14500米，有高压杆290根。

几十年来，通过不同形式的培训、学习，再经多年的实际操作锻炼，几代专业电工的专业理论水平和技术水平不断提高，电工队伍从只有几名电工到电工组，继而发展为水电队。2014年转企业后，水电队更名为天津市双林水电工程安装有限公司。2017年7月，该公司并入天津市双发建筑工程有限公司。

2019年12月，食品集团将天津燊辉电力科技有限公司划转至天津市农垦房地产开发建设有限公司，增加了农垦房地产公司的技术力量。燊辉公司主要从事电力设备生产、智能运维服务、数据中心集中监控等业务，是集团高科技企业，目前正积极推动"新三版"上市。2018年11月30日，燊辉公司取得国家级高新技术企业认证；2019年4月16日，取得国家级科技型中小企业认证；2020年6月2日，获得天津市瞪羚企业等荣誉。公司拥有实用新型专利15项、软件著作权6项，是食品集团唯一的电力行业国家级高新技术企业、国家级科技型中小企业、国家电网电力工程施工主要服务商、国网天津电力智能运维主要服务商。

四、交通运输发展

双林建场时，从宣化、张家口购来骡子 31 头，作为役畜，在生产和运输上使用，并配备了大小胶轮马车 19 辆。成立了马拉小队，共有职工 20 余人，负责役畜饲养、生产、运输等工作。此外，为利用场内河道运输，有对槽木船 2 对，在大面积种植水稻期间，往田间运送肥料、秧苗、用具等。有人力小拉车 20 余辆，用于各种杂物的零星运送，方便灵活。在水稻收获季节，还在打谷场周围铺设轻便小铁轨 700 余根，配有小铁轮推车（轱辘马）11 辆，可往返运送稻捆、稻草等物。

两场合并时，长泰有役畜 32 头（骡马各 16 头）、大小胶轮车 11 辆、对槽木船 1 对、小木船 4 只及旧汽车 1 辆移入双林。这辆美国"万国牌"5 吨 10 轮卡车很快投入运行，分担了部分运输工作，但全场的运输任务主要还得靠马车去完成。20 世纪 50 年代末，农场购进 1 辆加拿大"福特"4 轮旧车，紧张的运输状态稍有缓和。到 20 世纪 60 年代中期，10 轮和 4 轮 2 部汽车相继报废。根据生产任务的需要，购置汽车担负运输任务是农场发展方向。经场领导决定，先后购进了新"解放"汽车 2 辆、苏联"古尔 164"和"嘎斯"各 1 辆，共计吨位 14.5 吨。4 辆汽车统属机务队管理，在全场调配使用。这 4 辆汽车的主要任务是给畜牧队送奶、拉饲料，给各生产队拉化肥及其他物资，给园林队送蔬菜等。但汽车只能完成全场大部分运输任务，其余部分仍须由马车和拖拉机完成。

根据国家经济改革开放政策，农场所属各生产队（厂）相继实行了经济承包责任制，经济效益不断提高，给全场经济发展带来一个新的飞跃。场属一些生产单位根据自身的经济条件和发展生产、业务的需要，陆续购置了汽车。全场汽车的增多，使运输力量大大增强，效率明显提高。

1980—1990 年，农场汽车的增加速度很快，以汽车为主的全场运输网络已基本形成，有力地促进了全场各业的发展。到 1990 年末，全场已拥有 5 吨以上的大型车 11 辆、1.5～2 吨车 9 辆、客货两用车 5 辆、后三车 2 辆及小客车 3 辆，总计各类汽车 31 辆，总吨位 70 多吨，总价值 150 万元。这些汽车的分布情况如下：

1. **畜牧队**　有"东风 140"2 辆、"解放"1 辆、10 吨"利亚兹"1 辆、"三峰"客车 1 辆。

2. **鸡场**　有"东风 140"1 辆、6 吨日本"日野"1 辆、"星光"双排座 1 辆，还有专用吸粪车 1 辆。

3. **商业公司**　有 6 吨日本"日野"1 辆、双排座 1 辆、"大发"小货 1 辆、"大发"1

辆、后三车 2 辆。

4. **园艺冷冻厂**　有"东风 140"1 辆、"北京 130"1 辆、双排座 1 辆、"大发"1 辆，还有专用保温车 1 辆。

5. **油印机厂**　有"东风 140"1 辆、双排座 1 辆、"大发"1 辆。

6. **场部机关**　有小客车 3 辆、双排座 1 辆。

其他各生产单位，都配备了双排座 1 辆用于运输和业务联系等。

1990 年以后，随着经济体制改革，农场产业也发生了变化，运输卡车、运奶罐车等逐步取消。

2010—2020 年，随着公司业务范围、发展板块的不同，生产运输需要的车辆也在减少，主要变成生产业务用车。截至 2022 年 10 月，公司本部有业务车 12 辆，基层企业（含托管企业）各类生产有业务车 66 辆。

第三编

工业制造业

中国农垦农场志丛

第一章　工业起步阶段（1958—1976 年）

1958 年，农场根据上级提出的"农牧业和加工业结合，多种经营"指示精神，开始筹办工副业。

第一节　早期的工副业

1958 年初，农场北区队开办了豆腐制作车间，做豆腐和加工豆腐丝。制作设备很简陋，由 1 名会做豆腐的工人带领其他几名工人进行生产。当时主要是利用农场在沟边等隙地点种收获的大豆作为原料，成品供应农场各食堂和几个关系单位。后来供应范围略有扩大，职工家属等也可去买。下脚料豆腐渣，则作为农场畜牧队饲料之用。

1958 年夏季，农场领导在"试办工副业、以副养农"的思想指导下，计划发展工副业。在豆腐车间的基础上，增添了一些简单设备，因地制宜建起一个小型淀粉厂，主要是加工制作水淀粉，部分产品为行业加工，并自行销售一部分，后来还为农场所建葡萄糖厂提供原料。加工制作淀粉的原料是粮食，所需高粱、蚕豆、豌豆等由天津市有关部门予以解决，所余大量粉渣、粉浆等下脚料仍供给畜牧队做饲料。淀粉厂在当时发挥了综合利用、促进畜牧生产的积极作用。

1960 年初，农场建立了葡萄糖厂，为场部直属生产单位。淀粉厂、葡萄糖厂都是以粮食为原料进行加工生产的。在粮食非常紧张的时期，两个厂都因原料无法解决而先后停产。

1960 年，农场在天津试剂一厂的帮助下，先是为化学试剂一厂加工硫酸钠、石炭酸、醋酸、硫酸铜、氯化钡等化工产品，后来在试剂一厂的指导下，对葡萄糖厂已闲置的设备进行改造，又增添了化学反应罐、容器、仪器等必要生产设备，这就是双林早期的工副业之一，通称"药厂"。药厂开始生产时，共有职工 20 余人，除几名管理干部和 10 多名工人外，还有被下放农场劳动的化工局工程师和南开大学化学系的几名学生。在生产繁忙时，还雇用临时工和家属工，人数最多时曾达到 60 余人。药厂根据试剂一厂的安排进行生产，只要产品符合质量要求，成品统交该厂。仅 1960 年投产当年，就给国家创造利润

34万元。药厂除本身的正常生产外，还发挥了综合利用的作用。当时农场有鲜蘑生产项目，其最关键的工序是培养菌种容器的消毒。有了药厂的蒸气锅炉，给大量的瓶子等容器彻底消毒灭菌创造了极为有利的条件，保证了鲜蘑的正常生产。1962年，在上级"农场应大搞农业、搞工业是不务正业"的指示下，药厂被迫停产，一些专用设备等变为废物。

第二节　工业的起步

1958年冬，农场机务队建立了修配车间（后改为修配厂），抽调了几名技术工人为骨干，添置了皮带轮车床和必要的工具等，主要为本队和各生产队维修农机具，还有零星的修配工作等。修配车间的建立不但方便了工作，还节省了去场外修配加工的费用开支。

1961年，又从由外地返津安排在农场生产队的工人中选调了几名有较高技术水平、有实践工作经验的工人，充实了修配厂的技术力量。

1972年，农林局拟扩大农场修配厂，承担本系统各农场大型农机具的维修等任务。随即扩建了厂房，添置了各种车床等设备，包括"15"车床、"20"车床、六角车床、立式铣床、卧式铣床、万能铣床、牛头刨、滚齿机、大摇臂钻等。1972年12月，经农林局分配，45名应届初中毕业生（男生27人、女生18人）来场，安排在修配厂当学徒工。后因各种原因，计划由其承担各农场农机具维修的设想未能实现。这批学徒工，除留修配厂一部分培养技术力量外，另一部分培养为技术工人。此时的修配厂已具有较大规模，拥有车、钳、铣，刨、电气焊、白铁等工种的技术工人30余名，已基本上能承担起全场范围内的农机具修配加工工作，还能做一些小型制造。

1974年，场领导确定了"以副养农"的经营方针，建立了工副业队，由场部直接领导。建了一个小型铸造厂，生产暖气片、井盖、水管接头等铸件产品；给毛毯厂做弹毛加工；修配厂在生产汽车摩擦片、活顶尖、线坠的基础上，还给天津市油印机厂加工组装油印机，给天津市感光胶片厂加工制造120胶卷轴（此产品原由油印机厂加工）。从油印机厂移来大小冲床18台，又购置了切板机1台。

1974年夏，根据工副业生产发展需要，场领导决定，将机务队所属修配厂的一部分人员及设备划归工副业队管理，另一部分人员及设备仍留该队，为本队服务。从机务队的修配车间，扩大为修配厂，进而建立工副业队，人员不断增加，技术力量不断得到加强，修配服务、生产质量也逐步得到提高。工副业生产的良好发展趋势，可谓农场办工业的起点，给农场后来兴办工业奠定了基础，达到了以农牧业为主、开展多种经营的目的。

第二章 工业发展阶段（1977—1990年）

第一节 油印机厂、誊写钢板厂移入农场

油印机当时由原天津市一轻局钟表公司所属第二手表厂生产，誊写钢板由该公司所属钟表铜材厂生产，这2个产品均由天津市文化用品采购供应站经销。后因钟表公司上马电子手表和与手表工业配套的铜材改制，经天津市有关部门批准，分别于1974年和1978年，将油印机和誊写钢版的全部生产设备、工装、整套工艺过程转入到双林农牧场，一轻局只保留产、供、销关系，负责这2个产品的计划安排、原料供应和成品销售。伊金璋任油印机厂厂长，史美益任第一副厂长、马凤岭、邓健民、李英任副厂长。

油印机和誊写钢版转入到农场加工生产后，根据生产需要，扩建了厂房，厂房面积由1979年的1030平方米扩大到1983年的2237平方米，管理和生产人员由1979年的95人增加到1983年的上152人。在一轻局的帮助支持下，工人已掌握了生产的全部工艺过程，能按时完成生产计划，质量达到标准要求，同时也能按照市场需要的花色规格安排生产。为进一步满足市场需要，在最初的几年里，农场投资几十万元，更新改造和增添了生产设备，剁床由1979年的16台增加到1984年的32台，刨床由1979年的5台增加到1984年的8台，产量和质量都有一定程度的提高。1981年，双林农牧场出资成立了天津市油印机厂，该厂生产的油印机和誊写钢版是天津文化用品中的名牌产品，行销全国各地，深受消费者欢迎。到1983年，农场已具备年生产油印机5万台和誊写钢版40万块的能力，并且尚有一定的潜力，这个数量在全国市场上也能占有一定的份额。

这2个产品到农场加工生产后，职工们充分发挥了生产积极性，能按时完成一轻局下达的生产计划指标，经济效益呈逐年稳步增长的趋势。1979年产值为191423元，1980年为479496元，1981年为669599元，1982年为902078元，1983年为1092000元；1979年利润为7.2万元，1980年为12.8万元，1981年为16.4万元，1982年为19.5万元，1983年为18.5万元。为加强对这2个产品的管理，分别建立了油印机厂和誊写钢版厂，均为场部直属单位。这两个厂是农场建立较早的工业厂，生产任务和经济效益都比较稳定，成为日后大办工业的良好开端。由于这2个产品的产、供、销关系到1983年仍由一轻局掌

握，且农场与该局不是直属关系，致使在生产上有些被动，没有主动权。一是计划安排，指标增不上去；二是由于生产计划指标增不上去，原材料不能相应增加。因此，农场想增产也很困难，受到制约。

1983年3月26日，农场与天津文化用品采购供应站联合行文，请示天津市经济委员会工业调整办公室，要求将油印机和誊写钢版2个产品，由一轻局划归农场局经营，将2个产品的产、供、销关系进行归口，并请天津市计委对原材料供应渠道给予疏通，随着隶属关系的转移而转过去。归口后，也申请将商标使用随着隶属关系的转移，移交双林农牧场继续使用。油印机和誊写钢版划归农场局经营后，文化站根据经济合同法的要求，重新与双林农牧场建立产销关系，并进一步做好市场的供应工作。双林农牧场与天津钟表铜材厂签订协议，双方商定：誊写钢版厂的产、供、销关系全部由双林农牧场负责，原属钟表铜材厂所有的誊写钢版的文化牌、进步牌商标所有权转让给双林农牧场。

1991年4月，双林农牧场属企业天津市油印机厂生产的"文化"牌711型油印机和"文化"牌誊写钢板以优质的质量和新颖的款式，双双被天津市优质产品审定委员会批准认可为天津市1990年优质产品。这是该厂生产的"文化"牌711型油印机自1985年获得天津市优质产品称号后，再次荣获天津市优质产品这一荣誉称号。

随着科技进步，文化用品更新换代，各种复印机等文化产品相继登台，文化牌油印机逐步成为市场淘汰产品，为此，该厂在2001年6月歇业。2001年8月，总公司以津垦司〔2001〕182号文件同意天津市油印机厂停产歇业，进行改革。随后，该厂为调整产业结构，理顺产权关系、劳动关系，进行了大规模的改革。此次改革共有99名员工自愿领取安置费自谋职业，与企业解除劳动合同；37名员工实行内部退休、发生活费；43名员工集资入股，成立新型股份制企业天津双林木制工艺品有限公司。2001年12月19日，公司关闭天津市油印机厂。2004年6月，该企业注销。

第二节　电子仪器、服装、针织、制锁等厂先后建起

一、华林电子仪表厂

1980年7月，农场成立华林电子仪器厂，生产录放心电监护仪、稳压电源、工业对讲机等。后因技术条件、产品销售等方面的原因停止生产。不久，在此厂基础上，建立华林印刷厂，时间不长，又停办。

二、天津市双林制锁厂

1981年5月，农场与天津市五金站合作，在对方的技术支持下，农场投资成立天

津市双林制锁厂，注册资本 39 万元。建厂时，购进锁心拉槽机、锁心切断机、缠簧机等专用设备 6 台，以及改制的制锁专用机 9 台，聘请了天津市制锁二厂一位退休老工人负责技术工作。到 1982 年，一季度试制门锁 5000 把，二、三、四季度生产 6 万把。根据生产发展需要，加强了制锁厂的干部力量，同时两次共招收学徒工 40 余人，扩建厂房 245 平方米，增添了 25 吨、50 吨、100 吨冲床共 4 台。1983 年，生产门锁 25 万把，利润 6 万～8 万元。1984 年，职工已达到 125 人。由于各地生产门锁的厂家增多，一时出现了门锁供大于求的现象，工厂产品销售情况不畅，利润指标难以完成。1984 年 12 月 23 日，场领导决定，将制锁厂、油印机厂合并，仍称油印机厂。当年三、四季度，产品销售形势虽有好转，但也只生产了门锁 16 万把，没能完成全年生产任务。从 1986 年 5 月开始，又恢复制锁厂，实行单独经营、独立核算，全年生产门锁 25 万把，实现利润 8 万元。在此基础上，1987 年，场领导下达生产门锁 30 万把、利润 12 万元的任务。由于全国范围的基建规模压缩，产品滞销，再加各种原材料进价提高等因素，全年生产门锁 24 万把，利润只有 3.5 万元。1988 年，场领导下达生产门锁 22 万把、试制渔具抄网 1 万件、利润 8 万～12 万元的指标。经过厂领导班子调整，采取减少职工 30 人和实行承包与分成等措施，生产和利润指标都顺利完成。1989 年，全厂职工共 102 人，全年生产门锁 22 万把，完成利润 12.3 万元。1990 年，有色金属原材料价格大幅度上调，供应渠道由"双轨制"向"单轨制"过渡。隶属于制锁公司的专业厂尚有部分计划内平价原材料供应，而该厂作为系统外的制锁厂家，已完全靠议价和半议价原材料进行生产，每把锁购进原材料即为 4 元，生产一把锁要 200 多道工序，规定出厂价为 4.58 元，实际上已不能维持正常生产，场领导决定，门锁停止生产，制锁厂关闭。1995 年 4 月，该企业注销。

三、天津市国营双林服装厂

1981 年 9 月，天津市国营双林服装厂成立，注册资本 80 万元。服装厂自建厂以来，随着生产的发展，不断加强领导力量，增加了设备，充实了技术力量，并拥有专门的设计人员，能够生产市场需要的各种服装、时装，花色品种不断翻新、增多。服装厂曾一度辉煌，生产的呢子大衣火爆天津服装市场。

1991 年，曾和外资合作，成立天津市三庆制衣有限公司，但时间不长就终止合作。2001 年，双林服装厂经营困难，12 月 19 日，双林农牧场决定关闭天津市国营双林服装厂，该企业资产、人员并入天津市双林裕达机械工程公司。2002 年 7 月，天津市国营双林服装厂注销。

四、天津市双林针织厂

1981年11月3日，双林农牧场与天津市毛毯厂签订协议书，毛毯厂同意协助双林农牧场建成年产22万件毛衣的针织厂。该厂厂址选择在双林西区队队部，筹建组负责人为赵绪福（党支部书记）、陈锡泉（负责全面工作）、王绪宗（负责基建）。1982年8月，成立天津市双林针织厂，注册资本140万元，注册地址为河西区玛钢路南头。经营范围：毛针织品业，农场俗称其为毛衣厂。1982年，该厂建成1080平方米的主车间（编织车间），购置横机54台，缝合机10台，烘干机2台，烫熨机2台，筒子机、缩毛机、甩干机各1台及汽车1部，开始试生产。1983年1月，针织厂正式建成投产，当时共有职工120余人。一开始生产毛衣时，以腈纶线、异型纱为主要原料；1986年起，为了适应市场需要，开始使用雪兰毛、羊毛、兔绒等多种原料，产品的花色、品种逐渐增多，质量也有较大提高。工厂生产的"冷杉"牌毛衣，曾畅销天津各大商场，还销往辽宁、河北、山东、河南、湖北、江苏、广东、宁夏、新疆、上海、北京等省份。根据生产发展需要，1987年又购置了香山牌汽车1辆，增置横机16台、提花机2台、成衣染色机1台及污水处理装置。工厂的专用设备比较齐全，在生产技术、产品销售、企业管理等方面，形成具有相当规模的毛衣生产厂。1985—1987年，针织厂发展势头良好，进入20世纪90年代后，因产品样式跟不上市场变化，企业经营困难。1993年，该企业停产。1993年5月，为安置富余职工，利用原厂闲置设备成立天津市河西区林翔毛衣厂，实行职工个人租赁经营，但后也因经营无力而关闭。1995年2月，天津市双林针织厂注销。

天津市双林针织厂1982—1990年产量、产值、利润情况见表3-1。

表3-1　天津市双林针织厂1982—1990年产量、产值、利润情况

年份	产量（件）	产值（元）	利润（元）
1982	32290	184452	25073
1983	117187	891157	88881
1984	153169	1136778	151645
1985	138886	1585425	150754
1986	184282	2723396	311849
1987	143177	3304554	453493
1988	124270	2970000	695000
1989	98686	2409800	401000
1990	44082	2486200	−117745

第三节　创办的中外合资企业

一、天津欧娜有限公司

1983 年以前，双林农牧场没有中外合资企业。随着全国进一步扩大改革开放，从 1983 年开始，双林农牧场也开始与外方接触，寻找、探索农场与外方在经济领域合作的途径，以求在农工商综合经营的框架之外，再闯出一条中外合资经营的道路，进一步完善农场的产生结构，提高经济效益。1983 年 3 月，农场通过天津工艺品进出口公司，与日本神户友好贸易株式会社及日本欧娜株式会社洽商鱼钩绑线来料加工业务，工艺品进出口公司派人多次来场选址洽谈。7 月 19 日，日本欧娜株式会社社长康道弦藏一行来场做了实地调查，对厂房（原印刷厂）等事宜比较满意，并留下几千个鱼钩做试验练习。8 月 20 日，全部加工原材辅料由日方空运到津，并随货来华 4 位日方人员进行技术指导。10 月 17 日，农场与中国工艺品进出口公司天津分公司签订《鱼钩绑线来料加工协议》，协议中具体规定了鱼钩绑线每月不少于 100 万个，品种有鱼皮钩、橡皮钩、鲇友钩三本锚、荧光钩、兽毛鲇三本针、投钩仕挂 6 种，协议有效期为 1 年。协议中规定一切对外联系、出口运输、报关结算都由天津工艺进出口公司负责办理。

双林农牧场在鱼钩加工中加强管理，不断提高绑线质量，且能按期交货，树立了良好的信誉。1983 年 12 月 1 日，日本代表来场考察，双方在商谈鱼钩来料加工协议执行情况的同时，进一步探讨了中日合资在天津成立天津欧娜公司的意向，双方完成了意向书，日本欧娜的代表中道昇对成立天津欧娜公司抱有信心，认为此举定能成功，并于 1984 年 1 月派出由日本欧娜公司干部组成的天津欧娜公司筹建考察团一行 9 人来津，到双林农牧场进行具体的协商会谈。

截至 1984 年 5 月，双林农牧场与日方共签订加工协议书 6 份，农牧场总收入 66 万元。在此期间，日方曾多次派人来津进行技术交流和指导，并不断扩大加工量。经过对国内外市场的调查，中日双方均认为合资经营天津欧娜公司的条件已经成熟，5 月 22 日，双林农牧场向天津市计委、经贸委申请立项。6 月 1 日，由双林农牧场场长雷祥声与日方代表中道昇签订了《中日合营天津欧娜有限公司合同》，合同有效期十二年，生产规模为在投资后的两年内，主要产品达到每年生产各种鱼钩 9600 个，鱼竿 5 万付，鱼漂 200 万枚，铅坠 10 吨。8 月 27 日，天津市人民政府以津政资函〔1984〕20 号文《关于请准发我市合资经营天津欧娜有限公司批准证书的函》批准成立天津欧娜有限公司。9 月 27 日，国家工商行政管理局发给天津欧娜有限公司营业执照，公司正式开业。公司董事长郭玉珍，副董事长中道昇，总经理张旭朝。

天津欧娜有限公司是双林农牧场与日本欧娜株式会社共同投资兴办合资企业，成立初期，中方占股51％，日方占股49％，共同投资41万元人民币，后双方追加到了291万元人民币，股比不变。公司地址为天津市河西区微山路南，经营范围包括生产和销售渔需、渔具、鱼饵等。这是双林历史上第一家中外合作企业，企业建立后，发展良好。

在天津欧娜公司成立的同时，为进一步扩大对日来料加工鱼钩绑线业务，双林农牧场于1984年4月初筹建天津市双林公司渔具加工厂，选址在微山路东、三水道南侧（与欧娜公司同院），新建三层楼厂房1座（2400平方米）、外宾楼1座（240平方米），该工程于年底竣工并投入使用。

欧娜公司成立后，生产规模逐年扩大，到1988年，原投资额已满足不了生产的需要，因此，当年九月，中日双方在日本召开了董事会。参加董事会的有董事长魏建英，副董事长中道昇，董事贾贵生、中道房子、村上幸男、张旭朝及德文雄。董事会听取了总经理张旭朝做的关于1988年上半年公司生产财务经济活动分析报告，并对公司上半年取得的成绩给予高度评价，并着重讨论了关于扩大鱼钩生产的问题。会议认为，欧娜公司成立5年来，双方注册资本（41万元人民币）一直没有变，此次日方要求增加17套设备生产异型鱼钩，产品全部出口到美国、西欧国家，由日方包销，需增加200余名工人，建设厂房1200平方米。经协商，双方同意增资，但投资比例不变，以日方新投入设备为49％计算，中方相应投入51％的资金用于建设厂房，如资金不足，则用天津欧娜有限公司企业发展基金投入该项生产，每年可生产异型鱼钩1.2亿个，向美国出口。

根据此次会议精神，公司中外双方进行了积极的工作，双林负责兴建厂房1150平方米，该工程于1989年6月竣工，投入使用，日方投入的机器设备也于该年6月安装使用。此次增资后，天津欧娜公司扩大了生产规模，增加了渔具品种，进一步增强了欧娜公司渔具在市场上的竞争力。截至1990年，在成立的6年中，欧娜公司的经济效益连年增长，企业在市场竞争中不断发展壮大。

2000年2月，农垦集团总公司以津垦司〔2000〕28号文件，将天津欧娜有限公司原双林农牧场的中方股权调整为农垦集团总公司。

二、天津伸和有限公司的成立与发展

欧娜公司的不断发展，增强了双林农牧场办好合资企业的信心。为了进一步扩大合资企业在农场产业结构中的比例，双林农牧场通过欧娜公司这个窗口，积极与日方联系，筹建了第二个合资企业。

　　根据日方市场需求，1987 年下半年，双林农牧场建成铸造厂，从当年 12 月开始，双林铸造厂为日方生产管道压环、运动哑铃、电器铸件等产品、发往日本市场销售。1988 年 2 月 5 日，经日本神户友好贸易株式会社代表德文雄介绍，日本伸和兴业董事长桥吉和夫、董事川合康裕一行来双林农牧场参观了双林铸造厂、机械加工厂及畜牧场。

　　日本伸和兴业株式会社创建于 1945 年，会长侨诘十三，有铸造一部、二部等 9 个部，铸造部年产铸件 1800 吨，主要产品有船舶用管道压环、法兰盘、运动哑铃、电器铸件等，总资本 24 亿日元，其产品在国际市场及日本国内均有出售。伸和社长是第一次来中国，通过向他介绍中国的对外开放政策、双林地区的投资环境及天津欧娜公司取得的成就，增加了日方对双林的了解和信任，伸和社长表示，愿与双林农牧场合资建立铸造有限公司。

　　此次接触后，双方抓紧进行建立合资企业的筹备工作，日方回国后也积极准备设备、技术、工艺资料等。1988 年 3 月 3 日，双林农牧场向天津市外国投资服务中心申请立项。该项目主要采用国内生铁作为生产原料，采用日方提供的设备和技术，加工生产符合国际市场需要的铸件产品，总投资额 200 万元人民币。其中，双林农牧场投资 100 万元人民币，主要以厂房、土建工程、附属设备备作为投资，占投资额的 50％；日方以铸造设备作为投资，不足 3000 万元部分以现金补齐（折合人民币 100 万元）。合资企业地址选在微山路以西、松江道以南，占地 1 万平方米，双方合资年限为 16 年，投产初期生产工艺简单的运动哑铃、管道压环等，待技术熟练后再生产工艺较复杂的水暖器材等。根据国内原材料情况，伸和公司将组成以日本纱处理设备、半自动造型机和国内冲天炉为主要设备的半自动生产线，生产规模为年产 1800 吨铸件，正式职工共计 40 人。同年 6 月，作为筹备伸和公司成立工作的一部分，双林农牧场派 10 名工人去日本大阪学习铸造设备使用等技术。11 月，筹建伸和公司的土建工程开始。双林农牧场投资 100 万元人民币兴建厂房 1800 平方米、办公用房 300 平方米。经过紧张的筹备工作，1989 年 1 月 26 日，双林农牧场场长贾贵生与日本伸和兴业株式会社代表桥吉和夫签署了《天津伸和铸造有限公司合同》。同年 4 月 10 日，天津市人民政府以外经贸津外资资字〔一九八九〕零九八号文批准天津伸和铸造有限公司建立。该公司董事会中方由魏建英任董事长，贾贵生任董事兼总经理，张旭朝任董事，郭慕文代理副总经理。

　　天津伸和铸造有限公司成立后，经济效益连年递增，成为双林农牧场的骨干企业。2001 年 3 月，农垦集团总公司以津垦司〔2000〕41 号、总公司党委以津垦党〔2000〕11 号文件，将天津市伸和公司调整为总公司直属企业（控股公司），将中方出资人原天津市农工商总公司双林公司变更为天津农垦集团总公司，党组织关系隶属总公司党委。天津市伸和公司就此归属集团总公司管理。

双林农牧场 1953—1990 年经营情况见图 3-1，全员劳动生产率见图 3-2。

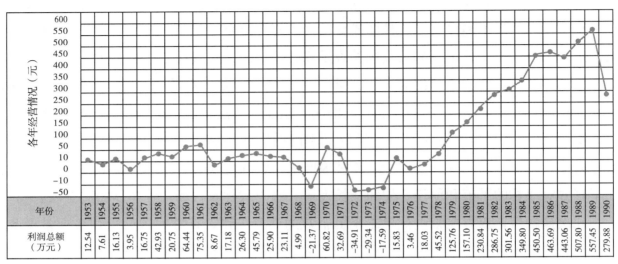

年份	利润总额（万元）
1953	12.54
1954	7.61
1955	16.13
1956	3.95
1957	16.75
1958	42.93
1959	20.75
1960	64.44
1961	75.35
1962	8.67
1963	17.18
1964	26.30
1965	45.79
1966	25.90
1967	23.11
1968	4.99
1969	-21.37
1970	60.82
1971	32.69
1972	-34.91
1973	-29.34
1974	-17.59
1975	15.83
1976	3.46
1977	18.03
1978	45.52
1979	125.76
1980	157.10
1981	230.84
1982	286.75
1983	301.56
1984	349.80
1985	450.50
1986	463.69
1987	443.06
1988	507.80
1989	557.45
1990	279.88

图 3-1　1953—1990 年农牧场经营情况（包括农业、工业、畜牧养殖）

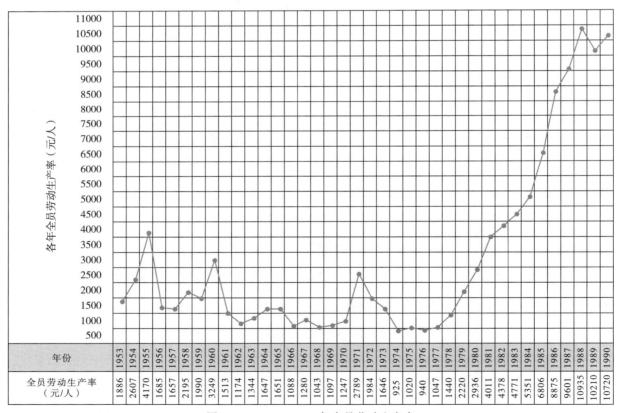

年份	全员劳动生产率（元/人）
1953	1886
1954	2607
1955	4170
1956	1685
1957	1657
1958	2195
1959	1990
1960	3249
1961	1513
1962	1174
1963	1344
1964	1647
1965	1651
1966	1088
1967	1280
1968	1043
1969	1097
1970	1247
1971	2789
1972	1984
1973	1646
1974	925
1975	1020
1976	940
1977	1047
1978	1440
1979	2220
1980	2936
1981	4011
1982	4378
1983	4771
1984	5351
1985	6806
1986	8875
1987	9601
1988	10935
1989	10210
1990	10720

图 3-2　1953—1990 年全员劳动生产率

第四编

公司经济情况

中国农垦农场志丛

第一章　公司经济发展（1991—2010 年）

第一节　工业新项目发展

进入 1990 年后，双林农牧场利用土地补偿款，加强对外招商引资，先后上马了一批工业项目，为当时的农场职工创造了就业岗位，给企业增添了发展后劲。

1991 年，天津市双林农牧场与台湾健生企业有限公司合资兴建天津浩林汽车配件有限公司。项目总投资 30 万美元，双方各投资 50％，主要生产经营各种规格的汽车灯泡。

1992 年，天津市农工商总公司双林公司与台湾劳伦斯国际企业有限公司合资兴建天津劳伦斯装饰材料有限公司。项目总投资 250 万美元，双林农牧场占 57％，对方占 43％，主要经营各种高档华丽板、保丽板、塑丽板等建材产品。1993 年 9 月 22 日，该公司开业。

1993 年，天津市津冠乳品饮料公司成立，该企业性质为全民所有制，主要开发生产经营果汁乳饮料、发酵乳饮料及雪糕等乳制品。1993 年 9 月 22 日，两个新建企业——天津劳伦斯装饰材料有限公司、天津市津冠乳品饮料公司同日举行开业典礼，天津市领导陆焕生、王立吉，局领导张国村、查禄忠及几十家兄弟单位及农场的领导到场祝贺。

1993 年，天津市农工商总公司双林公司与日本株式会社丸六商会签订意向书，合资兴建天津丸六食品有限公司。项目总投资 28 万美元，注册资本 20 万美元，其中日方投资占 50％。公司主要加工、销售各类副食品、水产品、水果、饵料。

1995 年 12 月 22 日，双林公司和日本丸日株式会社成立合资企业——双鹤渔需有限公司。

新兴工业的发展为双林农牧场带来了经济活力。

第二节　企业启动多方经营

1994 年 2 月，双林农牧场召开了第四届五次职工代表大会，会议审议通过了时任场长张文彬在职代会提出的《天津市双林农牧场关于转换经营机制，加速经济发展的若干意见》。该意见提出了以房地产开发为先导，采取开、联、换、转的方针，用 3 年时间完成产业结构及产品结构的双调整，并提出了建立八大经济发展基地的构想，即房地产开发基地、新兴工业基地、速冻食品工业基地、乳品饮料工业基地、商贸基地、合资企业基地、生态果园基地、仓储基地。该意见以津双政发〔1994〕9 号文件下发，是双林农牧场经济发展史上的一个重要标志。为了发展，1994 年，农场成立天津市双发建筑工程公司；同年 5 月，成立土地综合利用领导小组，下设规划办公室，统一协调农场土地，发展第三产业；同年 12 月，投资兴建 3000 平方米的津垦科技楼（津垦科技培训中心）。

1995 年 2 月，为利用土地资源发展第三产业，场属企业裕达公司决定在外环线场界内兴建天津市双林建材批发市场。1995 年 2 月 21 日，总公司以津垦司〔1995〕30 号文件批复同意。1995 年 5 月，经天津市津南区建委批准，该项目启动。1995 年 12 月，与日本合资成立天津双鹤渔需有限公司。

1995 年 2 月 25 日，场长张文彬在双林农牧场经济工作会议上提出：利用天津市 5～7 年内实施危陋平房改造的机遇，加速解决场职工住房问题，改善场职工住房环境，提出要在 2000 年以前，实现"三口之家住偏单、四口之家住三居室"的目标。

第三节　1996 年产业结构调整、第三产业成为主导

一、第三产业逐步成为主导

1996 年重组后，公司经济发展模式发生了重大变化，经营指导思想也逐渐清晰，提出了从 1996 年到 2003 年的工作思路是"以房地产业为龙头，带动各业共同发展"。公司将"大力发展三产、巩固提高二产、适度调整一产"的总体发展战略，逐步细化为坚持把发展作为主题，以改革调整为主线，逐步缩减一产、调整巩固二产、扩大发展三产，以"三个并举、两个再造"（即做强主业与安置职工并举，自主开发与联合开发并举，土地开发与土地储备并举；实现再造一个新双林、再造一个新组团的发展目标）为目标，实现公司全面发展。2004—2006 年，房地产公司的工作发展思路是按照科学发展观的要求，坚持理性、务实、积极的发展策略，积极推进"市场化、集团化、科学化"的经营理念，布局农垦，综合开发，进入市场，做大做强。2007—2010 年，公司领导班子通过深入学习科学发展观，树立起既符合总公司党委要求，又体现房地产企业特色的思想观念和基本思路，牢牢把握"三个意识"——机遇意识、责任意识、宗旨意识，紧紧围绕"率先抓好房地产重点项目开发，同时培育新的经济增长点，形成多项第三产业并进的发展模式，全力保持公司经济平稳较快发展"的工作思路，使农垦房地产公司

进入新的历史发展时期。公司第三产业发展迅猛，异军突起，成为公司经济发展的"领头羊"。

二、推动企业内部改革

从 1997 年起，公司积极稳妥地推进改革，逐步完善建立现代企业制度；坚持放开放活，积极推进股份合作制；坚持员工认可的原则，搞股份制试点，鼓励员工兴办个体、私营企业。同时，进一步推动劳动用工分配三项制度的改革，引进竞争机制，抓试点单位实行定岗定员。

当时公司各单位经济发展不平衡，关键原因就是对市场的认识不同，实际上是观念上的问题。比如当时对"就业观"的认识还比较传统，由于历史原因，人们习惯了在国有企业从一而终的工作方式，没有风险，没有危机，在转为市场经济后，大部分同志还很不适应。十五大已明确指出，非公有制经济是我国社会主义市场经济的重要组成部分，对个体和私营等非公有制经济要继续鼓励引导，使之健康发展。这对满足人们多样化的需要，增加就业，促进国民经济的发展有重要作用。所以，公司倡导每个人树立"哪有碗哪里端"的思想，只要思想跟上改革的形势，就有发挥个人才能的机会，就有致富的希望。抓改革、促发展成为企业改革的必然之路。

公司机关和基层各单位开始推动改革，起初只是调整产品和经营方式，而后开始在经营体制上有所突破。1998 年，公司提出以现代企业制度试点单位为契机，建立健全法人制度，大力发展多元经济成分和投资主体多元化，并出台新的规定：今后凡新上项目，不再采取国有独资，必须实行投资主体多元化，明确责、权、利，建立健全新项目负责制度，以调动经营者和生产者的积极性，争取最大的效益。各单位在"四自"基础上，允许并鼓励支持各企业实行投资主体多元化。在继续实行大病合作医疗办法的基础上，按照企业与个人都负担的原则，进一步完善职工医疗保健制度。根据公司当时"大力发展三产、巩固提高二产、适度调整一产"的总体发展战略，公司针对企业实际情况，在改革上实行"形式多样，整体推进，全面开花"的方法。

经过一个时期的运作，公司改革呈现出以公司为主体的现代企业制度的改革、以基层单位推行股份合作制为主要内容的转制工作和发展个体和私营经济三个层次。

为推动公司改革进展，1998 年，公司多次请天津市体改委和集团总公司有关部门到农垦房地产公司指导工作，确定了公司改革分两步走的方针：第一步，修改完善有关制度；第二步，创造条件向投资主体多元化过渡。为抓基层企业的改革，公司成立企管部，专门负责推动改革工作，集团总公司还组织有关领导赴山东诸城、江苏海安农场等地学习取经。此时，公司一些基层企业在局部出现了股份合作制的萌芽，如油印机厂尚立冬等12名职工集资入股，共建加工点，食品公司胡连森、朱学水集资经营制冰车间，这些人都是既出资又参加劳动共担风险的典型，是股份合作制的探索者。就基层单位整体而言，各单位均积极探索本企业的深化改革，寻求发展，部分单位在积极酝酿改制方案。

个体和私营经济得到迅速发展，公司于1998年初推出"下岗职工经营三水南里底商"试行办法后，又进一步放宽政策，租金由免2年变成免3年。当时已有十余名下岗职工报名，这说明过去职工们不愿从事的工作已经开始被接受，自谋职业的人越来越多。

1998年，公司圆满地完成了董事会总经理班子的换届工作，并按照《公司法》和现代企业制度，建立起相互制衡的法人治理机构，形成了"六位一体"的管理机制，即董事会、党委会、总经理办公会、监事会、纪委、工会，为企业改制建立现代企业制度做了必要的准备工作。公司从1998年起推行经济目标责任考核制，1999年再次强化相关制度的建设，有力地促进了企业改革的进程。

1999年，公司推出了若干制度：①各单位实行经济目标责任制，以上交管理费金额、利润完成情况、在岗职工人均收入和计划生育、安全生产等指标作为考核依据。从1998年开始，对完成或超额完成全年计划任务单位的责任人或领导班子给予奖励。②推行项目法人责任制和投资决算责任制，企业法人对项目筹划资金、建设实施直至生产经营、归还贷款本息及资产保值增值的全过程负责。③实行资产结构变化报告审批制度。此后凡涉及对外投资、联营等资产结构变化的一律实行报告审批制度。基层企业投资生产性项目固定资产在4万元以上的，或投资非生产性项目固定资产在2万元以上的，要事先书面报告，待批准后方准予实施。基本建设项目按有关申报审批程序执行。④凡属基层企业自行投资的项目，其所得效益归属该企业自有；凡属公司与基层企业共同投资或公司投资委托企业经营的，公司将根据情况分成或收取一定的利润。⑤基层企业如扩大占用公司资产、厂房租赁经营的，其收益的30％上交公司。此上交收益数不视为完成或冲减当年下达指标任务数，视为其占用公司固定资产的收益补偿。⑥对引进项目的中介人（不含公司领导班子成员），项目竣工后，按照对方投资额的1％～3％一次性给予奖励。

到2001年，公司一些企业改革初见成效。一是盈利企业的改革，即"富而思进"的改革。如转让德源公司中方股份，在保证国有资产安全退出的同时，扫除了体制不灵活给经营带来的障碍，达到了兴企富民的目的。在这一改革中，最重要的一点就是触及了最敏感的国有产权，引入民营机制，让公司所有人都成为企业的主人，使之操真心、干实事、求高效，员工利益与企业效益紧密联系在一起。经过3年的努力，中方股份已全部收回，至此，整个中方资产全部为六合公司拥有。二是亏损企业的改革，即"穷则思变"的改革。如在改革之初，油印机厂经营亏损 129 万元，已经到了不改革不足以生存的地步。改制后，通过集资入股方式组建的新企业焕发了生机，员工们充分发挥了积极性和创造性，企业经济效益明显好转，新成立的木制工艺品有限公司与日本阿迪克公司合资成立新公司。在原油印机厂改革改制过程中，有 99 名职工自愿申请自谋职业，与双林农牧场解除了劳动关系。另外，公司通过产业结构调整，对部分没有市场前景、没有资源、没有竞争力的企业进行撤并改革。如先后将通利公司并入仓储公司；将食品公司、服装厂并入裕达公司；裕达公司与仓储公司合署办公，实行一套班子、两块牌子。这一系列改革，明确了发展方向，规范了企业行为，减少了管理成本，节约了开支，避免了同业竞争，实现了精减高效，同时也促进了公司租赁业务和工程机械向专业化方向发展。

2003 年，随着国企改革的进一步深化，公司出台了《双林农牧场改革改制实施方案》，这是全公司的整体改革改制方案，强调了员工自愿、总场支付费用和基层单位做工作的原则，全场实行统一的政策，合法、合理、合情地做好离岗分流人员的补偿及安置工作。该方案与 2001 年 4 月公司制定的《天津市农垦集团房地产开发建设有限公司（双林农牧场）国有企业产权制度改革实施方案》共同组成了公司改革改制统领性文件，为公司改革的顺利实施奠定了坚实的理论基础，具有很强的操作性。

2003 年，针对基层企业改革，公司在总结"点"上经验的同时，实现了"面"上的突破。一是对津冠公司的改制重组。津冠公司成立于 1993 年，注册资本 480 万元，长期以来以乳制品生产为主，但由于市场竞争激烈等原因，长期处于亏损状态，至 2002 年底，公司亏损额累计 360 万元。面对这种亏损局面，公司派调研组深入该公司了解情况，对症诊治，经职工大会讨论，锁定了改制方案。因该公司的乳制品还有一定的市场，只是由于体制、机制等原因导致缺少活力，经多方论证，通过吸收职工和社会自然人投资入股的方式，将该公司改制为多元投资的公司制企业，建立起以产权为联系纽带的公司管理体制，真正按照"产权清晰、权责明确、政企分开、管理科学"的原则运作到位，实现了增资、转制、增效的目的。新成立的可利恩乳业有限公司经营运转正常，销售收入逐月递增，当年实现销售收入 130 万元，实现盈利，逐步成长为新的经济增长点。二是裕达公司分两批货币安置企业富余人员。随着农场大量土地被政府征用和产业结构的调整，企业产生了大量富余人员。在前几年改革改制的基础上，这些富余人员通过兼并重组都集中到了裕达公司。为了减轻企业负担，公司积极采取措施，分流安置这些人员。为此，经公司董事会研究并报集团总公司批准，2003 年 5 月，有 128 人自愿申请货币安置，共支付安置费用 639 万元；2003 年 9 月，第二批货币安置 249 人，共支付安置费 1054 万元。这两次货币安置工作的实施，为公司劳动用工制度改革积累了宝贵经验。2001年10月—2003年12月，与公司自愿终止劳动合同关系并申请货币安置的人数共计497人，累计支付转换成本2110万元，减轻了企业负担，并使职工得到了安置。三是龙森公司与承包人终止承包经营。由于该公司经营难以为继，承包人自愿申请终止承包经营合同。2003年10月底，公司改革改制小组进驻龙森公司，就企业出路问题充分听取了员工的意见，根据自愿的原则，对该公司的33名职工进行了妥善安置，并将该公司的承包经营情况委托岳华会计师事务所进行审计，有效资产并入了裕达公司。在资产清理过程中，采用评估拍卖的办法拍卖了双方共同购置的生产设备，对承包经营期间拖欠的职工工资和住房公积金进行了全额补发和补交，维护了职工的应得利益，确保了企业的稳定。值得一提的是，在此次改革过程中，公司对通过招聘进入木制工艺品公司的原龙森公司6名员工出售了部分国有股权，使这6名员工取得了新企业的股份，这是公司进行国有股权转让的又一次成功尝试。2010年，由于政府征地，双林木制品公司撤并，40余名职工整体转岗。经过3个月的培训，转岗职工大都从事物业管理工作，保证了公司稳定、社区稳定、职工队伍稳定、职工收入稳定。

通过推动改革，公司有效地减少了亏损点。2004—2010年，公司对其他发展较好的企业主要进行了深化管理和挖潜增效，使公司的经济效益稳中有升，同时积极培育新的经济增长点，如对外招租的人人乐超市、三水南里底商等。扩大物业管理范围，对外承接新小区，取得了良好效益，提升了农垦房地产公司的品牌形象。公司从2009年起开始筹建农垦文化公司、影视公司、酒店管理公司等，这些新兴产业未来会成为公司新的支柱企业，从而使企业在市场竞争中牢牢把握主动权。

第四节　1990—2010年经济发展情况

1990年，在企业外部减利因素大幅度增加的不利条件下，经过广大干部职工的共同努力，实现利润2798848元，上交国家税金和其他款项3049097元。

1991年，全场实现利润182万元，占计划的55.15%，扣除计划调整因素，比上一年减少54万元。

1992年，全年利润总额26万元，纳税56万元，营业收入3190万元，产值1709万元。

1993年，全年利润总额172万元，纳税60万元，营业收入2471万元，产值2449万元。

1994 年，全场实现利润 228 万元，是 1992 年的 8.77 倍，纳税 36 万元，营业收入 3163 万元，产值 4802 万元。

1995 年，利润总额 193 万元，纳税 52 万元，营业收入 3465 万元，产值 7028 万元。

1996 年，全公司生产总值 1900 万元，实现利润 269 万元。

1997 年，全年累计生产总值 2375 万元（财务数据 2376 万元），完成全年计划的 107.37％，较 1996 年全年增加 475 万元（财务数据 476 万元），增长 25％。全年累计实现利润 407 万元，完成全年计划的 101.75％。

1998 年，全年累计生产总值 2582 万元（财务数据 2585 万元），完成全年计划 103％，较 1997 年增加 207 万元（财务数据 209 万元），增长 9％。全年累计实现利润 508 万元（财务数据 509 万元），完成全年计划的 112.89％，超额 58 万元。其中，国有企业实现利润 425 万元，比预计利润 248 万元增加 177 万元；合资企业投资收益 83 万元，比预计利润 202 万元减少 119 万元。以上数据充分说明，作为主导行业的房地产业是经济速度增长最快的，国有企业全部实现了年初预计目标，公司逐步实现"发展三产、巩固二产、调整一产"的战略目标，产业结构得到进一步优化。

1999 年，全年累计生产总值 2825 万元，完成全年计划 112％，较 1998 年增加 243 万元，增长 9％。1999 年全年累计实现利润 606 万元，完成全年计划的 110％，超额完成 56 万元。其中，国有企业实现利润 456 万元，比预计利润 400 万元增加 56 万元；合资企业投资收益 150 万元。

2000 年，公司生产总值 3670 万元，完成利润总额 613 万元，营业收入达到 28185 万元，产值 1678 万元。

2001 年，公司生产总值 3500 万元，完成利润总额 706 万元，营业收入达 11267 万元，产值 1317 万元。

2002 年，公司生产总值 3785 万元，实现利润 905 万元，营业收入达 11872 万元。

2003 年，公司生产总值 4110 万元，较去年增长 325 万元，实现利润 906 万元，足额上交管理费 212 万元。

2004 年，公司生产总值 5054 万元，实现利润 1350 万元，完成年计划的 106％，同比增加 444 万元，增长 49％，上交管理费 215 万元。

2005 年，公司生产总值 4576 万元，实现利润 1100 万元，上交管理费 215 万元。

2006 年，公司实现国内生产总值 4298 万元，实现利润 780 万元，上交管理费 215 万元。

2007 年，公司全年生产总值 4491 万元，实现利润 572 万元，营业收入 10529 万元。

2008 年，公司内经济运行实现利润 521.7 万元，生产总值 4041 万元，职工收入也取得稳步增长。通过土地开发实现投资 4 亿元，为房地产的发展打下坚实的基础。

2009 年，公司实现利润 1007 万元，比计划实现利润增加 500 万元，完成计划利润的 200％。

2010 年，公司生产总值 5366 万元，完成利润 1249 万元，营业收入达到 10432 万元，职工年人均收入增长 10％以上。

第二章　公司经济发展（2011—2021年）

第一节　公司发展规划

2011—2015年，公司"十二五"规划发展的指导思想是：以邓小平理论和"三个代表"重要思想为指导，深入贯彻落实科学发展观，适应房地产市场的形势新变化，提升项目开发水平，狠抓重点项目，以加快转变经济发展方式为主线，深化改革开放，要使公司经济实力上水平、企业管理上水平、项目开发上水平、职工生活上水平、农场和谐稳定上水平，全力保持公司经济平稳快速发展。

公司初步确定了在之后几年中发展房地产公司的战略定位：大力推进多项第三产业，形成农垦新的产业链雏形，原有的企业工业、农业生产加工等逐步退出。坚持以房地产业开发建设为主导，大力开发高档商业综合体、写字楼、商品住宅和别墅，成为具备开发普通商品房、高端商品房、别墅、高档商业综合体、写字楼等一级企业资质的房地产开发公司。

2016—2020年，公司"十三五"规划发展指导思想为："十三五"期间，全面贯彻落实科学发展观，全面推进依法治企，全面深化国企改革，适应房地产市场的形势新变化，提升项目开发水平，狠抓重点项目，以加快转变经济发展方式为主线，深化改革开放，要使公司经济实力上水平、企业管理上水平、项目开发上水平、职工生活上水平、农场和谐稳定上水平。全力保持公司经济平稳快速发展，使公司成为具备开发普通商品房、高端商品房、别墅、高档商业综合体、写字楼等一级企业资质的房地产开发公司。2016年，农垦房地产公司进入天津地产企业前十，争取到"十三五"末，农垦房地产公司跻身全国地产行业100强，成为受业界尊重的房地产资源整合商。

2021—2025年，公司"十四五"发展规划指导思想为："十四五"期间，以习近平新时代中国特色社会主义思想为指导，全面贯彻党的十九大和十九届二中、三中、四中全会精神，以及天津市委十一届六、七、八次全会部署，紧紧围绕食品集团发展目标，坚持以房地产开发为主，商业资产经营、工程施工管理、物业服务管理为辅的角色定位，加快形成适应市场化发展的体制机制，为集团高质量持续健康发展打下良好基础。坚持"一三五

"七九"，即一个发展方向、三大战略定位、五项基本原则、七个发展目标、九大任务措施。

公司多年来持续推动企业改革改制，不断优化企业发展模式，从整合股权、整合企业、整合人员、整合资本等多方面入手，解决制约企业发展中的瓶颈，拓宽发展途径。从在农场自有土地开发，逐步走向集团系统土地开发，再到从市场上摘牌拿地开发。由单一房地产板块发展到 4 个板块联动发展，即燊辉＋双发的施工全产业链，燊辉＋物业的物业能源一体化管理模式，燊辉＋商业的大数据线上线下精准营销模式，双发＋商业＋物业的建材统购统销、项目工地后勤管理、食堂小卖部、食材供应等标准化服务模式。通过大数据中心，不断整合资源，深耕项目开发，同时加强对外战略合作，不断拓宽渠道，积极开拓市场，做大联强。2021 年，公司创新运营模式，由原来的工作汇报转换成每月、每季度召开企业运营分析会，依靠数字、指标、报表、分析对各企业进行把控，将企业运营管理作为管理企业的工具，推动实现公司精益化、体系化、标准化的管理目标。

第二节　公司经济发展综合情况

2011 年，公司全面贯彻党的十七大和天津市委九届九次、十次会议精神，坚定推进科学发展。公司全体干部职工发扬顽强拼搏的精神，克服了种种困难，奋力拼搏，推动公司经济结构不断优化。当年，公司营业收入 5800 万元，计划实现利润 2000 万元，实际完成 3000 万元，职工人均工资性收入增长 10％以上，国有资产保值增值率 120％，公司经济实力和经济总量得到进一步提升。

2012 年，公司坚定推进科学发展，通过产业结构的调整，加快新项目的布局，坚持经济工作稳中求进，保持了公司经济稳定持续健康发展。当年，公司营业收入 44356 万元，计划实现利润 3000 万元，实际完成 6314 万元，职工人均工资性收入增长 10％以上，国有资产保值增值率 169％，公司经济实力和经济总量得到进一步提升。

2013 年，公司全面贯彻党的十八大，十八届二中、三中全会精神和天津市第十次党代会精神，坚定推进科学发展，调整产业结构，推动公司经济结构的不断改进和优化。当年，公司营业收入 45000 万元，比 2012 年增加 644 万元，实现利润 9000 万元，比 2012 年增加 2686 万元。截至 2013 年 12 月底，公司资产总额 31.3 亿元，负债 28.7 亿元，所有者权益 2.6 亿元，职工人数 465 人，职工工资性收入增长 10％以上。

2014 年，公司全面贯彻党的十八大及十八届二中、三中、四中全会精神，瞄准公司于"十二五"期间制定的奋斗目标，以科学发展观为指导，以深化改革为举措，坚定推进科学发展，持续调整产业结构，保持了公司经济稳定的发展态势。当年，公司营业收入

51321 万元，实现利润 10000 万元。截至 2014 年 11 月末，公司职工人数为 455 人，其中在岗职工 337 人。

2015 年，公司营业收入 17.9 亿元，利润总额 1.23 亿元。公司资产总额 62.1 亿元，负债 57.2 亿元，所有者权益 4.9 亿元，与 2015 年初计划保持同步。

2016 年，公司营业收入 23 亿元，利润总额 2.56 亿元。公司资产总额 96.95 亿元，负债 91.83 亿元，所有者权益 5.12 亿元，资产负债率 95％。2016 年全年，公司房地产业共销售商品房 1205 套，销售面积 13.3 万平方米。公司职工人数为 401 人，其中在岗人数 321 人。

2017 年，公司营业收入 30.42 亿元，利润总额 3.38 亿元。农垦地产资产总额 97.86 亿元，资产负债 89.81 亿元，所有者权益 8.05 亿元，资产负债率 91％。公司职工人数为 387 人，其中在岗人数 319 人，当年引进成本、工程、设计、财务等类人才约 20 人。东方实业公司 2017 年各项经济指标按所占股权比例合并后，营业收入为 92.31 亿元，完成年度计划的 230.78％；利润总额 0.76 亿元，完成年度计划的 132.96％。资产总额 28.29 亿元，负债总额 22.44 亿元，所有者权益总额 5.85 亿元。东方实业公司职工人数 73 人，在岗职工 73 人。

2018 年，公司及东方实业公司认真贯彻党的十九大精神，以全力推进"六个建设、两大改革和四项管理"为抓手，在房地产市场限价、限购政策不断出台，信贷政策逐步收紧以及市场量价齐跌的严峻形势下，围绕打造一流企业的目标，全力推动公司经济工作，圆满完成全年各项目标任务。2018 年，农垦房地产公司（含东方实业）营业收入 11.63 亿元，利润总额 3.76 亿元，完成集团公司下达的任务指标。资产总额 112.70 亿元，负债总额 101.61 亿元，所有者权益 11.09 亿元（合并抵消后数据）。两公司在册员工 450 人，其中在岗员工 406 人。

2019 年，公司计划任务为 52.26 亿元，根据集团总体需要，房地产公司实际完成 34.74 亿元，完成集团公司 2019 年指标任务要求。2019 年，房地产公司（含东方实业公司）利润考核目标为 6.8 亿元，根据集团总体需要，房地产公司实际完成 4.02 亿元，完成集团公司 2019 年指标任务要求。公司资产总额 85.79 亿元，所有者权益 15.74 亿元，资产负债率 81.65％。

2020 年是"十三五"的收官之年，受全球新冠疫情冲击，世界经济严重衰退，产业供应链循环受阻，实体经济困难较多，经济下行压力持续加大，公司面临稳增长、防风险的双重目标的压力。面对错综复杂的形势，公司上下齐心协力，砥砺奋进，全面完成各项任务指标。2020 年房地产公司（含东方实业公司）营业收入 36.61 亿元，实现利润总额 7

亿元，按照集团要求调整为 6.7 亿元，全面完成集团下达的经济指标。2020 年末，房地产公司（含东方实业公司）资产总额 113 亿元，负债总额 94 亿元，所有者权益 19 亿元。

2021 年，公司初步成了要素的整合者、市场的开拓者和创新的践行者，形成了蓬勃发展的局面，新拿地、新开工、新竣工、新交付、新开业、新突破……亮点频频。企业业务内外部双循环相互促进的新发展格局，成为推动房地产公司高质量发展的动力源。2021 年，房地产公司（含东方实业公司）营业收入 45 亿元，实现利润总额 6.5 亿元，完成了全年经济任务指标。2021 年末，房地产公司（含东方实业公司）资产总额 111.04 亿元，负债总额 80.87 亿元，所有者权益 30.17 亿元。

第五编

房地产开发及其他

中国农垦农场志丛

第一章　对农场自有土地的房地产开发

第一节　农场早期职工房屋建设

1951年初，除了场部院内的4幢铁房子（20余标准间）作为办公、开会、仓库之用外，还在院内东、西两侧新建土坯房16间，作为职工单身宿舍。在西侧南端新建土坯大伙房1处，全体职工都在这里用餐。在场部后面，新建简易马厩、大车用具库及职工单身宿舍（土坯房）1排，共7～8间。在马厩以西，新建极简陋的猪舍、羊圈1排及职工住土坯房几间，新建土坯鸡鸭舍1处及职工住土坯房几间。这就是建场伊始房屋建设的大致情况。

1951年11月7日，经水利处利农字第919号文批准，农场新建砖坯结构办公用房1排，共15间，于1952年春季竣工交付使用。与此同时，还在场部院内东侧南端建成土坯职工食堂1处。

1952年5月，天津市建委会给双林农场新建家属宿舍平房3排，共30间，建筑面积500余平方米。这是农场首批砖木结构旁的工住宅，部分干部职工住进新房，此房在场内习惯称"30间房"。

1954年，为加强稻田管理，农场建立东、西两个区队。西区队队部设在西南区东北方向道边，该处无任何建筑物，遂将1幢铁房子移至该地，作为办公、宿舍等用，另建简易食堂1间。初建畜牧队时，将1幢铁房子安置在场部后面，靠近用马厩改建的牛舍，由畜牧队使用。

1956年与长泰合并时，双林共有砖木、砖灰、土坯结构的各种用途房屋149间（自然间），建筑面积共计4308平方米。

原长泰分南、北二场。北场实际上为场部，有1排砖木结构的北房，约15间，东边2间为食堂，其余为办公室和职工单身宿舍。此房前面有土坯房2排，共10余间，为职工单身宿舍等。另外，还有几间零星土坯房（此片即后来的北区宿舍）。南场的北面有马厩和单身职工住的土坯房，南面为一方形院落，内有砖灰结构房屋3排，共20余间，除办公室使用5～6间，其余为职工单身宿舍等。东侧有土坯房1排，有6～7间。西侧有砖坯结构的食堂 1 处（此片即现在的双林针织厂、生化制品厂所在地）。长泰共有砖木、砖灰、土坯结构的各种用途房屋 122 间，建筑面积共计 2456 平方米。

两场合并时，共有各种房屋 271 间，建筑面积总计 6764 平方米。

1955 年秋，根据上级指示，为两场合并做准备，开始进行较大规模的基本建设工程。大礼堂居中，其东西两端各有办公用房 1 幢，办公用房对面各有职工宿舍 1 排，每排 11 间。东排宿舍东边 3 间改为小卖部，西边 3 间改为粮店，2 间为场医务室，其余为宿舍，北面有机务队用房 1 幢，再往北为拖拉机库、油库等。西排宿舍北面有大仓库 1 幢。大礼堂北侧为食堂，再往北，有独立的 2 间房（并场后，杨英场长在此办公、居住）和澡堂。新场部及附属建筑房屋总面积约 2800 平方米。新建畜牧队的办公室、牛舍及附属建筑工程也同时进行，建筑面积共约 2300 平方米。

1956 年下半年，将西区队队部（原长泰南场）的 3 排土坯房和食堂推倒重建为砖瓦房，建筑面积共约 800 平方米。在场部西侧，新建职工家属宿舍平房 5 排，共 50 间，建筑面积为 857 平方米，此房在场内习惯称"50 间房"。

1957 年，在农场通往灰堆的大道边新建职工家属宿舍 10 排，共 100 间，建筑面积约 1700 平方米，定名为"五七新村"，场内习惯称其为"100 间房"。此房建成后，大部分职工迁入新房，大大改善了居住条件，这是当时全场最大的职工住宅区。

到 1958 年，全场各类房屋总面积已达 30227 平方米，其中畜禽舍及附属设备 17360 平方米，生产用房 2427 平方米，集体宿舍和住宅 5020 平方米，办公及其他用房 5420 平方米。

1958 年，成立房屋维修小组，由几位木工和瓦工组成，忙时雇用临时工，主要担责一些修修补补的零活。1964 年，由于全场房屋修缮等任务日益繁重，场领导决定成立修建队（后改为基建队），在原维修组的基础上，充实了技术力量，职工发展到 30 余人。除负责房屋维修及木制农具的维修外，还能承建场内小型建筑。场领导任命了书记、队长，并配备了专业技术员、财会人员等，使基建队的业务范围逐渐扩大，人员也陆续增多。随着基建工作的开展，操作上开始向机械化发展。首先在木工车间添置了电锯、刨床、打榫机等机具；在瓦工方面，添置了搅灰机、淋灰机、手扶拖拉机等机具。

成立修建队的当年，积极采取集中力量"打歼灭战"的方法，打破木、瓦工界线，全体职工一起动手，突击完成闸涵工程 10 余处，保证了稻田按时拉荒，还完成了房屋建筑工程 4884 平方米（包括在北区队新建职工家属宿舍 20 间）。木工组还维修了大小闸门及农具 1000 余件，并承担了在五七新村新建 42 间宿舍和东区队仓库的全部木活，降低了工程造价，节约了资金。

1967年，基建队完成了42间职工家属宿舍房顶铺油毡和室内砌隔断墙，五七新村下水道及32处自来水井等工程，畜牧队化验室、油库改建工程，为猪舍砌16间隔断墙和制作安装32个木门，新建职工宿舍10间及翻盖西区队铡草车间等基建任务。

从20世纪70年代开始，基建队又增添了"20"拖拉机、翻斗车、搅拌机等大型机具。木瓦工的各种机具配套发展，加速了各项工程的进度，并大大减轻了工人们的劳动强度。

1972年，基建队对全场的房屋进行了一次普遍维修，翻盖了40余间宿舍，还协助东、西区队利用废料新建房屋30余间，并负责这些房屋的门窗制作和安装工作。1973年，知识青年来场，分配到基建队几十人，此时，全队已有职工、知青共180余人。

1974年，在场部新建保健站1处，共有房屋9间，建筑面积247平方米。1976年，在场部南面（保健站西）新建办公室1幢，共有房屋9间，建筑面积271平方米。

自1972年扩建机务队修配车间之后，随着工副业的发展，根据生产需要，在机务队周围新建、改建厂房及仓库等生产用房，增加的建筑面积是原来的2倍。

1978年，机务队新址建成使用，包括办公室、车库、车间及附属建筑等，建筑面积共4256平方米。

1981—1982年，新建青苑里职工家属宿舍190套，共216间，建筑面积共5364平方米；新建双山里平房162套，共317间，建筑面积6908平方米。

1985年，新建低温冷藏库1座，建筑面积500平方米；新建欧娜公司外宾楼，建筑面积406平方米；北区宿舍翻盖115平方米；新建西区排水站，建筑面积50平方米。

1986年，新建欧娜公司生产车间，建筑面积1350平方米；在五七新村新建职工住宅平房30间，建筑面积共1093平方米。

1987年，新建35千伏变电站1座，建筑面积240平方米；在鸡场新建开放型鸡舍2栋，建筑面积共1310平方米；在畜牧队新建奶品处理车间，建筑面积269平方米。

1988年，修缮职工宿舍1800平方米，为五七新村住宅的门窗全部刷了油漆。

1989年，根据天津市政府平房改造指示精神，总场投资26万元，对五七新村40间危漏房屋进行改造。新建小二楼职工住宅，建筑面积共949平方米，解决了27户的职工住房问题。新建冷库加工车间，建筑面积835平方米。由总场投资10多万元，资助44户职工购买了廉价商品房。场里下大力量对职工住宅进行了维修。为解决青苑里和北区宿舍的雨水倒灌问题，铺设排雨水管道300米，建设雨水井32个。为改善职工居住条件，对已损坏的地面进行了返修，共修95间，计1500平方米，铺设刮胶地面30间，计450平方米。

1990年，总场再投资31万元，在五七新村新建小二楼职工住宅36间，建筑面积共1006平方米，可解决26户职工的住房问题。针对青苑里部分宿舍屋顶过薄问题，总场投资3.7万元，平均加厚屋顶8厘米。

自20世纪80年代以来，根据农场农工商联合企业各项生产发展需要，生产用房的新建、扩建、改建等项工程进度较快。同时，场领导为了逐步解决职工住房困难问题，进行了大量投资，新建、改造职工住宅及资助部分职工购买廉价商品房，有效缓解了职工住房困难。

到1990年，全场各类房屋建筑面积总计93670平方米，其中生产用房66713平方米，办公及其他用房7543平方米，自有职工住宅19414平方米。

1993年3月，双林农牧场向总公司申请利用自有土地90亩新建职工住宅小区，第一批为5万平方米，投资3600万元，用于改善五七新村和青苑里的职工居住环境。这是双林农牧场首次涉足房地产开发。

1994年4月4日，农场决定自筹资金改造北区宿舍。农场北区职工宿舍始建于中华人民共和国成立前期，由于多年使用和遭遇地震，已严重破坏，成为危陋平房。为保障人身安全和改善职工住房生活条件，5月17日，经总公司批复，改造北区职工宿舍项目启动。到1994年12月12日，农场实施1994年度分配职工住房，此次解决了近200户职工的住房困难，改善了职工的住房条件，分配新房面积4600平方米，价值800多万元。

第二节　建新房地产公司启动农场土地开发及综合利用

1996年5月，双林农牧场与房地产开发公司合并，组建了以房地产开发建设为主业的国有独资公司——天津市农垦集团房地产开发建设有限公司（双林农牧场）。通过建章转制，按照《公司法》和现代企业制度的要求积极运作。双林农牧场与津垦房地产公司合并后，为集中开发利用土地提供了更好的条件。至1996年12月底，公司共开工105731平方米，基本竣工100234平方米。其中，开发解困房27088平方米，集资建房3800平方米，合作建房34343平方米，平改房3500平方米，建设监测中心1500平方米、培训中心4000平方米。云山里商品房已全部售出，红日路商品房已售出90%。

1997年，公司以土地开发房地产业为龙头，抓住机遇，在控制规划批复的基础上严抓区详规，适时开展土地开发招商工作，加快了开发。完成了贵山里一期27000平方米的全部工程及配套设施，480套住房全部售出，按时进住。5月10日开工的贵山里二期34000平方米工程也已基本竣工，贵山里三期27000平方米的设计工作基本完成，安排春节前后开工，以确保 1998 年内完成贵山里小区全部工程及配套设施。此外，双林地区的控制性详细规划，通过了天津市建委、市政府的二次论证和审批，安居工程于 1998 年起步。

1998 年，公司抓住天津市实施安居工程这个发展机遇，积极争取安居工程项目，集中精力、加速开发，当年就投入资金 5500 万元，用于房地产开发。贵山小区二期工程 3.4 万平方米，于 1998 年 5 月全部竣工。贵山小区三期 2.6 万平方米工程基本竣工，配套工程于 1999 年 5 月全部竣工。二、三期售房回款共 7213 万元，公司资产运转良好，资金周转天数由 1997 年的 1305 天/次变为 1998 年的 864 天/次，极大地提高了资金利用率，取得了良好业绩，获得了丰厚的回报。此外，共计 12 万平方米的玉峰花园完成"三通一平"的前期工程，其中 7.6 万平方米工程启动建设，实现了当年"保 6 万争 9 万"的开工目标。

1997 年 7 月 28 日，在天津市副市长王德惠主持召开的有关专题会上，制定并审查通过了双林地区控制性详细规划。1998 年 2 月，经天津市政府同意，市建委以〔1998〕81号文件正式批复了双林地区控制性详规，这为公司加快土地开发利用提供了大好机遇。1999 年，天津市政府加大了对房地产市场的整顿与规范，市场总体处于房源供应充足、有效需求不足的局面，给全市房地产业带来极大困难。1999 年 9 月 17 日，天津市建委以建房〔1999〕846 号《关于加强经济适用住房计划宏观管理的通知》文件正式确定华苑、万松、梅江、西横堤、双林五个区为天津市安居工程用地。公司抓住机会，抓好玉峰花园开发建设，使其成为让工薪阶层满意、市场接受并认可的海地唯一花园小区。这是农垦房地产公司正式开始商品房建设的第一个小区，为此，公司集中力量，广开筹资渠道，加大资金投入力度。1998 年，公司开工 5.1 万平方米，投入 3500 万元；1999 年，公司新开工 7.2 万平方米（不含接转工程），投资 5000 万元。从 1999 年 6 月 16 日玉峰花园售房许可证下发到 12 月 31 日，公司销售部共销售玉峰花园房屋 294 套，面积 21759 平方米，回收款 25733350 元。同时，还销售贵山小区余房 54 套，面积 4160 平方米，回收款 7115255元。1999 年下半年平均一天售房两套，物业公司也加大了配套服务力度。

2000 年，玉峰花园二期工程开工面积 6 万平方米，销售 4 万平方米。2000 年 10 月，主体竣工，配套工程基本完成，11 月 15 日之前具备进住条件，业主年底入住。销售部门调整销售策略，充分利用多种媒体，积极探索联网销售、买断销售、代理销售等多种方法，开展促销活动，使玉峰花园总体销售面积达到 60%。10 月，公司在 2000 年龙年金秋天津房地产交易会上获得由天津市建设管理委员会、天津市城市建设综合开发办公室、天津市房地产管理局、天津市规划和国土资源局颁发的"金龙奖"。物业公司努力提高物业管理水平，建立健全物业管理制度，推进文明服务，主动服务，提高服务水平，塑造企业形象，在售后服务、社区服务上突破，使玉峰花园物业管理上档次、上水平，玉峰花园成了名副其实的花园。2000 年，市建委下发房字 846 号《关于加强经济适用住房计划宏观管理的通知》文件，双林居住区已被列入安居工程计划，为此，公司加紧对麻地 400 亩双林住宅小区的详细规划，拿出具体的实施方案工程预算，并开展对外招商引资，以合资、合作、联建等多种形式着力推动安居工程启动，确保公司房地产行业可持续发展。

2001 年，公司狠抓华林小区工程建设，当年就集中 4000 余万元的资金投入华林小区 35 万平方米工程整体启动和祺林园一期的工程建设。5 月，公司在 2001 年春季天津房地产交易会上获得天津市建设管理委员会、天津市城市建设综合开发办公室、天津市房地产管理局、天津市规划和国土资源局颁发的金奖。当时，华林小区祺林园的售房前期准备，包括市场调研、广告宣传、策划和销售预案等已基本落实，小区已经被地名办批准定为"祺林园"，计划于 2002 年上半年开盘。

2002 年，公司为与房地产开发规模相适应，加大了对房地产的投入。上一年对华林小区的投入总计约 1.3 亿元，其中，祺林园一期工程投入 9200 万元，二期投入 1600 万元，华林小区 D 组团投入 1500 万元。祺林园二期工程于 2002 年 5 月初正式动工，10 月初全部楼栋封顶，10 月中旬进行了主体结构验收。祺林园一期于 2002 年 2 月 27 日开盘，全年共销售 300 套，面积 27000 平方米，应收 5300 万元，实收 4200 万元。同时，销售部对公司贵山小区、玉峰花园部分底商进行销售，全年共售出 5 套，面积 836 平方米，应收款 235 万元，实收款 124 万元。

2003 年，房地产公司投入 1 亿元，开工面积达 22 万平方米，实现销售收入 1.05 亿元。农垦科研培训中心于 2003 年 4 月 23 日开工兴建。截至 2003 年 12 月 24 日，华林小区销售情况如下：祺林园累计销售 747 套，销售面积为 6.8 万平方米，售房率为 59%，应收款约为 1.5 亿元，实收款约为 1.2 亿元；贵山里底商及玉峰花园、贵山里余房销售面积 5997 平方米，实收款约为 1100 万元。基本完成了年初确定的销售目标，取得了较好的销售业绩。

2004 年，房地产公司自行开发住宅面积已经突破 60 万平方米。其中，华林小区约 20 万平方米自建商品房的建设已接近尾声；儒林园共 8.7 万平方米，6 月底已全面竣工，各种配套设施，除绿化外已全部完工，小区绿化工作准备在开春进行；华林小区 4000 平方米商业公建主体已经验收完毕，2005 年初全面竣工；农垦科研培训楼完工并投入使用；农垦双林超市项目建筑面积 30765 平方米，规划设计四层，上半年完成了项目的前期及相关配套手续，8 月 31 日正式开工，并开始进行主体施工，首层及二层钢结构安装已结束，超市招租工作已进入实质性磋商阶段。当年，公司商品房销售在天津市房地产宏观环境的影响下，呈现出火爆的势头。截至 2005 年 1 月 4 日，祺林园销售 105604 平方米，1124 套，应收款 2.34 亿元，实收 2.33 亿元；儒林园售房 77272 平方米，774 套，应收款 2.22 亿元，实收款 1.09 亿元。仅 2004 年一年，共售出 112719 平方米、1129 套，应收款 3.03 亿元，实收款 2.16 亿元。

建筑面积 8.7 万平方米的儒林园于 2004 年 6 月底全面竣工。2005 年，儒林园居民顺利入住。儒林园的建成投入使用，无论从其规划设计、建筑标准，还是配套设施来看，都标志着公司在同类产品的打造上达到了一个新的水平。农垦双林超市如期投入运营。超市项目是公司的一项重点工程，主体于 2004 年底通过竣工验收，2005 年 3 月开始进行初次装修及设备安装，5 月底通过整体验收并顺利实现与承租单位天津市人人乐商业有限公司的交接，于 2005 年 9 月 28 日正式营业。华林小区儒林园销售面积共计 82130.15 平方米，共销售 816 套商品房，2005 年 5 月初已全部售罄，为房地产公司的进一步发展打下了雄厚的经济基础。

第二章　面向市场的房地产开发

第一节　从开发自己农场土地到走出农场面向市场开发

2003年，随着天津市城市化进程的飞速发展，经营城市的理念深入人心，土地资源遇到了政策性调整，公司面临着一次严峻考验。面对现实，公司树立全局观念，上下统一思想，转变观念，实施"走出去"发展的战略。公司在自有可开发土地急剧减少的同时，向市场迈出了一大步，积极参与兄弟农场土地的综合开发，而且在开发项目上也不局限于居民住宅，逐渐涉猎高档商住房、大型商业设施、休闲娱乐设施等的建设。

当时介入的项目有：①与东郊农场合作开发的温泉休闲观光生态园项目。经可行性论证，该区域适合建设大型休闲观光项目。经公司与对方多次接洽，双方达成了合作意向，通过优势资源的整合，以期实现双赢。该项目总用地面积约950亩，拟建建筑面积2.75万平方米，总投资约9000万元，集游泳、洗浴、休闲健身、餐饮、热带植物园、生态种植观光园、高尔夫练习场于一身，可提供休闲观光一条龙服务。②与里自沽农场合作的综合开发项目。为充分发挥房地产公司与里自沽农场各自的优势，实现技术优势、资金优势及土地资源优势的强强联合，经双方多次协商，初步达成了综合开发意向，协议项目占地约3000余亩。③与武清农场合作开发经济适用房项目。基于武清农场独特的地理优势，经与该场协商，达成合作意向。公司投资150万元，对武清农场全部土地进行测绘。④合作建设天津宝德学院学生公寓项目。天津市宝德学院学生公寓项目是天津市教委实施高校教育后勤社会化的重点项目之一。该项目选址在工农联盟农场，建筑面积2.3万平方米，市教委已与工农联盟农场达成意向，由农场来承建该项目，而公司与工农联盟农场业已达成具体实施建设项目的意向，待有关前期手续落实后，项目建设计划将如期实施。⑤与军粮城农场合作开发蓝领公寓项目。该项目位于塘沽开发区，建筑面积5.3万平方米，项目投资约7000万元，建成后，将为开发区工作的员工提供住宿、餐饮、购物等服务，计划于2004年底竣工投入使用。军粮城农场与公司达成合作协议，由两个单位共同投资、共同获取收益。

耕耘就会有收获。经公司领导班子的努力，由农垦房地产公司承建的工农联盟宝德学院学生公寓扩建工程一期 2.4 万平方米于 2004 年 3 月 15 日正式开工，至 9 月底全部完工，当年 10 月正式投入使用，良好的管理和施工赢得客户的称赞。公司下属企业双发公司从 2005 年开始主动对外承揽了三项工程，合计承建建筑面积 9.4 万平方米：一是位于西青区津静公路 28 号的宝德学院学生公寓及综合楼二期工程，建筑面积 2.4 万平方米，于 2005 年 4 月 21 日正式开工，10 月 1 日完工交付使用；二是位于塘沽区的蓝领公寓项目，建筑面积 3 万余平方米，于 2005 年 11 月 1 日正式开工，2006 年 7 月竣工；三是位于宝坻区大口屯镇的宝翔景苑工程，建筑面积 4 万平方米，于 2005 年 12 月 4 日正式开工，2006 年 9 月底竣工。

2006 年下半年，公司与天津新宏基房地产发展有限公司签署了合作开发位于西青区中北镇新津杨公路南侧、中北镇中学东侧的水语花城花溪苑项目，建筑面积 36000 平方米。公司先期投资 2500 万元，于 2007 年第一季度开始施工。

2007 年，公司在集团总公司的大力支持下，运作红旗农场 510 亩土地的经济适用房项目。

2008 年，水语花城项目占地面积 2.57 万平方米，建筑面积约 4 万平方米。该项目自 2008 年 5 月开始对外销售，虽然受到市场不景气的影响，但销售良好，售出 137 套住房，项目产品合格率达到 100％。燕居花庭项目占地面积 2.57 万平方米，建筑面积约 4 万平方米，于 2008 年 12 月 10 日完成初步竣工验收。

2009 年，燕居花庭项目住宅销售全部完成。该项目自 2008 年 5 月开始对外销售，到 2009 年已全部销售 480 套住房，获得了良好的经济效益。

2010 年 9 月，公司成功签署了体育馆 B 馆项目，并成立了天津农垦文化产业投资有限公司。该项目是农垦房地产公司解放思想、调整产业结构、转变经济发展方式的具体表现，是农垦房地产公司由单一住宅地产向多元化商、住混合型地产转型的重大举措。津奥广场影城项目位于天津市体育馆 B 馆（体育局已委托农垦集团经营 B 馆，经营面积 15000 平方米），改造后的 B 馆集电影城、电玩城、特色餐饮、运动品牌销售等多种业态于一体。

第二节　从商品房到高档别墅

为了提升农垦房地产公司的技术管理力量，在集团总公司的支持下，公司于 2009 年底引入投资方天津市万科房地产有限公司和天津吉象投资发展有限公司，共同开发原

"双林 100 亩"项目。该项目土地是农垦房地产公司于 2008 年 12 月 29 日从天津市土地交易中心摘得，位于津南区浯水道北侧，东至天津市双林裕达机械工程（仓储）公司，南至浯水道，西至艺林路，北至泗水道。原"双林 100 亩"项目已正式定名为农垦房地产仕林苑住宅项目，该住宅项目定位为中高档精品社区，占地面积 63581.6 平方米。

为与万科联手共同开发仕林苑 11 万平方米住宅项目（即"双林 100 亩"项目），经过长期谈判，公司于 2010 年 1 月 13 日与天津万科房地产有限公司在天津农垦集团王朝酒公司举行了战略合作框架协议及仕林苑项目合作协议签字仪式。当年，津垦房地产公司与天津万科房地产公司就后梅江区域 1400 余亩土地的未来开发与经营也达成初步合作意向。公司凭借优质的土地资源牵手万科地产公司，发挥万科的品牌优势以及先进的地产开发理念，通过加强战略合作，发挥各自的优势，提升竞争力，协同发展。双方组成精干的合作班子，于 2009 年 12 月成立法人独资公司——天津市迪万投资有限公司，以津垦房地产〔2009〕17 号文件，向集团总公司呈报并得到批准，从而确保 2010 年上半年工程开工。

为了提升仕林苑项目整体规划、设计、销售、施工等水平，公司引进了先进的设计理念，最大限度地探求土地的生活价值和市场价值，注重人性关怀，打造满足改善型客户群的高端产品，引导区域价值和高端市场的可持续发展。结合现地形及西侧的高尔夫场地，把地块分为东西两组团。西侧为高品质低层低密度联排别墅 118 套，建筑面积约 25665 平方米，建筑风格为英伦都铎风格；东侧为高层住宅，与东南方向小高层相呼应，利于车库和人防工程的集中布置。7 栋高层约 872 户，建筑面积约 81249 平方米；1 栋多层住宅约 44 户，建筑面积约 3917 平方米。在户型设计上，体现精益求精、注重细节的原则，做到主卧室、起居室全阳面，次卧室、厨房、卫生间全明面的最优采光理念。居室方正、通透，各项居住功能安排合理、使用方便。站在生态环境的大角度上，从高尔夫场地起，地势呈西低东高的趋势，西侧联排别墅隐入树林之中，东侧高层疏密有致，富有张力，和谐共生。

为在景观打造方面出特色、上档次，公司加大了投入。在景观设计上，一是引入水景观，采取带状、点状水景观结合的方式，附带木桥、台榭等点景增加意境；二是做好道路景观，石材路面等与水景配合；三是引进大型优质树种，植被景观形成草地、绿篱、小灌木、大树立体绿化，并引进常绿乔木，使社区四季常青；四是做好主景观与次景观的结合以及景观与小区运动场、休闲场所的结合；五是社区景观和西面 400 亩高尔夫球场、东面双林河的景观融为一体，形成天津东南部一道亮丽的风景线。

项目地上规划建筑面积 114447 平方米，地下建筑面积 31159.5 平方米，其他配套用房面积约 3616 平方米。2011 年 9 月 2 日，天津环内极为稀缺的城市别墅项目——仕林苑首期别墅开盘。在仕林苑首期别墅开盘仪式上，仕林苑共推出 40 席联排别墅产品（其中 18 套端户，22 套中户），当天现场成功认购 26 套（其中 16 套端户，10 套中户），认购额达 1.75 亿元，认购率 65%。2011 年 11 月 20 日，仕林苑高层洋房开盘销售，这是双林历史上，也是天津市农垦集团房地产开发建设有限公司成立以来出现的新闪光点。别墅的开发标志着公司整体开发水平和知名度有了重大提升。

第三节 从单一的商品房开发到商业综合体的开发

在集团总公司的支持下，2010 年 9 月 3 日，天津农垦文化产业投资有限公司与天津体育馆正式就津奥广场项目签订委托经营协议书。该项目位于天津市南开区奥林匹克体育中心，与奥城商业区相邻，北临宾水西道，南至红旗南路，东临卫津南路，西接凌宾路，周边配套设施齐全，交通极为便捷。项目依托天津体育中心附属场馆 B 馆、D 馆的现有建筑（建筑面积 10000 平方米），对其进行全面升级改造，将 B 馆由一层改建成两层，建筑面积增至 16000 平方米，使之成为以体育健康为主题，集运动、体育娱乐、体育商品零售、影城、餐饮为一体的综合性商场。该项目于 2012 年 9 月开业。公司积极配合政府在解放南路打造更大的面积约 10 万～15 万平方米的商业综合体，实现该商业公建的商业运作，积极引进国际国内著名商业品牌公司合作，推动双林商业及现代服务物业、文化产业的综合发展。

公司积极开拓酒店建设开发领域。经过 1 年多的准备，在集团总公司的支持下，丁字沽三号路项目 32000 平方米的居住型公寓和商业公建于 2009 年 12 月 31 日完成出让，被中兴嘉和公司接盘。该项目获得了良好的经济效益，得到了集团总公司的认可。2010 年，公司开始筹划天津农垦集团阿德勒酒店。该酒店位于天津市红桥区丁字沽三号路与白酒厂大道交叉口，紧邻地铁站并与西站照相呼应，地理位置优越，交通便利。酒店总经营面积为 1.4 万平方米，是天津农垦集团斥资 2 亿元打造的全西班牙风格的精品酒店，被红桥区政府列为红桥区"酒文化一条街"的领头重点项目在开发市场、拉动消费、增加就业、提高当地的税收等方面起到一定的带动作用。后由于国家政策调整，酒店改建为商业综合体。

公司 2010 年之前工程开发项目情况见表 5-1。

表 5-1　公司 2010 年之前工程开发项目情况

序号	项目名称	建筑面积（平方米）	开工时间	竣工时间
1	贵山里一期	27000	1996 年 12 月	1997 年
2	贵山里二期	80840	1996 年 5 月	1998 年 12 月
3	贵山里三期	25859.95	1998 年 4 月	1999 年 4 月
4	玉峰花园	129563.27	1999 年 2 月	2000 年 3 月
5	儒林园	87824	2003 年 3 月	2004 年 8 月
6	儒林园商业配套	3197	2003 年 3 月	2004 年 8 月
7	儒林园居委会	314	2003 年 3 月	2004 年 8 月
8	祺林园一期	64000	2001 年 7 月	2002 年 10 月
9	祺林园二期	56000	2002 年 1 月	2003 年 6 月
10	祺林园公建	2730.7	2001 年 8 月	2002 年 10 月
11	人人乐公建	30500	2004 年 7 月	2005 年 9 月
12	水语花城	39796.75	2007 年 8 月	2009 年 3 月

第四节　2011—2021 年公司重点开发项目

2011—2021 年，公司开发围绕三大板块进行：第一版块是商品房住宅开发版块；第二版块是保障房开发版块；第三版块是商业地产、酒店业地产、文化产业版块。

2011 年，公司与万科房地产公司合作，建设仕林苑项目，共同开发中高档小区，产品为联排别墅、洋房、高层。2011 年 9 月，首期别墅、高层住宅开盘。2011 年建设双山新苑项目，这是为双林农牧场职工改善住房建造的安置经济适用房项目。2012 年 3 月，160 余户居民迁入新居。

2012—2013 年，建设兰江新苑定向安置经济适用房工程。兰江新苑项目的投资方是天津市保障住房建设投资有限公司，由天津市农垦集团房地产开发建设有限公司负责开发建设。该项目是农垦房地产公司参与市政府民心工程的第一个项目，位于天津市河西区小海地，东至枫林路，南至泗水道，西至梅林路，北至三水道。项目规划可用地 7.18 公顷，规划总建筑面积约 167288 平方米。居住住宅由 8 栋 26 层高层、2 栋 32 层高层、4 栋 10 层小高层、2 栋 11 层小高层，以及 2 层裙房商业组成。建筑组合平面布局紧凑，建筑立面简洁美观，居住住宅主要为小二楼原地拆迁居民回迁。

2013 年，公司开发阿德勒酒店项目，后改建为商业综合体天食广场（红桥），属商业开发项目，同时打造津奥广场项目。

2014 年，建设宝坻金水湾 2 期项目，属商品房住宅项目。

2015 年，建设金地艺城华府项目。3 月 13 日，成立天津农垦金安投资有限公司。3 月 25 日，农垦金安公司以 20.42 亿元摘得位于北辰区淮河道北侧津北辰淮（挂）2015 - 027 号地块。2015 年 11 月 7 日，示范区售楼处正式亮相。2015 年 12 月 12 日开盘销售，短短 15 分钟内销售破亿，开盘 5 小时取得近 6 亿元销售额，热销 400 套，成为环内洋房销售冠军。

2016 年，持续建设艺城华府项目。

2017—2018 年，公司为开发解放南路项目，与仁恒房地产公司合作成立晟林公司。解放南路 35 号地块住宅项目（仁恒公园世纪）于 2018 年 7 月、10 月和 12 月 3 次开盘，该项目整体分三期已全部开工建设。同时，公司持续开发金水湾花园项目及第三期湖景园项目。

2019—2021 年，为开发职工住房，成立红旗公司，建设职工经济适用房项目。该项目将建设经济适用房 1572 套，以解决食品集团职工的住房问题。成立兴港公司，主要为大港农场职工建设定向安置商品房项目。该项目建筑面积 10 万平方米，项目总投资 7.7 亿元。2020 年，为开发含章雅著项目，成立子公司农垦佳阳公司。该项目位于河东区红星路及靖江路交叉口，项目可建设面积约 6 万平方米，总规划建面约 26 万平方米，分为住宅及商业等多种业态，住宅规划有高层及洋房两种产品，整体预计于 2025 年实现交付。项目于 2020 年 3 月 5 日获取土地，6 月 17 日获取施工证，9 月 23 日取得销许，实现了 104 天开工、202 天开盘，达到了标杆房企的开发水平。9 月 30 日首开，10 月即成为天津市单盘销售金额榜第八名。

2021 年，公司参与含章宝坻项目怡锦园。该项目是为解决京津新城管委会与天津食品集团 5000 立方米土地整理资金，由农垦房地产公司竞拍宝坻区 36 号地项目，并指派长远嘉和公司负责开发的。长远嘉和公司做了大量的前期准备工作和调研工作，经过各级领导和专业公司与会论证可行。2021 年 9 月 10 日，农垦房地产公司摘地成功，并将宝坻区 36 号地项目命名为含章宝坻项目怡锦园。后期成立新公司进行开发建设，2022 年启动开发该项目——宝坻含章雅著。

公司 2011—2021 年工程开发项目情况见表 5 - 2。

表 5 - 2　公司 2011—2021 年工程开发项目情况

序号	项目名称	建筑面积（平方米）	开工时间	竣工时间
1	仕林苑项目	14.56 万	2011 - 06	2015 - 05
2	双山新苑	3.6 万	2011 - 03 - 10	2011 - 12 - 21

（续）

序号	项目名称	建筑面积（平方米）	开工时间	竣工时间
3	兰江新苑	21.93万	2013 - 01 - 12	2015 - 10 - 16
4	金水湾花园一期、二期、三期	16.2万	2010 - 11	2018 - 06
4	艺城华府（住宅及商业）	48万	2015 - 10 - 15	2022 - 09 - 30
5	仁盛花园	21.39万	2018 - 05 - 29	2021 - 10 - 30
6	天津食品集团职工经济适用房	14.38万	2019 - 09	2021 - 10
7	津滨大（挂）2020 - 1号地块	10.07万	2021 - 01 - 21	2023 - 05 - 31
8	含章雅著 ABC 地块	26.58万	2020 - 06 - 17	2023 - 03 - 30
9	含章宝坻	12.26万	2021 - 12 - 21（施工许可）	2023 - 12

第六编

经营管理

中国农垦农场志丛

第一章 土地管理

第一节 土地利用与管理

公司历来重视自有土地管理，利用闲置土地开展租赁，加大日常管控力度，积极参与市场土地招拍挂。对有历史争议的土地，农场及时与周边单位开展土地确权工作，并取得良好成果。

1960—1970 年，主要是政府部门负责出面协调建设用地。进入 20 世纪 80 年代，临近双林农牧场的相关单位以职工住房困难为由找到政府，在天津市建委的指导安排下，开始征用双林农牧场的土地。基本参照是双林农牧场出土地，对方所建住房面积拨付双林农牧场 20％的住宅，立体分割，产权仍为建设方，作为双林土地征用补偿。随着土地减少，特别是 1989 年政府为解决市民住房困难问题大量征地，建设廉价商品房，双林农牧场上千亩土地被政府征用。农场出让的土地有力地支持了政府的工作，但自身经济发展也受到了影响，一些以种植、养殖为生的企业出现困难。20 世纪 90 年代初期，双林农牧场各企业也面临生产困难的问题。这一时期是国家大力推动改革的时期，邓小平南方谈话也激起了农场改革的热潮。农场领导解放思想，开始尝试自己动手开发建设，从职工安居房到商品房，从在自己的土地上开发到联合开发，逐步走向市场，为双林农牧场转型及后来演变为农垦房地产开发建设有限公司起到了引领作用。

1990 年 3 月，天津市政府在全市范围实施《关于进一步开展土地资源详查的意见》。根据这个文件精神，农场成立了土地详查小组，农场领导雷祥声、王忠升等任正副组长，还特别聘任 2 名老同志为顾问，开展土地资源详查工作。该小组通过向档案馆借阅图纸、走访相邻单位，逐一核对农场界外和相邻边界，与相关单位签订《土地权属界线协议书》。在核对工作中，农场工作人员走访了农场周边的单位，如天津市技工师范学院、天津海军干休所、天津市财经学院、制毯厂、奶牛育种站、自来水井水厂、天津有机合成厂、西青大任庄、津南双港村、津南先锋村、北马集村、长青公社等多家单位和村委会，对历史上农场土地、现存土地，以及由于历史原因造成的农场飞地等进行了核实，为农场现存土地确权工作打下了良好基础。对在调查工作中发现的问题，积极与土地边界争议方沟通协商，在最大限度保证农场利益的前提下，和对方签订协议书。对一些违规侵占农场土地的，争取让对方赔偿经济损失。经核查，在双林农牧场境内的外单位有奶牛育种站、自来水水井厂、凌云饮料厂、第二乳品厂、中芬培训中心、南郊交通检查站、双港中学、河西粪场，双林农牧场飞地有沥青厂北侧、玛钢厂西侧、有机合成厂内（2 块）、老小海地、微山路东侧等。当时统计农场飞地毛面积大约 130 亩，另有一处职工宿舍土地待测量。到 1992 年初，农场基本完成权属界线的核查工作。由于当时双林农场、长泰农场合并时，长泰农场的土地资料缺失，缺少作为法律依据的资料，所以出现一些有争议的地块，只能通过后续协商解决。

1995 年 1 月 26 日，天津市副市长王德惠、朱连康到双林农牧场指导工作，听取了农场提出的调整产业结构、加快土地开发、壮大农场经济、服务城市建设的发展定位。农场希望市政府给予政策支持，之后再征用农场土地建房时，留给农场 30％比例的开发权利，在不突破全市商品房整体规划的前提下，允许农场开发部分商品房和解困房，并享受解困房开发可以享受的市里的统一优惠政策。当时，天津市政府、市建委、市农委、市规划局、市农工商总公司、市开发办等部门都参加了会议。1995 年 7 月 10 日，天津市副市长王德惠主持召开专题会议，就双林农牧场土地开发的有关问题进行了研究。要求在市建委的统一安排下，对双林农牧场提出的发挥土地优势，通过土地开发进行产业结构调整，带动促进农场经济发展的思路，由政府牵头编制双林农牧场开发土地控制性详细规划，按照统一规划、同一配套、统一组织、分片实施的原则，进行有序开发，改变当时开发少规划、配套不落实的状况，并专门出会议纪要。这次会议为推动双林农牧场土地开发走向正轨，迈出了坚实的一步。

2000 年，农场土地仅余 6900 亩，可供自己开发使用的土地所剩无几。

2001 年，针对天津技术师范学院征地一事，农场多次说明困难。当时农场有职工 1939 人，其中退休 720 人，下岗 656 人，在岗 563 人。在岗职工大部分是知青，年龄为 40～50 岁。农场产业基本是小规模的工业和农副业，产品老化，已经跟不上市场需要的环境，产业结构调整任务相当艰巨。剩余的有限土地是供农场自己开发使用的，有限的土地补偿资金用于调整产业结构，准备建大型超市等，以给职工提供生存岗位。同时，农场自己开发住宅，成立开发公司、物业公司、建筑公司。

2004 年，长泰河、洞庭路改造，占用双林农牧场土地洞庭路 2 号桥至染化五厂段约 225 亩，同时也给双林鱼池造成不小的经济损失，特别是双林地区，可以成片开发的土地日益减少。这一时期，技工师范学院、财经学院、河西体育场、大学生公寓、市政地铁等大量征用双林土地，严重影响了双林农牧场的发展，迫使双林农牧场加大产业结构的调整。没有土地、没有开发，农场职工就面临转业或失业。

2003年，农场利用自有土地，在泗水道以南、学苑路以西地块，投资4500万元，筹建30000平方米大型超市。该超市于2004年建成，是一个大型经营性公建超市，有较好的社会效益和经济效益，成为公司经济发展的亮点之一。

2013年4月，按照市政府征地要求，公司克服困难，圆满完成洞庭路、梅林路房屋土地征收工作，有力保障了天津市政府地铁6号线工程建设。

为落实农垦集团总公司做大做强房地产公司的要求，在集团总公司的指导部署下，2014年2月19日15时20分，在天津土地交易中心，天津市农垦集团房地产开发建设有限公司摘得包括解放南路21、35与38号三部分的津西解放（挂）2013-090号地块，这是天津土地市场在2014年挂牌地块中体量和价格的"巨无霸"。摘得这块地，为农垦房地产公司进一步走向市场，实施抓"大规划、大项目、大开发"的可持续发展目标奠定了坚定的物质基础。

2017年，在集团的统一部署下，对双林农牧场土地进行确权登记发证工作，涉及津南区的15个地块，约438亩，当年就已取得14个地块的不动产产权证，剩余1个地块及河西区的2个地块的确权工作也在积极推进。2018年，公司所属人人乐项目于12月取得了不动产权证，解决了困扰公司多年的难题，为今后的混改奠定了基础。此外，公司还办理完成了津南区16个地块的不动产权证，面积共计278450.7平方米。按国资委文件要求，其中14宗地土地产权更名至食品集团名下。东方实业公司土地确权工作也已全部完成。

2017年，按照市政府对全运村周边环境治理的总体要求，在市容综合整治总指挥部的全力支持下，市综合执法总局、公安、消防、区政府等部门通力配合，房地产公司按时完成了约10万平方米违章建筑拆除任务，如期完成了全运村周边拆违要求。整治期间，公司成功化解了多起阻止执法事件，解决了困扰双林多年的历史遗留拆迁问题。通过与相关地块收储单位联系确认绿化面积及招投标等工作，完成了22万平方米的临时绿化任务。同时，按照集团公司要求，构建违法建设长效管理机制，建立新违法建设防控体系，确保公司所管理的范围违法建设零增长。东方实业华北城物业公司按照政府"散乱污"企业关停、"三合一"消防整治要求，针对精品区、大库区环境进行整改。此外，还修建了3个封闭式垃圾临时存放点，改变了原来露天无序堆放的情况。针对脏乱差的现象进行垃圾清理，15天清运垃圾3600吨，清理石头、碎砖头、白色垃圾1140立方米，平整土地73800平方米。为美化环境，对城区外裸露地面进行苫盖，并对全区所有垃圾箱（桶）进行了统一更换。这些举措使华北城区外观环境有了质的飞跃，为迎接全运会安全生产、绿化工作贡献了力量。

2020年3月，公司通过市场竞争，获得天津市河东区大王庄一块土地，成立天津农垦佳阳房地产开发有限公司，自主开发农垦含章雅著项目。

2020年5月，按照天津市人民政府国有资产监督管理委员会、天津市规划和自然资源局的通知要求，天津市农工商总公司双林公司从全民所有制改制为国有法人独资公司，其名下原有划拨的土地保留划拨方式，期限为5年。双林公司名下306亩土地划拨给天津农垦宏达有限公司。

第二节 土地权属管理（包含历年的土地征用）

公司按照食品集团混改工作要求，将14宗土地划转调整至食品集团名下（约80.73亩）。截至2022年9月，房地产公司有土地（含东方实业）9宗，土地面积375613.5平方米（约563.984亩）。

1960—2010年土地征用基本情况见表6-1。

表6-1 1960—2010年土地征用基本情况

项目序号	土地面积（亩）	坐落地点	用地性质	受让方名称	核定征地时间	转让后土地用途
1	134	双林农牧场（解放南路东侧）	农业	天津市大任庄砖瓦厂	1960-07	取土用地
2	86.7	双林农牧场（灰堆东津沽路两侧）	农业（稻田）	天津市劳动局第三技工学校（第五机床厂）	1964-03	建学校
3	47.32	双林农牧场（河西灰堆南）	农业	河北财经学院	1965-09	建学校
4	36.15	双林农牧场（陈塘庄工业区）	农业	天津有机合成厂	1970-02	修建铁路专用线
5	15.837	双林农牧场（河西区珠江道南）	农业	天津第四建筑工程公司	1971-01	综合加工厂
6	17.597	双林农牧场（解放南路沥青厂北）	农业	天津市政工程公司	1971-02	材料厂
7	111.746	双林农牧场（河西区珠江道）	农业	天津是市果品公司	1972-06	仓库
8	9.6	双林农牧场西区队旁	农业	天津市自来水公司	1973-01	修建井水厂
9	17.769	双林农牧场（河西区珠江道）	农业	天津市南郊区长青公社和平之路生产大队	1973-03	粉碎加工厂扩建
10	55.948	双林农牧场（河西区珠江道南）	农业	天津市根治海河防汛指挥部	1973-05	储备物资仓库
11	34.668	双林农牧场（河西区珠江道南）	农业	天津市土产杂品公司	1973-05	仓库
12	64.814	双林农牧场（河西区珠江道理发器具厂南）	农业	中国人民解放军1780部队	1973-06	部队基建
13	61.631	双林农牧场（河西区珠江道）	农业	天津市房管局直属房产公司	1973-07	仓库
14	146.446	双林农牧场（河西区珠江道）	农业	天津市农业机械供应公司	1973-07	仓库
15	45.501	双林农牧场（东南区3、4区下方）	农业	天津南郊区双港中学	1973-10	新建学校22班中学
16	39.16	双林农牧场第四区（河西区珠江道南）	农业	天津市房地产管理局公用房屋管理处	1973-10	建筑材料场

（续）

项目序号	土地面积（亩）	坐落地点	用地性质	受让方名称	核定征地时间	转让后土地用途
17	18.941	双林农牧场北区宿舍南（河西区玛钢厂西侧）	农业	天津人民出版社	1973-12	纸库
18	48.33	双林农牧场（河西区珠江道）	农业	河西区木材管理处	1975-12	迁建代柴砖加工厂
19	12.068	双林农牧场宿舍北（河西区陈塘庄工业区）	农业	天津市新生玛钢厂	1976-01	治理矿渣
20	21.465	双林农牧场第十七区北半部	农业	天津市河西区民兵指挥部	1976-01	民兵弹药库
21	101.733	双林农牧场（河西区小海地河西第十三中学南）	农业	天津市房管局统建办公室	1976-09	新建住宅
22	45.392	双林农牧场西区生产队第十七区（河西区珠江道）	农业	天津市第二商业局	1976-12	工程队材料厂
23	152.753	双林农牧场西区生产队第十七区（河西区珠江道）	农业	天津市土产杂品公司	1976-12	仓库
24	46.755	双林农牧场西区生产队十七区北半部（解放路南头）	农业	天津市缝纫机台板厂	1976-06	储木场
25	317.866	双林农牧场（河西小海地）	农业	天津市房管局统建办公室	1977-08	新建住宅
26	72.537	双林农牧场西区生产队十九区（河西区珠江道南）	农业	天津市糖业烟酒公司	1977-08	综合食品库
27	200.081	双林农牧场西区队十一区	农业	天津警备区后勤部	1977-12	修建武器弹药库
28	23.58	双林农牧场西区生产队第十八区北（河西区珠江道南）	农业	和平区物资回收公司	1978-08	仓库
29	118.843	双林农牧场畜牧场南	农业	天津市第七建筑工程公司	1978-08	材料厂
30	62.566	双林农牧场生产队一区	农业	天津市自来水工程公司	1978-09	卷管厂
31	178.026	双林农牧场西区生产队十七区	农业	天津市房管局第一房屋修建公司	1978-11	材料厂
32	125.905	双林农牧场十九区（河西区珠江道南）	农业	天津河西区房管局	1978-12	材料厂
33	2.397	双林农牧场西红桥一区扬水站家属宿舍（河西区珠江道）	农业	河西区煤业建材公司	1979-02	存料
34	6.41	双林农牧场规划路	农业	天津第七建筑工程公司	1979-05	第三工区
35	5.011	双林农牧场（河西区珠江道理发器具厂对过）	农业	天津市规划局天津市公安局	1979-05	建厂
36	33.760	双林农牧场（西区麻地南）	农业	天津市机械施工打桩队	1979-10	打桩队基地
37	91.011	双林农牧场西区生产队十九区（河西区珠江道南侧）	农业	天津市房地产管理局属房产公司	1979-11	材料场
38	29.215	双林农牧场（西区麻地一带）	农业	河西区人民防空办公室	1980-01	材料场
39	71.866	河西区珠江道化工仓库东	农业	天津市第四建筑工程公司	12980-04	材料场
40	2.641	双林农牧场（河西区小海地北临珠江道、东临双林路）	农业	天津市河西区饮食公司	1980-06	住宅
41	18.581	双林农牧场（市打桩队北地带）	农业	天津市卫生局房屋维修工程队	1980-07	材料场
42	6.792	双林农牧场（天津有机合成厂南、微山路西）	农业	天津市电车公司	1980-10	无轨电车站

（续）

项目序号	土地面积（亩）	坐落地点	用地性质	受让方名称	核定征地时间	转让后土地用途
43	19.869	双林农牧场（河西小海地四期内珠江道）	农业	天津市送变电工程公司	1980-11	变电站
44	119.562	双林农牧场西区第十八区（河西珠江道）	农业	天津市第四建筑工程公司	1980-11	材料场、搅拌站
45	3.505	双林农牧场双林新村（小海地双山里）	农业	天津市第四人民造纸厂第一轻工业局技工学校	1980-12	职工住宅
46	2.026	双林农牧场（河西区双林小海地双林新村曲江路）	农业	天津市冶金实验厂	1980-12	住宅
47	86.8	双林农牧场（第五机床厂东、津沽公路南）	农业	天津技工师范学院	1981	建学院
48	230.497	双林农牧场第十九作业区	农业	水利部天津勘测设计院	1981-03	建设计院
49	1516.055	双林农牧场东八区	农业	天津市房管局统建办公室	1981-04	统建宿舍
50	18.655	双林农牧场（河西区珠江道仓库区南、土产品仓库东）	农业	天津市物资回收公司和平分公司	1981-05	仓库
51	96.088	双林农牧场东南区（双港村西侧）	农业	天津市河西区环卫局	1981-08	粪便处置场（1954年使用该土地，1981年履行拨地手续）
52	84.959	双林农牧场（解放路南头，河西物资回收站东）	农业	天津市油毡厂	1981-08	铁路专用线
53	12.031	双林农牧场小海地片第12区	农业	天津电车公司	1981-09	无轨电车站
54	77	双林农牧场东区队、东北区	农业	天津市排水管理处	1981-09	建排污河
55	233.804	双林农牧场畜牧队南	农业	天津市毛毯场	1981-11	建厂
56	45.515	双林农牧场（洞庭路东侧一带）	农业	天津市排水管理处	1981-12	排水增补用地雨水管网及道路
57	76.531	双林农牧场（双林新村以东、双林路以西，小海地三区）	农业	天津市海河工程公司	1981-12	建办公基地
58	50.646	双林农牧场（第五机床厂东、津沽公路南）	农业	天津技工师范学院	1982-06	建院
59	35.978	双林农牧场（西区队，场水库北）	农业	天津市第四人民造纸厂	1982-07	仓库
60	5.399	双林农牧场（小海地东，双林原木盒厂区，北至陵水道）	农业	天津市地毯工业公司、天津市河西区房管局供应站（联建）	1982-07	住宅
61	46.091	双林农牧场（西区麻地、北至打谷场）	农业	天津市奶品公司	1982-09	新建第二乳品厂
62	33	双林农牧场（第五机床厂东、津沽公路南）	农业	天津技工师范学院	1982-10	建院
63	33.537	双林农牧场（养鸡场防疫沟、牛舍南）	农业	天津市百货公司劳动保护用品批发部	1982-11	仓库

（续）

项目序号	土地面积（亩）	坐落地点	用地性质	受让方名称	核定征地时间	转让后土地用途
64	3.375	双林农牧场（双林新村南预留地）	农业	天津市家具三厂	1983-01	住宅
65	2.888	双林农牧场（双林新村南预留地、双林路—双林排水河）	农业	天津第四建筑工程公司	1983-02	住宅
66	3.491	双林农牧场（双林新村平房宿舍一带）	农业	天津市地毯工业公司	1983-03	住宅
67	4.043	双林农牧场（双林新村南）	农业	天津第四建筑工程公司	1983-03	住宅
68	2.313	双林农牧场（双林新村）	农业	天津市食品四厂	1983-09	住宅
69	54.864	双林农牧场（第五机床厂东、津沽公路南）	农业	天津技工师范学院	1983-12	建院运动场
70	13.296	双林农牧场（珠江道以北、双林路以西）	农业	天津市建设开发公司	1984-03	建幼儿园及住宅
71	7.101	双林农牧场（河西区小海地居住区天山里东）	农业	天津市第六棉纺厂	1984-05	住宅
72	18.309	双林农牧场（河西小海地南）	农业	中国人民解放军海军干休所	1984-09	干休所
73	3.589	双林农牧场（河西小海地微山路东）	农业	天津市地毯工业公司	1984-10	住宅
74	2.88	双林农牧场（河西小海地云山里）	农业	天津第四建筑公司	1984-11	住宅
75	3.106	双林农牧场（河西小海地规划区）	农业	天津技工师范学院	1984-11	住宅
76	167.112	双林农牧场（河西区小海地三水道南）	农业	天津市河西区城市建设委员会	1985-05	住宅
77	3.467	双林农牧场（河西微山路东双山里位置）	农业	天津市地毯工业公司	1985-06	住宅（含托幼用地）
78	40.031	双林农牧场（警备区后勤仓库东）	农业	天津市奶牛育种站	1985-08	奶牛育种站
79	20.919	双林农牧场（农场第十二区南端，洞庭路西）	农业	天津市河西区武装部	1987-10	民兵训练场
80	12.902	双林农牧场（河西大沽南路南）	农业	天津职业技术师范学院	1988-11	学校用地
81	493.7	双林农牧场（小海地三水道）	农业	天津市合作建房指挥部	1989-03	廉价商品房小二楼
82	201.423	双林农牧场（微山路西）	农业	同上	1989-08	廉价商品房小二楼
83	695.417	双林农牧场（泗水道一带）	农业	同上	1989-08（政府1996年补办手续）	廉价商品房小二楼
84	142.969	双林农牧场（洞庭路一带）	农业	陈塘庄热电厂	1991-01	热电
85	41.04	双林农牧场（洞庭路延长线东、北临国际鞋厂、南临打桩队、东靠双林排水沟）	农业	天津西青区大寺乡大任庄村	1992-01	争议地经协商，土地所有权归属。
86	11.5	洞庭路以西	农业	天津市公安局河西分局	1992-09	建设防暴队
87	21.354	双林农牧场（榆林路以西、泗水道以北）	农业	天津市冶金局	1992-09	职工宿舍

（续）

项目序号	土地面积（亩）	坐落地点	用地性质	受让方名称	核定征地时间	转让后土地用途
88	21.902	陵水道以北	农业	人民解放军海军司令部航海保证部	1992-01	导航管理中心
89	21.902	双林农牧场（小海地陵水道以北、微山路以东）	农业	天津市通达房地产开发公司	1992-10	住宅
90	162.56	津南区津沽公路	农业	天津职工技术师范学院	1992-11	教育用地
91	0.06	先锋排污河旁	农业	天津市煤气总公司	1993-01	建设闸室
92	21.65	双林农牧场（三水道微山路东侧）	农业	天津市欧娜渔具厂	1993-05	扩建生产
93	55.95	双林农牧场（洞庭路以东）	农业	天津乳品开发培训中心	1993-08	建厂
94	5.225	津沽公路南	农业	天津农垦物资公司	1994-07	加油站
95	99.063	双林农牧场（东至双林路、西至微山路、南至泗水道、北至天津欧娜渔具公司）	农业	天津市农垦房地产开发建设有限公司	1995-04	贵山小区住宅
96	3	双林农牧场（微山路东侧）	农业	双林商业公司职工合作社	1995-07	绿岛酒楼
97	201.42	双林农牧场（小海地泗水道南）	农业	天津市河西城市建设综合开发办公室	1995-08（启动时间1992年）	拆迁安置住宅
98	41.029	双林农牧场（微山路以西渌水道以南）	农业	天津市工读学校	1995-11	教育用地
99	101.2	泗水道以北	农业	天津农垦房地产开发建设有限公司	1996-04	住宅
100	17.138	洞庭路西侧	农业	天津市水利局	1996-05	场房
101	6	洞庭路西侧	农业	天津来福有限公司	1996-11	场房
102	3.5	双林农牧场（解放南路西侧、规划路即原大任庄路南侧）	农业	天津西青区开发建设有限公司	1997-03	住宅
103	12.525	双林农牧场（三水道南）	农业	天津公安局河西区分局	1997-11	干警宿舍
104	31	玛钢厂旁铁路货场，珠江道北有机合成厂内2块土地合计	农业	天津市有机合成厂	1998-02	工业（1974年2月占地，1995年后补办手续）
105	25.9	泗水道北先锋排污河西	农业	天津河西房地产开发公司	1998-09	住宅
106	104.79	外环线内测（津南段）十八号桥以东	农业	天津津南区建设开发公司	1998-12	安居用地
107	143.82	泗水道以北	农业	天津农垦房地产开发建设有限公司	1998-12	商品房
108	5	浯水道以南	农业	天津市公安局河西分局	2000-01	建派出所
109	450	浯水道以南	农业	天津农垦房地产开发建设有限公司	2000-02	商品房华林小区
110	182	双林农牧场（泗水道以南，松江道以北、鄱阳路以西、地区性公建以东）	农业	天津教育发展投资有限公司	2000-02	财院大学生公寓
111	3.13	津沽公路南双港中学西	农业	天津津南区规划局	2000-05	收费站
112	180	泗水道以南	农业	天津龙都投资置业	2000-08	合作建房三味书屋
113	11	双林农牧场（自来水水井厂以东、天津勘探设计院以南、洞庭路以西、松江道以北）	农业	天津农垦通联公司	2000-12	办公生产

（续）

项目序号	土地面积（亩）	坐落地点	用地性质	受让方名称	核定征地时间	转让后土地用途
114	50.81	浯水道以南渌水道	农业	天津河西热力公司	2001-04	锅炉房
115	190.01	学苑路以东鄱阳路以西	农业	兆丰房地产公司	2001-06	住宅
116	106	洞庭路以西解放南路南	农业	天津市土地整理中心	2002-02	会展中心
117	127.09	津陵东路以东浯水道以南	农业	天津津南建设开发公司	2002-04	双马小区住宅
118	18	渌水道以西大沽南路南	农业	天津技术师范学院	2002-07	学院扩建
119	104	梅林路以东浯水道南	农业	天津康茵实业公司	2002-07	怡林小区住宅
120	150	泗水道南鄱阳路以西	农业	天津河西区政府	2002-10	体育场
121	380	渌水道以西先锋排污河东	农业	天津地铁总公司	2002-12	地铁一号线车辆段
122	550.02	双林农牧场（大沽路南外环线西）	农业	天津土地整理中心	2003-01	教育（职业技师学校扩建）
123	716.03	泗水道北财院南	农业	天津土地整理中心	2003-01	教育（财院扩建）
124	10	浯水道北河西防暴队西	农业	天津市公安河西分局	2003-02	看守所
125	210.492	地块一：北至三水道、南至泗水道、东至规划路、西至玉峰花园。地块二：东至财院学生公寓、南至浯水道、西至学苑路、北至泗水道	农业	天津市津南区土地交易中心	2003-05	五·七新村改造等住宅
126	2600.12	鄱阳路以西洞庭路以东	农业	天津市土地整理中心	2003-11	市政府收购（土地储备）
127	累计510（应扣减1991年142.969亩，前已统计）	双林农牧场（洞庭路一带陈塘热电）	农业	天津陈塘庄热电厂（后更名天津市陈塘热电有限公司）	自1989年至2006年	热电厂及扩建
128	6.5	双林农牧场（北至环南北道、南至先锋村现居民区、西至规划学苑路延长线、东至先锋村现居住区）	农业	天津津南先锋村	2003-08	建房
129	102	微山路东学院路西人人乐围墙南	农业	天津河西建委	2009-07	安置房建设
130	5	浯水道与津陵路交口	农业	天津市政工程	2009-08	市政工程
131	4.2	天津大道辅路	农业	天津津南区建设管理委员会	2010-07	修建天津大道
132	62.05	洞庭路与浯水道交口	农业	天津市保障住房建设投资公司（与食品集团签订）	2010-11	保障房建设

注：农场历年土地征用情况调查表根据农场档案现存资料整理。

第二章 企业内部管理

第一节 财务管理

一、早期财务管理

建场初期,由于生产项目不多,农场财务管理比较简单粗放,只有会计1人(本科学历)、出纳员1人,担负全场财务和各种物料的管理。1953年底,农场又从本系统调进会计1人。1956年双林农场、长泰农场合并后,生产范围扩大,在以农牧为主的经营方针指导下,稻田面积增加,奶牛业发展较快,园田、果树等也有较大发展。为适应生产发展需要,原两场财会人员合在一起,成立财务组,又调进会计1人(本科学历)。后在全场机构调整中,财务组改为财务股,安排主管会计、会计、出纳员、记账员共6人,充实了财务工作力量。

场部所属各生产队,在生产上是场、队两级管理,但在财务上统一由场部管理,其生产经营成果全部由场部统一核算。各生产队不设专职会计,只有统计员1人,实际上统计员也担负着财务方面的一些具体工作。这种财务管理体制,自20世纪50年代开始,一直持续了很长时间。

20世纪60年代,在试行农垦"十六条"期间,农牧业工人实行凭工记分办法,工人劳动当日记分。按照场部财务部门制订印发的统计表格,要求生产队将当日生产情况及时填报场部,由指定的财务、劳资人员逐人建立台账,进行审核汇总,作为计算工资的依据。在每月发放工资的前一天,由财务部门将全场工资按人分包,发工资的当日,由各单位取走,再发给职工。

场革委会成立后,进行机构精简,压缩场部机关工作人员,由场革委会常委轮流值班,处理日常工作。在财务工作方面,只保留会计1人、出纳员1人。1970年,农场改革财务管理制度,实行场、队两级核算,场部财务部门增加了财会人员。场领导为各生产队配备了会计1人,实行报账制。当时,队一级核算内容比较简单,只限于成本和经营成果的核算,其他如往来款、固定资产、固定资金、专用资金等,仍由场部统一核算。由于条件所限,各队未设仓库,因而原材料、燃料、农药、化肥、修理用材料等也由场部统一核算。

1972年以后，农场在以农牧业为主的基础上，相继增加了工副业生产项目，成立了工副业队。随着多种经营的发展，农场加强了队一级核算，扩大了队一级核算范围，除专用基金仍由场部管理外，其他各项核算均由各生产队自行记账，各自核算。

随着场党委的建立，场部各职能部门改为科级，农场设立财务科，安排正副科长和会计、出纳员、记账员共5人。

1983年，为加快商品流通、方便基层单位经营管理，场部相继在银行为所属商业公司、贸易货栈、园艺冷冻厂等单位单独开立账户，各单位实行独立核算。财权的下放相应扩大了生产单位的财务自主权，有利于生产经营管理，促进了生产的发展。

随着全场各业的不断发展，以及经济责任制的实施，财务部门的工作日益繁重。尤其自实行场、队两级核算以来，基层财会人员力量显得比较薄弱，提高他们的业务水平十分必要。在场领导的关怀支持下，对基层财会人员分期分批进行了各种形式的培训，使他们的业务水平普遍得到提高。

1987年3月18日，场部以津双改发〔87〕字4号文下发《双林农牧场1987年流动资金使用办法》，规定农场全部流动资金将过渡为由银行贷款管理。对场属各单位使用的流动资金，继续实行定额核定，超定额使用按银行贷款利率付息。

1988年，根据上级主管部门要求，农场恢复借贷记账法，并按财政部和农牧渔业部制订的《国营农场财务会计制度》有关规定，设置了会计科目和账户，使队一级核算更加规范化。

1988年后，场财务部门的力量逐渐加强，到1990年，已有科长、会计、出纳员、记账员等共8人，其中大专学历5人、中专学历1人。全场专职从事财务工作的人员达40余人，其中有会计师2人、助理会计师10人、会计员21人。此外，还有助理经济师、经济员、统计员等多人，从事与财务相关的工作。

1950—1990年，场财务部门严格遵守各项财务规章制度，各种大小项开支都有严格的审批手续，各种经济档案齐全、保存完整。农场财会人员队伍逐渐壮大，业务素质不断提高。农场财务工作干部在几十年的时间里已交替更换了几代人，多年来，在财务工作上尚未发现比较严重的违法乱纪现象。有的老会计，自20世纪50年代来场，到20世纪80年代退休，30多年在主管会计、科长的工作岗位上，为农场的经济建设做出了一定贡献。

此外，上级部门根据工作需要，还先后从农场调出财会人员10余人，分别到西郊区水利站、新桥农场、农林局、气象局、农场局、农场局干校、禽蛋公司、欧娜公司、生化制品厂等单位工作。这些人员都是具有多年工作实践经验、有一定业务水平的财务干部，其中，大本毕业 3 人、大专毕业 1 人、中专毕业 1 人，调出前为主管会计或财务部门负责人的就有 5～6 人。到其他单位后，他们有的担任农场领导职务，有的担任处、科级领导职务，其他人也都获得初、中级职称，成为各单位的财务工作骨干。

1958—1990 年缴纳税金情况见图 6-1。

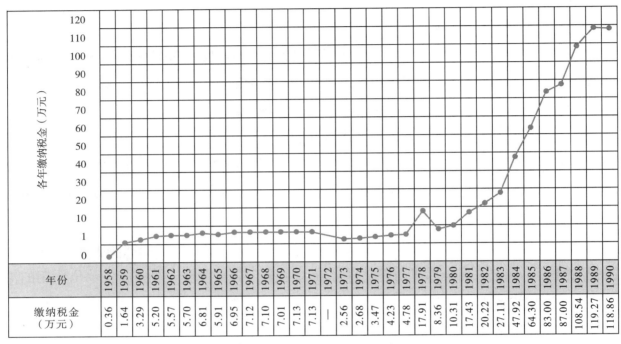

年份	1958	1959	1960	1961	1962	1963	1964	1965	1966	1967	1968	1969	1970	1971	1972	1973	1974	1975	1976	1977	1978	1979	1980	1981	1982	1983	1984	1985	1986	1987	1988	1989	1990
缴纳税金 （万元）	0.36	1.64	3.29	5.20	5.57	5.70	6.81	5.91	6.95	7.12	7.10	7.01	7.13	7.13	—	2.56	2.68	3.47	4.23	4.78	17.91	8.36	10.31	17.43	20.22	27.11	47.92	64.30	83.00	87.00	108.54	119.27	118.86

图 6-1　1958—1990 年缴纳税金情况

二、农场和房地产公司整合后，建立与公司制适应的会计管理

1996 年，农场与农垦房地产公司整合，公司对会计岗位的要求也不断提高，对外招聘会计人员，对内积极开展业务培训，以适应企业发展的需要。

1. **财务队伍建设**　随着公司经济的发展、板块的调整和业务的增加，对财务人员队伍、制度也提出了新的要求。多年来，公司不断加强财务制度建设和财务人员队伍的工作水平。截至 2022 年 6 月，农垦房地产公司属各单位、托管单位共有财务人员 52 人，其中高级会计师 7 人，中级会计师 25 人，中级统计师 1 人，初级会计师 12 人。所有财务人员必须持证上岗。

2. **财务信息化建设**

（1）记账软件。公司自 2008 年启用金蝶 EAS 记账，提高了财务工作的效率。近年来，根据实际工作的需求，财务部不断细化辅助核算科目，更加方便各部门进行账务查找与数据核对，可以更好、更快捷地为各部门及公司领导提供数据支持。

（2）智慧国资系统。按照天津市国资委《关于国资统计报表软件更换工作的通知》，为推动智慧国资系统集成，促进数据整合，提高财务数据利用效率，财务月报、清欠台账、应收账款、债务统计报表、资金报表全部在智慧国资系统填报。

（3）银企直联。2021年，房地产公司梳理了本部及下属单位共计20家公司的账户，对129个账户按照开户银行、账户性质进行了分类统计，做到了系统内账户应联尽联，为银企直联后续工作的开展做好铺垫。

（4）数据分析。2021年，财务部按季度定期对各公司费用、资金收支、应收账款进行数据分析，并以图、表的形式直观表现出来，为公司降本增效、资金规划等提供数据支持。

3. **财务制度化建设**　为加强公司财务管理，发挥财务在企业经营管理和提高经济效益中的作用，促进财务部各项工作顺利开展，公司对原有财务制度进行梳理，重新修订、废止已经不适宜的制度，并制定了系列新的内控制度，包括《天津市农垦房地产开发建设有限公司对于合作项目财务管控的办法》《天津市农垦房地产开发建设有限公司担保事项管理办法》《天津市农垦房地产开发建设有限公司财务会计报告管理办法》《天津市农垦房地产开发建设有限公司下属企业财务经理管理办法》《资金管理办法》《天津市农垦房地产开发建设有限公司会计核算办法》《天津市农垦房地产开发建设有限公司应收账款管理办法》《天津市农垦房地产开发建设有限公司风险管理实施办法》《天津市农垦房地产开发建设有限公司财务岗位内控管理办法》《农垦房地产公司关于开展资金资产全面清查工作方案》《全面预算管理办法》《风险管理实施办法》。2021年，公司修订了《资金管理办法》，废止《支票印鉴使用管理办法》《会计人员上岗证管理暂行办法》。

4. **财务工作流程化**　为规范农垦房地产公司财务支出及报销管理流程，财务部参照《食品集团机关财务支出管理及报销制度》《天津食品集团差旅费管理办法（修订）》，制定了《天津市农垦房地产开发建设有限公司财务支出及报销管理办法》，同时修订细化《天津市农垦房地产开发建设有限公司差旅费管理办法》，使报销、付款流程更加标准化、清晰化，便于各部门参考使用。针对部分单位稽核人员不明确、没有设置稽核岗的情况，财务部与各单位沟通，调配岗位人员到位，做到分工明确。2020年，公司招聘3名财务人员，岗位调配10余人次，根据财务人员特点进行岗位分工，调动了财务人员工作的积极性，最大限度发挥财务人员的能动性。

5. **财务预算管理**　2016年，公司启用预算管理系统。为推动公司建立全面预算管理，提升公司经营管理水平和经济效益，贯彻、监控公司战略目标和经营目标的实施，规范企业管理和财务管理行为，财务部制定《天津市农垦房地产开发建设有限公司全面预算管理办法》。由各预算责任单位编制预算，逐级上报审核、汇总、平衡，直至农垦房地产公司本部。

年初预算逐级报公司党委会、总经理办公会、董事会审议批准，由公司董事会形成决议后上报集团公司审议批准。各单位实行预算例会制度，分析预算执行情况，自下而上逐级编报预算执行报告，提出改进和巩固措施并加以落实。对在预算执行中由于市场环境、经营条件、政策法规等发生重大变化，使财务预算的编制基础不成立，或者将导致预算执行结果产生重大偏差的，上报农垦房地产公司本部汇总，进行中期预算调整。同时，建立预算考核制度，实施有效的过程控制，并于年终决算审计结束后对各企业预算及预算执行情况进行考核。

第二节　财务数据（1990—2021 年）

1990—2010 年财务数据见表 6‑2。

表 6‑2　1990—2010 年财务、纳税统计数据

单位：万元

年份	资产总额	利润总额	纳税	营业收入	产值	增加值
1990	4536	279	117	3960	1832	826
1991	4338	182	84	3559	1987	861
1992	5789	26	56	3190	1709	878
1993	8171	172	60	2471	2449	1343
1994	11376	228	36	3163	4802	1710
1995	15818	193	52	3465	7028	1553
1996	23456	271	121	4548	6907	1895
1997	29837	407	258	6802	4014	2376
1998	39705	509	512	12258	2808	2585
1999	44864	606	226	6182	3283	2825
2000	29542	613	1238	28185	1678	3670
2001	27158	706	587	11267	1317	3500
2002	32859	905	855	11872	1017	3785
2003	41418	906	1175	15776	983	4110
2004	35023	1350	2079	28958	970	5054
2005	32710	1100	1563	20537	425	4576

（续）

年份	资产总额	利润总额	纳税	营业收入	产值	增加值
2006	32676	780	580	10096	362	4298
2007	32234	572	759	10529	480	4491
2008	59832	171	435	9208	365	4041
2009	85123	1007	527	9477	0	4966
2010	100454	1249	666	10432	0	5366

公司 2011—2021 年经济发展情况统计如下：

2011 年全年利润总额 3030 万元，纳税 8763 万元，营业收入 60468 万元，增加值 12800 万元。

2012 年全年利润总额 6309 万元，纳税 31965 万元，营业收入 44356 万元，增加值 39119 万元。

2013 年全年利润总额 9061 万元，纳税 10203 万元，营业收入 54522 万元，增加值 17096 万元。

2014 年全年利润总额 13056 万元，纳税 7195 万元，营业收入 73794 万元，增加值 21893 万元。

2015 年全年利润总额 11494 万元，纳税 10253 万元，营业收入 170394 万元，增加值 28660 万元。

2016 年全年利润总额 24562 万元，纳税 25941 万元，营业收入 226737 万元，增加值 45591 万元。

2017 年全年利润总额 33096 万元，纳税 34952 万元，营业收入 296329 万元，增加值 68743 万元。

2018 年全年利润总额 33181 万元，纳税 31810 万元，营业收入 98933 万元，增加值 57387 万元。

2019 年（含东方实业）全年利润总额 40708 万元，纳税 30734 万元，营业收入 347380 万元，增加值 78777 万元。

2020 年（含东方实业）全年利润总额 67155 万元，纳税 27666 万元，营业收入 385593 万元，增加值 118613 万元。

2021 年（含东方实业）全年利润总额 66371 万元，纳税 72228 万元，营业收入 682768 万元，增加值 208517 万元。

2011—2021 年财务数据见表 6-3。

表 6 - 3　2011—2021 年财务数据

单位：万元

年份	资产总额	利润总额	纳税	营业收入	增加值
2011	119511	3030	8763	60468	12800
2012	222214	6309	31965	44356	39119
2013	298326	9061	10203	54522	17096
2014	959743	13056	7195	73794	21893
2015	1236222	11494	10253	170394	28660
2016	940967	24562	25941	226737	45591
2017	1013839	33096	34952	296329	68743
2018	982218	33181	31810	98933	57387
2019（含东方实业）	853311	40708	30734	347380	78777
2020（含东方实业）	999610	67155	27666	385593	118613
2021（含东方实业）	1276993	66371	72228	682768	208517

第三节　劳动人事管理

一、早期的劳动人事管理

1951 年，双林农场只有管理干部 9 人、工人 129 人。工人多数是来自农村稻田区的农民，有水稻耕作经验；还有一部分参加建场并留在农场就业的城市失业工人，但这些人在农场干农活很不安心，当年就几乎走光了。工人们当时未明确是固定工，但都按月发工资。农事大忙时，农场还要雇用一些来自较远农村的临时工。直接带领工人们在田间劳动的，另有 5 名领工。所谓领工，就是对稻田耕作和其他农活有丰富经验的农民，具体指导工人们进行各项劳作。

1953 年 3 月，津南黄庄农场撤销，按上级指示，该场的土地、房屋、设备及生产资料等统由双林农场接管；干部工人 10 余人也转入双林农场。

1954 年，农场开始建立畜牧队，调入有饲养奶牛技术的工人 2 人。

1956 年 3 月双林、长泰两场合并时，双林有工人 110 人，长泰有工人 154 人，共计 264 人。那时场部没有劳动管理部门，场内各队之间的劳动调配由场领导统一安排，劳动力的日常管理等均由各生产队自行安排，农忙时需要雇用的临时工也由各生产队自己解决。

两场合并后不久，天津市有关部门把准备组织去东北萝北县垦荒的一批青年留下，计划在天津市南郊区红泥洼地区开辟新农场，后因故中止。经上级决定，将其中 300 名青年安置在双林农场当工人。几个月后，天津市有关部门又将这些青年分批转去红星打字机厂、鼓风机厂、车辆弹簧厂及交通运输等单位工作，留场的只剩3人。后来，有1人病故，1人调出，最后只有1人在场工作。

1958年以来，家在农村的职工家属有不少人陆续来到农场。根据当时的有关政策规定，绝大部分在场家属上了正式户口，成为天津市市民。之后，随着生产发展需要，他们中的大部分人进场成为家属工。

1961年10月，由天津市教育局分配工读学校学生31人来双林农牧场，经天津市劳动局批准为工人。这批工读学生成为固定工人后，少数人比较安心，多数人仍不断发生问题，不安心工作，不到1年时间，有的人离场而去，有的人被公安部门处理，最后只剩下9人留场工作。

在国家经济暂时困难时期，有不少天津市已调外地工作的职工自行回津，还有一些人在外地上学，因学校停办等原因，也返回本市。这种情况，给市区造成一定的压力。市里决定，将这些人按居住地区就近安排到市属各国营农场劳动。1961—1962年，根据中共河西区委压缩城市人口支援农业生产办公室的安排，双林农牧场先后共接收700余人来场当工人，其中包括已由本市调外地工作的职工和去外地上学的学生、返津不归者、本市职工的配偶、属外地农村户口在津居住时间较长而又无回乡条件者。这些人情况比较复杂，思想一时难以稳定，多数人不甘心在场工作。到1962年底，留下来的还有443人。

按当时市里的有关规定，从外地回津安排在农场工作的人的户口只许落在农场集体户内，不准迁入市区。从1965年开始，有相当一部分人因各种原因自动离职，共计305人，其中男性约占3/4。1966—1967年，在这部分自动离职的人中，有229人把户口迁入市区。到1969年底，尚有76人的户口留在双林农牧场，其中男6人、女70人，还带小孩154人。最后留下来在本场工作的有138人。

根据天津市动员青年参加农业建设领导小组的安排，1962年2月及1963年4月，双林农牧场共接收社会青年4批，共计171人，为农场工人。这些人中先后共有110人提出各种客观原因而离去，留下来在场工作的还有61人。

1962年4月，天津市拖拉机训练班分配学员18人来场当工人，场领导根据其所学专业，分配他们当拖拉机驾驶员和农具手。这部分青年在受专业训练时去向已基本明确，来本场后又按所学专业对口上岗，故多数人在场工作相对比较稳定，也有少数人离场。

1962年8月，坐落在天津市北郊区的汽车技校停办，天津市有关部门决定将该校学员198人安排到本场当工人。这批青年在去汽车技校学习时，对自己的工作期望值较高，是不可能安心留在农场的，所以当年就走了168人，只留下了30人。

1965 年 4 月，根据农垦局指示及农垦"十六条"实施办法有关规定，农场决定，凡户口在本场范围内的职工家属，不论男女，都可进场参加生产，即为农场工人，并按"十六条"规定享受各种待遇。据此决定，共有 221 人进场工作，除极少数男青年外，基本都为女性。但"十六条"停止执行后，这些家属自然就不能再算农场工人，为了照顾职工的家庭生活和生产需要，场领导让他们以临时工的身份继续参加场内各项生产劳动。

自 1961 年以来，从各方面陆续进场的工人共计 1000 余人，人员构成情况比较复杂，有干部、工人、教师、学生、社会青年及农民等，还有极少数劳改释放人员，给当时管理工人的部门增加了很大的工作量。当时农场以农牧生产为主，劳动条件比较艰苦，劳动强度也很大。再加社会上对农场的某些偏见等因素，这一时期虽然进场人数多，但以各种理由离开的也不少。据不完全统计，自两场合并后，成批进场的总共约有 1400 人。但截至 20 世纪 60 年代末，已有将近 1000 人离场，留下来的只有 400 余人。在较短的时间内，一线生产人员频繁地大量进出，给场队的管理工作带来许多麻烦，也给生产工作造成了一定影响。

在各项生产逐渐发展的情况下，当时的劳动力相当紧张。为解决劳动力问题，经局批准，从系统内其他单位先后调入一部分工人。1967 年 6 月，从工农联盟农场调入瓦、木、电等技术工人 11 人，充实了基建队、机务队的技术力量；1972 年 10 月，和平区五七干校撤销，将该校工人 18 人（另有干部 1 人）成户转调本场；1973 年 3 月，从杨柳青农场成户调入工人 49 人；1980 年 4 月，在农场局有关部门安排下，从潘庄农场成户调入工人 120 人（男 59 人、女 61 人）。这批工人的调入充实了农场的生产力量，缓解了部分生产单位劳动力不足的问题。

1972 年，农林局拟扩建农场机务队修配厂，承担本系统各农场农机具的维修任务。1972 年 12 月，经农林局分配，河东、河西、南开区几个中学的 45 名初中毕业生（男 18 人、女 27 人）来场，成为学徒工。后因多种原因，局拟让修配厂承担各农场机具维修任务的计划未能实现，分配来场的这批青年工人学徒期满后，都掌握了一定的生产技术，其中除少数人调离本场外，大部分留场当工人，成为生产、管理工作的骨干力量。

农林局为加强各农场劳动工资工作的管理，决定让各农场建立劳动工资科。双林农牧场根据农林局 1975 年 10 月 9 日下发的《关于建立劳动工资科的通知》，于 10 月底建立了劳动工资科（简称劳资科），并配备了专职干部。原由政治处、财务科、保卫科分管的部分业务，统由劳资科接管。

劳资科主要负责全场劳动力的调配、工资基金管理、劳动保险、劳动保护和安全生产等有关劳动政策方面的工作，具体职权范围包括：①负责场内外工人的调动，招收录用新工人和办理工人退休手续；②负责制定工人的各项管理制度；③负责工资基金的管理，工人转正、定级、晋级等；④负责填报各种劳动工资报表；⑤负责制定劳动保护用品的发放办法，办理审批领用手续；⑥负责全场的安全生产工作。

劳资科按照自己的职责开展工作，在局劳资处的指导和场领导的直接领导下，工作逐步深入，走向规范化。多年的工作实践使几批专业干部受到了锻炼，各项业务工作逐步得到提高。

1975年，根据农林局"在临时工中招收固定工人"的指示，按局规定的条件，经过必要的手续，从本场符合条件的临时工中选出42人（男5人、女37人），招收为固定工人。

1978年9月，根据农林局《关于国营农场1971年以前参加工作的临时工改为固定工的通知》规定，经报送农林局审查同意、劳动局批准，将农场长期临时工155人转为固定工。其中男1人、女154人，均为职工家属。这次转工是农场职工队伍建设中一件影响较大的事情，不但实现了职工家属们多年的愿望，同时也使部分职工的家庭生活进一步得到改善，从而激发了他们的生产积极性，有力地促进了生产。

1979年12月，根据农场局《关于在插场知识青年中动员招工的通知》规定，双林农牧场在本场插场知青中开展招工工作。经报局审查同意、劳动局批准，截至1979年底，共招收知青426人为农场固定工人。

1956—1978年，经过几次大进大出，工人队伍变化较大，总的情况是走大于留。1961年，根据当时的经济形势，天津市开始精简一部分职工回乡生产，主管局也给农场下达了精简任务。按上级指示精神，1961年7月，在自愿的原则下，农场第一次精简了13名来自农村的职工还乡，支援农业生产；1962年8月，又精简26名职工还乡。先后共有39名职工还乡，参加农业生产。

除农场老工人外，一般工人进场后难以稳定，除去农场本身的条件原因，社会上某些人对农场的偏见也有一定影响，另外，这还与市劳动部门对农场工人调动的规定有关。当时规定只许调入、不许调出，工人一旦进入农场，再想调出就很难了。市劳动部门的原意是想巩固农场工人，实际上适得其反，限制了农场工人的正常流动。后来，经农林局与市劳动局商定，每年给劳动局少量工人调出指标，再由劳动局分配给各场。1976—1978年，经劳动局批准，农场将确有实际困难的20余名工人调出，由天津市劳动局统一安排了其他工作。

党确立改革开放政策，实行经济体制改革，也给国营农场带来了生机。在农场局的领导下，双林农牧场开始走农工商结合的道路，大办农工商联合企业，各业全面发展，生产稳步上升，农场呈现出经济蓬勃发展的新局面。在场职工精神振奋，更加热爱农场，热爱自己的工作。农场的大好形势对社会劳动力有了一定的吸引力，农场系统工人也可与其他系统的工人互相调动。此后 10 多年，农场工人的调动已成为场劳资科的一项日常工作，进出人数基本保持平衡，经常与不少系统进行劳动力流通。

为解决农场农牧业生产一线劳动力不足的问题，根据农场局下达的指标，经天津市劳动局批准，农场于 1989 年 12 月招用农民合同制工人 100 人。这是一种新的用工形式，所招工人来自各地农村，户粮关系不转，在工资福利待遇上，与全民合同制工人一样，政治上也一视同仁。这批工人多数是青年，也有极少数是职工在农村的家属，均由所在生产队妥善安排了住处。

1990 年底，双林农牧场有固定工和全民合同制工人 1290 人，农民合同制工人 93 人，再加干部 161 人，总有职工 1544 人。其中，男 886 人，女 658 人。年龄结构为 30 岁以下 559 人，占全部职工的 36.2%；31～40 岁 492 人，占 31.87%；41～50 岁 298 人，占 19.3%；51～55 岁 93 人，占 6.02%；56～60 岁 99 人，占 6.41%；60 岁以上 3 人，占 0.2%。文化程度为小学以下 339 人，占全部职工的 21.96%；初中 659 人，占 42.68%；高中、中专 459 人，占 29.73%；大专以上 87 人，占 5.63%。

到 1990 年末，全场退休、退职职工（包括离退休干部）共 430 人，其中男 212 人，女 218 人。

1993 年，农场广大干部职工贯彻国务院《全民所有制工业企业转换经营机制条例》，在解放思想、转变观念、转换机制、深化改革上，统一思想认识，加快前进步伐，各项工作有了新的进展。全场各单位实行全员劳动合同化管理，使企业和职工的关系成为合同关系，企业和干部职工签订 1 年期限的劳动合同，1 年后根据双方履行合同情况再续约。对解除合同的职工，一律在本单位待业，待业期间可发 2 个月生活费，以后不再发放，视为停薪留职。各单位之间职工的调动，经双方领导协商后，通过场劳资部门备案，办理必要手续。

1995 年 12 月，随着天津市企业劳动制度改革的深化，双林农牧场进一步细化劳动合同管理，分别与职工签订无固定期限和有固定期限的劳动合同。

二、农场和房地产公司整合以后的劳动人事管理

1. **合理妥善分流富余人员**　1996 年农场与农垦房地产公司整合之后，按照《公司法》深化内部改革，改革人事管理制度，对管理人员和专业技术人员实行聘任制，打破企业内部干部与工人的身份界限，建立管理人员能上能下的竞争机制；改革劳动用工制度，实行

劳动合同制，将员工与企业的劳动关系以法律形式明确下来，维护企业员工的合法权益；改革分配制度，打破原工资级别界线，在"两个低于"的前提下，实行岗位技能工资、计件工资等多种工资形式，将按劳分配和按生产要素分配相结合。

推动货币安置企业富余人员。1996—2010年，随着农场大量土地被政府征用和产业结构的调整，企业产生了大量富余人员。公司依法规范劳动关系，调整企业劳动力结构，采取富余人员待业给生活补助、解除合同给经济补偿金、自谋职业给安置费等3种方式妥善安置企业富余人员。

为此，经公司董事会研究并报集团总公司批准，2003年5月，第一批128人自愿申请货币安置，共支付安置费用639万元；2003年9月，第二批货币安置249人，共支付安置费1054万元。这两次货币安置工作的实施，为公司劳动用工制度改革积累了宝贵经验。2001年10月—2003年12月，与公司自愿终止劳动合同关系申请货币安置的人数共计497人，累计支付转换成本2110万元，减轻了企业负担，并使职工得到了安置，降低了企业成本。2003年2月，公司下属企业天津市津冠乳品饮料公司因长期亏损停产整顿，改革改制。除对该公司部分员工进行安置分流外（其中，16名员工自愿领取安置费自谋职业，与企业解除劳动合同；28名员工实行内部退休，发生活费），公司还积极研究职工就业出路，拓宽就业渠道，通过发展经济，千方百计创造更多的就业岗位，结合企业改制，建立新的用人机制和分配机制，彻底理顺和完善劳动用工制度。

2. 建立新型劳动人事管理　2007年4—5月，公司通过人才市场的2次招聘大会，挑选了4名工程造价、项目管理人员，充实公司专业人才队伍，组织并完成了2007年度相关技术职称学习考核、推荐评审和聘任工作。公司积极推动提升现有人员专业水平，要求中层管理人员具备中级职称和相应的资格证书，此外，还出台了《会计主管人员聘用管理办法》，要求主管会计具备中级职称。对于新入职人员的管理也按照集团总公司的要求执行。

2006年10月25日，公司与天津市华维劳务服务有限公司签订劳动派遣协议书，新入职人员劳动工资关系都放在派遣公司，党团关系、大学生转正定级、职称评定、认定均由农垦公司负责，只有农垦系统内人员可以直接互调，不必入职华维公司。截至2010年12月，通过华维公司派遣形式到公司入职人员共37人，主要为工程、技术等各种管理人员。

2010年以后，公司劳动人事管理紧跟市场发展需要，秉承服务公司大局、服务全体职工的宗旨，通过人才招聘、用工管理、薪酬考核、职称评定、建立激励机制等手段，加强基础管理工作。公司按时缴纳各种社会保险，保障职工合法利益。截至2021年10月底，房地产公司共有职工 809 人，其中全资子公司在职人数 650 人（包含在岗 516 人、不在岗 28 人、外派人员 16 人、劳务派遣用工人数 90 人），参控股公司在职人数 159 人（包含在岗 106 人、劳务派遣用工人数 53 人）。公司男职工人数为 559 人，女职工人数为 250 人；取得副高级职称人数为 63 人，中级职称为 175 人，初级职称为 141 人。2010—2020 年，公司社会化引进人才（科级）8 人；2021 年，公司社会化引进人才 7 人。

2020 年 1 月，农垦房地产公司人力资源部全面启动国有企业退休人员社会化管理工作。2020 年 4 月底，人力资源部将全场 1175 名退休人员（房地产移交 857 人，东方实业移交 318 人）的人事档案整理完毕并统一移交至北方人才管理。在社会化移交工作完成后，公司对退休人员的服务不中断、不降低标准，严格按照方案规定，落实企业主体责任，切实保障退休职工的合法权益。

3. 推动"三项制度"改革 2016 年初，公司组织实施三项制度改革，经过充分调研，根据公司实际情况，多次研究讨论，最终于 9 月成功进行了工资改革，制定完善了《天津市农垦房地产公司用工管理办法》。

2018 年，公司全面取消企业内部退休管理规定。公司加强干部管理，实施人才工程，推动落实执行干部管理考核各项制度。考核将压力传导，做到用制度管人、用工作实绩选人，坚持选人用人导向，通过培养锻炼、选优推优，为农垦房地产公司发展储备人才。建立员工考核办法和人才招聘管理办法，建立人才引进和退出机制，施行"请进来，走出去"的培训方式，联合阳光 100 培训公司，启动 3 期青年骨干员工培训，提升团队凝聚力，激发员工工作积极性，取得了良好的效果。

2020 年，公司面深化三项制度改革，落实集团三项制度改革工作要求，完成经理层和中层干部聘任制改革。改革后，干部结构更加合理，涉及岗位调整和提拔的中层正职共计 15 人，中层副职共计 13 人，整体就职人员年龄较之前平均下降 3 岁，较好地提升了公司管理人员职业化、专业化和市场化水平。2020 年，根据集团部署，经公司方案制定领导小组审议，公司制定并下发《天津市农垦房地产开发建设有限公司国企改革三年行动实施方案》，推进方案中的各项工作落实落地。

2020—2021 年，公司推进三级企业经理层签订聘任合同、经营业绩责任书，加强对经理层的业绩考核。

4. 人才培养 1993 年，场党委放权给各单位，可以自任自聘科技人员，并帮助符合条件的科技人员进行职称评定，为 17 名科技人员解决了高聘工作。1994 年，在充分发挥农场技术管理人才作用的同时，组织 30 余名同志参加现代经济管理学习班，制定了对有特殊贡献的科技人员的奖励办法，鼓励科技人员大胆实践、勇于创新。凡科技人员的发明创造被采用后，相关科技人员可连续 2 年提取该项目所创利润的 5％～10％作为奖励。对于有突出贡献、带来经济效益显著的科技人员，实行重奖，鼓励科技人员为农场的改革和发展多做贡献。管理人员有特殊贡献的也可参照上述标准执行。

1996 年，公司出台重用有实际才能的各类人才政策：

（1）各单位可根据工作需要、个人能力及水平内部评聘技术职称，被聘人员享受国家规定同级职称待遇。

（2）总场建立总会计师负责制。具备条件的企业可根据工作需要实行工程师、会计师负责制，选有思路、有能力、有水平的技术干部参与企业领导与决策，并给同级副职待遇。

（3）对已到退休年龄且今后企业的发展又暂时离不开的干部、科技人员，征求本人同意后，可以允许其缓退 3～5 年。

（4）对最先提出发展思路并在实践中成效显著的管理人员、科技人员，按直接产生经济效益（年新增利润或节约资金）的 3％奖励给个人。对引进内资项目的中介人，项目竣工验收后，按对方投资额的 2％～3％给予奖励。对引进合资项目的中介人，在合资项目营业执照办好后，按外商出资额、验资确认到账数的 2％～3％给予一次性奖励。

2004 年，公司坚持为人才使用与培养创造良好的环境，协助 6 名同志完成技术职称的评定工作。公司还投资 3 万余元，鼓励员工参加学历教育。

从 2007 年起，为满足房地产开发的迫切需要，公司开始专门培养和引进专业技术人才，尤其是工程造价、建筑电气工程、暖通工程、项目经理、工程管理、房屋销售及策划、物业管理等方面的中高层次专业人才。同时，不断提高现有人员专业水平，中层管理人员要具备中级职称和相应的资格证书。完善相应人才队伍的培训制度，出台激励政策，调动员工的工作积极性，努力打造一只专业人才队伍，为公司持续发展提供人力保障。2007—2010 年，公司通过多次人才市场招聘和考核及总公司选派，引进 5 名房地产行业专业人才及其他相关专业人才。

2019 年，公司制定了《天津市农垦房地产开发建设有限公司招聘管理办法（试行）》，共引进工程、设计、财务等方面的人才 32 人，其中硕士研究生 5 人，本科及以上学历 27 人。2019 年，完成推荐参加各项专业培训、继续教育和职称考评等工作。

为更好地服务公司整体发展，人力资源部于 2019 年 1 月成立，相关职能由劳资安技部剥离出来，并建立人员信息动态化管理体系。2021 年上半年，人力资源部对在岗职工、不在岗职工、劳务派遣用工人员信息情况进行了整理，并针对年龄分布、学历分布以及专业技术职务、专业技术资格证书等数据进行统计，初步形成标准化的人员信息库，为给各部室、下属单位提供更准确的人员信息做好基础数据，可为公司领导决策提供更快、更准确的人员信息。

5. 完善公司管理制度 为加强公司基础管理，人力资源部新修订了《天津市农垦房地产开发建设有限公司人员招聘管理办法》《天津市农垦房地产开发建设有限公司本部考勤管理办法》《农垦房地产公司员工考取相关资格证书激励方案》等多项制度，完善并规范了公司管理制度。

第四节 工资管理

一、早期的工资和分配

双林建场后，早期招用的工人一律实行工资制，月工资一般在 26 万～28 万元（旧人民币，1 万元折合新币 1 元）。1952 年 7 月，经水利处批准，给农场工人调整工资。当时是按小米价折计算，工人月工资小米 280～330 斤，折合人民币 30～35 元。之后，又改按政府规定的工资分计算，工人月工资 130～150 分，每分 0.2553 元（按 7 种生活必需品为基数折算，在天津日报长期登载，几年未变），折合人民币 33～38 元，工人工资较之前有提高。农场干部工资 180～220 工资分。

郭生秀场长享受包干制待遇，直到 1954 年 8 月，经农林水利局〔54〕农人字 823 号文批准，才由包干制改为薪金制，定为行政 14 级。

1956 年，全国统一进行工资改革。根据上级部署，农场全体职工进行了工资改革。干部按市里统一规定的行政级别执行；工人按全国农牧工人第一种工资标准执行，即 7 级制，1 级工 32 元，7 级工 70.40 元。通过这次工资改革，全场职工普遍提高了工资水平。

这一时期，工资方面的工作是由场财务部门负责的，主管局基本上没有具体指标控制，只是宏观管理，每月由场向主管局报送工资实际支出情况表。

根据相关指示精神，农场从 1957 年 4 月开始试行计件工资制。对此，场内干部也有两种认识：多数人认为计件工资符合按劳取酬的社会主义分配原则，可刺激工人的生产积极性，从而提高工效；也有人认为作业质量难以掌握，担心影响生产和加大工资量。计件工资第二年即停止执行。

1963 年，国家安排部分职工升级，工人和一般干部的升级面为 40％。根据主管局的布置，农场按政策规定的升级面和条件，给部分职工升了级。

1971 年，国家对低工资职工进行工资调整，规定 1957 年底以前参加工作的 3 级工，1960 年底以前参加工作的 2 级工，1966 年底以前参加工作的 1 级工及以下的职工，均可涨 1 级工资。其他行业从下半年即开始执行此规定，但全国各国营农场却没有同时进行，直到天津市革委农委 1974 年 1 月 7 日以津革农〔74〕2 号文批复农林局、劳动局拟定的《关于天津市农林局所属国营农场调整部分人员工资实施办法》下达后，根据主管局的布置，双林农牧场才开始进行调资工作，给符合调资范围的 437 名职工调整了工资。按国家规定，从 1971 年 7 月 1 日起增加工资。这次调资，解决了 3 级以下农工做技术工作多年却仍拿农工工资的问题，使他们基本得到同级技工的待遇（在原农工工资基础上，上升一级技术级差，通称"四不像"级）。本次调资充分体现党中央对广大职工的亲切关怀，鼓舞了职工。

自 1972 年起，劳动部门与银行加强了对企业单位工资的管理，开始对工资总额进行控制。按规定，农场的工资由开户银行河西区办事处负责管理。该处派员来场，考察了农场以往工资的支出情况，根据当时的生产用工等情况，初步核定了工资总额，并核发了全市统一使用的企业工资册，规定了工资增减变化核定手续。从此，农场有关工资范围的业务活动纳入了主管局、银行和市区劳动部门的专项管理。

场领导为加强工资管理，在财务科配置了专职劳资干部，负责全场的劳动工资工作。

1975 年 10 月，根据农林局 1975 年 10 月 9 日津农〔75〕223 号文《关于建立劳动工资科的通知》，经场领导研究决定，于当月底建立双林农牧场劳资科，原由农场政治处、财务科、保卫科分管的部分业务，统由劳资科接管。

1977 年，国家安排部分职工升级。升级的具体情况是：1971 年底以前参加工作的 1 级工和 1966 年底以前参加工作的 2 级工，可以升一级工资；1971 年以前参加工作的职工，可以有 40％的人升级。根据天津市革委办公厅 1977 年 9 月 17 日革办发〔1977〕80 号文印发农林部、国家劳动总局《关于国营农场调整部分职工工资的通知》，按照农林局的布置，农场开始调资工作。按文件规定的范围，农场给 482 名职工（其中干部 17 人）及长期临时工 156 人调整了工资，自 1977 年 10 月 1 日增加工资。

1978 年 9 月，农林局召开改革工资制度典型调查会议后，场领导立即组织成立了双林农牧场改革工资制度调查小组，召开了 10 多个不同类型的座谈会，多方查阅资料，并进行了多次专题讨论。综合以上材料，农场拟出了《关于改革工资制度调查情况报告》，送农林局参考。根据农场基本情况，农林局确定双林农牧场为改革工资制度典型调查单位。按农林局要求，场调查小组将农场 1952—1978 年各类人员的实际收入情况、劳动生产率、利润、税金和工资水平变化情况，以及执行 8（7）级工资等级分布和平均技术等级情况做了详细调查，查阅了大量历史资料，并按农林局布置的表式和要求，分别填写，提出改革工资制度的设想，供上级参考。10 月，按农林局要求，农场派干部 1 人去北京参加农垦部计划局对全国农垦系统改革工工资制度的调查工作。11 月 15 日，按农林局通知，农场又派劳资干部 1 人，随同农林局劳资部门负责人去北京，参加农垦部召开为期两周的 18 省市改革工资制度座谈会。农场报农林局的改革工资制度调查情况和改革设想，经农林局修改审定后，作为天津市农林局参加座谈会的主要发言内容。

1979 年，国家安排给部分职工升级，升级面为 40%。按照市里的规定和农场局具体布置，农场给符合条件的 370 名职工调整了工资，其中干部 44 人，工人 326 人。

1985 年，根据市里的统一规定和局的布置，农场共有职工 1459 人调整了工资，其中工人 1222 人、服务人员 97 人、干部 140 人。

1989 年 12 月，市里规定给职工升级，按照农场局安排，农场有工人 1424 人、干部 146 人升了级，共计 1570 人。另外，按农场的规定，自 1989 年开始，对全场职工实行工资浮动升级办法。

自 1986 年开始，农场即对各生产单位实行工资总额包干办法，每年年初由场劳资科对各单位的工资总额进行核定。年度内有关工资范围的各项支出，必须经场劳资科审批。

1951—1990 年固定职工工资总额、人均工资见图 6-2。

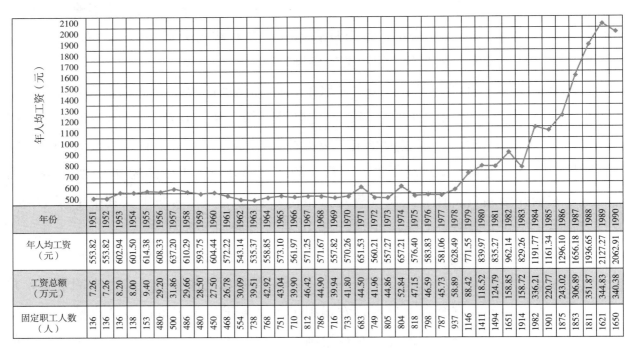

年份	1951	1952	1953	1954	1955	1956	1957	1958	1959	1960	1961	1962	1963	1964	1965	1966	1967	1968	1969	1970	1971	1972	1973	1974	1975	1976	1977	1978	1979	1980	1981	1982	1983	1984	1985	1986	1987	1988	1989	1990
年人均工资（元）	553.82	553.82	602.94	601.50	614.38	608.33	637.20	610.29	593.75	604.44	572.22	543.14	535.37	558.85	573.10	561.97	571.25	571.67	557.82	570.26	651.53	560.21	557.27	657.21	576.40	583.83	581.06	628.49	771.55	839.97	835.27	962.14	829.26	1191.77	1161.34	1296.10	1656.18	1936.65	2127.27	2062.91
工资总额（万元）	7.26	7.26	8.20	8.00	9.40	29.20	31.86	29.66	28.50	27.50	26.78	30.09	39.51	42.92	43.04	39.90	46.42	44.90	39.94	41.80	44.50	41.96	44.86	52.84	47.15	46.59	45.73	58.89	88.42	118.52	124.79	158.85	158.72	236.21	220.77	243.02	306.89	351.87	344.83	340.38
固定职工人数（人）	136	136	136	138	153	480	500	486	480	450	468	554	738	768	751	710	812	786	716	733	683	749	805	804	818	798	787	937	1146	1411	1494	1651	1914	1982	1901	1875	1853	1811	1621	1650

图 6-2　1951—1990 年固定职工工资总额、人均工资

二、公司薪酬改革

1993 年，总场聘用各基层单位厂长（经理），其副职及其他干部由各单位自行聘用，并

报总场备案。在承包期内，凡完成资产增值指标、计划利润指标、职工收入指标的各单位党政正职干部，可在年终获得一次性的相当于本人年基本工资的补贴，利润超过计划部分可以提取5%作为对正职的奖励，其他副职干部和职工的奖励由各单位自行掌握。对承包责任期累计实现利润显著的党政正职，总场将给予一次性重奖。各单位的厂长（经理）、书记，在总场签订经营承包合同时，向总场交纳1500元和1200元风险金，承包期结束时，累计完成承包计划利润总额的，总场将如数返还；未完成的，可用其抵补未完成差额。

1996年1月，企业开始实行工资"两低于"办法，即职工工资总额增长率低于企业经济效益增长率，职工平均工资增长率低于企业劳动生产率。在这一前提下，将竞争机制、激励机制引入企业内部，总场根据各企业上年和当年经营情况，每季核定调整一次工资总额指标，由各单位在指标内自行掌握使用。对不能完成计划利润指标或不能按期交足管理费的单位，按天津市最低工资标准核批。建立适合本单位特点的个人分配制度，个人分配要坚持以按劳分配为主体、多种分配方式并存的制度，要体现效率优先、兼顾公平的原则。劳动者的个人劳动报酬要列入竞争机制，打破平均主义，多劳多得，合理拉开距离，鼓励一部分职工和单位通过诚实劳动、合法经营先富裕起来。

1996年，农场与农垦房地产公司整合以后，改变了原来的工资体制。

1998年，公司以现代企业制度试点单位为契机，建立健全法人制度，大力发展投资主体多元化，针对当前各单位的具体情况，分别实行"资产买断工龄""职工出资转岗联营底商"，有条件的单位推行股份合作制。实行股份合作制一般应建立规范的、公开登记的股份合作制企业，重点放在机制转换上，一般国有企业不要控股，提倡企业职工全员持股，提倡经营者持股经营，争取突破单一的公有制形式。对发展个体经济和私营经济的要给予支持和帮助，以"三个有利于"为标准，大胆进行资产重组，变实物形态的资产为价值形态的资产，把部分国有资产变成现金，用到企业最需要的地方，投入最有发展前景的骨干企业、产业中去，为职工勤劳致富开辟广阔天地。1999年，公司继续试行干部聘任制、劳动合同制。

1998—2003年，公司劳动用工制度改革随着一些企业改革也在逐步推动。如转让德源公司中方股份，在保证国有资产安全退出的同时，引入民营机制，使公司所有人员都成为企业的主人，转换了劳动者的身份；再如对原油印机厂的改革，改制后，通过职工集资入股的方式组建的新企业焕发了生机，员工们充分发挥了积极性和创造性，企业经济效益明显好转。另外，公司通过产业结构调整，对部分没有市场前景、没有资源、没有竞争力的企业进行撤并改革。如2003年对津冠公司进行改制重组，通过吸收职工和社会自然人投资入股的方式，将其改制为多元投资的公司制企业，建立起以产权为联系纽带的公司管理体制，职工完全靠自己创收。

2009—2010 年，公司为职工工资增长制定了相关政策，为在岗全体职工增加了工资。根据实际情况，公司特别为待岗职工增加了一些工资，为他们解决了后顾之忧。2009 年，公司为职工调整了住房公积金上缴比例，由 13％调整到 15％。

2015 年 6 月，公司召开"三项制度"改革推动会，就劳动、人事、分配制度改革进行动员。会议要求从群众中来到群众中去，建立相关制度，搞好薪酬设计，政策要在公司党委会、董事会、总经理办公会、职代会讨论通过，这是依法治企的具体体现。

2016 年 9 月，公司出台《天津市农垦房地产开发建设有限公司薪酬改革方案》，这次工资改革是在集团布置的"三项制度"改革的前提下进行的。公司本着公开、公正、公平的原则，倡导岗位价值体现，在公司内实行科学的薪酬制度，同时解决企业历史形成的同岗不同酬问题，并兼顾离岗和不在岗人员的利益，使全体员工充分享受企业发展带来的成果。

2021 年，公司坚持依法合规、尊重历史、积极稳妥、公开公正的原则，结合实际，深入推进公司"三项制度"改革，推动公司下属天津农垦佳阳房地产开发有限公司、天津市双发建筑工程有限公司、天津长远嘉和置业有限公司的薪酬制度改革，取得良好效果。2022 年，积极推动天津市农垦物业管理有限公司、天津农垦商业运营管理公司的市场化薪酬改革。

表 6-4　1991—2021 年职工工资情况统计

年份	年末人数（人）	年工资总额（万元）	年人均工资（元）	年增长率（％）	备注
1991	1553	346.9	2219	6.38	含农民合同工
1992	1509	368.8	2222	0.14	含农民合同工
1993	1439	362.0	2369	6.62	含农民合同工
1994	1426	425.2	3136	32.38	含农民合同工
1995	1333	471.3	3928	25.26	含农民合同工
1996	1267	586.9	5326	35.59	含农民合同工
1997	1203	618.2	5893	10.65	
1998	1227	673.4	5515	−6.41	
1999	1229	875.1	7086	28.49	
2000	1224	957.8	7787	9.89	
2001	1101	1018.3	8451	8.53	
2002	1102	1027.0	9336	10.47	
2003	652	1048.2	11175	19.70	
2004	625	1074.5	16685	49.31	
2005	582	1250.3	20430	22.45	

（续）

年份	年末人数（人）	年工资总额（万元）	年人均工资（元）	年增长率（%）	备注
2006	552	1417.2	25083	22.78	
2007	522	1478.7	27639	10.19	
2008	489	1509.7	30134	9.03	
2009	504	1776.2	34422	14.23	
2010	479	1959.8	39833	15.72	
2011	456	2460.5	52463	31.71	
2012	453	2893.6	64302	22.57	
2013	464	3803.1	82856	28.85	
2014	453	4064.4	89524	8.05	
2015	406	3890.7	91546	2.26	
2016	390	4655.7	117272	28.10	
2017	387	5236.7	136728	16.59	
2018	384	5918.7	153334	12.15	
2019	455	7475.0	168736	10.04	含桑辉不含东方
2020	479	8186.7	173080	2.57	含桑辉不含东方
2021	508	9755.3	195497	12.95	含桑辉不含东方

第五节　安全生产管理

一、早期的劳动保护与安技

建场初期，劳动保护设施极简陋，劳保用品也很简单。以稻田工人为例，水稻放水管理期间正值雨季，田间放水员只发一件用白布缝制、刷上桐油的短雨衣；水稻收获时，捋稻机上的工人每人只发一条旧麻袋，用稻草拧绳捆在腰部（第二年改用粗再生布做的围裙），袖口用稻草扎紧；捋稻机前的工人，每人发一个用再生布特制的风帽（长及肩部）和一副用松紧带套在头部的玻璃片风镜；抬包工人，每人发一个用再生布做的垫肩。稻田作业的工人基本上就是在这种艰苦条件下，坚持生产了多年。

在稻田耙水地时，马拉队工人最初是赤脚下水扶耙操作的，不断被杂物扎伤。后来，每人发一双用帆布做的水袜子，工人被扎伤情况略有减少。直到 20 世纪 70 年代初，才有了水田专用的薄底轻便高腰胶靴，稻田作业的劳动条件有所改善。

随着畜牧业的发展，根据生产需要，奶牛饲养员、养猪工人每人定期发一套用再生布做的工作服、一双半高腰胶靴。在当时全场各工种中，这类工人的劳动保护用品是比较好的。

早期安全生产技术工作没有专人管，只是有关领导在布置生产任务时，强调一下注意安全生产，职工的安全生产意识也比较差，就是按传统习惯进行生产。

20世纪50年代末，农场有了安全生产委员会，由场长挂帅，场工会负责人和各生产队有关领导为成员，农场也初步针对各作业项目制定了操作规程、安全生产制度等。但由于职工学习不够深入、对已制订的规章制度贯彻执行不够坚决等客观原因，进入20世纪60年代，职工因工致伤的事故仍有发生。

20世纪70年代初，农场机务方面的车辆、农机具、电气设备等已具有相当规模。随着修配厂的扩大、工副业的发展、基建队一些作业开始机械化等，各种车床、机具、压力容器也逐渐增多，加强安全生产工作变得更为必要。在此形势下，有效地防止工伤事故发生，切实做到安全生产，已成为全场的一项重要课题。

天津市农林局恢复建制后，设立了专业领导部门，对农场的劳动保护、安全生产工作下达指导性文件，并不断提出具体要求。上级部门领导和有关人员还多次到农场事故易发单位检查，现场指导，有力地促进了农场的安技工作。

1975年，场劳动工资科建立后，承担了全场的劳动保护、安全技术工作，场领导及时确定了一位干部，专职做安技工作。1975年底，在原有场安委会的基础上，对有关人员做了调整、补充，建立了以主管场长为主任的新一届安委会。在场安委会的指导下，场劳资科结合各生产单位的实际情况，对原有关安全生产的各项规章制度进行了较全面的考察了解，并根据上级指示精神和有关政策法令做了修改、补充。拟订了劳动保护用品的发放范围、标准、办法等具体文件，发放范围、标准和物品的质量较以往有所扩大和提高，并在库房安排了专人管理劳保用品。

1976年初，场安委会进行了一次较大范围的安全生产教育活动，组织职工学习各项规章制度、操作规程、安全员职责等。事故易发单位，如机务队、工副业队、基建队等单位，还将各项规章制度、规程张贴在生产车间，随时提醒职工注意安全生产。上述工作增强了干部职工的安全生产意识，对防止事故发生具有积极而实际的意义。

根据农林局指示，农场建立了安技科，定员3人，专门负责全场的劳动保护、安全生产方面的工作，原由劳资科负责的安技工作逐步移交安技科。安技科成立后，先建立了全场安全网，又在各生产队建立了安全组，共有兼职安全员41人。同时，安技科干部深入到生产单位，了解各种设备现状和操作情况，以及劳动保护设施等，摸清了重点单位存在的隐患之处，使工作有的放矢。审订了各项安全规章制度、操作规程，重新制订了《职工防护用品发放与管理暂行规定》，实行按队（厂）立册、每人一卡等具体管理办法，加强了劳动保护用品管理的基础性工作。自安技科建立后，通过一系列工作，安技工作逐步得到加强、完善，有力地支持了生产。

20 世纪 80 年代以来，农场的安技工作步步深入，采取多种有效措施，工作取得明显进展。本着"管生产必须管安全"的原则，农场再次对安委会人员进行了调整和补充，以便更有效地开展工作。在各生产队（厂）普遍建立安全组的同时，还建立了电工、司炉工、电气焊工、汽车司机等特殊工种的安全组。多次分别组织职工学习有关文件、材料，加强了职工安全生产的自觉性。

为提高安全工作管理队伍的素质，在场安委会指导下，由安技科组织各生产队（厂）负责人、车间主任、安全员参加安全知识培训班。重点学习各项劳动法规和农场各级安全生产责任制等文件，以及工业卫生、防火、锅炉压力容器和电气安全知识等。这次学习活动，结合双林农牧场实际情况，很有针对性，参加的人员都很受启发，分清了违章指挥和违章操作的界线，培养出一批安技工作骨干力量。

1984 年，借着调整工资对工人进行技术考核的机会，安技科有意识地把安全规程知识和各项安全规定加进去，在组织学习、辅导的基础上，进行了专题考核。共考核农机驾驶员 59 人、汽车司机 20 人、电气焊工 14 人、冷气机运行工 19 人、电工 31 人、钳工 12 人、车工 7 人，总计 162 人，一次合格率达 96％，其余通过补课、补考，也达到合格标准。

多年来，在场领导的重视和支持下，安全生产管理工作逐渐加强，各项制度也比较完善。1990 年，根据生产发展需要，重新组成以场长、主管场长、工会主席为正副主任的生产安全委员会。同时，成立了交通安全、防火、工伤鉴定等几个专门委员会。配备专职安技干部 4 人，确定兼职安全员 20 余人。使安全生产工作层层有人管，实行安全生产责任制，形成全场安全工作管理网络。在工作中，各级领导认真贯彻"安全第一，预防为主"的方针，克服了安全与生产"两张皮"现象。

农场生产行业多，工业建立的比较早，多数设备较为陈旧，车间条件较差，虽有安全设施，但隐患依然存在。每年的重大节日前，主管局长都会带领有关处室负责人、安技干部等，到农场进行安全大检查。场安技干部坚持深入各生产单位进行安全检查，并建立了单位月查、车间周查、班组日查制度，发现问题可及时研究解决。

场安技部门从完善安全管理制度入手，先后修订、制订了包括奖惩办法在内的各项管理制度、办法，组织职工学习，提高了职工对安全生产工作的重视程度。1990 年，场安委会组织中层以上干部参加天津市安全生产知识竞赛答卷活动，丰富了他们的安全生产知识，有利于对安全生产工作的检查指导。

在工业卫生、环境保护方面，安技科与场医务部门配合，建立了尘毒作业人员保健卡，坚持定期为他们体检。同时，对污染情况进行检测，取得数据，配合有关单位确定可行的治理方案，改善了工人的劳动条件，减少了对环境的污染。

农场加强了对防护用品发放和使用的管理工作，安技科干部不定期到各生产单位检查物品的发放管理等情况，对滥发、超标部分，通过场财务部门从该单位奖金中扣回，同时，也不允许扣发职工应得的防护用品。各工种职工劳动保护用品的发放范围、标准、使用年限等，基本上是按市、局有关规定执行的。在品种、质量上，与 20 世纪 80 年代以前相比，有了大幅度的增加和提高，仅劳保服装就有工作服、雨衣、防寒服、棉大衣等，至于用料，更不是 20 世纪 50 年代的再生粗布能比的。

加强劳动保护工作、搞好安全生产、保护职工的安全与健康，是党和国家的一贯方针，是社会主义企业管理的一项基本原则。劳动保护工作的任务，是在发展生产的同时，积极改善劳动条件，做到安全生产。从政治意义来说，社会主义国家一切生产活动的目的，都是为了满足人民物质和文化生活的需要；从经济意义来说，安全和生产是密切相关的，生产必须安全，安全促进生产。因此，做好劳动保护工作，消除事故隐患，保护生产力，对促进"四化"建设具有重要的作用。

1980—1990 年，全场特殊工种工人多次参加主管局、所在区举办的各类培训班，共培训电工 24 人、电气焊工 26 人、司炉工 32 人、汽车司机 24 人及水质化验工 10 人。

1990 年，经过综合治理，场部热水锅炉房和冷库锅炉房被天津市劳动局评为天津市合格锅炉房，并发放了标志牌。

二、农场与房地产公司整合后的安全生产管理

1990—1996 年初，农场负责安全的是安技科。自 1996 年农场与房地产公司整合后，公司形成四部一室，其中就有劳资安技部，设专职人员负责公司安全生产管理工作。为促进公司良好稳定的安全生产局面，把握安全生产工作的主动权，公司上下牢牢树立"安全生产责任重于泰山"的观念，从讲政治、保稳定、促发展的高度，进一步增强安全生产工作的政治责任感和紧迫感。各基层单位在总结历年来安全生产工作的基础上，认真分析问题，抓住关键环节、重点岗位，周密安排、认真落实各级各项安全生产责任制。坚持不断开展安全教育，提高安全意识；坚持重点防范和日常全面检查相结合，严格落实各项安全防范措施。对特殊工种人员坚持全部持证上岗，对重点单位、重点部门、重点部位认真定期检查，严格登记制度，坚持安全例会制度。完善安全防范规章制度和各类预案、应急机制，确保公司 1991—2010 年未发生一起重大安全事故，为公司经济工作的顺利开展提供了有力保障。

2011 年后，公司根据业态板块，制定相关制度，细化管理。2011—2021 年，农垦房

地产公司主营业态分为房地产开发、建筑施工、商贸经营、物业管理、食品安全、电力运维六大板块。公司对这些板块的安全生产历来高度重视，始终坚持"安全第一、预防为主"的指导思想，不断完善安全生产管理的各项规章制度。在建立安全生产责任制的基础上，在工作中进一步完善落实，这是抓好安全生产的首要前提。明确岗位职责，一级抓一级、一级对一级负责，层层落实安全生产责任，建立网格化管理，签订责任书做到横向到边、到班组，纵向到底、到重要岗位。加大安全生产监督管理的力度，完善安全生产自我约束机制和考核机制，追责问责，奖罚分明。

（一）完善安全生产管理体系

为全面落实安全生产主体责任，公司设安全生产领导小组，下设安全生产委员会，分设安全环保一部、安全环保二部，主抓企业安全生产、食品安全等各项安全工作。公司每年与下属各单位签订《安全生产目标责任书》。自 2016 年起，分别与公司各位副总、各单位、各部门签订《安全生产目标责任书》。从 2018 年开始，公司所有三级企业都设置了专职负责安全的副经理和安全员。截至 2022 年 6 月，公司已有专职安全员队伍 14 人，兼职77 人。为完善制度、落实责任，公司出台多项安全生产管理办法，如 2016—2021 年，公司安委会组织修订了《天津市农垦房地产开发建设有限公司承租人安全管理制度》《天津市农垦房地产开发建设有限公司安全员考核办法》《天津市农垦房地产开发建设有限公司生产安全事故综合应急预案》《农垦房地产公司安全管理工作人员影像记录管理规定》等。公司还制定了各项安全管理制度，并汇集成农垦房地产公司《安全生产制度汇编》，用于指导安全管理工作，用制度管住人、管住事。公司与所有租赁户全部签订了《安全管理责任书》，并加大巡察检查力度，至今未发生重大安全生产责任事故。

（二）安全教育

1. **安全教育培训**　公司为规范安全生产工作，每年以各种形势对员工、特种作业人员、安全管理员、领导干部开展培训，学习相关法规。组织开展"安全月"活动，通过培训教育、张贴安全挂图、视频教育、请专家授课等多种形式，持续不断开展教育，形成人人关心生产安全的局面。公司建立安全生产教育制度，定期或不定期对员工进行安全教育的培训、抓好对新进员工的"三级"安全教育培训，特别是特种作业人员的岗前培训和资质证照把关，切实做到持证上岗率达 100%。

2. **应急演练**　2019 年，公司在北辰保障房项目工地投入 150 万元建起了 VR 安全体验馆，利用现代科技进行虚拟体验式安全培训，收到了很好的效果。开展以火灾为特定突发事件的应急演练，提高员工的应急疏散能力，完善火灾报警系统，提高消防员的应急处置能力。通过实操演练，员工提高了自防自救的能力，了解了人员、物资的快速疏散，以及有效控制初级火灾的方法等，为经营的顺利进行营造了安全、稳定的环境。

（三）安全监察

1. **生产安全管理**　公司安委会坚持重点检查和常规检查相结合，及时消除隐患。每年坚持开展安全例会，坚持不同层次、不同形式的安全检查，通过检查发现问题，及时整改。2011—2021年，公司共进行安全检查6521次，发现整改隐患15727处。2011—2012年，公司累计投入安全管理资金948.8万元。2018年，公司聘用华鸿阳光有限公司和德安圣保有限公司作为第三方安全检查机构，用更专业的方法、更全面的监管检查，助力房地产公司提升安全管理的水平。

2. **食品安全管理**　新冠疫情发生以来，公司除抓好自有职工食堂外，也提升了对食品销售经营、餐饮业态的管控、管理力度。

公司出台了《天津市农垦房地产开发建设有限公司餐饮食堂（含工地）食品安全管理规定》等规章制度，同时继续不断健全完善各项食品安全管理制度。各直属单位根据本单位的实际情况，继续制定和完善本单位的食品安全管理制度。公司安委会分设食品安全委员会，统一负责公司的食品安全工作。各单位的安全员同时负责本单位的食品安全工作，将食品安全工作纳入年底的安全员考核。每年初签订总的《安全生产目标责任书》，其中的安全生产包括生产安全、食品安全、环境保护、信访安全等，要求逐级签订，落实到每个员工。加大食品安全培训力度，按季度举行专业培训，提高广大职工的食品安全知识和业务水平。在公司每月召开的安委会扩大会议上，总结前一段食品安全工作，部署下一阶段的食品安全工作，对食品安全知识进行经常性的培训。加强对下属单位食品安全的管理，确保食品安全工作部署和政策落实情况；加强食品安全工作资料管理；加强食堂的现场管理。加大食品安全检查力度，在进行安全检查的同时，对食品安全进行检查，查制度、查操作规程、查设施设备、查现场情况、查证照是否齐全。农垦房地产公司全面履行食品安全责任制管理职责，有效预防各类食品安全事件的发生，确保公司系统食品安全工作完善，坚决杜绝食品安全事故发生。

3. **交通安全管理**　除每次在公司安全生产会上强调交通安全对公司安全生产的重要性以外，利用多种形式对公司专职机动车驾驶员进行交通安全以及安全行车培训教育，提高其交通行车安全意识，杜绝违法行为，从源头上预防和减少交通事故的发生。与公司所属单位专职机动车驾驶员签订《安全行车保证书》，确保安全行车，公司至今未发生一起重大交通安全事故。

4. **2011—2021年开展的生产安全重点活动**　2011年1月，公司召开安委会扩大会议，总结上年度安全生产工作，部署2011年安全生产工作，下发《农垦房地产公司2011

年安全生产、消防工作要点》，签订《安全生产、消防、环保责任书》和《预防硫化氢中毒承诺书》

2011年4月，公司召开安全例会，在基层企业裕达公司尝试现场先检查再集体评议的工作方式，创新安全检查工作。

2011年6月，公司开展安全生产月活动。

2011年8月，公司开展暑期安全生产大检查，并召开驾驶员交通安全工作会议。

2011年12月，公司组织开展平安夜"零点"消防安全夜查行动。

2012年1月，公司召开安委会扩大会议，总结上年度安全生产工作，部署2012年安全生产工作，下发《农垦房地产公司2012年安全生产工作要点》，签订《安全生产、消防、环保》责任书和《预防硫化氢中毒承诺书》。

2012年5月，公司劳资安技部举办电工技术培训班。

2012年6月，公司开展安全生产月活动。

2012年9—11月，公司开展安全生产攻坚战专项行动。

2013年1月，公司召开安委会扩大会议，总结上年度安全生产工作，部署2013年安全生产工作，下发《农垦房地产公司2013年安全生产工作要点》，签订《安全生产、消防、环保责任书》和《预防硫化氢中毒承诺书》。

2013年1月，公司开展春节和两会期间生产安全检查。

2013年6月，公司开展安全生产月活动。

2013年11月，公司开展冬季安全生产检查。

2014年1月，公司召开安委会扩大会议，总结上年度安全生产工作，部署2014年安全生产工作，下发《农垦房地产公司2014年安全生产工作要点》，签订《安全生产、消防、环保责任书》和《预防硫化氢中毒承诺书》。

2014年1月，公司组织联合检查小组深入各租赁户、人人乐超市等地进行安全生产检查。

2014年2月，公司开展春节和两会期间生产安全检查。

2014年6月，公司组织开展安全生产月活动。

2014年9月，公司安全检查组到双发公司承建的嘉立荷公司山东万头牛场项目施工现场进行安全生产检查。

2015年1月，公司召开安委会扩大会议，总结上年度安全生产工作，部署2015年安全生产工作，下发《农垦房地产公司2015年安全生产工作要点》，签订《安全生产、消防、环保责任书》和《预防硫化氢中毒承诺书》。

2015 年 4 月，公司开展春季安全生产大检查。

2015 年 6 月，公司开展安全生产月活动，举办消防知识培训和消防演练。

2015 年 12，公司开展冬季安全生产大检查。

2016 年 1 月，公司召开安委会扩大会议，总结上年度安全生产工作，部署 2016 年安全生产工作，下发《农垦房地产公司 2016 年安全生产工作要点》，签订《安全生产、消防、环保》责任书和《预防硫化氢中毒承诺书》。

2016 年 6 月，公司举办消防安全培训专题讲座。

2016 年 11 月，公司开展冬季安全大检查活动。

2017 年 1 月，公司召开安委会扩大会议，总结上年度安全生产工作，部署 2017 年安全生产工作，下发《农垦房地产公司 2017 年安全生产工作要点》，签订《安全生产、消防、环保责任书》和《预防硫化氢中毒承诺书》。

2017 年 5 月，公司联合天津农垦东方实业有限公司举行安全生产、环境整治检查活动。

2017 年 12 月，公司、天津农垦东方实业有限公司开展安全生产大检查。

2018 年 1 月，公司召开安委会扩大会议，总结上年度安全生产工作，部署 2018 年安全生产工作，下发《农垦房地产公司 2018 年安全生产工作要点》，签订《安全生产、消防、环保责任书》和《预防硫化氢中毒承诺书》。

2018 年 1 月，公司开展节日期间安全隐患排查工作。

2018 年 6 月，公司开展安全生产月活动。

2018 年 9 月，公司开展达沃斯论坛会议前专项安全大检查。

2019 年 1 月，公司召开安委会扩大会议，总结上年度安全生产工作，部署 2019 年安全生产工作，下发《农垦房地产公司 2019 年安全生产工作要点》，签订《安全生产、消防、环保责任书》和《预防硫化氢中毒承诺书》。

2019 年 2 月，公司开展春节复工、复产安全生产培训会。

2019 年 3 月，公司将食品安全纳入安委会管理，制定了公司食品安全制度，并印制成册。

2019 年 4 月，公司安委会组织修订了《天津市农垦房地产开发建设有限公司生产安全事故综合应急预案》。

2019 年 5 月，公司及下属单位开展夏季消防演练活动。

2019 年 6 月，公司开展安全生产月活动。在"安全在我心中"演讲比赛，公司获得集团 2019 年度"安全在我心中"演讲比赛优秀组织奖。

2019 年 7 月，进一步完善安全管理制度，形成《农垦房地产公司安全生产管理制度汇编》

2019 年 11 月，公司组织食品安全专题培训。

2020 年 1 月，公司召开安委会扩大会议，总结上年度安全生产工作，部署 2020 年安全生产工作，下发《农垦房地产公司 2020 年安全生产工作要点》，签订《安全生产、消防、环保责任书》和《预防硫化氢中毒承诺书》。

2020 年 4 月，公司聘请第三方德安圣保安全卫生评价监测有限公司进行安全检查。

2020 年 6 月，公司举办安全生产知识竞赛。公司获得食品集团"安全生产月"优秀组织单位称号。

2021 年 1 月，公司召开安委会扩大会议，总结上年度安全生产工作，部署 2021 年安全生产工作，下发《农垦房地产公司 2021 年安全生产工作要点》，签订《安全生产、消防、环保责任书》和《预防硫化氢中毒承诺书》。

2021 年 2 月，公司开展春节复工、复产安全生产培训会，并对施工工地进行复工检查。

2021 年 5 月，组织开展有限空间专题培训

2021 年 6 月，公司开展安全生产月活动。

2021 年 7 月，公司建立并制定了《天津市农垦房地产开发建设有限公司餐饮食堂（含工地）食品安全管理规定》。

2021 年 7 月，开展"迎百年华诞，创平安天津"百日安全攻坚活动，利用农垦大讲堂开展安全培训。

2021 年 9 月，开展新《安全生产法》培训。

2021 年 11 月，公司安全培训体验中心、大数据中心正式启用。

第六节　工程管理

1996 年房地产公司成立之初，公司设立了工程部，后改称工程管理部，主要负责工程开发前期手续、施工建设管理等事项。2011 年后，农垦房地产公司规模不断壮大，正在开发的项目以及公司下属双发公司等企业的在建项目遍布天津市各区县及全国各省市。受国家对房地产市场调控及宏观经济影响，房地产产业发展整体放缓，市场对房地产开发项目有了更高的标准及要求。工程管理部按照"企业推动、分类指导、市场接轨"的工作方针，采用建筑行业国家标准，以国家法律、法规、规范、图集为编制依据，对标优质同行业企业标准，同时结合公司各项目实际情况，分别从安全文明施工、质量、进度及档案

资料 4 个管理维度出发，建立标准化、规范化、统一化、程序化的管理流程，进一步强化公司工程体系管理和各项专业管理工作。强化科学调度、统筹安排、高效管理、精益求精，努力打造优质精品工程。

工程管理部多次对市内各在施工程及公司各项目进行调研，召开会议，讨论制度及标准化文件内容，要求既能与目前市场一流房地产企业现场管理水平看齐，又符合本公司各项目的实际开发管理情况，最终形成了《工程管理手册》《安全管理手册》《农垦房地产公司施工质量标准化》《农垦房地产公司安全文明施工标准化》《农垦房地产公司标准化工期》《农垦房地产公司内业资料标准化》6 项制度。其中，《农垦房地产公司施工质量标准化》以质量控制为根本，从质量控制标准化着手，涉及钢筋、模板、混凝土、砌体等十大分项工程，涵盖公司在建项目所涉及的大部分工艺流程。内容主要汲取建筑施工标准、各类图集要求以及市场实际应用较为广泛的施工工艺及施工标准。编制该手册旨在对标一流企业施工质量标准，对企业在建施工现场的质量进行标准化施工管理，以保障施工质量标准符合要求。《农垦房地产公司安全文明施工标准化》的编制符合国家安全强制性要求，是现场管理工作的一个重要组成部分。它以安全第一为首要，从安全的标准化管理抓起，把安全生产作为最基本要求，现场管理标准化，生活设施、施工设施、安全生产防护设施统一化，确保施工人员职业健康安全；明确安全、文明施工等控制要点，确保施工过程有序可控，把实现精品工程作为最终目标，努力打造一流企业的精品工程、安全工程。《农垦房地产公司标准化工期》结合农垦房地产公司在建住宅工程所涉及的不同层数建筑物，对建设工期节点进行全面管控，参考目前一流房地产企业住宅标准工期计算公式，结合本企业自身的技术力量和水平，同时全面考虑施工影响因素及其他相关联因素，通过考察各项目的施工经验，计算出合理的工序搭接，穿插施工工期，给出适用于房地产公司各项目最合理的施工工期范围，为做好控制工程建设节点、有效把控工程质量以及后期项目交接运营提供有效保证。为保证工程档案资料具有可追溯性，公司制定了《农垦房地产公司内业资料标准化》，从资料档案的建立到档案入档入库，结合目前适用于一流房地产企业的建档流程规范，将资料管理工作融入项目实施过程中，系统性、成套性做好归档文件的资料整理，保证资料管理的高效性、时效性、完整性。对标房地产先进企业，要求各个项目公司在移交档案资料前，按照标准化手册要求，对工程开工的前期文件、工程施工文件、竣工验收文件，以及在这些阶段中形成的联系文件进行整理提交，为后期质量事故的调查及可追溯性提供资料依据及留存。

由于持续高效管理，公司在社会效益、经济效益方面均有收获。2021 年 12 月 23 日，公司被天津市房地产协会评为 2021 年度天津市房地产协会先进房地产开发企业。2021 年

12月，在天津市房地产开发企业协会第四届换届中，公司当选天津市房地产企业协会副理事长单位。成立10余年来，公司多个开发项目荣获天津市结构海河杯奖项（优质结构评价奖）等奖项，提高了农垦地产的品牌影响力。

第七节　项目成本管理

企业的目标是追求利润最大化。房地产企业的开发成本控制是决定一个项目能否盈利的重要环节，推动目标成本管理模式贯穿项目开发全过程是公司始终坚持的原则。

2007年，公司成立造价部，负责公司项目成本测算、审核把关。

2017年，公司先后在组织架构、制度流程、信息化平台等方面建立规则，进行标准化和统一化建设。全方位构建成本管理并落地实施，提升了成本运作效率与监控质量，保证业务在迅速扩张中获得成本支撑，实现作业化管理、专业化管控和标准化执行，使内部管理规范、透明、高效，确保效益目标和廉政目标的双实现。

一、成本招采管理制度

成本招采管理主要围绕2条线8个点构建。管控线：目标成本—合约规划—动态成本—成本后评估。业务线：招投标管理—合同管理—变更管理—结算管理。以此搭建起全产业链成本管控标准框架，形成"全成本管理、全过程管理、全成员管理"管理模式，并将这8个点涉及的每一个业务过程、执行程序、审核标准、记录表单，用14幅流程图、95张表单、51万余字形成11册作业式的管理制度进行落地。构建完成9大类别、500余科目、1000余项数据的成本数据库，使全开发成本科目统一化、数据指标化，以此实现专业体系系统化、专业制度作业化、专业标准指标化，进而全方位提升整体管理水平。

2017年7月，成本运营部出台《采购管理流程》《立项审批作业指引》《入围审批作业指引》等9个制度文件，内容涵盖从招标采购至成本结算审核的全过程。2017年9月，成本运营部出台合约规划管理制度，规范公司的合约规划编制工作，统一合约归集口径，便于成本数据核算收集，实现对项目全周期的管理。2018年10月，成本运营部出台目标成本管理制度，强化公司项目总成本控制，将各阶段目标成本在项目开发各环节置于可控范围，以符合公司成本管理精细化的要求。同时，指导项目开发成本控制，明确成本控制目标，降低经营风险，实现事前策划型管理模式的转变，保障项目的投资收益。

二、信息化创新管理

2018年12月，信息化平台——ERP管理系统上线。创立全地产公司口径一致的数据通路，以项目为对象，以业务为主体，以数据为根本，以进度为主线，以效益为核心，以效率为重点，真正做到全部数据实时上传，动态监控一线的经营情况，形成企业自己的"经营数据监察室"，全面贯彻精细化信息管理和实时预控理念。

第八节　对外合作

为提升公司开发力度、质量、品牌，公司加强了对外合作。2012—2021年，公司先后主要合作的单位有：

2012年2月28日，公司与博纳影业集团签署战略合作协议。

2016年7月，农垦房地产公司与仁恒发展（天津）有限公司共同签署股权转让协议，通过股权转让的方式共同合作开发建设河西区解放南路三宗地。

2017年5月，公司与中铁建工集团诺德投资有限公司签署战略合作协议。

2018年，公司积极对标一流企业，提高内部管理，通过与万科、金地、仁恒等一流房企合作，农垦房地产公司查找自身不足，不断从软件、硬件、人才队伍建设方面完善管理，形成项目开发、建筑施工、物业管理、商业运营等几大板块协调发展的局面。

2021年1月，公司与食品集团嘉立荷牧业公司签订合作协议。

2021年2月，公司属天津市双发建筑工程有限公司与天津恺英科技发展股份公司签署战略合作框架协议。

2021年3月，公司与天津大学设计总院签署战略合作框架协议。

2021年4月，公司与天津市测绘院有限公司共同签署战略合作框架协议。

2021年10月，公司与天津工程咨询公司签署战略合作协议。

第九节　依法治企

市场经济是法治经济，要建立现代企业制度、办好企业，就离不开法治的引导、促进和保障。公司要注重防范企业风险，加强依法治企。

2011年，公司设置法务专职管理人员，并由公司总经理办公室代为管理法务事项。法务人员负责审核企业经营合同、解决企业涉诉、开展企业法治建设和员工法治教育等工作。公司聘任 2 家律师事务所常年担任专职法律顾问，为公司提供法律服务。公司下属各单位相应设置法务人员，协助企业领导完善法治工作，从而进一步推动企业法治建设。

2013 年，公司开展"深化'律法六进'推进法治天津建设"宣传教育主题活动。

2015 年，公司开展"全面推进依法治企、落实主体责任"活动。1 月，公司直属单位重要规章制度、经济合同和重要决策全部通过公司法务机构统一审核，逐步实现各单位与外聘律师签订法律服务合同统一由公司法律事务机构协调安排。

2017 年，公司开展法律风险排查工作。

2018 年，公司组织对宪法、宪法修正案的专题学习研讨活动，组织职工参加中国普法微信公众号法律知识竞赛活动。

2011 年，张葵担任公司总法律顾问；2016 年，刘瑞成担任公司总法律顾问；2017 年，王继权担任公司总法律顾问；2021 年，刘明举担任公司总法律顾问。

2019 年 1 月，公司设立法务部。2020 年，公司按照相关制度规定，加强对法律纠纷案件的管理，要求各单位按时报告发生的案件，定期上报案件办理情况，及时总结经验教训，避免发生同类案件。对于涉及应收账款诉讼和执行案件的，要求所属企业及时报告案件变更情况，并按照集团要求月报告的方式上报集团，以掌控应收账款诉讼和执行案件的发展动向，代理未委托律师处理案件的出庭应诉和协商结案等。

公司全面推进企业法律审核工作，进一步巩固和完善生产经营重大决策、规章制度、经济合同 3 项法律审核机制，3 项法律审核达到 100％。加强对公司的改革任务和投资性活动的法律审核，为公司发展提供法律支撑。按照《天津食品集团法律纠纷案件管理办法》的规定，加强对法律纠纷案件的管理。加大对所属企业法务各项工作制度落实的督促，根据公司统一安排，下属企业开展法务工作自查，及时发现问题并限期整改，不断提高公司整体依法治企水平。积极配合集团"数字天食"法务管理系统和合同管理系统的运行，做好普法宣传教育工作，组织普法网"国家安全教育日"和国资委"国家安全教育日"普法宣传活动，利用农垦大讲堂开展《民法典》等培训教育，有效提升了公司依法治企能力。

第三章　科技篇

第一节　农场科技工作与成果

一、农场科技工作

农场从 20 世纪 60 年代开始，即进行科学试验，为生产服务。场主要领导对科技人员和科技工作很重视，在场领导的支持下，农场科技人员长期进行各项试验工作，取得了一定的成果，并将其运用到生产中。

1965 年，农场有关科技人员与南开大学生物系师生配合，在农场搞水稻丰产实验，参加人员有教授、讲师、学生、场长、技术人员、工人。这是一项较大的综合试验，共用稻田 100 亩。试验取得突出效果，平均亩产稻谷 1274 斤。试验结束后，经双方总结，将其应用于生产实践，给农场大面积水稻丰产和保留优质种子奠定了基础。当时，种植水稻的各兄弟农场纷纷派员来场参观学习。

农场大面积采用化学除草剂"敌稗"，防除水稻杂草，取得理想效果。主管局组织各农场多次来场，召开现场会，传授农场新技术措施。

水稻黏虫是一种毁灭性虫害，一旦发生，发展迅速，一夜之间就能把大面积水稻叶片吃光。当时，药械和农药常跟不上虫害的发展。在民航部门的支持配合下，农场采用飞机撒药防治黏虫的办法。根据农场地形，民航使用直升机撒药治虫（1964—1966 年），取得成功，为大面积稻田及时防治虫害开辟了一条新路。

双林农牧场建立化验室，承担土水化验、鉴定优质稻种、制作生物农药的任务。当时的化验室设备虽不全，但能直接为生产服务。农场多年大面积种植水稻，由于水源紧张，20 世纪 60 年代就采用污水灌溉。化验室每天化验污水成分，为指导大面积稻田灌溉污水提供可靠数据。农场每年收获大量水稻优质种，也必须通过化验室鉴定盖章后，方能发往各地。

双林农牧场还制作生物农药，设备虽比较简陋，但科技人员克服困难，坚持为生产服务，进行科学试验的态度坚决。1966—1976 年，该项工作被迫停止。

为了搞好科学实验与技术革新，双林农牧场于 1972 年 3 月成立了场级"三结合"科研领导小组，由场领导、科技人员、老工人及有关人员组成。各生产队也分别成立了队级"三结合"科研小组，由队领导、科技人员、有经验的老工人及有文化的青年人组成。场、队科研小组的主要任务是完成科研项目，认真进行实验，各项科学实验要为生产服务，分析成功与失败原因，不断总结经验。

场领导重视科技人员，关心培养人才。根据工作需要，结合生产实践，农场培养了一批年轻有为的科技人才，这些人后来都成为生产中的骨干。

1973年以后，由于水源问题无法解决，农场大面积稻田改为旱田。科技人员根据种植旱田需要，开展了各项科研活动。

1977年，为开展玉米、高粱、谷子的主要害虫——小地老虎、黏虫的预测预报工作，农场组织了由科技人员、工人、知识青年组成的植保队伍，进行实地观察、调查，配合现场会、讲课，培养了一批工人、知青。他们能掌握虫情动态，提供防治害虫的实际数据，指导当时的防治工作。双林农牧场还定期印发《虫情测报简报》，发至各兄弟农场、主管局和各郊区农业局，受到主管局和各单位的欢迎。农场结合生产实际，培养科技力量，在通过植保工作促进农场生产方面发挥了积极作用。

农场在韭菜地进行了除草剂试验后，将成果用于大面积韭菜生产。防治黄瓜霜霉病和豆角猝倒病，也取得很好效果。

1978年，开始在园田搞虫情测报后，有效控制了小菜蛾为害圆白菜、棉铃虫为害西红柿等情况。

后来，根据水源情况，又在农场东南区恢复种植少量水稻。历年采用的"敌稗"除草剂，使稗草逐渐产生抗性，继续使用效果不好。农场科技人员立即着手进行日本"杀草丹"试验。试验成功后，于1983年开始在芽子垅、本田普及使用。以"杀虫丹"代替"敌稗"，既节省了劳动力，又提高了经济效益。在解决了水稻、蔬菜的虫情测报后，科技人员又对农场果树进行虫情测报工作，在生产上采用至今，使果树植保工作更加科学。

由于双林农牧场果园是混栽果园，地势低，采用传统的粗放管理，果树的病虫害较为严重。因每年草荒需投入大量劳动力进行人工除草，相应地削弱了对树的管理，造成树势早衰。同时，杂草丛生也成为病虫传播到树上的媒介。通过1983—1985年的化学除草和苹果树腐烂病试验，农场优选出适合果树生产的除草剂，先以2分地试验，后扩展到8亩地，又发展到2个生产队，1989年普及全场。这一措施节约了劳动力，降低了成本，受到领导和职工们的欢迎。

苹果树腐烂病是一种毁灭性病害，防治难度较大，发展的结果是毁树毁园。在果树生产中，治疗苹果树腐烂病的中心问题是树衰弱问题，要求每棵树有合理的负载量。1987—

1988 年，农场进行试验，采用国产 11 种药剂试验，最后优选出"灭苹腐 1 号"。"灭苹腐 1 号"效果较好，能延缓果树结果的寿命，1989 年，该项措施推广全场，有效地控制病虫害大量蔓延。

葡萄白腐病是多年来的一种严重病害，每年生产损失较大。经过摸索、试验，农场使用硫黄粉、福美双、碳酸钙合理配制成混合粉剂，进行葡萄地面防治，控制了越冬病菌的繁殖。1990 年，该粉剂在农场葡萄园全面使用，解决了葡萄大量烂果问题。为此，天津市葡萄协作网在双林农牧场召开现场会，将其作为全局首创的一项新技术措施，普及到大面积生产中。

1987—1990 年，农场进行了为期 4 年的食心虫类测报和大面积防治，在果树大面积生产中采用性诱剂，取得突出效果，积累了大量数据，为食心虫类的测报、防治提供了可靠依据。农场不仅将性诱剂应用于虫情测报，还直接用于果树大面积防治，减少了污染，节省了劳动力，降低了成本，使农场虫果率由 1987 年的 30％降至 1990 年的 3％以下，提高了水果的价值。

从 1984 年开始，果园陆续引进红富士苹果苗木 2 万株、优良大粒葡萄品种 2000 余株，为更换新品种、增加经济效益创造了有利条件。

二、科技成果

1979—1982 年，谢桂荣和农场局有关部门共同进行的"利用人工饲养中华草蛉防治果树山楂红蜘蛛"试验项目被评为 1982 年度局级科技成果二等奖。

1979—1984 年，谢桂荣、刘仲全合作的"乔砧苹果密植丰产试验"项目被评为市级科技成果二等奖。

1982 年 3 月，雷祥声、张允茂主持研究的奶牛"网胃投磁铁预防创伤性心包炎"项目被列为局级重点科研推广项目，在全局各奶牛场推广。

1982 年 8 月，王玉生、廖秋吟参加研究的"化学除草技术在农业上的应用与推广"项目获得局级科研成果一等奖。王玉生、赵靖国参加研究的"青饲作物耕作制度的改制与推广"项目获得局级科研成果一等奖。

1982 年 11 月，李炳孝在黑白花奶牛育种工作中取得显著成绩，被中国黑白花奶牛育种科研协作组（北方组）授予金质奖章一枚。

1983 年 8 月，刘仲全参加的土壤普查试点和"苹果幼树环剥高产试验"项目取得显著成绩，分别获得局级科研成果一、二等奖。

1984 年 8 月，陈兰英、刘学礼等主持研究的"氦氖激光治疗奶牛不孕症"科研成果被中央电视台新闻联播节目播出。

1984年9月，刘仲全试验成功"苹果矮化密植新技术"，使苹果的盛果期提前3～5年，获得天津市科委颁发的科技进步二等奖。

1986年6月，陈兰英、张允茂等和中国农业科学院中兽医研究所共同研究的"治疗奶牛乳房炎"科研成果获得中国农业科学院一等奖和农业部三等奖，并被拍成科教片。

1988年8月，"中国黑白花奶牛培育"项目获得1988年国家科技进步一等奖和1987年农业部科技进步一等奖。李炳孝在此项工作中做出贡献，被中国奶牛协会授予荣誉证书。

1990年9月，陈兰英、王洪宾和中国农业科学院中兽医研究所共同研究的"奶牛乳房炎综合防治效果"项目通过农业部和中国农业科学院的鉴定。

农场历年科技成果见表6-5。

表6-5 科技成果

序号	姓名	性别	项目名称	荣誉称号	获得荣誉时间	获得荣誉时所在单位及职务	授予部门
1	王玉生 廖秋吟	男 女	化学除草技术在农业上的应用与推广	科技成果一等奖	1982年8月	生产技术科 园林队	天津国营农场管理局
2	王玉生	男	青饲作物耕作制度的改制与推广	科技成果一等奖	1982年8月	生产技术科	天津国营农场管理局
3	赵靖国	女	青饲作物耕作制度的改制与推广	科技成果一等奖	1982年8月	奶牛队	天津国营农场管理局
4	李炳孝	男	黑白花奶牛育种	金质奖	1982年11月	奶牛队	中国黑白花奶牛育种科技协助组（北方组）
5	刘仲全	男	土壤普查试点、苹果幼树环剥高产试验	科技成果一、二等奖	1983年8月	园林队	天津国营农场管理局
6	刘仲全	男	苹果矮化密植技术	科技进步二等奖	1984年9月	园林队	天津市科学技术委员会
7	陈兰英 张允茂	女 男	治疗奶牛乳房炎	中国农科科学院一等奖/农业部三等奖	1986年6月	奶牛队	中国农业科学院/农业部

第二节 农场与房地产公司合并后的科技创新（1996年以后）

2019年12月底，公司下属天津燊辉电力科技有限公司（简称燊辉公司）划转至天津市农垦房地产开发建设有限公司，2020年3月，按要求由股份制公司转为有限责任公司（法人独资）。燊辉公司于2018年11月30日取得国家级高新技术企业认证，2019年4月16日取得国家级科技型中小企业认证，2020年6月2日获得天津市瞪羚企业等荣誉。燊辉公司的资质包括：电力工程施工总承包三级；输变电专业承包三级；建筑机电安装工程专业承包三级；电力承装、承修、承试四级；施工劳务不分等级。公司秉承技术引领服务的经营理念，践行以"运维为根，工程为基，生产为翼，服务为本"的发展战略，打造拼搏竞进、开放包容、和谐共赢的企业文化，实现"创燊辉形象，保电力安全，扬天食精神，展国企担当"的企业追求，连续10年获得先进集体或先进支部称号，拥有实用新型专利15项、软件著作权6项，是食品集团唯一电力行业国家级高新技术企业、国家级科技型中小企业、国家电网电力工程施工主要服务商、国网天津电力智能运维主要服务商。

燊辉公司先后获得以下荣誉：①2018年8月7日成为天津市高级高新技术企业。②2018年11月30日成为国家级高新技术企业。③2019年3月15日成为天津市科技型企业。④2020年6月2日成为天津市瞪羚企业。

2021年11月，房地产公司独自开发建设的安全培训体验中心、大数据中心正式启用。

第四章　职工篇

第一节　开办各类业余教育和技能考核

双林农场建场时，早期的工人绝大多数是来自农村的青年农民，基本上是文盲、半文盲，他们进入国营农场成为农业工人后，都迫切要求学习文化。据此，场工会筹委会要求水利处工会协助开展业余文化教育，以提高工人的文化水平。水利处工会向天津市总工会提出此事后，当即受到有关部门的重视，并于1952年9月，由天津市总工会文教部派来专职干部1名，主持开展双林农场的工人业余文化教育工作。在上级工会的支持和场领导的关怀下，经过短时间的积极筹备，当年冬季即成立了双林农场工人业余学校。

1952年10月，在天津市总工会"在工人中立即开展扫除文盲活动"的号召下，在市政工会（当时双林属市政系统）的具体指导下，双林农场工人业余学校组织工人参加业余文化学习，扫除文盲。参加学习的工人有80余人，约占全部工人的90%，设扫盲两个班、初小一个班，利用小礼堂和食堂等处为教室，每周晚上上课4次，每次2小时。除专职干部教课外，还聘请了2位职工担任兼职教员。尽管当时学习条件极差，但学员们学习文化的积极性很高。他们都认识到，解放前自己是贫苦农民，没有上学条件；解放后成为国营农场工人，组织上给创造了学习的条件，只有好好学习，提高文化水平，才能为国家做贡献。

学员们常年坚持业余学习，非常辛苦。他们在完成了一天的劳动后，晚上还要上文化课或写作业。尤其在农业生产春耕、秋收的大忙季节，工人们的劳动强度很大，工作时间延长，扫除文盲活动又不能停，绝大多数同志都做到了生产、学习两不误。学员们的刻苦学习精神、克服困难坚持学习的毅力也激励了广大教员。对因工作和其他原因缺课的学员，教员千方百计地给他们补课。例如水稻收获时，马拉队的工人们昼夜运输，夜班工人不能按时上课，教员就背着小黑板去集体宿舍，白天给他们上课；少数学员当时家住北马集村，教员就带着小黑板，晚上到村里去上课，让他们边休息边学习。就这样，在教员、学员的共同努力下，到1953年冬，农场工人的业余学习已初见成效，受到天津市总工会和政工会的表扬。

1954年，为加强对业余教育工作的领导，市里决定各级工人业余学校统归教育部门管理。农场业余学校由天津市政工会移交东郊区（按当时行政区划，双林地处东郊区）文教科管理，称双林工校，由区按时拨给行政经费，支付专职干部工资。

双林工校受到广大职工的欢迎和支持，教学工作正常进行，随着工人的逐渐增多，学员也陆续增加。场里给工校制作了简易学习桌和板凳，改善了学员们的学习条件。自1952年冬，工校在工人中积极开展扫除文盲活动，到1955年9月，部分学员已达到脱离文盲标准。经东郊区有关部门和上级工会的联合组织验收，在参加扫盲班的90名学员中，首批达到脱盲标准（认识并已巩固2000字以上）的已有60余人。

自农林水利局接管后，长泰农场也在工人中开展了扫除文盲活动，并有1位专职教员。1956年两场合并后，工人业余教育工作集中由场部管理，工校学员增加到近300人，扫盲任务加重。场领导非常重视这项工作，又增添了学习桌和板凳、黑板等教学设备。场的范围扩大了，工人们居住在各生产队和家属宿舍，给教学工作增加了困难。根据具体情况，工校按扫盲、初小共编10多个学习班，并相应地增聘了数位兼职教员，一般在每周一、三、五晚上上课2小时，唯有畜牧队的学员，因工作时间特殊，在中午上课。

1956年，因调整东郊区地界，区文教科将双林业校移交河西区，由区教育局职工教育科和区工会教育科共同管理。按上级规定，各企业从工资总额中按比例提取职工教育费，区里不再下拨业校经费。

随着工人业余教育工作的逐年深入，工人们的文化程度普遍提高，部分工人提高较快。为适应需要，自1957年开始，农场又在东区队、西区队和场部各设了一个高小班，聘请了具有大学、高中文化程度的3位干部担任兼职教员。

1958—1959年，随着职工队伍的不断扩大，工校学员也相应增加，高峰时曾达到500余人，共开设高小、初小和扫盲班近20个，分布在东区队、西区队、北区队、畜牧队和场部等处。班级多了，学员也多了，教员就成了关键问题，工校除增聘有教学能力的干部职工兼职任课外，还请了当时在场劳动的原教育系统的干部和教师担任兼职教员。

为了进一步加强对农场业余教育工作的领导，由佟志清副场长兼工校校长，领导工校全面工作，教学工作及行政事务等工作由1名专职干部担任，场工会也协助做一些管理工作。这一阶段的业余教育工作比较活跃，坚持经常学习不停，学员出勤率平均在80%～90%，教学效果也好于以往几年，是双林农牧场开办工人业余教育史上的"鼎盛时期"。

到1960年底，累计已有280余人达到脱盲标准，占扫盲班学员的80%。市、区有关部门按标准分批验收合格后，先后给他们颁发了全市统一的扫盲结业证。

在国家经济暂时困难时期，农场作息时间变更等诸多因素严重影响了工人业余教育活动的开展，教学工作未能坚持下去，暂时停办。

1964年7月，在全场大搞技术革命的形势下，又恢复建立了场职工业余学校，仍由1位副场长兼任校长，设专职教导主任、专职干部各1人，另聘请兼职教员10余人。课程分政治、技术、文化3门，以政治课为主，技术、文化课相结合。技术课设水稻、园艺、畜牧、农机、电工、修配等专业班；文化课设初中1个班、高小和初小各4个班。业校每周利用业余时间上课4次：1次政治课、1次技术课、2次文化课。学员以青年工人为主，总共有学员100余人。教学活动持续了半年多，由于多种原因再度停办。

农场局教卫处于1983年召开各农场有关人员会议，要求成立业余中学，任务是给没有取得毕业证的初中文化程度的职工们补课，到1984年底，首批补课职工要达到合格标准。由于时间紧、任务重，场领导立即研究决定成立教育科，配备了干部，负责此项工作。遂即建立业余学校，由局命名为农场局第十三业余中学。

经摸底调查，全场共有补课对象750名，其中有64名已在市内各业校进行补课。为确保完成任务，于1984年初成立了2个脱产班。一个班由各队（厂）领导在补课对象中推荐，经过考试，择优录取，共有学员50名；另一个班是79、80两届初中毕业生，由领导推荐，共有学员40名。同时，又开设了2个业余班：在针织厂设1个班，学员都是该厂青年职工，共50名，他们工作时间为6小时，上课时间为2.5小时；在畜牧队设1个班，共有学员40名，他们工作时间也为6小时，上课时间为2小时。上述4个班的学制都是1年，总共有学员180名。经教员和学员的共同努力，到当年年底，全部学员达到合格标准，按时完成了首批补课任务。

1985年，农场继续开办了2个脱产班和2个业余班，并在市内13中学借教室、请老师，开设了1个脱产班。全场共开设5个班，总计学员240名，学制1年。到年底考试，合格率为89.7%。

办学两年来，在场、队领导支持下，采取因地制宜的教学方法，保证了教学质量，保证了学员的出勤，加强了管理，基本上完成了农场职工的文化补课任务。

1985年底完成了初中文化补课后，按照农场局指示精神，调整中等教育结构，场业余中学开始向中专教育发展。在局有关部门协助下，试办了2个中专班：一个是天津市会计、统计、企业管理电视班，有正式学员30名，每周上课4个半天，3次收看电视，1次辅导；另1个班是第三期中央广播学校，有学员14名，其中畜牧养殖10名、农经2名、淡水养鱼2名，加上第一期毕业的学员7名，共计21名。

在徽山路中学等学校进行高中文化补课的职工有37名，他们利用业余时间补课，原则上自费，期末成绩合格者，凭学习成绩单及考勤表，由场按规定报销学费。

农场局为适应本系统经济建设发展的需要，决定为各单位定向培养一批大学生。场领导决定，按局规定的条件，输送一些职工去上大学，毕业后为农场服务。农场与职工本人订立了服务合同，到学期末时，按学习成绩颁发奖金，共培养合格大学生15名。

双林农牧场自20世纪50年代初开办工人业余教育以来，采用多种办学形式，从扫除工人中的文盲开始，克服种种困难，历经曲折，培养出了一批又一批文化层次较高、政治素质较好的职工，成为农场建设发展过程中的骨干力量。

第二节　农场与房地产公司合并后的教育工作

1996年农场和房地产公司整合后，需要大量的技术人员，提高原农场干部职工的素质也成为当务之急，为此，公司采取了一系列措施。当时农场的政策是鼓励进修大专班、本科班、研究生班，并报销学费，职业资格考试是考证后凭资格证全额报销学费、考务费等。

1999年，公司先后开展了财务专业技术人员继续教育、财务人员上岗证资格培训、合同法知识、商品房销售等业务培训班，并推荐中青年干部进入大专企管班深造，当年由公司安排或派出干部职工接受各种培训的人员达416人次。

2004年，公司坚持为人才使用与培养创造良好的环境，协助6名同志完成技术职称的参评工作。公司还投资3万余元，鼓励员工参加学历教育。为提高干部的业务素质，举办了"计算机操作实务"学习班，全体机关干部和基层书记、经理参加了该培训，促进了公司办公自动化、管理现代化，该项活动投资约19万元。

2019年，公司制定了《天津市农垦房地产开发建设有限公司招聘管理办法（试行）》，共引进工程、设计、财务等方面人才32人，其中硕士研究生5人，本科学历27人。2019年，公司完成推荐参加各项专业培训、继续教育和职称考评等工作。

第三节　职工福利事业

一、职工住房

公司在一心一意搞建设的同时，积极探索现代企业制度下职工民主管理的有效途径，维护职工的合法权益。从关心群众生活、维护群众利益入手，把为职工办的实事办好、办实。

1952 年 5 月，天津市建委会给双林农场新建家属宿舍 3 排，共 30 间，建筑面积 500 余平方米。这是双林农场首批砖木结构的职工住宅，部分干部职工住进新房。

1956 年下半年，在场部西侧新建职工家属宿舍 5 排，共 50 间，建筑面积为 857 平方米。

1957 年，在农场通往灰堆的大道边新建职工家属宿舍 10 排，共 100 间，建筑面积约 1700 平方米，定名为五七新村。此房建成后，大部分职工迁入新房，大大改善了他们的居住条件。这是当时全场最大的职工住宅区。

1981—1982 年，新建青苑里职工家属宿舍 190 套，共 216 间，建筑面积 5364 平方米；新建双山里平房 162 套，共 317 间，建筑面积 6908 平方米。

1986 年，在五七新村新建职工住宅平房 30 间，建筑面积共 1093 平方米。

1989 年，根据天津市政府平房改造指示精神，总场投资 26 万元，对五七新村 40 间危漏房屋进行改造。新建小二楼职工住宅，建筑面积共 949 平方米，解决了 27 户职工的住房问题。

1990 年，总场再投资 31 万元，在五七新村新建小二楼职工住宅 36 间，建筑面积共 1006 平方米，解决了 26 户职工的住房问题。

从 1999 年 9 月起，按照公司领导的工作部署，津垦房地产公司开始实施员工货币分房工作。在公司领导的支持和帮助下，在公司分房委员会全体成员和房改办工作人员的共同努力下，历经 2 年多的艰苦工作，公司圆满完成了既定任务和工作目标。实施货币分房是公司领导班子努力实践"三个代表"重要思想的具体体现，该项工作顺利实施赢得了公司上下干部和员工的满意，为稳定社区、促进公司改革进程和经济发展发挥了重要作用。从 1999 年 9 月起到 2002 年 7 月，共有 1382 名职工享受货币分配政策，公司支付货币分房资金 37504047 元。

五七新村始建于 20 世纪 50 年代，多年来都是公司领导和职工十分关注的焦点。经过公司领导多方协调推动，2004 年，该项工作有了实质性进展。2005 年 7 月，共有 169 户职工喜迁新居。由于此次房改政策公开透明，职工大获实惠，房改工作进行得非常顺利。五七新村房改的完成，大大改善了居住在这里的职工的住房条件。

为改善双山里平房居住环境，2008 年，公司投入 63.5 万元修复房顶和门窗，增加路灯，修复道路。此外，还投入 15 万元修复三水南里、珠峰里屋顶，投入 142 万元为珠峰里 65 户职工解决产权问题，投入 71 万元解决珠峰里职工房改货币分房遗留的达标问题。

2009 年，公司为贵山小区、玉峰花园、祺林园 3 个住宅小区补缴维修基金 67 万元，此举有效地保证了在此居住的职工和百姓的利益。

2009 年，双山里平房改造工作有了新的推进。经项目小组的努力推动，双山里定向安置经济适用房定名为"双山新苑"，该项目拆迁工作于 2010 年 9 月 6 日正式启动。2012 年 3 月，职工已按时回迁，至此，双林农牧场成片平房改造任务顺利结束。

二、农场历史上的幼儿园、电影院、保健站、图书馆、大礼堂、食堂、澡堂等

1955 年，根据生产生活需要，农场逐步建立大礼堂、食堂、集体澡堂等设施，定期给职工发放洗澡票。为丰富职工生活，20 世纪 50 年代，农场邀请南郊区、河西区电影放映队到农场给职工放电影，每月放 2 次露天电影。1970 年，农场购买 16 毫米电影放映机一部，并安排专人学习技术，给职工放映电影。1975 年又新购置 35 毫米电影放映机一部。后把露天放映电影改到在农场大礼堂放映，将礼堂改建成兼有放电影功能的场所，安装了 500 把座椅，修建了放映屏幕和机房，办理租片权手续，免费给职工放映电影，每月至少 1 次。1988 年，农场添置录像设备，为职工放映录像片。农场工会还成立了图书室阅览室，收藏图书数千本，供职工阅读。

农场有自己的幼儿园，专供农场职工子女就近入托。幼儿园有专职幼儿老师、园长等，负责孩子的生活和教育。每到"六一"儿童节，幼儿园组织孩子们进行文艺表演，农场领导到园慰问老师。

1990 年后，随着市场经济的不断发展，农场的幼儿园、电影院、图书阅览室、集体澡堂、职工业余学校等逐步关闭，退出农场。

第七编

党建、纪检、群团

中国农垦农场志丛

第一章　党的建设

第一节　组织建制

一、1950—1996 年农场党委

1950 年 11 月 9 日，水利处〔50〕利秘字第 835 号文呈市人民政府批准《双林农场筹委会组织规程》。主任委员王华棠，副主任委员常征、韩竹如，苏翔达等 8 人为委员。

1951 年 5 月，双林农场成立后，胡晓槐任首任双林农场场长、总支书记。

双林农场、长泰农场于 1956 年 1 月正式合并。3 月，确立张玉明任党总支书记，郭生秀任双林农场场长；成立工会，刘继祥任工会主席。

1958 年 3 月，国营双林农场被并入南郊区先锋公社，成为公社下属第四团（当时按民兵组织称呼）。社主任为南郊区刘子铎，双林农场副场长杨英为副职（未到任），副场长马清元为生活福利部长（未到任）。1958 年 5 月，双林农场更名为双林农牧场。1959 年 2 月，双林农牧场从先锋公社划出，恢复原体制。

1961 年 7 月，张铁之调入双林农牧场，任党总支副书记。

1964 年 3 月，刘杰任双林农牧场党总支书记。

1966 年初，郭子杰任双林农牧场党总支副书记。

1970 年 5 月，农场设置党委，楚云任双林农牧场党委书记、革委会主任。

1971 年 1 月，李泽溥调入双林农牧场，任革委会副主任。

1971 年底，刘振荣被任命为场党委副书记、革委会副主任，刘振忠任场党委委员、革委会副主任。

1973 年 5 月，姚汝楫调入双林农牧场，任场党委书记、革委会主任。王友春调入双林农牧场，任场革委会副主任。同年 6 月，楚云调出双林农牧场。

1974 年 3 月，葛永潭调入双林农牧场，任场革委会副主任。

1979 年 3 月，经局党委批准，杜荣贵任双林农牧场党委书记兼场长。当时，党委由杜荣贵、梁友珠、贾贵生、张英堂、康树权、马晓桐、李忠平、王友春、赵功杰组成。原农场党委书记姚汝楫调入北大港农场。

1983 年 12 月，经局党委批准，场党委由贾贵生、张清源、王忠升、李忠平、宋希荣组成，贾贵生任党委书记，张清源任副书记。原党委书记杜荣贵离休，农场原党委委员、书记、副书记、场长、副场长职务免除，不再办理免职手续。

1984 年 3 月，农场成立纪律检查委员会，张清源任场纪律检查委员会书记。1984 年末，双林农牧场共有 143 名党员（其中预备党员 6 人）。

1987 年 4 月，贾贵生任双林农牧场党委副书记、场长，帅仁任党委委员。

1989 年 1 月，张清源为农场党委代理书记。同年 6—7 月，局党委分别任命王鑫泉、张葵为场党委委员、副场长。同年 12 月，局党委任命张清源为农场党委书记。

1990 年 5 月，局党委任命雷祥声为双林农牧场党委副书记、场长。至此，双林农牧场党委由张清源、雷祥声、贾贵生、李炳孝、帅仁、王鑫泉、张葵成组成。1990 年末，农场党委下属党支部 14 个，有党员 70 名。

1992 年 3 月，雷祥声任中共天津市双林农牧场委员会书记，免去其天津市双林农牧场场长一职。张文彬任中共天津市双林农牧场委员会委员、副书记、场长。

1993 年 9 月，张乃良任中共天津市双林农牧场委员会委员、书记。

二、1996—2022 年 9 月公司（农场）党委

1996 年 5 月，双林农牧场和天津市农垦集团房地产开发建设有限公司整合，实行一套班子、两个牌子。总公司党委决定，中共天津市农垦集团房地产开发建设有限公司委员会（中共天津市双林农牧场委员会）由张乃良、张景和、王建莉、张葵、闫法立、马清华、马凤岭 7 人组成，张乃良任书记，张景和任副书记，王建莉任副书记兼纪律检查委员会书记。

1998 年 9 月 18 日，张葵任中共天津市农垦集团房地产开发建设有限公司（天津市双林农牧场）委员会副书记兼纪律检查委员会书记。

2003 年 9 月 19 日，张葵任中共天津市农垦集团房地产开发建设有限公司、天津市双林农牧场委员会书记。

2006 年 12 月，公司党委由张葵、马凤岭、关玉峰、闫法立、马清华 5 人组成，张葵任书记。

2011 年，公司党委成员为张葵、关玉峰、闫法立、马凤岭、王国庆、王永生（2011 年 1 月退休）。

2014 年 4 月，刘瑞成任公司党委副书记、总经理。同年 10 月，公司党委召开党员大会，选举产生新一届党委成员。党委书记、董事长张葵，党委副书记、总经理刘瑞成，党

委委员、纪委书记、工会主席关玉峰。

2015年5月，刘瑞成任公司党委书记。张葵退休，关玉峰内退。

2015年6月，刘宗保任公司党委委员、党委副书记，王国庆任公司党委委员。

2015年9月，卢震任公司党委委员。

2016年11月，刘瑞成兼任天津市农工商总公司双林公司书记。

2017年1月，马清华任公司党委委员、党委副书记。

2018年9月，公司召开党员大会，选举产生新一届党委委员。公司新一届党委成员共7人，分别为刘瑞成、马清华、刘宗保、林继贤、王继权、卢震、刘东明。刘瑞成任公司委党委书记，马清华、刘宗保任公司党委副书记。

2021年1月，卢震任公司党委委员、党委副书记。马清华不再担任公司党委委员、党委副书记职，调离；王继权不再担任公司党委委员。

2021年2月，陈铁林任公司党委委员、纪委书记。

2021年7月，牛国跃任公司党委委员。

2021年12月，公司党委班子成员为刘瑞成、卢震、刘宗保、陈铁林、牛国跃。

2022年7月，牛国跃任公司党委副书记。免去刘宗保公司党委副书记职务，退休。

2022年9月20日，李海强任公司党委副书记、总经理。卢震不再担任公司党委副书记职务，调离。

2023年6月29日，马清华任公司党委书记、董事长。刘瑞成不再担任公司党委书记、董事长职务。

三、所属基层党支部

1981年3月，马晓桐任双林农牧场生产科科长，免去其西区队党支部书记职务；高文俊任双林农牧场财务科科长；靳清公任双林农牧场劳资科科长，免其去基建队党支部书记职务；李炳孝任双林农牧场畜牧队队长；李润科任双林农牧场畜牧队党支部书记，免去其畜牧队队长职务；张旭朝任双林农牧场电子仪器厂厂长；李培生任双林农牧场基建队党支部书记；赵绪福任双林农牧场西区队党支部书记；白书义任双林农牧场东区队党支部书记，免去其场长办公室主任一职；卢绪杰任双林农牧场钢板厂党支部书记，免去其园林队队长职务；杨政任双林农牧场钢板厂厂长；熊世达任双林农牧场电子仪器厂党支部书记，免去其场劳资科科长职务；孙宝元任双林农牧场缝纫机厂厂长。

1990年，双林农牧场党委下属党支部14个，共有党员142名。随着企业的发展，由于体制改革、企业组织结构变化、人员变动等因素，截至2010年12月，公司（场）党委下属党支部还有7个，共有党员181名。1990—2010年，公司党委积极发展先进分子入党，充分发挥党组织和党员作用，对公司经济发展起到了有力的政治保障。

1991—2010年，公司（场）党委根据工作需要，先后成立了津冠乳品饮料公司党支部、保健站党支部、贸易货栈党支部、双林房地产公司党支部、德源国际贸易公司党支部、津垦物业管理有限公司党支部、龙森木业有限公司党支部、河西区科技工业园开发有限公司党支部、双林木制工艺品有限公司党支部等十几个党支部。随着基层企业的改革重组，公司（场）党委也适时对基层原有的党支部进行了整合。到2010年12月底，公司共计有7个党支部，分别是津垦房地产公司机关党支部、裕达（仓储）公司党支部、双发建筑工程公司党支部、双林水电服务队党支部、津垦物业管理有限公司党支部、木制工艺品有限公司党支部、双林离退休人员党支部。

2011年12月，公司有党支部7个，党员189人。

2013年4月，公司新成立2个党支部，即天津农垦文化产业公司党支部、天津长远嘉和置业有限公司党支部。

2014年11月，按照要求，公司9个党支部换届。天津红港绿茵花草有限公司、天津市农垦出租汽车公司党的工作由天津市农垦房地产开发建设有限公司代为管理。

2015年12月，天津亚太万维投资有限公司党的工作由天津市农垦房地产开发建设有限公司党委管理。

2016年9月，公司成立离退党支部。

2016年10月，完成了公司下属各党支部的换届工作，党支部换届率达100%。

2017年，房地产公司调整充实了3个基层领导班子。新建天津市晟林房地产开发有限公司党支部，撤销天津双林水电工程安装公司党支部；天津红港绿茵花草有限公司党支部不再由天津市农垦房地产开发建设有限公司管理，变更为由天津农垦渤海农业集团负责；公司完成天津农垦东方实业公司党总支换届。

2018年1月，公司成立天津市农工商总公司双林公司综合服务部党支部。

2018年7月，天津市农垦东方实业公司党的工作和干部管理工作由天津市农垦房地产开发建设有限公司党委管理。

2018年11月，公司撤销天津市农垦东方实业公司党总支，其所属党支部仍由天津市农垦房地产开发建设有限公司党委管理，将原4个党支部调整为2个。

2019年5月，公司成立天津市农垦兴港房地产开发有限公司党支部。

2019年9月，公司7个党支部完成换届工作。

2020年1月，天津市燊辉电力科技股份有限公司党支部由天津市农垦房地产开发建设有限公司党委管理。

2020 年 2 月，公司机关党支部调整为公司机关第一党支部，公司离退休党支部调整为公司机关第二党支部，天津市东方实业公司党支部调整为公司机关第三党支部。

2020 年 3 月，公司成立天津市佳阳房地产开发有限公司党支部。

2020 年 9 月，公司成立天津天食餐饮管理有限公司党支部。

2021 年 10 月，公司机关第一党支部更名为中共天津市农垦房地产开发建设有限公司本部第一支部委员会，公司机关第二党支部更名为中共天津市农垦房地产开发建设有限公司本部第二支部委员会。

截至 2022 年 7 月，公司有党支部 17 个，有党员 248 人、预备党员 5 人，有党支部书记 16 人、副书记 7 人、党务专职人员 16 人。

第二节　组织建设

一、加强公司两级党组织班子自身建设

从党的十三届七中全会到 2010 年党的十七届五中全会，公司（场）党委在总公司党委的正确领导和大力支持下，始终不渝地坚持以经济建设为中心，全面落实党的全会精神，狠抓党员、干部的思想建设和组织建设。通过不断深入学习党的重要思想，开展深化学习实践科学发展观活动和深化"四好"领导班子创建活动，不断提高公司党员干部队伍的创造力、凝聚力、战斗力。在公司党委和基层党支部的共同努力下，公司党组织在企业中的力量得到加强，党组织的政治核心作用充分发挥，党员的先锋模范带头作用也得以发挥，有力地保障了公司经济发展、改革工作的顺利进行。全公司干部、职工在公司党委的领导下形成顽强拼搏、奋发向上的精神面貌，公司经济持续发展，改革力度、深度、广度不断加大。长期以来，农场和 1996 年成立的房地产公司始终大力加强和改进党的基层组织建设，特别是 2000 年以后，公司党委班子努力使党的基层组织成为贯彻"三个代表"重要思想的组织者、推动者、实践者。作为国有企业党组织，要适应建立现代企业制度的要求，完善工作机制，充分发挥政治核心作用，坚持把握"发展是第一要务"，坚持"执政为民"，构建党的工作新格局，不断探索党组织和党员发挥作用的方法和途径。这一时期，公司党委对基层组织建设始终常抓不懈，在企业发展过程中，充分保持党组织的战斗力。

1993 年 10 月，为加强党的组织建设，提高党员队伍的素质，增强党组织的战斗力，公司党委结合当时的反腐倡廉工作，在各支部及党员个人总结的基础上，开展民主评议。

通过开展"四查"(查思想、查纪律、查作风、查工作),在组织上、思想上、作风上对党员进行整顿,经过评议,合格党员占全场党员的95.6%。

1994年,场党委在全场各支部深入开展创建先进党组织、争做优秀共产党员活动。同年6月底,场党委对商业公司等7个先进党组织和43名优秀党员进行表彰。

1995—1996年5月,场党委班子围绕企业改革的深化和经济的发展开展各项工作,坚持"两手抓,两手都要硬"的方针,发挥党组织在企业精神文明建设中的政治核心作用。

1996年5月,经总公司批准,天津市农垦集团房地产开发建设有限公司与天津市双林农牧场合并,实行一套班子、两个牌子,并改制为国有独资公司,成为天津农垦集团的核心企业。公司党委紧密联系公司改革与发展,深入学习邓小平理论,开展了"解放思想大讨论"活动,狠抓党的建设和领导班子建设,进而推动公司改革改制。

1997年,天津市农垦集团房地产开发建设有限公司被天津市列为现代企业制度试点单位之一,党委工作对推动公司的改革起到坚强的政治保障作用。

1999年,公司党委组织开展"树立创新意识,加快农垦发展"大讨论活动。通过学习讨论,加强基层党组织建设,发挥党支部的战斗堡垒作用,推动公司经济大发展。同年6月,公司党委组织开展评优活动,天津市油印机厂等3个党支部被评为先进党支部,公司46名党员被评为优秀共产党员。

2000—2005年,公司党委通过系列活动加强组织建设,每年开展党员评议,先后开展了"三讲"学习教育、保持共产党员先进性教育等。2004年,公司党委坚持围绕经济发展开展党建工作,发挥了政治核心作用。公司领导班子通过开展"两个务必"学习教育,进一步转变工作作风,深入基层,狠抓落实。2003年5月,公司党委组织员工开展"同舟共济,抗击非典献爱心"募捐活动,全公司捐款6020元。2004年,公司党委被中共天津市委农村工作委员会评为2003—2004年度红旗党组织。2005年,公司党委按照上级要求,在公司全体党员中广泛深入地开展了以实践"三个代表"重要思想为主要内容的保持共产党员先进性教育活动。在历时3个月的教育活动中,公司党委按照胡锦涛总书记关于"先进性教育要务必取得实效""切实把先进性教育搞成群众满意工程"的要求,在总公司巡回检查组的精心指导下,确保公司两级党组织精心组织、扎实工作,着力解决党组织和党员队伍存在的问题、影响改革发展稳定的问题和群众关心的问题,努力让群众切实感受到先进性教育活动带来的新变化、新气象。在2005年10月14日,公司组织了群众满意度测评,满意和基本满意率达到100%,先进性教育取得了明显成效。通过开展先进性教育活动,公司党基层组织的凝聚力、战斗力得到进一步加强。2005年12月，公司党委被天津市农委评为优秀思想政治工作先进单位。

2006年，公司组织各级班子认真学习"三个代表"重要思想、科学发展观、社会主义荣辱观和胡锦涛总书记"七一"讲话，通过学习，领导班子的思想和行动进一步统一到树立和落实科学发展观上。

2007年4月，公司为进一步加强对基层企业的联系，转变党员领导干部作风，做好联系和服务群众工作，健全完善基层党建工作联系点制度，认真落实领导责任和工作责任。

2008年，公司党委组织"解放思想、干事创业、科学发展"大讨论活动。其主要内容有：①进一步解放思想、更新观念。②扎实落实总公司的一系列决策部署，发挥房地产项目的龙头带动作用，促进其他企业优化升级。③高度重视职工利益，着力解决广大职工最关心、最直接、最现实的问题。④准确把握公司的发展方向，在开发项目上积极创新体制机制，创新发展模式，解放思想。⑤激发职工热爱农场、建设农场、发展农场的积极性、主动性和创造性。⑥切实改进作风，求真务实，真抓实干。各单位认真组织、精心安排、对照检查，在活动中，党委发动群众积极参与，通过个别谈话、召开座谈会，以及设立热线电话、意见箱、问卷调查等形式征求意见，收到职工建议150余条。大讨论活动解放了干部职工的思想，开阔了经营思路，增强了职工信心。

2008年6月18日，公司党委根据天津市委组织部津党组通过〔2008〕22号文件和集团总公司组织部《关于建立党员服务中心的通知》文件，建立党员服务中心。公司党员服务中心设置在公司机关3层党员电教室，为党员订阅《人民日报》《求是》《支部生活》等多种报刊，配有党的基本理论、基本知识的书籍，同时还配备了彩色电视机和DVD播放机；定期组织党员活动，交流心得，并确定每月最后一周的周五下午为党员活动日，开通服务热线和E-mail。公司党员服务中心的服务宗旨为服务党员、服务群众、服务社会；服务目标是致力成为联系服务的桥梁、排忧解难的窗口、凝聚党员的家园；服务对象为公司各基层党组织、党员和入党积极分子、有入党意愿的干部群众、公司基层企业内的流动党员等。汶川地震后，公司组织为灾区捐款11950元。公司党委又专门组织党员开展自愿交纳特殊党费活动，200名党员交来特殊党费14250元，全部上交总公司组织部，并统一上缴天津市委组织部转往灾区。

2009年开展第二批深入学习实践科学发展观活动，2010年开展创先争优活动。公司党委结合实际，按照"党员干部受教育、科学发展上水平、职工群众得实惠"的总体要求，从2009年3月30日起开始在全体党员中开展学习实践科学发展观活动，到2009年8

月底结束。参加此次学习实践活动的有公司机关和基层 6 个单位，共有 7 个党组织、192 名党员参加。通过深入学习，农垦房地产公司树立起了既符合总公司党委的要求，又体现房地产企业特色的思想观念和基本思路。公司党委提出要牢牢把握"三个意识"，即机遇意识、责任意识、宗旨意识，紧紧围绕"率先抓好房地产重点项目开发，同时培育新的经济增长点，形成多项第三产业并进的发展模式，全力保持公司经济平稳较快发展"的主题，开展学习实践科学发展观活动。自活动开展以来，共征求群众意见 61 条，领导干部撰写调研报告 8 篇，查找突出问题 5 个方面，制定整改落实措施 13 条，新建制度 2 项，为职工解决实际问题 3 个，为职工解决实际问题投入资金 1500 万元。通过学习实践活动，班子建设得到进一步加强，领导干部理论学习进一步深化，党风廉政建设常抓不懈，职代会的作用得到充分发挥，重点项目工程进一步加快推进。活动结束时，在公司党员干部、部分职工代表中进行了评议，经过现场发票和无记名填写，总公司指导检查组现场统计，测评满意度为 100%。

2011 年以后，公司党委贯彻习近平总书记的系列讲话，贯彻党的十八届、十九届会议以来的精神，全面加强党的领导，坚持在中心组学习制度、班子团结、民主集中制、廉洁自律方面起到表率作用，强化政治理论学习，联系实际开展研讨。公司党委例会从 2018 年起基本是每周一次，坚持集体研究决策，涉及"三重一大"等事项必须经党委会前置审议。公司党委班子坚持按照年龄、文化、老中青原则合理配置，党委始终以执政能力建设和先进性建设为中心，使公司党委班子始终保持坚强有力的政治核心。加强公司属各党支部建设，配齐配强党支部书记和支部委员。强化党支部战斗堡垒作用，公司重点项目均设置党支部建制，党支部的战斗堡垒作用得到充分发挥。

2011—2021 年，公司党委坚持用习近平新时代中国特色社会主义思想和党的十八大、十九大以来系列重要讲话精神和理论武装头脑，指导实践，推动工作。平衡好党建工作与经济建设，围绕中心抓党建、抓好党建促经济。克服党建工作不好抓、不会抓、不需抓等懈怠思想，树立责任意识，落实好党政"一把手"抓党建工作责任制。推动党建工作与经济工作有效结合，同步谋划、同步部署、同步考核、同步检查、同步奖励。公司党委始终坚持强化党组织书记主责主业意识，树立党的一切工作到支部的鲜明导向，加强领导公司两级班子建设，发挥集体智慧，强化"两个责任"意识。树立"五好"党支部先进典型，发挥基层党支部的战斗堡垒作用。公司党委带领公司干部职工，坚持稳中求进工作总基调，全力打好集团党委提出的发展战略目标，推动公司发展新高度，向经济发展高质量要指标，完成历年计划指标，起到了食品集团房地产板块企业应有的作用。公司各种主题教育的开展提升了干部干事创业的积极性和主动性，促进了项目建设工作的提速增效。严格实行"一个项目、一名分管领导、一套班子、一抓到底"的管理机制。公司在建重点项目按照计划正常推动，党建工作促进项目推动和改革发展。公司在逐渐走向市场化运行模式，混合所有制改革也稳步进行。2019年，公司通过重新修订党委会议事规则，规范"三重一大"决策程序。凡是涉及"三重一大"必须将党委会前置，未经党委会前置程序的事项，均不能提交公司董事会、总经理办公会审议。这个制度的实施确保了公司党委"把方向、管大局、保落实"的原则。同时，公司加强了对干部队伍的考核，强化人才队伍建设，加强重点领域、重点岗位廉洁风险防控，强化国有企业领导人员必须做到"对党忠诚、勇于创新、治企有方、兴企有为、清正廉洁"20字方针的落实落地，公司党组织的作用得以充分发挥。

公司目前正在全面实施"十四五"规划，公司上下形成"发展四大板块、走高质量发展道路"的统一目标。公司将持续发挥党组织的作用，凝聚人心、干事创业，把各项工作落实好，进一步提升公司党组织的工作水平，在党委的带领下发挥党支部作用，带领党员发挥先锋模范作用，开创性地开展工作。把党建、生产经营紧密融合在一起，努力把支部建设成为推动企业高质量发展的坚强战斗堡垒，把"不忘初心、牢记使命"作为加强党的建设的永恒课题和全体党员、干部的终身课题，巩固教育成果。贯彻新发展理念，扎实推进高质量发展，突出科学性、前瞻性，全力打造提升农垦房地产公司四大板块的综合实力，在实现第二个百年奋斗目标道路上，争取不让公司下属的任何一家企业掉队。

二、坚持高标准、严把发展党员质量关

党员是党的肌体细胞和党的活动的主体，党员队伍建设是党的建设基础工程。公司党委按照保持党员队伍适当规模、优化结构、坚持高标准、严把质量关的总体要求，积极探索新形势下党员发展和管理工作的新途径。在实际工作中，注重把握四项原则：一是注重入党积极分子的培养、教育、考察。二是注重预备党员的教育、考察、转正。三是注重优化结构，发展党员向年轻大中专知识分子、技术干部倾斜。这样做较好地平衡了年轻员工和中老年同志的培养发展需求，也满足了不同年龄段的同志的入党愿望，使一批优秀人才加入公司党组织，为企业党组织注入了新鲜血液。四是注重规范党员发展组织程序。公司为每个党支部购置了《党支部书记实用方法与规程》和《党支部工作手册》，指导各支部的工作。公司党委将各支部的组织发展情况列入支部重要考核内容，要求各党支部严格按照要求整理和完善发展党员的工作档案，进一步强调和规范了党员发展程序，将党员发展工作做实、做细。

1991—2010年，公司共发展党员99名，其中女性党员30名，这些党员大都是一线的生产骨干和中青年技术力量。在组织发展过程中，公司党委认真执行"坚持标准，保证质量，改善结构，慎重发展"的方针，重点抓好三个环节：一是年初制订计划；二是半年抓落实；三是严格手续，党委审核把关，从 2002 年起，根据文件精神，公司开始对拟发展的新党员进行公示。随着公司产业结构的不断调整和资产重组，在岗人员逐渐减少。到 2010 年，公司在岗员工 289 名（在职 477 人），有入党申请人 47 名，其中 20～30 岁 15 人、30～40 岁 13 人、40 岁以上 19 人。

2011—2021 年，公司共发展党员 85 名。其中，2011 年发展党员 10 名，2012 年发展党员 8 名，2013 年发展党员 4 名，2014 年发展党员 3 名，2015 年发展党员 1 名，2016 年发展党员 7 名，2017 年发展党员 5 名，2018 年发展党员 13 名，2019 年发展党员 6 名，2020 年发展党员 10 名，2021 年发展党员 18 名。公司常年举办入党积极分子培训班，通过学习、考核、交流，提高申请人对党的认识。各党支部则通过开展党日活动，从而进一步调动和激发他们的入党热情，不断壮大入党积极分子队伍。

第三节　思想建设和精神文明建设

一、20 世纪 80 年代初的思想建设工作

这一时期政治工作薄弱，针对这种情况，各支部开始重视宣传舆论工作，利用有线广播、黑板报等宣传工具宣传上级文件和有关共产主义思想的内容。同时，还用讲课、讨论等形式，在职工中进行主人翁责任感的教育，印发了《关于发扬工人阶级主人翁精神的讲话》材料，各单位都认真组织了讨论。

对青年进行了中国近代史和"三热爱"的教育，双林针织厂在青年中开展"没有共产党就没有新中国"的专题讨论，农场团委还在全场轮流播放了李燕杰同志的录音报告。通过这一系列活动，广大干部职工的思想觉悟有了明显提高。1982 年，全场共有 1694 人参加了义务植树活动，许多团员带头义务打扫环境卫生，为托儿所、孤老户粉刷墙壁、拆洗被褥。一些团支部还成立了学雷锋小组，做了许多好事。特别是越来越多的职工为超额完成生产任务加班加点不计报酬地工作，如钢板厂青年郝文起，提前 120 天完成 1982 年生产任务，全年义务加班 32 个，被评为局级先进生产者。

二、在改革开放中加强思想政治工作

1983—1985 年，农场已全面推行联产承包责任制，这一时期的思想政治工作主要是对职工进行正确处理国家、集体和个人三者利益关系的教育。当时，中层领导干部怕承包

后出现"鞭打快牛"的现象，怕奖金分配不兑现，影响职工情绪。针对上述情况，场党委专门组织中层领导班子成员反复学习中央有关改革的方针政策，深入学习邓小平同志关于"社会主义阶段的最根本任务就是发展生产力"的论述，同时引导职工正确认识贡献与分配的关系，使职工认识到推行联产承包责任制就是要打破"大锅饭"，解放生产力，让国家企业和职工都富起来。党委办公室、工会等深入到队（厂）车间、班组宣讲承包细则，解答职工提出的各种问题。通过思想政治工作，承包责任制顺利推行。

三、同党中央保持一致，开展精神文明建设

1995年，为开展群众性创建精神文明单位活动，公司成立了天津市农工商双林公司创建精神文明单位领导小组，将精神文明建设工作纳入公司党委重要工作之一。企业精神文明建设开始有序推进。

1999—2003年，公司党委以深入开展学习党的十六大精神，贯彻"三个代表"重要思想为指导，紧紧抓住"发展是第一要务"这个主题，围绕企业生产经营、改革改制、发展稳定，认真实践"三个代表"重要思想，充分发挥党组织的政治核心作用，党建工作取得良好效果，为公司经济发展提供了强有力的政治保障。公司经济效益逐年递增，职工收入稳步提高。2002年，公司生产总值3600万元，实现利润903万元。同年，公司党委被天津市委组织部评为党员电化教育示范单位，被天津市农委授予思想政治工作先进单位。1999—2002年，公司连续两届获市级精神文明单位荣誉称号。2003年3月，公司党委被中共天津市委农村工作委员会评为天津市农口系统思想政治工作优秀单位，公司被评为2003—2004年度天津市级精神文明单位。

2010—2021年，公司党委重视思想建设和精神文明建设，重点抓以下4项工作：

（1）持续开展党员干部队伍和职工队伍的思想教育。通过"两手抓"，加强政治学习和业务学习，强化干部职工的爱国、爱场、爱岗思想，大力弘扬先进典型。

（2）建立相关组织机构。公司设精神建设委员会，党组书记为第一责任人，各基层单位也有专门负责的同志。

（3）利用各种载体，开展丰富活动。

（4）结合公司实际，开展文明单位、文明家庭、文明岗位的创建活动，如组织学习、开展讨论、撰写心得、抄写党章、发放政治学习笔记本；组织开展民主生活会、座谈会、演讲会、党规党纪知识和党史知识竞赛；组织观影，参观"永远的长征""家风耀中华"等革命纪念展览；组织重走长征路、烈士陵园扫墓等活动。开展"我是党员我承诺"活动，填写公开承诺践诺书；开展弘扬红色精神、传承红色基因系列活动，以及职工文艺汇

演等群众性文化活动。

11年来，公司持续开展树典型、弘扬正气等各种活动，有效地凝聚人心，为企业发展创造了良好、稳定、和谐的氛围。公司及农垦东方实业有限公司均获得过天津市精神文明单位称号。2018年，基层企业天津农垦商业管理运营管理有限公司获得天津市国资系统精神文明单位。2019年，公司下属天津市桑辉电力科技股份有限公司电力保障队获天津市青年安全生产示范岗创建集体称号。2021年，公司下属王朝御园酒堡成为天津市小淀镇时代文明实践基地。2014年，公司下属天津市农垦物业管理有限公司项目经理陈志慧被天津农垦集团总公司评为敬业奉献模范。

第四节　干部队伍建设

1997年，为配合公司的建章转制，公司党委狠抓干部队伍的组织建设，对个别企业领导干部进行了调整，提拔了一批年轻有为的干部充实到领导岗位。1999年，公司先后开展了财务专业技术人员继续教育、财务人员上岗证资格培训、合同法知识、商品房销售等业务培训班，并推荐中青年干部进入大专企管班深造，当年由公司安排接受各种培训的人员达416人次。为企业进一步提高市场竞争能力打下了良好的基础，培养了一批后备干部人才。

2004年，公司坚持为人才使用与培养创造良好的环境，协助6名同志完成技术职称的参评工作。为提高干部的业务素质，公司举办了"计算机操作实务"学习班，全体机关干部和基层书记、经理参加了培训，提高了计算机操作水平，促进了公司办公自动化、管理现代化，该项活动投资约19万元。公司还投资3万余元，鼓励员工参加学历教育。

从2007年起，为满足房地产开发的迫切需要，公司开始专门培养和引进专业技术人才，尤其是工程造价、建筑电气工程、暖通工程、项目经理、工程管理、房屋销售及策划、物业管理等方面的中高层次专业人才。同时，不断提高现有人员专业水平，中层管理人员要具备中级职称和相应的资格证书。完善相应人才队伍的培训制度，出台激励政策，调动员工的工作积极性，努力打造一支专业人才队伍，为公司持续发展提供人力保障。2007—2010年，公司通过人才市场招聘及总公司选派，引进5名房地产行业专业人才及其他相关专业人才，在实践岗位锻炼后，先后将他们提拔到领导岗位。

2011—2021年，公司注重干部队伍、人才队伍建设，选人用人工作机制不断完善。一是公司党委根据工作岗位需要，严格按照公司修订的干部选拔任用程序选拔任用干部。二是严格执行干部管理考核各项制度，发挥考核小组的作用，加强干部管理，做到用制度管人、用工作实绩选人。三是狠抓作风建设，努力提高公司党建工作水平，使公司党建工作更加有力地促进公司经济的发展。继续抓好不作为、不担当专项整治工作，引导领导干部严格遵守"十严禁"纪律规定。

2014年以来，公司积极为广大干部员工提供提升平台，逐步完善人才引进、培养制度，建立公司人才档案。

2016年，公司推荐4人参加集团后备干部考试，交流处级干部1人，推荐提拔处级干部1人。组织安排相关专业人员和管理干部进行交流，并到新项目公司任职，使公司后继有人。

2018年，公司完成推荐参加各项专业培训、继续教育和职称考评等工作。安排多名中层和一般管理干部交流到新项目公司任职，提升业务水平，也为房地产公司锻炼、培养了一批业务骨干力量。

2019年，公司推动落实执行干部管理考核各项制度，通过考核将压力传导，做到用制度管人、用工作实绩选人。坚持选人用人导向，通过培养锻炼、选优推优，推荐选拔5名中层干部，为农垦房地产公司发展储备人才。公司还制定了《天津市农垦房地产开发建设有限公司招聘管理办法（试行）》，共引进工程、设计、财务等方面人才32人，其中硕士研究生5人、本科学历27人。

2020年，公司下属2家基层单位开展市场化职业经理人制度试点，面向市场选聘基层单位的经理、副经理，参照市场化标准给予薪酬和考核。对现有干部严格执行国有企业领导干部选人用人标准，严格执行选拔任用程序，强化干部监督考核，切实增强公司领导干部干事担当的责任意识。加强特殊人才选聘力度，坚持党管人才、党管干部的原则，对连续2年考核成绩处于末位的干部进行诫勉谈话和组织调整，对考核优秀的给予奖励。2020—2021年，公司选拔干部37名。

第五节　宣传工作、企业文化

一、农场期间的宣传工作

农场早期没有负责宣传的具体业务部门，按工会组织规定，在场工会下设宣传教育工作部门委员会，由场工会宣教委员兼主任，各生产队的宣传工作则由分会积极分子兼做。当时的宣传工作，只是在工会的职权范围内展开活动，除平日的生产情况报道、宣传好人好事、组织各工会小组读报等活动外，在农事大忙季节，则以开展社会主义劳动竞赛为重点，进行宣传鼓动工作。宣传方式以场内广播为主，配以墙报、黑板报等，农忙时还要编印"通讯""战报"等宣传材料，及时报道全场劳动竞赛情况。

为了宣传和生产等工作的需要，场工会于1953年12月购置了第一部25瓦扩音器，只带1个高音喇叭，安装在场部工会办公室房顶上，用绳拉可以四面转动。为了加强宣传报道工作和更好地开展劳动竞赛，1955年末，场工会又购置了1部50瓦扩音器。在场部建立了广播站，坚持每日按时广播。

两场合并后，场区范围扩大，原有的广播设备已不适应工作需要，新的场工会于1957年初再购置100瓦扩音器1部，并配备了若干个高音喇叭，埋杆架设了由场部通往东区队、西区队、北区队、畜牧队及五七新村等处的广播线路，总长度近7000米，形成了以新场部为中心、覆盖全场范围的有线广播网。

根据各生产队距场部较远且较为分散等特点，利用广播开展宣传报道工作效果最佳，深受职工群众的欢迎。这一有效的宣传报道形式坚持了十几年。1966—1976年，广播站的正常活动受到极大干扰，其他宣传形式也无法进行，场工会的日常宣传活动被迫停止。

场基层工会自20世纪50年代开始就组织职工开展业余文艺活动。最初，组织部分爱好文艺的职工和家属排练、清唱评剧"刘巧儿"片段，由一位老工人担任指导与伴奏。此外，还自编多种形式的小节目进行演出，节目内容有的结合生产劳动竞赛，有的表扬好人好事。职工们对这些文艺形式和内容有着浓厚的兴趣，每次演出都吸引不少职工和家属观看。农场的宣传工作除会议学习以外，还以简报、黑板报等形式对党的路线方针政策进行宣传，各基层单位普遍设立宣传栏。1986年9月20日，农场为加大对外宣传力度，邀请了由人民日报、光明日报、工人日报、经济日报、文汇报、中央人民广播电台等全国35家新闻单位组成的新闻记者团来双林农牧场采访参观。

二、农场和房地产公司整合后的宣传工作

1996—2010年，公司以建设企业文化为重点，开展宣传工作。1998年，津垦房地产公司把美化、绿化、净化环境作为创建精神文明企业的一项重要工作内容来抓。为了塑造企业形象，公司搬进了新办公场所后，添置了部分设备，在院内栽植草坪，初步改善了办公条件。公司还注重企业文化的创建，提高职工的凝聚力和职工的主人翁责任感。在职工中开展设计公司标志和企业理念活动，经过设计评选，确定了公司的标志，形成了"团结、拼搏、务实、创新"的企业理念。为使职工不忘农垦艰苦创业史，公司又请来天津市著名雕塑家设计了大型石雕作品。

1999年，为庆祝建党78周年、迎接澳门回归、庆祝新中国成立50周年，公司开展

了多种形式的活动，如文艺联欢会、组织老干部逛津城等，并举办了书法、摄影、征文比赛，均取得良好效果，受到总公司党委的好评。为了配合当时开发启动双林安居工程，1998年10月，双林农牧场原场长、当时的天津市市政府顾问胡晓槐同志为双林题字：牢记创业历史，振兴农垦经济。

2003年11月23日，公司开展了天津市双林农牧场知青插场30周年活动，400余知青返回农场参加活动。双林农牧场场长张景和同志致《欢迎辞》，随后，知青代表讲话，最后，农场局副局长白智生同志做大会总结。该活动扩大了双林农牧场对外的影响力，起到良好的宣传效果。

从1999年起，公司还多次举办职工书画、摄影、征文、手工制作等活动和文艺汇演。通过活动，凝聚企业的向心力，获得很好的效果。2005年，公司还拍摄了长达20分钟的公司成长发展宣传纪录片《奋进的历程》，发放到全公司1200余名员工手中，激励员工发奋图强。纪录片突出了企业发展和职工的精神面貌，让职工全方位参与企业文化建设，促进精神文明建设，同时还扩大了企业的知名度。

2006年，公司党委组织党员干部及团员100余人参观"纪念中国工农红军长征胜利70周年"展览。通过组织征文比赛、硬笔书法培训，建立摄影小组、羽毛球活动小组等，丰富了企业职工的文化生活。随着网络信息的发展，为打造企业文化交流的窗口，公司于2011年在原信息简报的基础上正式推出《双林报》。

2011—2021年，公司牢固把握宣传阵地，充分利用好企业报刊、企业微信公众号、食品集团网站、食品集团报刊等平台，做好企业对内对外宣传工作，把握中央政策及集团党委宣传主题和重点，积极营造正能量，拓展党员、职工信息交流的渠道和空间。强化公司意识形态、网络舆情的研判工作，组织开展培训，牢固大局意识，与上级党委、公司党委保持一致，真正做到思想认同、政治看齐、行动紧跟。

公司注重培养锻炼公司宣传队伍，每个单位都有宣传通讯员，承担宣传责任，确保党的宣传工作占领主阵地，发挥正能量。公司设有意识形态、网络舆情工作领导小组，明确意识形态联络员和网络评论员，定期报送意识形态工作台账，重点抓好宣传、意识形态、网络舆情等工作。充分发挥企业报刊《农垦地产报》及企业微信公众号的作用，公司连续多年获得集团先进通联单位称号。公司党委积极做好党外人事工作，团结一切力量，共建和谐企业。2021年5月，公司开设农垦大讲堂，利用这个平台开展多种宣传教育和政治、业务培训工作。

2011年5月，为加强企业精神文明建设、塑造企业形象、弘扬企业精神，在"十二五"开局之年，由天津市农垦房地产开发建设有限公司（天津市农工商总公司双林公司）

主办的企业内刊《双林报》月刊正式推出，编辑部设在公司政工部。同月，公司获集团总公司 2010 年度《津垦报》通讯联络先进单位称号。

2011 年 6 月，公司发文《加强公司信息报道工作》，加强公司对外宣传力度。公司加强集团津垦报网站的投稿力度，排名处于系统前列。

2011 年 10 月，公司启动《1990—2010 年双林场史》编写工作推动会。

2012 年 4 月，公司获集团 2011 年度先进通联单位称号。

2012 年 5 月，公司党委组织全体党员、机关部室全体干部分 2 天集中观看教育电教片《永葆党的纯洁性》。

2012 年 7 月，冯欣、周红撰写的《安得广厦千万间——天津农垦双山里定向安置房建设工程纪实》，被国家核心期刊《中国农垦》2012 年 7 月选用刊登。

2012 年 10 月，公司党委组织全体党员分批次观看宣传纪录片《信仰》。

2012 年 11 月，公司组织员工参与集团总公司关于开展提炼总结天津农垦企业精神的活动。到 2013 年 1 月，共征集企业文化理念 30 余份，报送集团总公司。

2013 年 1 月，《双林报》编辑部召开 2011—2012 年度信息员表彰座谈会，会上表彰先进信息员 8 人。

2013 年 5 月，《双林报》创刊 2 周年，出版纪念版特刊。同月，公司获集团 2012 年度先进通联单位称号。

2013 年 7 月，《双林报》办理津内部资料性准印证，编号 B64。

2013 年 8 月，冯欣撰写的《天津津奥广场靓起来》，被国家核心期刊《中国农垦》2013 年第 8 期选用刊登。

2014 年 4 月，周红、尹伊、冯欣撰写的《结对丁家圈帮扶奔小康——记天津农垦帮扶丁家圈村二三事》，被国家核心期刊《中国农垦》2014 年第 5 期选用刊登。同月，公司获集团 2013 年度先进通联单位称号。

2015 年 1 月，《双林报》编辑部召开 2014 年度通讯员总结表彰会。

2015 年 3 月，公司全面推动落实集团宣传部要求，更换公司办公电脑桌面和屏保，开展"社会主义核心价值观进入电脑桌面"工作。

2015 年 7 月，根据天津市企业报刊传媒委员会的通知精神，公司企业内刊《双林报》更名为《双林》。

2015 年 9 月，在天津市国资委系统企业书记工作研究会、天津师范大学新闻传播学院、天津市企业报刊传媒委员会举办的天津市首届"优秀企业报刊"评展活动中，《双林》获得首届天津市优秀企业报刊评展和企业报刊"好设计"版面一等奖、好标题三等奖、好报头三等奖。

2015 年 12 月，公司获天津食品集团职工思想政治工作研究会论文组织优秀单位称号。董旺林、诸葛增义、冯德友、张尚莉、王琳撰写的论文获二等奖，刘文潮撰写的论文获三等奖。

2015 年 9 月，建立公司干部职工微信交流平台和党员干部微信群。

2016 年 4 月，公司获集团 2015 年度通联工作先进单位称号。

2016 年 12 月，孙团起撰写的论文获天津食品集团思想政治工作研究成果一等奖。

2017 年 4 月，公司获集团 2016 年度先进通联单位称号。

2017 年 10 月，2017 年第 22 次公司党委会决定，企业内刊《双林》更名《农垦地产》。

2018 年 4 月，公司获集团 2017 年度先进通联单位称号。

2018 年 10 月，孙团起撰写的论文获天津食品集团思想研究成果二等奖。公司组织党员干部参与"学习强国"公众号学习平台活动。

2018 年 11 月，公司开展"庆祝改革开放 40 周年"主题文艺汇演。

2019 年 7 月，公司开展庆祝中华人民共和国成立 70 周年宣传活动。

2019 年 10 月，公司开展扫黑除恶专项斗争宣传工作。

2020 年 10 月，公司参加食品集团第二届"天食杯"论文比赛。公司获优秀组织奖，汪胄千、王聃获个人优秀奖。

2021 年 2 月，公司推出企业微信公众号。

2021 年 4 月，公司召开网络安全与宣传工作部署会，推动宣传习近平新时代中国特色社会主义思想。

2021 年 7 月，公司拍摄庆祝建党 100 周年企业宣传片。

2021 年 10 月，为加大宣传推广力度，农垦慧生活抖音号、服务号及小红书注册完成，开始上线运营农垦慧生活小程序，开展内部融通工作，建立商城平台功能。

第六节　老干部工作

公司历来关心爱护为农场做过贡献的老干部、老党员，每年春节、国庆期间的 2 次入户慰问老同志也是农场的老传统。公司定期联络老干部，及时将党的政策送达他们，并给他们邮寄《天津支部生活》等学习资料。同时，不定期开展知识答卷，以多种形式组织老同志学习，让他们及时了解党的路线方针政策。2012 年 5 月，公司为离退休干部落实社区"四就近"服务工作。平均每2个月，公司通过电话与老同志家属或本人沟通1次，药费2个月报销1次，从2020年起，改为每月给离退休老干部报销1次药费，为他们解除后顾之忧。公司及时有效地落实老干部工作，使他们老有所养、老有所乐。

第七节　2011年以来党委主要开展的教育活动

2011年，公司党委落实胡锦涛总书记在天津考察讲话精神，贯彻"四个注重"工作要求，继续深入推进创先争优活动，深化"四好"领导班子创建活动，推动农场和谐稳定。公司从班子成员作风抓起，落实联系点制度，领导班子深入基层调研，掌握职工思想动态，改善作风形象。促进班子团结，发挥班子整体合力，同时积极推进"三重一大"制度建设，加强廉政教育。开展各种活动，推动企业文化建设，创办了自己的内部刊物《双林报》，开展观看红色影片、唱红色歌曲、演讲、参观革命教育基地等活动。

2012年，新出台7个制度：《公司党委中心组学习制度》《公司党委会议事规则》《公司党员教育管理制度》《公司内部控制制度》《公司干部任免制度》《公司重大事项报告制度》《公司"三重一大"及重大事项实施办法》。在纯洁性教育中，坚持边学边改、边查边改。

2013年，农垦房地产公司以"五个一"主题活动为载体，推进党的群众路线教育实践活动。"五个一"即公司领导至少走访一个企业，组织召开一次职工代表座谈会，解决一批急难问题，开展创建一个优质工程项目，规范完善一批相关制度。公司领导班子带头认真学习，深入基层开展调研，走访职工，听取意见，强化整改。

2014年，公司落实教育实践活动成果，深化整改落实十项专项整治工作及六项惠民工作。加强班子建设。按照集团公司党委的要求，完成新一届公司党委班子、纪委班子的换届选举工作，公司各党支部也全部完成党支部换届选举工作。集团公司党委委托房地产公司党委托管的红港绿茵花草有限公司、农垦出租汽车公司的党务工作已纳入房地产公司党委的管理。

2015年，公司党委重点推动"五好"党支部和"六有"服务型党支部建设，开展党支部书记述职评议，推动从严治党、依法治企、落实主体责任。开展"三严三实"主题教育。

2016年，公司开展"两学一做"，即"学党章党规、学系列讲话、做合格党员"活动。推动党建工作"四个同步"。

2017年，公司党委推动"不作为不担当"专项整治工作，并持续推动"两学一做"

学习教育常态化制度化活动。公司党委按照集团要求，抓实抓牢基础工作，做好 3 个环节的每项工作，在活动中发挥党支部书记第一责任人的作用。学习教育取得良好效果，房地产公司党委、东方实业公司党总支被集团党委评为先进党组织。

2018 年，公司党委开展全面从严治党，推动"不忘初心、牢记使命"主题教育，推动六大红色工程建设。落实习近平总书记的讲话精神，按照"对党忠诚、勇于创新、治企有方、兴企有为"的标准打造干部队伍，强化干部考核管理人才储备等，组织宣讲先进事迹。

2019 年，公司党委继续开展"不忘初心、牢记使命"主题教育，全面学习贯彻习近平新时代中国特色社会主义思想和党的十九大精神。公司强化党组织书记主责主业意识，切实履行好第一责任人责任，围绕打造一流企业，促进基层党建工作全面提升，较好地开展了各项工作。推动"五好"支部创建活动，2019 年 11 月新建党支部一个，除新建支部外，其他 12 个党支部全部达到"五好"党支部标准。

2020 年，公司组织学习《中国共产党国有企业基层组织工作条例（试行）》，开展"国企党建质量年"活动，开展争创"五好"支部规范化管理工作。组织开展"听党话、感党恩、跟党走"群众性主题教育。

2021 年，公司开展党史、新中国史、改革开放史、社会主义发展史宣传教育活动。开展"讲担当、促作为、抓落实，持续深入治理形式主义、官僚主义、不担当不作为问题"专项行动（2021—2023 年），围绕 6 个方面深入开展治理。推进房地产公司及所属企业党建纳入公司章程，开办"农垦大讲堂"培训活动，把理论和专业经验整合成共享学习平台。全年共开展十六期大讲堂活动，培训人数近 1000 人次。

近年来，公司党组织开展的重要活动有：

2011 年 5 月，公司举办为期 3 天的入党积极分子培训班，22 名学员通过考试，全部毕业。

2011 年 6 月，公司召开庆祝建党 90 周年暨创新争优活动表彰会。

2012 年 4 月，公司召开"严肃换届纪律，保证风清气正"专题会议。

2012 年 6 月，公司组织机关党员、新发展党员、入党积极分子 40 余人赴西柏坡，开展以坚定理想信念为主要内容的红色教育。

2012 年 12 月—2013 年 3 月，公司开展学习党的十八大报告知识答卷活动。

2013 年 3 月，公司党委组织全体党员参观天津平津战役纪念馆。

2013 年 5 月，公司开展"天津农垦系统培育和弘扬国有企业核心价值观"主题教育实践活动。

2013 年 8 月，公司党委结合开展群众路线教育实践活动，为农垦系统单身男女青年提供交友机会，农垦文化公司与世纪佳缘网共同举办"缘分七夕、情定农垦津奥"活动。集团工会、集团团委参加。现场到会参与活动的单身青年共 685 人，成功牵手 11 对。

2013 年 8 月，公司领导班子到天津西青区石家大院集体参观"新中国反腐败第一大案"展览。

2014 年 3 月，公司召开教育实践活动深化整改落实工作推动会。

2014 年 8 月，公司党委举办中国共产党历史知识答卷活动。

2015 年 6 月，公司开展"三严三实"专题教育。

2015 年 7 月，公司党委、纪委组织中层领导干部参观预防职务犯罪警示教育基地。

2015 年 11 月，公司选举产生出席中共天津食品集团第一次党员代表大会的代表 4 人：刘瑞成、刘宗保、卢震、杨宏艳。

2016 年 3 月，按照上级党委要求，公司开展 2013—2015 年党费补交工作。

2016 年 4 月，公司推动"两学一做"主题实践教育，开展"六有"服务型党组织建设活动。

2016 年 5 月，公司举办"学党章党规、学习系列讲话、做合格党员"知识竞赛活动。

2016 年 5 月，公司开展 2008—2012 年党费专项清理补交工作。

2016 年 6 月，公司召开庆祝建党 95 周年表彰暨先进典型事迹报告会。

2016 年 7 月，公司组织党员开展手抄党章 40 天活动。

2016 年 8 月，公司推动开展各党支部换届工作，推动党支部目标管理工作手册建档。

2016 年 9 月，公司落实天津市委组织部、国资委、集团党委关于对补交党费的最新要求，推动第三次补交党费工作。

2016 年 11 月，公司组织全体在职党员参观"永远的长征——纪念红军长征胜利 80 周年"主题展览。

2017 年 4 月，公司党委、各党支部开展牢固树立"四个意识"主题宣讲活动。

2017 年 4 月，公司开展"不作为不担当问题专项整治"工作。

2017 年 6 月，公司开展增强"四个意识"、坚决维护和捍卫习近平总书记的核心地位专题学习活动，同时开展基层党支部党建工作互查工作。

2017 年 7 月，公司召开 2017 年度"七一"表彰座谈会。

2017 年 7 月，组织中层领导干部、先进党员、预备党员到天津石家大院廉政教育基地参观。

2017 年 7 月，公司组织优秀党员、党支部书记、党务工作者参观白求恩纪念馆、白洋淀、冉庄地道战遗址等红色教育基地。

2017 年 11 月，公司党委举办党的十九大工作报告专题讲座。

2018 年 3 月，公司党委组织开展"双万双服促发展"活动。

2018 年 4 月，公司开展党员到社区"双报到"工作，党委、党支部开展社区互联互动工作。

2018 年 5 月，公司开展"不作为不担当问题专项治理"三年行动（2018—2020 年）。

2018 年 6 月，公司开展为期 3 个月的重点岗位廉洁风险防控工作。

2018 年 6—8 月，公司组织开展向郑德荣等同志学习专题活动，各党支部结合实际，分别开展不同形式的学习活动。

2018 年 8 月，公司组织党员干部参观"利剑高悬、警钟长鸣"天津市警示教育主题展。

2018 年 8 月，公司开展"滚石上山、担当作为、大干 150 天"活动。

2018 年 9 月，公司开展为期 3 个月的解放思想大讨论活动。

2018 年 10 月，公司完成党委、纪委换届工作，选举产生新一届公司党委委员 7 人、纪委委员 5 人。

2018 年 12 月，公司召开领导干部警示教育大会。

2019 年 1 月，公司党委组织公司领导班子成员、各党支部书记、党务工作者到红旗房地产公司观摩新建的"六大红色工程"阵地，同月，公司全面推广使用学习强国 App 学习平台，在职党员上线率 100％。

2019 年 4 月，公司党委对基层单位党建和经营工作进行监督，形成每季度 1 次检查的制度。

2019 年 6 月，公司开展"不忘初心、牢记使命"主题教育。

2019 年 9 月，公司组织全体党员干部在辛口六埠镇红色教育基地开展"不忘初心、牢记使命"重走长征路主题党日活动。

2019 年 11 月，公司组织优秀党员赴北京香山革命纪念馆等地红色革命教育基地学习参观。

2020 年 7 月，公司召开庆祝建党 99 周年大会。

2020 年 9 月，公司组织领导班子成员、各党支部书记、党务工作者、先进党员观看大型抗疫主题话剧《生死 24 小时》。

2020 年 10 月，公司开展"听党话、感党恩、跟党走"群众性主题教育工作。

2021 年 6 月，公司开展"学党史、悟思想、办实事、开新局"教育专题活动。

2021 年 11 月，公司选举产生参加中共天津食品集团第二次党员代表大会的代表 6 人：刘瑞成、卢震、陈铁林、于艳萍、王鑫淼、张辉。

第八节　社会责任

一、国企担当

2011—2021 年，农垦房地产公司作为国有企业，勇于承担社会责任。

2014 年 2 月，为第六届东亚运动会赞助宣传费 200 万元。

2014 年 4 月，为丁家圈村农业大棚提供支农帮扶资金 35 万元。

2014 年 4—5 月，援建丁家圈村工业厂房，帮扶资金 175 万元。

2013 年 9 月，张恒赴天津市武清区丁家圈村，执行为期 2 年的帮扶任务。

2018 年 11 月，冯锐赴内蒙古津垦牧业有限公司，执行为期 2 年的帮扶任务。

2020 年 10 月，李明伟赴承德河北津垦奥牧业有限公司执行帮扶任务。

2021 年 3 月，苗青赴西藏昌都津垦牧业科技有限公司，执行为期 2 年的帮扶任务。

二、疫情防控管理

1. 疫情防控常态化，稳定经济发展　2020 年 1 月 22 日起，公司研究具体防控措施并制定了《天津市农垦房地产开发建设有限公司新型冠状病毒防控应急预案》等制度。1 月 23 日，集团视频会议后，将张勇书记的视频会议讲话精神在公司职代会上做了部署落实。特别针对公司所属的农垦博纳影城、天食厨房、天食广场、人人乐超市、儒林菜市场、建筑工地等人员密集场所提出防控具体要求，各单位会后立即结合自身特点研判各类风险，成立应急领导小组，制定防控预案，定期向公司防控领导小组汇报。同时，积极开拓渠道，采购防疫物资，结合各基层企业实际需求统一调配下发使用，满足了防控需要。针对项目施工现场，制定详细的务工人员返津隔离措施，有序加速推进项目工程进度。组织复工复产安全教育，为复工复产奠定了良好的基础。要求公司所有人员每天严格执行各项疫情防控制度，上报疫情防控表，确保公司正常生产经营及人员安全。科学扎实的疫情防控为经济运行和高质量发展提供了强有力的保障，实现了公司"双战双赢"。

2021 年，公司积极响应号召，推动疫苗接种工作，基本实现了"全公司免疫"。此外，公司时刻保持宗旨意识，彰显国企担当，协调组织各项目施工现场务工人员共计 1815 人进行疫苗接种，接种率达 100%，确保了各在施项目的安全生产。

2. 担当社会责任　2021 年，在防控疫情和安全生产的前提下，公司肩负国企责任，彰显国企担当，配合慰问一线医务人员家属。天食厨房组织党员干部、入党积极分子参与快餐配送工作，配合集团公司在全市的食品供应，提升了天食品牌的形象。同时，利用天食广场大屏幕滚动播放疫情防控知识和天食旗下产品，让更多市民知晓受益。

2022 年初，津南区疫情防控形势严峻，为切实保障人民群众生命安全，房地产公司认真落实集团党委"不计成本、不谈代价、立即执行"的十二字方针，以"坚决完成任务"的初心冲锋在前。多方调配，紧急购买近 300 顶折叠帐篷，租赁及运输集装箱 4 个、液压搬运车 2 台，搭设防雪棚 1 个，连夜完成临时供应网点帐篷的搭建工作，支出共计 21.96 万元。同时，抽调干部职工，专项保障南开仓的货物装配，参与南开仓、津南区保供人员达 650 人次，为食品集团顺利开展民生保障工作打下了坚实的基础。公司下属天食厨房自疫情以来完成近万份配餐，全力保证每一份配餐的安全及时；燊辉电力公司对疫情中心赤龙南街荒废 8 年之久的公租房进行电力检修排查，利用 4 个昼夜排查了 240 间房屋的整体电路，修复 300 余处故障点位，为入住隔离人员提供了坚实的电力安全屏障。2022 年 5 月，天津市疫情反复，公司本部立达公寓被划分为管控区，房地产公司主动担当作为，要求公司本部人员和到访人员及时与居住地属地政府报备，听从属地要求，防止疫情扩散。在大家的共同努力下，公司被评为在抗击疫情工作中表现突出的先进房地产企业、食品集团系统抗疫保供先进集体。

按照上级要求，公司积极落实国有企业减免中小企业房租优惠政策，对符合条件的租户，及时减免 2020 年租金 1330 万元，2022 年共减免租金约 1700 万元。此外，2022 年 1—8 月，公司通过集团融通等方式支持系统内企业采购金额总计 300 余万元。

第九节　国防教育与企业内保

一、国防教育

根据 1979 年 12 月中共天津市委文件〔1979〕津党发 293 号《关于配备专职武装干部的意见》，1980 年 8 月设立双林农牧场武装部，建立民兵连，分基干民兵、普通民兵。1980 年，天津市河西区武装部交付双林农牧场 4 门 57 式高炮（后增加 4 门高炮），同时组建双林农牧场高炮连。建立民兵预备役民兵分队，按照 28 岁以下青年为预备役基干民兵、28～35 岁为预备役普通民兵的要求，符合年龄的在职男职工全部编入预备役。从那时以后，双林农牧场按照河西区武装部的要求，每年组织人员进行实弹打靶，并多次取得好成绩，得到河西区武装部的表扬。多年来，农场民兵工作多次受到表彰，武装部多人受到表彰。

1984年3月，根据中共天津市河西区人民武装部委员会〔84〕津西武党字第3号文件，王希成为天津市双林农牧场武装部干部。1989—2021年，李绍卿、秦成安、冯欣、张秋水先后任农场、公司武装部部长。

多年来，农场、公司武装部民兵工作坚持做到工作有计划、组织有落实、制度有保障，结合自身实际，认真开展好民兵工作"三落实"活动，努力完成军事工作任务，抓好民兵政治教育，加强"两个文明"建设，加强武装部自身建设，每年民兵训练和整组工作都得到了上级部门的好评，公司武装部多次被评为民兵工作先进单位、先进武装部。2010年，河西武装部将存放于双林农牧场多年的8门57式高炮调走，57式高炮在双林农牧场存放期间未发生过任何问题，代管的军事人防设施设备未出现差错，受到主管部门的好评。1994—1996年，公司武装部被天津市河西区人民政府评为先进武装部，1995—1997年被评为"民兵工作先进单位"，1995—1997年被评为"民兵武器管理先进单位"；李绍卿、冯欣、秦成安、葛滨等多人先后被评为民兵工作先进个人。

二、企业内保情况

1984年10月，农场成立企业保卫科，实行综合治理。按照当时政策文件的要求，由工会、共青团、保卫成立领导小组，制定企业综合治理相关措施，维护农场内部社会秩序，保卫农场经济发展。

按照要求，农场成立了双林农牧场治安派出所，负责双林地界的治安管理工作，曾协助当地公安破获多起案件，维护了农场及周边的治安环境，工作卓有成效。农场派出所多次获得市局、区局的奖励。

2002年，随着企业改革，按照上级部门的要求，撤销双林派出所，改为企业保卫部，负责农场（公司）内保工作，企业不再担负社会化工作。

第二章 纪委（纪检监察部）

第一节 农场期间的纪检工作

1984 年，双林农牧场成立纪委部门。

1984 年 3 月，张清源任中共天津市双林农牧场纪律检查委员会书记。

1991 年 2 月，张葵任中共天津市双林农牧场纪律检查委员会书记。

1993 年 3 月，张景和任中共天津市双林农牧场纪律检查委员会书记。同年 11 月，戴莉莉任中共天津市双林农牧场纪律检查委员会副书记。

1996 年 5 月，双林农牧场和农垦房地产公司整合，实行一套班子、两块牌子。王建莉任中共天津市农垦集团房地产开发建设有限公司（天津市双林农牧场）纪律检查委员会书记。

1998 年 9 月，张葵任中共天津市农垦集团房地产开发建设有限公司（中共天津市双林农牧场）纪律检查委员会书记，增补曲继红、李洪春、胡淑婷为中共天津市农垦集团房地产开发建设有限公司（中共天津市双林农牧场）纪律检查委员会兼职委员。

2007 年 7 月，关玉峰任中共天津市农垦集团房地产开发建设有限公司（天津市双林农牧场）纪律检查委员会书记。

1990—2010 年，公司党委、纪委认真落实党风廉政建设各项工作制度，坚持用"八个坚持、八个反对"的标准，加强对干部廉洁自律的监督和检查，完善企业内部监督管理机制，完善企务公开制度。一是坚持抓好廉政教育；二是不断将廉政制度建设融入企业经营管理中。公司党委坚持从"权、钱、人"三方面入手，不断加强制度建设。2006—2010 年，公司未出现干部违纪违法问题。

第二节 2010 年后的纪检工作

一、纪检干部队伍建设

2014 年 11 月，农垦房地产公司纪委开展换届选举工作，有党员 110 人出席。关玉峰、周红、诸葛增义当选新一届纪委委员。

2018 年 10 月，举行纪委换届选举大会，共有 155 名党员出席，林继贤、周红、杨艳征、丁云庆、孙团起当选新一届纪委委员。

2021 年 2 月，陈铁林任中共天津市农垦集团房地产开发建设有限公司纪律检查委员会书记。

2022 年 1 月，公司成立纪检监察部。

2022 年 7 月，公司纪检委书记陈铁林、副书记周红。经过补充完善，公司纪律检查委员队伍共有 17 名委员，所属 17 个支部。

二、制度建设

2012 年，公司成立党风廉政建设责任制领导小组。

2013 年，出台《农垦房地产公司党政领导干部廉政谈话制度》《农垦房地产公司领导干部廉洁自律规定》《农垦房地产公司党风廉政建设风险防范管理制度》。

2015 年，出台《农垦房地产公司关于节假日期间公务车辆管理规定》《关于农垦房地产公司关于"三重一大"决策制度落实痕迹管理的办法》《天津市农垦房地产开发建设有限公司关于科级以上领导干部外出请假的规定》。

2016 年，出台《农垦房地产公司基层企业关于落实"三重一大"决策制度痕迹管理的规定》《农垦房地产公司基层企业关于落实"三重一大"决策报备制度的规定》。

2017 年，出台《天津市农垦房地产开发建设有限公司领导班子及所属企业领导人员履职待遇和业务支出管理实施细则》《天津市农垦房地产开发建设有限公司落实全面从严治党主体责任检查考核办法（试行）》。

2018 年，出台《关于农垦房地产公司领导干部及时报告个人重大事项及廉政纪律提醒告知办法》。

2019 年，出台《天津市农垦房地产开发建设有限公司开展党建和经营工作监督的实施方案》。检查小组每季度深入基层各单位进行全面检查，发现问题、提出建议、及时沟通、有效解决，为企业发展提供良好氛围。

三、党风廉政教育和廉政文化建设

纪委利用多种形式开展教育，除组织党员干部日常学习外，还通过参观学习、观影等方式，强化党风廉政教育。

2012 年 5 月，组织全体党员观看教育片《永葆党的纯洁性》。9 月，组织全体党员观看纪录片《信仰》，并交流讨论，撰写观后感。

2013年2月，组织领导干部30余人观看2部警示教育片《房》《权》。3月，组织全体党员前往平津战役纪念馆参观了以"领袖风范、人民公仆、廉政楷模"为主题的党和国家第一代领导人廉政勤政图片展。8月，组织干部32人观看《廉政中国——莲城警钟》，组织领导班子前往西青区石家大院参观中纪委和监察部命名的全国廉政教育基地——新中国反腐败第一大案展览。

2014年1月，公司领导班子40余人观看警示教育片《欲》《权位》。

2015年2月，组织公司领导班子成员、机关各部室和各基层单位副科级以上干部观看警示教育片《道》《警钟长鸣——代价》。7月，中层以上领导干部50余人参观天津市河西区人民检察院预防职务犯罪警示教育基地。9月，召开关于认真贯彻《国资系统严格落实中央八项规定精神，确保廉洁过两节的通知》的会议，副科级以上干部50余人参加，传达了集团津食党〔2015〕73号文件转发的天津市纪委、市监察局《关于严防严查中秋和国庆两节期间四风问题反弹的通知》以及市国资委党委《国资系统严格落实中央八项规定精神，确保廉洁过两节的通知》，签订《不违反"七项规定"承诺书》。10月，集体观看《三严三实推行作风建设》、纪委教育片《高墙悲歌》等。

2016年9月，召开中层学习会，公司领导班子成员、基层单位书记、经理及机关部室负责人30余人参加。会议传达学习《市委召开常委会议和全市领导干部会议通报中央对黄兴国涉嫌严重违纪进行组织调查的决定，坚决把思想和行动统一到中央决定和要求上来》，并对公司各级干部中秋、国庆期间有关规定进行强调。11月，党委中心组织扩大学习会，公司领导班子、各党支部书记、经理及各部室负责人参加会议，组织观看教育片《国有企业严重违纪违法人员忏悔实录》，学习报告《围绕中心、服务大局为做强做优做大食品集团提供坚强保证》。

2018年6月，召开领导干部警示教育大会，公司领导班子及全体正副科级中层干部80余人参加，传达学习中央纪委、天津市纪委监委及食品集团公开曝光违反中央八项规定精神、不作为不担当典型问题通报。7月，组织领导班子成员及全体正副科级中层干部80余人参观天津市预防职务犯罪警示教育基地，强化"四个意识"，坚定"四个自信"，做到"四个服从"。8月，领导班子成员及全体正副科级中层干部60余人组织参观"利剑高悬、警钟长鸣"天津市警示教育主题展，以案施教、以案示警、以案肃纪。12月，召开领导干部警示教育大会，宣读公司两个处分决定。

2019年5月，开展"全面从严治党"主题党日活动，50余名党员群众参观天津财经大学全面从严治党主题教育展，观看专题片《为了政治生态的海晏河清》，以参观为契机，不忘初心、牢记使命，严格遵守党纪。8月，召开领导干部警示教育大会，传达集团警示教育大会和廉政党课精神，公司领导班子和全体中层正副科级干部 80 余人参加，通报典型案例，着力净化政治生态环境。

2020 年 4 月，纪委组织公司纪检干部培训。

2020 年 6 月，公司组织廉政文化作品巡回展览，在公司各单位开展廉政教育活动。

2020 年 8 月，组织公司领导班子成员及全体正科级中层干部召开警示教育大会，传达食品集团纪委关于转发市纪委《关于 7 起"小金库"违纪违法典型案例的通报》的通知，学习《公职人员政务处分法》《习近平对制止餐饮浪费行为的重要批示精神》《中共中央、国务院关于印发〈党政机关厉行节约反对浪费条例〉的通知》《农垦房地产公司厉行节俭、反对浪费倡议书》。

2020 年 8 月，公司纪委组织纪检干部学习《中华人民共和国公职人员政务处分法》，对学习体会进行交流研讨，并组织测试，对学习成果进行验收。

2020 年 9 月，公司专职纪检干部参加集团纪委组织的"全面从严治党主题教育展"参观活动。

2021 年 3 月，组织召开领导干部警示教育大会，学习《违纪违法案件警示录》案例，观看廉政参考片《永葆政治本色》。

2021 年 6 月，组织公司纪委委员、纪检监察干部、各支部纪检委员线上参观中国共产党纪律建设历史陈列馆（数字展馆），学习《中国共产党纪律建设基本历程》及《赵乐际：深刻把握纪检监察机关在党的百年奋斗历程中的宝贵经验更好推进新时代纪检监察工作高质量发展》文件，并进行交流研讨。

2021 年 8 月，组织召开领导干部警示教育大会，学习《2019 年以来天津市查处市管国企领导人员违纪违法案件警示录》。

2021 年 8 月，组织全体党员学习《关于转发国资系统 4 起党员干部和公职人员酒驾醉驾违纪违法案件通报的通知》。

2021 年 8 月，公司纪委组织召开"基层监督年"中期推动会暨领导干部警示教育大会。

四、专项监督与整治

2011 年 5 月，公司开展"小金库"专项治理工作，成立治理工作领导小组及办公室，同时接受上级部门的检查。

2013 年 6 月，按照集团总公司纪检委《关于在农垦系统纪检监察组织开展会员卡专项清退活动的通知》要求，对公司内从事纪检工作的干部、纪委检查委员开展会员卡清退活动。

2014 年 4 月，按照天津市委、市政府《关于进一步整治"会所中的歪风邪气"工作实施方案》精神，组织党员干部 127 人逐级签订"两不"承诺书。

2015 年 2 月，向公司领导班子成员及副科级以上干部 50 余人发放《中央八项规定和六项禁令》。5 月，学习《习近平关于党风廉政建设和反腐败斗争论述摘编》《依法治企从严治政不断推进国有企业党风廉政建设》。6 月，按照天津市委"三严三实"专题教育要求，采取个人自学、集中党课报告、专题辅导等形式，以《习近平谈治国理政》《习近平关于党风廉政建设和反腐败斗争论述摘编》等为主要教材，集中学习三次，累计共 80 余人参加，加强对主要讲话精神的学习。9 月，纪委组织党员开展"三严三实"专题党课教育活动，副科级以上干部 50 余人参加。11 月，组织领导干部学习《中国共产党廉洁自律准则》等党纪法规，传达了王岐山同志关于把握运用监督执纪"四种形态"的重要表述及 5 篇学习"四种形态"的体会文章。

2017 年 10 月，房地产公司、东方实业公司共计 70 余人参加专题会议，传达津食党发〔2017〕136 号文件《关于对国资系统 20 起不作为不担当典型问题的通报》。

2018 年 5 月，公司开展"不作为不担当问题专项治理"三年行动（2018—2020 年）活动，制定《天津市农垦房地产开发建设有限公司"不作为不担当问题专项治理"三年行动方案（2018—2020 年)》，围绕十二个整治重点，逐一对照，查找存在问题。按照《食品集团直属单位党组织主要负责人向食品集团党委述责述廉办法》及工作要求，公司纪委组织各党支部书记开展述责述廉工作，各党支部主要负责人向公司党委报告履行全面从严治党主体责任和个人廉洁从业等情况，并接受评议。执行《公司领导干部及时报告个人重大事项及廉政纪律提醒告知办法（试行)》，确保公司风清气正，干部廉洁秉公用权，促进公司健康发展。制定《农垦房地产公司重点岗位廉洁风险防控工作实施方案》，并成立重点岗位廉洁风险防控工作领导小组和办公室。8 月，召开领导干部警示教育大会暨廉政党课，共 100 余人参加，会上传达了集团巡视整改工作进度的情况报告，及张勇书记在集团系统领导干部警示教育大会和巡视整改工作的讲话，通报天津市委巡视反馈意见。9 月，召开巡视整改工作再动员再落实再部署推动会，对《农垦房地产公司党委进一步深入落实巡视反馈意见整改方案》的实施进行部署，对《农垦房地产公司巡视问题整改工作情况督导检查情况表》反馈的问题进行说明。

2019 年 1 月，组织党支部书记工作会议，对整治"四风"、学习《中国共产党纪律处分条例》事宜进行部署。4 月，开展扫黑除恶专项斗争"打伞破网"工作部署推动会，研究制定《天津市农垦房地产开发建设有限公司开展党建和经营工作监督的实施方案（试行)》，明确监督工作的指导思想，对监督范围、内容、方式等方面做出具体安排。8月，召开警示教育廉政大会。9月，发放《履行主体责任第一责任人职责提示函》，对13名基层党支部书记在新中国成立70周年大庆期间，深入落实八项规定精神、全力做好本单位安全稳定工作提出建议。

2020年，重新修订了《天津市农垦房地产开发建设有限公司党建和经营工作监督的实施方案》，形成统筹推进的监督体系，加强对三级企业的指导管控力度，按照要求上报《查处形式主义官僚主义、不作为不担当问题统计台账》。

2021年，组织中层干部96人签订《2021—2023年落实党风廉政建设和反腐败工作目标责任书、廉洁从业承诺书》。同年，研究制定了"基层监督年"活动方案，选择双发公司和农垦物业公司2个基层企业作为公司级试点单位，结合公司实际工作，确定重点监督领域，研究制定公司监督机制图，分别于8月、11月组织召开了"基层监督年"中期推动会、成果展示会，抽取双发公司、物业公司、燊辉公司、商业公司、佳阳公司5家企业进行工作成果展示。

公司纪委充分运用好监督执纪"四种形态"，把功夫下在第一道关口上，抓早抓小，遏制增量。2014—2018年，公司纪委共受理和协助受理问题举报线索40余次，初核10余件，立案2件，给予党纪政纪处分3人，受到诫勉谈话若干人，真正让监督执纪的"四种形态"体现到实处。同时，为30余名受到不实反映的党员干部澄清了事实，保护了他们干事创业的积极性。2019—2021年，公司纪委共接举报案件20件，协助集团核实案件3件，初步核实17件，谈话核实2件，对2人给予诫勉谈话，对8人进行批评教育。2020年，把疫情防控监督工作摆在重要位置，在对防疫物资、"一码一测"等进行日常监督的前提下，重点加大对在建项目以及窗口单位等人员密集场所的监督力度。

五、纪委重点工作

2010—2014年，公司纪委坚持以邓小平理论、"三个代表"重要思想、科学发展观为指导，深入贯彻习近平总书记一系列重要讲话精神，落实党的十七、十八大，十八届二中、三中全会精神和十七届、十八届中纪委二次、三次全会精神。公司纪委坚持以党章为准则，严格执行党内有关规定，结合企业实际，认真推动党风廉政建设。

2015—2018年，公司纪委全面贯彻习近平新时代中国特色社会主义思想，学习习近平总书记系列重要讲话精神，落实党的十八大、十九大精神和中纪委十九届二次全会以及市纪委十一届二次、三次全会精神，紧扣企业改革发展中心工作，把握全面从严治党主基调，忠诚履行职责，强化执纪监督，党风廉政建设和反腐败工作取得了新的明显成效。

2019—2021年，按照集团纪委和公司党委要求及各项工作部署，公司纪委以习近平新时代中国特色社会主义思想为指导，落实十九届中央纪委四次全会和十一届市纪委七次全会部署要求，坚持"严"的主基调，协助党委持续深化全面从严治党，精准发力、履职尽责，不断强化对权力的制约和监督，一体推进不敢腐、不能腐、不想腐，充分发挥其监督保障作用，为推动公司改革发展提供坚强的政治保障。

第三章 工 会

第一节 组织建设

1950 年，双林农场建场后，工会组织是天津市水利处工会下属的车间工会筹备委员会，负责人是技术干部朱嘉禾。

1952 年 11 月，在天津市政工会的帮助下，经场车间工会筹委会组织全体会员投票选举，选出双林农场工会首届基层委员会，主席由工人左玉德兼任。

1956 年，天津双林农场、国营长泰农场两场合并后，农场工会进行改选，选出新一届工会基层委员会，刘继祥任专职工会主席。当时，天津市农林水利局成立了局工会基层委员会，直接指导局属各农场工会的工作。按局工会要求，农场派出 1 名干部参加局工会工作。之后，天津市政工会为加强对市属国营农场等农口各单位工会工作的专业指导，成立了农林水利工作委员会，该委员会主任即后来到双林农场任副场长的马青元。

场工会按期进行改选。自 1956 年刘继祥任工会主席之后，历任农场工会专职主席、副主席的有陈云飞、袁连德、王文库、李培生、任天顺、李绍卿。

1964 年 3 月，王文库任双林农牧场工会主席。

1968 年 4 月，根据上级规定，在驻场解放军的帮助下，成立了天津双林农场革命职工委员会，它的职能类似原场工会，主任为阎宗礼，副主任肖增云。

1973 年夏，根据天津市总工会指示，恢复各级工会组织。按照农林局工会的布置，农场确定专人，进行恢复场工会的各项准备工作。经全体会员再度投票选举，产生了场工会基层委员会，韦保贵任专职主席。

1979 年，天津市国营农场管理局成立了局工会，农场工会的各项业务工作由局工会直接领导。至此，天津市农垦系统各单位有了专业的工会领导机关，农场工会工作也逐步得以加强、提高，工作人员也较前增多。1984 年后，张清源兼职工会主席，1987 年不再担任，继任的专职工会主席、副主席为帅仁、韩富荣。

1987 年 5 月，帅仁任工会主席。

1996 年 6 月，王忠升任天津市农垦集团房地产开发建设有限公司（天津市双林农牧场）工会主席。

1998年12月，公司召开第二届会员（职工）代表大会，选举产生第二届工会委员、经费审查委员、女职工委员。工会委员会委员为张葵、曲继红、李世彬、杨慧、张秀芬、梁素云、李淑华、谷国智、王文田、崔宝成、王明厚、丛树萱、谷志明、张军波，经费审查委员会委员为曲继红、窦成娥、杨慧、梁素云、王明厚，女职工委员会委员为曲继红、杨慧、窦成娥、贾兰英、李淑华。张葵任工会主席，曲继红任工会副主席。

2006年，关玉峰任工会主席，李文兰任工会副主席。

2015年1月，诸葛增义任公司工会副主席。

2015年5月，关玉峰不再担任公司工会主席。

2015年7月，刘宗保当选公司工会主席。工会委员会委员有刘宗保、汪胄千、张彩红、李孝洪、杜凤英、张志彬、刘博佳、刘艳、刘国英、张树捷

2019年12月，公司工会换届，刘宗保被选举为公司工会主席，汪胄千为工会副主席。工会委员会委员有刘宗保、汪胄千、张彩红、李孝洪、杜凤英、张树捷、刘博佳、刘艳、于海洋、刘国英、纪军秀。

2021年5月，刘宗保任公司工会主席，韩宝芙任公司工会副主席。工会委员会委员有刘宗保、韩宝芙、张彩红、李孝洪、李凤斌、刘艳、刘博佳、孙悦、杜凤英、徐文天、张树捷、武春玉、魏玮、王琳、王月珍。

2022年9月，经选举，牛国跃任公司工会主席。

截至2022年10月，公司有16个工会分会组织、会员728人。

房地产公司下属工会共8个，分别为天津市农垦房地产开发建设有限公司工会、天津农垦东方实业有限公司工会、天津市双发建筑工程有限公司工会、天津燊辉电力科技有限公司工会、华北城盈发创建（天津）有限公司工会、华北城（天津）物业服务有限公司工会、天津天宫葡萄酿酒有限公司工会、博大汇升（天津）投资发展有限公司工会。

房地产公司下属分会共8个，分别为天津农垦商业运营管理有限公司工会、天津市农垦双林劳务服务有限公司工会、天津市农垦物业管理有限公司工会、天津长远嘉和置业有限公司工会、天津农垦红旗房地产开发有限公司工会、天津农垦佳阳房地产开发有限公司工会、天津农垦兴港房地产开发有限公司工会、天津天食餐饮管理游戏那公司工会。

第二节　职工代表大会制度

1962 年 4 月 2—4 日，双林农牧场召开首届职工代表大会。本届职工代表大会的代表名额遵循代表大会制度的方案规定，经过职工反复讨论，共选出各个战线上的职工代表 75 名，实际出席 68 名，因故缺席 7 名。这次大会主要听取、审查、讨论了 1962 年生产计划、"包定奖"方案、保证完成各项生产任务的措施，以及场工会 1961 年工作总结、1962 年工作计划、工会预决算的报告。在党的领导、各方面的支持和全体与会代表们的积极努力下，农场首届职工代表大会取得了预期效果。通过这次大会，代表们受到启发，加强了主人翁责任感；领导与群众之间沟通了思想，给上下齐努力共同完成和超额完成各项生产任务奠定了有力的基础；同时，也进一步发扬了民主精神，使全场职工群众人人关心农场、关心生产，是一个良好的开端。

1984 年 4 月 29—30 日，双林农牧场召开第二届第一次职工代表大会，全场共选出代表 154 人。大会主要议程有：场长雷祥声做工作报告，财务科做 1983 年财务决算和 1984 年预算的报告，劳资科做劳动分配方案（奖金）的报告，宣布场规场纪，讨论分房方案和分房委员会名单。

1985 年 12 月 20—21 日，双林农牧场召开第二届第二次职工代表大会，这次会议共出席代表 123 人，占全体代表的 80％，超过代表总数的 2/3 以上，会议通过的决议、决定有效。此外，还邀请了农牧场原党委书记杜荣贵等 4 位离休老干部参加会议。会上，主席团副主席韦保贵做开幕讲话，他要求全体代表要精神集中、畅所欲言，行使自己的职权，完成会议各项议程，将大会开成圆满、胜利的会议。主席团主席张清源做第二届职代会工作报告，场长雷祥声做双林农牧场 1985 年工作的初步总结和"七五"规划草案的报告。代表们经过认真讨论，一致通过张主席所做职代会工作报告、雷场长所做工作报告和民主评议干部的决议。主席团副主席刘仲全做会议总结发言，他说："在场党委的领导关怀下，经过全体代表的共同努力，已经圆满完成了预定任务。"自始至终参加了会议的场党委书记贾贵生在会上做了重要讲话，他首先代表场党委对会议取得圆满成功表示祝贺，肯定了第二届职代会一年多来所做的大量工作，并对之后的工作提出要求："各级党政领导一定要帮助、支持职代会工作，给任务、给工作，邀请代表共同管理企业。职代会本身要提高素质，互相配合，主动工作，为进一步发展我场大好形势而共同努力"。

1986 年 11 月 4—5 日，双林农牧场召开第三届第一次职工代表大会。会议前，根据民主协商，在全场选举产生了 185 名职工代表，占全场职工的 10.3％。出席会议的代表共 156 人，占全体代表的 84.3％，超过代表人数的 2/3 以上，会议通过的一切决议有效。会议还邀请了离休老干部、退休老工人 4 人列席了会议，各厂（队）和机关科室领导同志也列席了会议。副主席韩富荣做双林农牧场第二届职工代表大会工作总结报告，场长雷祥声做双林农牧场 1986 年 1—9 月工作总结报告。场党委副书记张清源宣读了场党委关于第三届职工代表大会主席团成员候选人名单的建议。全体代表在讨论中充分发扬民主，各抒己见，一致同意党委提出的主席团候选人：第三届职代会主席团主席张清源，副主席韩富荣、刘仲全、李树坤、董风君。张清源做了主题为"全场职工团结在共同理想的旗帜下努力奋斗"的工作报告，大家进行了审议并通过报告。

1988 年 3 月 28—29 日，双林农牧场召开第三届第四次职工代表会议，实到代表 100 人，因病、因事请假 36 人，到会人数符合法定人数。会议任务为：①审议通过贾贵生场长关于 1987 年工作总结和 1988 年工作任务的报告；②审议通过双林农牧场 1988—1990 年经营承包责任制章程；③选举企管会代表。在会议上，对 1987 年度场级先进集体、个人（50 名）进行表彰。国营农场管理局党委书记魏建英参加会议并作重要讲话。局工会田主席传达了全国总工会有关文件精神。通过全体工会会员投票选举，选出了双林农牧场第四届工会委员会。9 月 6 日，在代表大会上，张清源做总结发言。

1989 年 9 月 5—6 日，农场召开第四届第一次职代会，全场共有职工 1714 人，经民主选举产生代表 134 人。贾贵生做了主题为"振奋精神、艰苦奋斗，为完成全年经济工作任务而努力奋斗"的工作报告，帅仁做第三届工会委员会、职工代表代会工作总结报告。

1994 年 2 月，双林农牧场召开了第四届五次职工代表大会。会议审议通过了场长张文彬所做的《天津市双林农牧场关于转换经营机制，加速经济发展的若干意见》报告。该意见提出了以房地产开发为先导，采取开、联、换、转的方针，迅速通过土地开发利用取得的资金，用 3 年时间完成产业结构、产品结构双调整。同时，提出了建立八大经济发展基地的构想，即房地产开发基地、新兴工业基地、速冻食品工业基地、乳品饮料工业基地、商贸基地、合资企业基地、生态果园基地、仓储基地。此意见以津双政发〔1994〕9 号文件下发，是双林农牧场经济发展史上一个重要标志。

1995 年 2 月，双林农牧场召开第四届第六次职代会。

1996 年 5 月 24 日，为发挥天津农垦的整体优势和土地资源优势，加快对双林农牧场所处地域的综合开发，总公司以〔1996〕171 号文件，决定将天津市农垦集团房地产开发建设有限公司与天津市双林农牧场合并，实行一套班子、两个牌子。合并后，公司按《公司法》运作，逐步改制为国有独资公司，成为天津农垦集团的核心企业。天津市农垦集团房地产开发建设有限公司（双林农牧场），按照《公司法》和现代企业制度的要求积极运作，加大改革力度，同时也进一步完善职工代表大会制度。

从 1996 年农垦房地产公司第一届一次职代会起到 2022 年 1 月农垦房地产公司第四届七次职代会，公司重大事项均通过职代会表决，保持了重大问题交职代会讨论的优良传统。公司工会充分用好这个平台，带领职工参与企业管理，抓好职代会提案，积极为企业发展献言献策，畅通上下沟通渠道，理顺职工情绪，保障、维护职工合法权益。在"厂务公开、民主管理"单位建设中，工会组织积极发挥作用，确保政策透明公开，职工利益得以维护，使民主管理进一步规范。公司的职代会制度日趋完善，职工参与民主管理的意识逐步增强，参与企业重大事项决策的热情不断高涨，职工代表的提案水平不断提高。

1999—2021 年，公司始终坚持每年召开职代会，确保职工参与企业民主管理的权利，推动了公司职代会建设，发挥了职代会的作用。

第三节　劳动保险、工资集体协商

一、实行劳动保险条例

双林农场是当时市属国营农场中较早实行劳动保险的单位。1956 年秋季，经天津市总工会批准、主管局同意，双林农场实行《中华人民共和国劳动保险条例》。在场党组织关怀领导下，在上级工会指导帮助下，场工会立即着手进行各项准备工作。根据规定，农场相应建立了专门组织，确定了负责人和专职劳保会计。经过对职工供养直系亲属等情况的详细调查，农场建立了职工劳保卡片，核发了劳保证，在全场职工中正式开始实行劳动保险待遇。各项劳动保险待遇的实行，使职工的病、伤、养老和女职工的生育都有了保障。当时农垦职工工资偏低，家属就业人员少，劳动保险的实行在一定程度上解决了职工家庭生活中的实际困难，深受大家的欢迎。

农场实行劳动保险条例，一切待遇均与工矿、交通等单位相同。按规定，农场从工资总额中提取 3% 的劳动保险基金，每季度将支出费用后的余额转入天津市总工会专户，作为全市调剂金。每季度费用支出如超出所提数额，市总工会及时把差额下拨给场基层工会。农场自 1956 年底正式实行劳动保险条例所规定的各项待遇，到 1963 年年底，除极少数月份基金超支出外，绝大多数月份都是基金剩余上缴。据粗略统计，这一时期，每年上缴市总工会的基金余额，约占提取总额的半数以上。

根据中央农林部的通知精神，经天津市总工会同意，从1964年1月起，农场劳动保险基金改按工资总额的1.5%提取，由场自行掌握，专款专用，仍按劳动保险条例规定时各项待遇标准执行，自负盈亏。

由于当时只有几名退休职工，建场后也未发生过重大工伤事故，所以在基金使用方面，除去支出外，仍有剩余。劳动保险待遇的审批、管理等工作，成为场基层工会的一项重要日常工作，各项劳保费用的支出，经场工会签批后，由场财务科支付。1966—1976年，工会组织已不能正常行使职权，各项劳动保险待遇仍由场行政部门管理。1975年10月，农场成立劳资科后，劳保工作归该科负责。到20世纪80年代，除工人退休的审批及办理有关手续由劳资科负责、干部退休由组织部门负责外，其他各项劳动保险工作仍由场工会负责。一直到1993年，劳动保险工作都归农场劳资科负责。1993年，国家出台养老保险新政策，农场全面落实职工养老保险政策，归口管理各种劳动保险。

1996年农场与农垦房地产公司整合后，坚持按照当时的国家政策，持续做好后续各项工作，维护了职工的合法利益，稳定了职工队伍。

二、工资集体协商

2003年，工会完成了集体劳动合同的签订工作。2006—2010年，提高职工收入、建立工资协商制度，开展劳动关系和谐企业创建活动。

2011年12月2日，天津市总工会、天津市国资委、区县农工委、民管部、女工部等有关职能部门一行5人，在总公司工会负责同志的陪同下，对天津农垦集团所属企业伸和公司、农垦房地产公司开展工资集体协商要约情况进行检查。公司工会负责同志汇报了有关工资集体协商协议的签订过程及执行情况。市总工会领导在听取各方汇报后，对公司工会组织开展工资集体协商协议的签订工作表示肯定，对企业执行工资集体协商工作表示满意，并对今后如何做好工资集体协商工作进行了指导。

公司工资集体协商，主要是企业方和职工方。企业方代表有总经理和分管人力资源、财务等的部门负责人；职工方代表主要是工会主席、企业职工。双方人数相等，共同协商。职代会审核通过后，报送天津市分管的区级劳动部门进行审核备案，并在企业公示5个工作日。协商主要内容包括工资增长、工资支付方式、时间、节假日、探亲假、丧假、婚假、年休假、产假，以及依法参加社会活动或经企业同意的员工培训、进修等期间的情况待遇，还有职工事假、医疗期、工伤等情况下的工资发放。

2011—2021 年，工会每年坚持推动工资集体协商协议签订工作，保持了企业、职工双方合法的权益，维护了职工利益。在保证企业经济发展的前提下，公司职工收入稳步增长。

第四节　开展劳动竞赛

农场开展劳动竞赛始于 1953 年，当时正值水稻收获季节，由天津市政工会派干部来场具体指导，场工会组织全体职工开展以秋收为中心的社会主义劳动竞赛，口号是"精打细收，颗粒还仓"。工人们积极热情地在各自的生产岗位上大显身手，在劳动中你追我赶，不计较个人得失，场领导在现场指挥，干部们深入生产第一线，与工人并肩劳动。上下齐努力，众人一条心，完成了水稻收获任务。

工会注重激发职工干劲，不间断开展各种岗位比武、劳动竞赛。开展社会主义劳动竞赛是当时思想政治工作的一项重要内容，通过竞赛，可以调动职工群众的生产积极性，提高工人的责任感，团结广大职工向着党所指引的方向奋勇前进。

两场合并后，种植水稻近万亩，畜牧业发展迅速，职工人数逐渐增多，全场呈现出一片兴旺景象。随着生产的发展，连续几年的劳动竞赛不断注入新的内容、提出新的要求，搞得有声有色。在场党组织的统一领导下，"比学赶帮"劳动竞赛已成为推动各项生产的有效措施。每到水稻插秧和收获季节，竞赛形成高潮，在各个生产环节，都有明确的竞赛目标、具体的竞赛条件和要求。

例如，稻田插秧时，拖拉机水耙地，进行单机竞赛，提出数量和质量要求，按规定的行距、株距、墩数操作，并保证质量，干部随时下水进行检查。水稻收获时，收割稻茬留多高、稻穗丢失多少、稻捆大小等都有具体要求。每节捋稻机为一小组，提出数量和质量要求，装包、过磅等环节也都有具体要求。尤其在捋稻这一环节，为做到精收细打、颗粒还仓，每节捋子捋完的稻草捆都有专人进行检查，查出夹带的稻穗，用戥子称，随时公布丢失稻穗的分量（以钱计算），不丢失稻穗的捋子小组为优胜，挂上小红旗。根据操作质量变化，小红旗随时流动。

1962 年，在多年来持续开展社会主义劳动竞赛的基础上，根据当时的需要，场领导又组织发动全场职工开展增产节约争先进的群众性竞赛。在场党组织的领导下，由党政工团组成增产节约竞赛委员会，场主要领导直接指挥，各部门负责同志参加，确定干事若干人，明确职责任务。各生产大队、小队及个人都分别制订出竞赛保证条件。根据各生产队的生产性质和特点，采取不同的评比办法，在评比时间上也有所区别：稻田队 1 年评比 2

次，水稻插秧和秋收完了后进行；园林队1年评比2次，春季和秋季作物收获后进行；畜牧队1年评比4次，每季度末进行；机务队1年评比2次，春耕和秋耕后进行。各生产大队掌握小队和个人的情况，对评出的先进集体和个人，报场竞赛委员会审批；各生产大队的评比由场竞赛委员会负责。

这一时期，开展社会主义劳动竞赛是场工会的一项重要工作。尤其在农业春耕、秋收大忙季节，工会的专、兼职干部全力以赴投入这项工作，还组织专人编辑、油印"快讯""战报"等报道材料，及时宣传报道全场竞赛活动情况和先进事迹、先进人物等，以推动竞赛活动不断深入。"战报"等材料除发到场内各单位交流、学习外，还报送农垦部、天津市农委、主管局、上级工会及天津《农民报》等，有的内容还被《农民报》选登。

1987年以来，场工会对竞赛进行了大胆改革，在提高经济效益的同时，注重提高职工素质。主动争取党政部门齐抓共管，队（厂）长、支部书记亲自过问、亲自抓竞赛内容。同时，广泛听取职工的意见，以增强职工当家做主的责任感。

1988年是农场实行场长负责制的第一年，年初，在场党委的领导下，场工会组织职工开展了以"提高经济效益、增强职工素质"为主题的社会主义劳动竞赛。广大职工发扬了主人翁精神，敢于承包、勇于承包，与企业共荣辱，使农场1988年的利润提前并超额完成，全年实现利润507万元，为建场以来的最高纪录。

1988年，为了贯彻总公司〔88〕会字14号文件精神，全场职工于6月1日至9月30日开展了"金龙杯"社会主义劳动竞赛。赛前，农场专门成立了"金龙杯"竞赛委员会，场级领导分别担任主任、副主任，有关科室负责人为委员。场属各队（厂）相应成立了由党政工团负责人组成的劳动竞赛领导小组，并根据各单位的生产实际情况，制订了竞赛计划和实施方案。

1988年，场属各单位都开展了技术比武活动：商业公司为扩大销售，满足市场需求，多创效益，在售货员中开展了以优质服务、盘点、珠算一口清为内容的业务技术比武；园艺场为使水果丰产，组织职工开展了剪枝、疏花疏果技术比武，并组织学习班，由技术人员讲课；服装厂开展了缝纫技术比武；基建队开展了砌砖、垒墙技术比武；畜牧场开展了挤奶技术比武；机关开展了热心服务基层、提高业务素质比武；奶牛场开展了历时百日的"五比两看"社会主义劳动竞赛活动；商业公司工会分会还在党支部的支持下，开展了以"学佟楼百货场创十优"为内容的劳动竞赛。

1991年，农场组织农机标准化作业技术比武。1992年，农场青年挤奶工姬胜利在天津市农场局举办的1991年度畜牧职工劳动竞赛中获技术比武第一名。

在改革开放的新形势下，20世纪90年代，根据全国总工会"基层工会要办实体"的文件精神，在场领导的支持下，场工会决定开发新项目，自办企业。场工会通过市场调研，决定创办风险较小的卫生球厂，在不影响工会日常工作的前提下，干部们去办执照、跑原料、买机器，积极进行筹备工作，终于把小工厂办了起来。卫生球厂开始生产后，安排了部分生活困难户和闲散劳动力进厂工作，为改革铺路，为企业分忧。后来，工会还办了营业执照，在农场本部开设职工小卖部，经营小食品、粮油、日用品等，由天津市总工会超市统一供货，方便了职工的日常生活。

进入2000年后，工会的工作重点发生变化，在4项基本职能中，职工教育、行业技能竞赛等成为岗位技术比武的重要内容之一。2000—2010年，公司工会经常开展业务培训和劳动竞赛活动，对公司实施"素质工程"起到了推动作用。

2011—2021年，公司工会组织技术工人参加集团工会"五比一创"劳动竞赛，还选派出6名技术人员参加了天津农垦总公司举办的"五比一创"劳动竞赛。在技术比武中，双林水电队张莹获得电工组一等奖，邢军瑞、赵俊铭、郭金楼获得电工组三等奖，马连鑫、刘同发获得电气焊组三等奖。

第五节　关心职工生活

一、农场期间的情况

当时农场工会下设劳保福利部门委员会，工会劳保委员兼任主任。历届场基层工会劳保委员都是由老职工兼任，各生产队分会也由老职工兼任劳保委员。这个部门的具体工作，除劳动保险、劳动保护外，涉及职工生活的方方面面，工作烦琐、复杂。各级劳保委员和工会小组长都是利用业余时间去做相关工作，十分辛苦。

20世纪50—60年代，职工工资偏低，家属们基本上都没有正式工作，部分职工供养的人口多，在生活上有一定困难。帮助职工解决生活困难，就成了工会的一项工作。工会一方面建议领导在农忙时尽量多用家属做临时工，以增加收入；另一方面，对仍难以维持最低生活水平的职工家庭，按天津市总工会规定的标准，按月给予生活补助，使这部分职工的生活有了保障，免除了职工的后顾之忧。据粗略统计，20世纪50—60年代，接受生活困难补助的职工约占全体职工的15%。1965年以后，由于农场试行农垦"十六条"，有200余名职工家属参加了生产劳动，后来又分批转为长期临时工，使一部分生活困难职工的生活条件初步得到改善。到20世纪60年代末，接受生活困难补助的职工相对减少，占比不足10%。1971年，根据国家规定调整了低级别（3级工以下）职工的工资以后，绝大多数职工的生活水平已大大超过最低标准。到 1974 年底，接受生活困难补助的职工已下降到 5% 左右。

针对如职工及其供养亲属长期患病、职工死亡后遗属生活有困难等情况，场工会也都会给予经济上的帮助。对生重病住院职工，其家属无力护理的，场工会还会指派人去医院看护。

1961—1963 年，市、区有关部门安置社会青年及闲散人员千余名来双林农牧场当工人。这些人来自四面八方，情况复杂。为了掌握具体情况，经场党组织同意，场工会组织力量，逐户走访，进行摸底调查。1963 年冬到 1964 年春，场工会安排专、兼职干部 4 人，分 2 组进行调查，历时 4 个多月，共走访新工人家庭 900 余户，并设计印制了表格，每人一套，逐项填写存档。通过这项工作，基本上摸清了他们的家庭人口、经济等基本情况，其中家庭生活确有困难的，也同样得到了场工会的补助。

根据上级文件精神，困难补助的标准做过两次较大的调整：一次在 1987 年上半年，职工每人每月生活费标准由 28 元提到 36 元，职工家属的生活费标准由 26 元提到 32 元。一次是在 1989 年初，按规定，职工及家属的生活费，每月不足 50 元的一律补到 50 元。

对于生活确有困难的退休老职工，场工会也给予同样的补助。每年春节前，场工会都会组织有关人员带着礼物，逐户慰问退休老职工。

场工会每年还要会同行政有关部门，对全场的食堂、托儿所进行检查、慰问。每年的"六一"儿童节，也会拨出专款，购买节日礼品送给孩子们。

工会组织切实关心职工生活，坚持维护职工群众的合法利益，时刻把职工群众的疾苦挂在心上，尽力帮助职工解决实际困难。

二、公司成立后，开展"送温暖"活动

1996 年农垦房地产公司成立，公司工会每年在"两节"期间开展"送温暖"活动，慰问孤寡困难户，为其解决生活上的困难。工会代表公司向离退休职工及困难职工发放慰问品，还组织劳模进行健康体检，时刻关心一线职工的疾苦，在夏季开展"服务职工、服务一线"的暑期送凉爽活动。

2008 年，用于职工慰问及困难职工补助的金额共计 20900 元。在当年"两节"送温暖活动中，公司拨款 5 万余元，为离退休职工购置物品进行慰问。

2009 年，组织员工和劳模进行了健康体检。在"两节"送温暖活动中，公司拨款 5 万余元购置了物品，对单位 800 余名离退休职工进行了慰问。夏季，工会投入 5000 元

购置防暑降温物品，开展"服务职工、服务一线"暑期送凉爽活动，受益人员达200余人。

2011—2021年，公司工会领导坚持每年春节走访慰问退休天津市劳动模范。工会时刻关心一线职工的疾苦，在夏季开展"服务职工、服务一线"的暑期送凉爽活动，给一线职工送去西瓜、绿豆、白糖、饮料、毛巾、藿香正气胶囊、风油精等慰问品，对于表现优秀的一线员工，给予其暑期去北戴河和蓟县（2016年撤销蓟县，设立蓟州区）等地免费疗养的奖励。公司工会多年来坚持慰问孤寡困难户，为其解决生活困难，对因病致困的职工，公司工会按照相关政策给予帮扶，同时积极争取天津市总工会的相关政策，进一步给予帮扶。

第六节　职工业余文体活动

一、农场期间的情况

20世纪50年代，场工会每月都购买一定数量的适合职工阅读的各类图书、连环画册，供职工们借阅。在场行政部门的协助下，还开辟了图书阅览室。

1955年，私营工商企业实行全行业公私合营，劳动人民欢欣鼓舞。消息传到本场，在场党组织的支持下，场工会组织职工及家属以扭秧歌、打腰鼓、小车会等形式，敲锣打鼓热烈祝贺。几乎全体职工和住场家属都参加了庆祝活动。

1960年，市属牧局在双林农牧场召开局系统打草养猪动员大会。会后，由东郊农场职工演出京剧《玉堂春》《拾玉镯》等，受到与会同志们的欢迎。场工会为了丰富职工和家属的文化生活，在场主要领导的支持下，先后邀请天津市一些专业艺术团体来场演出（露天搭台），每次演出都吸引了职工、家属以及附近的农民们来场部观看。

根据广大职工群众的需求，场工会结合农场实际，组织开展多项业余文娱活动。经场主要领导同意，还组织了职工演出京剧，有几十名京剧爱好者参加，坚持用业余时间排练和演出，即使在农忙季节，大家仍然坚持活动不停，演出的剧目有《甘露寺》《空城计》《打渔杀家》《四郎探母》《女起解》《吊金龟》等，深受职工和家属们的欢迎。

与此同时，场工会还给各生产队购置了手风琴、管弦乐器等，以满足不同爱好的职工开展业余文娱活动的需要。

从1963年开始，随着青年职工逐渐增多，场工会和场共青团共同组织爱好文艺的青年们在业余时间开展活动。成立了以畜牧队青年为主的文艺队，由一位管理干部担任艺术指导，结合生产形势，自编自演歌剧、相声、快板、歌唱、朗诵等节目，深受职工群众的喜爱，进一步活跃了职工特别是青年职工的业余文化生活。有的节目因内容健康、活泼，演出水平较高，还被主管局有关部门选中，参加局系统的会演。

1965年冬，在200余名职工开赴东大沽挖掘排污河土方工程的情况下，在寒冷的工棚里，场工会干部在带队场长的支持下，组织文艺积极分子结合工地实际，自编自演一些短小的文娱节目，丰富了职工们的业余生活，也起到了一定的宣传鼓舞作用。

组织爱好体育的青年职工在业余时间进行篮球、乒乓球比赛，也是场工会的一项日常工作。场工会在经费有限的条件下，以自力更生精神，为场部和各生产队制作了篮球架、乒乓球台等必要的设备，开辟了活动场地。

象棋等棋类和扑克牌，是职工们业余活动中最普遍的项目，几乎在全场随处可见。场工会除平时给他们物质保证外，每年还要组织几次比赛，更增加了棋牌爱好者的活动积极性。农场拥有多位象棋高手，每年都被选中，参加局工会举办的全系统邀请赛，取得了很好的成绩。

多年来，场工会多次举办各项大型体育比赛，如全场性的台球比赛、一年一度的象棋比赛、拔河比赛、乒乓球比赛等。双林农牧场足球队，在1987年全局比赛中获得第4名。每年在"三八"妇女节，场工会都要组织"三八妇女健康杯"比赛，并选出优秀运动员参加局级比赛。

1973年冬季，首批700名插场知识青年进场。1974年春，在场党委的领导下，场工会、团委和知青办公室开始联合组织知青开展业余文体活动。在场工会的主持下，成立了知青业余文艺队，由工会两位干部担任艺术指导。他们坚持业余排练，经常在场部和各生产队演出，内容有歌唱、跳舞、曲艺、京剧样板戏清唱及自编的各种形式的小节目。通过这些活动，培养、锻炼了一批知青文艺骨干，他们参加活动的积极性很高，常常要排练到深夜，第二天仍然按时参加生产劳动。

场工会演出的节目内容，多是结合生产和生活实际的题材，艺术性较强。有些青年职工文艺骨干也怀着浓厚的兴趣与热情参加知青的演出活动，场工会节目的质量和演出水平不断提高，受到局工会的重视，并不时派干部来场指导帮助。局工会等部门也经常派人来场，审查、选拔节目参加全局系统的知青文艺会演，受到了局有关领导和部门的好评。

知青们的球类活动更加丰富，他们当中有不少人是球类运动健将，为职工球队增加了活力，农场的球类运动再次掀起高潮。

早年，场工会在经费极为有限的情况下，想方设法先后购置了4台电视机，分别放在东区队、西区队、畜牧队和场部，供职工在晚间观看。当时，黑白电视机在农场尚属稀罕物，职工们非常爱护它。场工会还简单培训了几位工会积极分子，掌握了开、关电视和维护的一般要领，每晚为职工们服务。

自 20 世纪 50 年代起，场工会即邀请天津市南郊区、河西区电影放映队来场放映电影，每月平均在场部露天放映 2 次，最早是用马拉大车接送电影队。邀请电影队来场放映电影，是持续时间最长、深受职工和家属们欢迎的活动。

20 世纪 70 年代初，场工会购置了 16 毫米电影放映机一部，1975 年以后，又购置了 35 毫米电影放映机一部。后来，又在场部修建了固定的放映墙幕和机房，办理了租片权手续，自己操作放映电影。

为了改变多年来职工在露天看电影的状况，在场工会建议下，场领导决定将场部礼堂改建成能放映电影的场所。工会拨款近万元，在礼堂安置了座椅 500 把，每年都为职工放映电影 10 余场。1988 年，场工会还投资 6000 多元，添置了一套录像设备。

1975 年，场工会为了加强全场广播工作，购置了末级放大 2×275 瓦扩音器 1 部，并配备了前级增音 1 套。

为进一步丰富职工的业余文化生活，多年来，各队的工会分会在场工会帮助下，都建立了职工俱乐部，每季度至少组织一次较大规模的文体活动。

当时，场工会藏有各类图书 3000 余册。

1989 年，为进一步稳定职工情绪，场工会在经费十分紧张的情况下，拿出 2000 多元，举办了全场游艺活动，共有 1300 余人参加。

1990 年，农场工会落实总公司转发天津市总工会《关于加强和改进工会思想政治工作若干问题的意见》的通知精神。重点是在"两个文明"建设中发挥工人阶级的主力军作用，促进生产力发展，建设"四有"队伍。

二、农场与公司整合后的情况

1996 年，公司工会按照公司法的规定，积极开展工作。

2004 年，工会举办职工摄影、书法绘画、手工制作展览。

2008 年，组织工会干部学习了《工会法》《劳动合同法》等，组织了"解放思想、干事创业、科学发展"职工演讲比赛。

2009 年，工会拨款 5000 元，分别为 5 个基层分会添置了各类书籍，创建了职工书屋，这对公司实施"素质工程"起到了推动作用。工会还组织职工大力开展各种有益的文体活动，如组织了庆"三八"游艺活动、职工演讲、唱红歌、羽毛球比赛等。王志刚代表公司参加农垦职工乒乓球比赛，获男单冠军，显示了公司文体活动的水平；2002 年，刘素清获"天津市职工十佳歌手"称号；2010年，公司组织代表队参加集团总公司羽毛球比赛，获得多个奖项。

2012年5月，闫法立、张金升在第八届"河西联通"杯集团客户华牌比赛中荣获一等奖。

2016年4月，李洋、高福民、李孝洪代表天津食品集团参加2016年天津市第二十八届"农夫山泉杯"职工羽毛球团体赛，获得男子乙组第二名。

2016年10月，工会组织职工参加"食品集团第一届职工乒乓球大赛"，董建成获得男子单打冠军。

2016年11月，工会组织职工参加"天津食品集团有限公司第一届职工羽毛球比赛"，孙洪凤获得女子单打冠军，李洋获得男子单打季军。

2017年11月，工会组织职工参加"天津食品集团有限公司第二届职工羽毛球比赛"，孙洪凤获得女子单打冠军，李洋获得男子单打季军。

2018年6月，王超获集团工会"中国梦·劳动美——学习贯彻习近平新时代中国特色社会主义思想和党的十九大"职工演讲比赛一等奖。

2019年10月，工会组织员工参加食品集团首届职工运动会。获得金牌三枚、银牌三枚、铜牌2枚。工会在集团首届职工运动会奖牌榜排名第四，获优秀组织奖。

2020年7月，尹伊获天津食品集团"时代新人说——决胜小康，奋斗有我"主题演讲比赛活动一等奖。公司工会获优秀组织奖。

2020年10月，工会组织职工参加"天津食品集团2020年职工羽毛球和乒乓球比赛"。在羽毛球项目中，李洋获得男子单打冠军，孙洪凤、何广阔获得女双冠军，李洋、何广阔获得男女混双冠军，李孝洪、孙洪凤获得男女混双亚军，孙洪凤获得女单亚军。在乒乓球项目中，毕艳红获得女单冠军，董建成、任耀中获得男双冠军，毕艳红、于艳萍获得女双亚军。

2021年5月，工会组织员工参加"喜迎建党100周年　全民健身你我同行"天津食品集团羽毛球比赛，李洋获得男子单打冠军，李孝洪、李洋获得男子双打冠军，孙洪凤、何广阔获得女双冠军，李孝洪、何广阔获得男女混双冠军，高富民、孙洪凤获得男女混双亚军，王晓琳、刘川川获得女双亚军。

2021年6月，工会组织员工参加"喜迎建党100周年全民健身你我同行"天津食品集团乒乓球比赛，董建成获得男单打冠军，毕艳红获得女单冠军，董建成、任耀中获得男双冠军，毕艳红、官爽获得女双冠军。

2021年11月，工会组织员工参加"迎冬奥展风采　领航食品新征程"天津食品集团

2021年冬季羽毛球比赛，李洋获得男子单打冠军，李孝洪、何广阔获得男女混双冠军，孙洪凤、何广阔获得女双冠军，李孝洪、李洋获得男子双打亚军，李香婷获得女单季军，王晓琳、刘川川获得女双季军。

第七节　发挥工会作用

公司工会始终坚持党的领导，坚持实行职代会制度，推动职工积极参与民主管理和企业重大事项的决策，维护企业稳定、维护职工权益，服务职工，推动创建职工模范之家，开展送温暖、送凉爽等慰问活动，完善工会组织体系，健全工会财务制度，认真履职，提升工会工作水平。公司工会先后推荐多名公司员工和基层单位为"九五""十五"立功先进个人、先进集体、市劳动模范，公司工会也先后获得多个荣获称号。

1994年，被天津市总工会评为先进集体。

1999年3月，获全国农林系统先进基层工会称号。

2002年，被天津市总工会评为2001年度模范职工之家。

2003年，获2003年度深入开展建设职工之家活动工会工作先进集体。

2004年3月，工会在女职工工作和文明建设中做出显著成绩，被评为全国农林水利系统工会先进女工集体。

2007年5月，获天津农垦集团2005—2006年计划生育先进单位称号。

2010年4月，获模范职工之家。

2011年12月，被中国农林水利全国委员会评为全国农林水利系统模范职工之家。

2017年12月，公司工会被天津市总工会授予2015—2016年度天津市模范职工之家荣誉称号。

2020年4月，公司财务部被天津食品集团评为2019年度集团级三八红旗集体。

2021年4月，公司获得天津市总工会颁发的天津市五一劳动奖状。

2011—2021年，工会重要活动有：

2011年1月，公司召开职代会。

2011年11月，工会组织基层分会主席进行培训。

2012年1月，公司召开职代会。

2012年8月，工会开展"服务职工、服务一线"暑期送凉爽活动。

2012年8月，工会开展劳动竞赛，主要内容是岗位练兵、技术比武。

2012年12月，公司工会选派6名技术人员参加集团总公司举办的"五比一创"劳动竞赛。经过技术比武，张莹获电工组一等奖，邢军瑞、赵俊铭、郭金楼获电工组三等奖，马连鑫、刘同发获电气焊组三等奖。

2013年1月，公司召开职代会。

2013年5月，工会开展"面对面、心贴心、实打实服务职工在基层"活动。

2013年8月，工会开展"关爱员工、送凉爽"活动。

2014年1月，公司召开职代会。

2014年7月，工会开展"服务职工、服务一线"走基层、送凉爽活动。

2015年1月，公司召开职代会。

2015年5月，工会落实"三服务一加强"，推动"2221"工作，统一为在会职工办理工会会员服务卡，办卡率为100%。

2015年7月，公司工会召开职工代表大会，选举刘宗保为公司工会主席。

同月，公司工会组织"夏季送凉爽"活动。

2015年8月，工会组织干部到天津市利民调料公司参观交流。

2015年10月，工会组织工会干部到嘉立荷公司奶牛十一场参观学习。

2015年12月，工会举办卡拉OK演唱会。

2016年1月，公司召开职代会。

2016年3月，工会组织庆"三八"健身联谊活动。

2017年1月，公司召开职代会。

2017年7月，工会开展为一线职工送凉爽活动。

2017年11月，工会举办健康教育知识讲座。

2018年1月，公司召开职代会。

2018年2月，工会组织职工参加"天津市职工听党话、跟党走，学习贯彻党的十九大精神知识竞赛"。

2019年1月，公司召开职代会。

2019年5月，工会组织公司下属各单位农民工入会推动会。

2019年5月，工会组织开展为一线项目工地"送清凉、送安全、送健康"活动。

2019年12月，公司召开第四届第一次工会会员代表大会，完成工会换届选举。

2020年1月，公司召开职代会，大会工作报告题为《凝心聚力、笃干实行、抢抓机遇、稳中求进实现预期目标》。

2020年1月，工会慰问4名市级劳动模范、40余名困难职工。

2021年3月，公司工会组织纪念"三八"国际劳动妇女节活动。

2020 年 5 月，工会组织开展"安康杯"系列竞赛活动。

2021 年 1 月，公司召开职代会。

2021 年 2 月，工会举办"农垦房地产公司工会 2021 年文艺演出"。

2021 年 6 月，工会以"迎七一，庆祝中国共产党建党 100 周年"为主题，开展书画、摄影作品展。

2021 年 7 月，送派员工参加主题演讲，刘礼获天津市总工会工会颁发的"中国梦·劳动美——永远跟党走，奋进新征程"主题演讲比赛优秀奖。

第四章　共青团

第一节　组织建设

一、农场期间的情况（1951—1995 年）

1962 年，根据天津市动员青年参加农业建设领导小组的安排，双林农牧场自当年 2 月起开始接受大批社会青年为农场工人。随着这些青年到农场参加建设，农场的共青团组织也逐步建立完善。1963 年，农场团组织青年成立文艺队。1973 年，根据全国知识青年上山下乡工作会议精神，天津市又安排部分 73 届初中生到农场，共接收 700 人。1974—1977 年又接收 720 人，壮大了农场的共青团组织。除了政治学习以外，为了活跃青年的业余生活，农场团组织、知青办公室、工会联合组成知青业余文艺队，利用工余时间在农场各生产队进行演出。同时，团组织在农场党委的指导下，积极开展工作，培养了大批骨干，为农场以后发展充实了干部队伍。1973 年，首批插队知青中的青年优秀分子白智生担任农场专职团委书记，还有一批优秀青年担任队、厂、科室的领导，有的则成为技术骨干力量。

1951—1996 年曾担任农场团委书记、副书记的有白智生、李文治、孙宝元、董凤君、冯欣、马清华、周京华。

1990—1996 年，在农场党委和总公司团委的正确领导下，双林农牧场团委坚持党建带团建，加强团组织建设，积极配合党委开展适合青年的活动，取得了良好成绩，促进了青年成长和成材。

二、农场与房地产公司整合后的情况（1996—2021 年）

1996 年，双林农牧场与农垦房地产公司整合，担任团委书记、副书记分别是王建莉（兼任）、王武雨。

1999 年，周京华担任公司团委书记。

2010 年 5 月，周红担任公司团委书记。

2011 年 5 月，公司团委选举新一届委员。团委书记周红，团委委员尹楠、吴钧、李洋。公司有团支部 5 个、团员青年 97 人。

2017 年 10 月，食品集团批复，同意将共青团天津市农垦房地产开发建设有限公司委员会调整为共青团天津市农垦房地产开发建设有限公司总支部委员会。

2017 年 11 月，公司团总支完成第一次代表大会代表选举工作。

2018 年 4 月，公司团总支选举盛英瑞、陈蕊、李雅雪、尹伊、李熙组成团总支委员会，盛英瑞任公司团总支书记。

2020 年 9 月，公司团总支召开换届选举大会，选举产生公司新一届团总支委员会，汪胄千、陈蕊、李雅雪、尹伊、王莹 5 人当选为新一届团总支委员。随后，新一届团总支委员会召开第一次全体会议，汪胄千当选为团总支书记，其他委员也明确了分工。

2021 年 8 月，李雅雪任公司团总支书记。

2022 年 6 月，公司团总支委员由李雅雪、汪胄千、尹伊、李晓辰、王莹 5 人担任。

截至 2022 年 6 月，公司有团员 18 人、35 岁下青年 197 人，团支部 3 个。

第二节　荣誉及获奖

多年来，公司团委、团干部、团员获得多项荣誉。

1998 年 5 月，公司团委被中国共产主义青年团天津市委员会授予先进团委称号。

1999 年，公司团委被共青团中央委员会授予全国五四红旗团委创建单位称号。

2002 年，公司团委书记周京华被共青团天津市委员会评为优秀团干部。

2002 年 6 月，公司团干部周红在中国共产主义青年团天津市第十一次代表大会上当选团市委候补委员。

2005 年 10 月，公司下属双发公司团支部被共青团天津市委员会评为青年文明号。

2006 年，公司团委被天津团市委授予天津市杰出青年志愿服务集体称号。

2010 年，公司团委获得总公司团委颁发的五四红旗团委称号。同年，在公司团委的带领下，双发公司团支部获得天津市团市委颁发的五四红旗团支部称号。

2012 年 5 月，天津农垦集团总公司召开天津农垦集团庆"五一"国际劳动节、"五四"青年节表彰大会。尹楠被评为天津农垦集团优秀团干部，物业公司团支部被评为2011 年度天津市五四红旗团支部，双发公司团支部被评为天津农垦集团五四红旗团支部，公司团委被评为天津农垦集团五四红旗团委。

2013 年 4 月，尹楠获 2012 年度天津市新长征突击手荣誉称号。

2014 年 4 月，周红被评为天津市优秀共青团干部，盛英瑞被评为天津农垦集团有限公司优秀团干部，李洋被评为天津农垦集团有限公司优秀团员。农垦房地产公司团委获2012—2013年度天津农垦集团有限公司红旗团委，农垦物业公司荣获天津农垦集团有限公司五四红旗团支部称号。

2018年5月，集团津食团〔2018〕14号文件表彰2017年度天津食品集团优秀共青团员、优秀共青团干部。骈然、张彬、仵迪获优秀共青团员称号，盛英瑞获优秀共青团干部称号。

2019年4月，谢晓璐被评为2018年度天津食品集团优秀共青团员，汪胄千被评为2018年度天津食品集团优秀共青团干部。天津市农垦房地产开发建设有限公司农垦商业运营团支部被评为2018年度天津食品集团"五四红旗团支部"。

2020年5月，天津食品集团团委组织开展了第二届天津食品集团青年五四奖章评选活动，汪楷淳获此殊荣。

2020年5月，陈蕊被评为2019年度天津食品集团优秀共青团干部，李梓琦、申泽被评为2019年度天津食品集团优秀共青团员。天津市农垦房地产开发建设有限公司团总支部被评为2019年度天津食品集团五四红旗团总支部。

2020年5月，王莹同志被评为天津市优秀共青团员。

2021年4月，冯锐被评为2020年度食品集团"双战双胜"优秀青年。天津燊辉电力科技有限公司被评为2020年度"双战双胜"优秀青年集体；天津市农垦房地产开发建设有限公司团总支被评为2020年度"双战双胜"优秀团组织（五四红旗团组织）。

2022年6月，燊辉公司团支部委员王莹当选天津市第十二次党代会代表。

第三节　团组织重点活动

进入20世纪以来，公司团委进一步加强共青团的工作，号召团员青年认真学习"胸怀祖国、奉献社会，刻苦学习、自强自立，与时俱进、开拓创新，追求高尚、艰苦奋斗"的精神。

2002年，开展深化创建五四红旗团委和达标团支部活动。

2003年，开展深化青年理论信念教育活动，成立青年志愿者小组，进行爱心助学活动；开展形势任务教育，促使团员青年立足岗位，提高素质；开展评优活动，树立学习典范；开展"五小"活动，增强团员的创新意识。

2004年，公司团委在广大团员青年中开展了团的先进性教育活动，各支部以"我为团旗添光彩"为主题，以征文、岗位技能大赛和计算机技能比赛等形式开展活动。

2005 年，公司团委开展了增强共青团员主题意识教育活动。活动中，团委结合企业现状，在团员中开展"学理论，促发展"主题实践活动。各团支部结合自身情况开展"向服务要效益""岗位技能比赛"等活动。

2006 年，公司团委围绕公司党政中心工作，积极开展了荣辱观教育活动、市级青年文明号创建活动、爱心助学活动。

2008—2010 年，公司团组织开展了以班子建设、队伍建设、阵地建设为主要内容的团支部争创活动，收到良好效果。

2011 年 5 月，团委组织召开"五四"青年节表彰大会。

2011 年 7 月，团委举办"学党史，知党情，永远跟党走"团员青年知识竞答活动。

2011 年 11 月，团委举办以"我运动、我健康、我快乐"为主题的羽毛球比赛。

2012 年 5 月，团委举办"青春铸辉煌"中国青年团建立九十周年知识竞答活动。

2012 年 9 月，团委从当月起定期举办团员青年羽毛球活动。

2013 年 4 月，团委举办以"快乐运动，健康生活"为主题的篮球比赛。

2013 年 5 月，团委举办"青春铸辉煌爱在双林"文化作品展。

2014 年 4 月，团委举办国学常识知识问卷活动。

2014 年 6 月，团委成立图书角。

2015 年 4 月，团委举办第二届"快乐运动，健康生活"篮球比赛。

2016 年 5 月，公司党委、团委共同举办"学党章党规、学习系列讲话、做合格党员"知识竞赛活动。

2016 年 5 月，团委围绕公司发展举办青年座谈会。

2017 年 3 月，团委组织团员青年参观天津建筑工法展览馆。

2017 年 4 月，团委举办"理论热点面对面，团结协作肩并肩"趣味篮球赛活动。

2017 年 4 月，团委开展"学总书记讲话，做合格共青团员"教育活动。

2017 年 5 月，团委组织团员青年 50 余人前往天津市烈士陵园缅怀革命先烈。

2017 年 10 月，食品集团批复，同意将共青团天津市农垦房地产开发建设有限公司委员会调整为共青团天津市农垦房地产开发建设有限公司总支部委员会。

2017 年 12 月，公司团组织选举产生参加天津食品集团第一次团代会的代表。

2018 年 3 月，团总支组织开展"学雷锋志愿服务"主题活动。

2018 年 4 月，团总支进行新一届选举。盛英瑞、陈蕊、李雅雪、尹伊、李熙组成团总支委员会，盛英瑞任团总支书记。

2018 年 5 月，团总支与天津农垦东方实业有限公司团支部组织团员青年参观天津博物馆。

2018年8月，团总支开展"津和手拉手、书香飘校园"爱心捐书活动，对口援疆。

2018年8月，团总支组织团员青年30人前往天津市公安局特警总队开展联谊交流活动。

2018年12月，团总支组织开展"学习习近平新时代中国特色社会主义思想，做维护核心捍卫核心忠诚担当的新时代青年"主题活动。

2019年2月，天津农垦东方实业有限公司团支部纳入天津市农垦房地产开发建设有限公司团总支管理。

2019年5月，团总支举办纪念五四运动一百周年主题座谈会。

2019年5月，团总支举办第四届趣味篮球赛。

2019年8月，团总支和天津利民调料有限公司团总支联合举办了"不忘初心跟党走、牢记使命勇担当"的主题团日活动。

2020年1月，团总支参加集团团委召开的2019年度集团基层团建述职评议会。公司团总支在集团2019年度基层团建述职评议中获评优秀等次。

2020年3—12月，团总支开展"不忘初心、牢记使命、唯真求实、服务青年"主题大调研系列活动。

2020年5月，团总支开展"传承五四精神、绽放战役青春"主题团日，不断增强广大青年职工爱党、爱国、爱企的深厚感情。组织"离团不离心、青春不褪色"活动，为年满28周岁的团员们举行了到龄离团仪式。

2020年6—9月，按照集团团委整体工作部署，房地产公司团总支自下而上推进落实团组织建制摸排核实及换届工作，撤销了3个无团员团支部的建制，并完成了3个团支部的换届选举工作。

2020年8月，团总支按照《关于选派第二批青年援派干部到艰苦地区锻炼的工作方案》，经公司下属各党支部推荐，并报请公司党委会审议通过，选派青年干部苗青、李明伟、李伟、杨海洲4人到集团对口支援项目上协助工作。

2020年9月，团总支召开换届选举大会，选举产生公司新一届团总支委员会，汪胄千、陈蕊、李雅雪、尹伊、王莹5人当选为新一届团总支委员。随后，新一届团总支委员会召开第一次全体会议，汪胄千当选为团总支书记，其他委员也明确了分工。

2021年3月，团总支开展"助力志愿之城、献礼建党百年"暨学雷锋日主题活动。

2021年5月，团总支开展了"传承五四精神"主题团日活动。

2021年8月，李雅雪任公司团总支书记。

2021年9月，团总支开展"请党放心·强国有我"主题团日活动。

2021年，团总支开展党史学习教育系列活动，共开展"新民主主义革命专题""社会主义革命和建设专题""改革开放专题""中国特色社会主义新时代专题""习近平总书记'七一'重要讲话精神学习""十九届六中全会精神学习"6个专题学习会，累计223人次参学，团员参与率100％；开展专题组织生活会，累计23人次参加，团员参与率100％；开展2021年度团员先进性评价和团员教育评议工作，评议优秀团员6人；开展"学党史、强信念、跟党走"学习教育党史主题团课，共组织7期，累计281人次参加，团员参与率100％。

第四节　打造"青字号"工程

公司团组织从2018年起重点打造"青字号"工程，锤炼青年团员队伍。

一、青年大学习

坚定政治信念，扎实开展理论学习。借助津彩青春"青年大学习"栏目，为团员青年上好政治课，坚持思想引领，深入推进"青年大学习"网上主题团课工作做深、做实、做细。

2020年，共组织青年大学习31期，在团员参学的基础上，各支部也纷纷动员企业中的青年职工参加主题团课的教育，参学率达到100％，共有近900人次的团员青年完成了在线学习。

2021年，共组织青年大学习32期，在团员参学的基础上，各支部的青年职工也参加了主题团课，参学率达到100％，共有近1003人次的团员青年完成了在线学习。

二、青年志愿活动

团总支已组织公司全体团员注册青年志愿者，注册率达100％。注重在日常工作学习中发挥青年模范作用，深入开展"我为群众办实事——海河青听"系列实践活动，组织各团支部为团员青年完成"微心愿"活动。在公司党委和集团团委指导下，公司团总支主动与团员青年谈心交流，为团员青年答疑解惑，竭诚为青年职工成长成才解难题、办实事、做好事，激发企业青年职工干事创业热情，进一步加强了团员的凝聚力。同时，动员团员发挥青年模范力量，深入社会帮助真正有需要的人，以实际行动践行"我为群众办实事"的初心使命。

三、青年文明号

2018 年 7 月，农垦房地产公司团总支、东方实业公司团支部组织开展食品集团青年文明号创建工作。

2019 年 8 月，天津燊辉电力科技股份有限公司电力保障服务队、天津市晟林房地产开发有限公司、天津长远嘉和置业有限公司被评为 2019—2020 年度天津食品集团青年文明号。

2021 年 9 月，积极组织各团支部参加 2021—2022 年度青年文明号创建集体的申报工作，并组建了燊辉公司、佳阳公司、商业公司青年文明号创建集体，各创建集体根据所申报的创建类别，围绕志愿服务、岗位建功、实践教育等领域开展系列创建活动。在 2021 年 12 月《关于确认 2021—2022 年度天津食品集团青年文明号创建集体的通知》中，天津农垦商业运营管理有限公司、天津农垦佳阳房地产开发有限公司、天津燊辉电力科技有限公司名列其中。

四、青年突击队

2020 年 7 月，农垦房地产公司团总支及下属团支部成立防汛救灾青年突击队，以保证人身、厂区、设备安全为核心，以防御与救援相结合的原则，分别投射到保障值班、行政值班、巡视检查等工作岗位，团员以及青年骨干力量 40 余人踊跃参与。组织青年骨干力量加强站点巡视工作，燊辉电力团支部针对站内用电安全、人员安全、现场设备、安全工器具使用、站内环境等情况进行重点检查，对海泰泵站、外院附中、杨柳青农场等多个站点进行防汛抢修工作，共计 20 余次。

2021 年 2 月，农垦房地产公司青年突击队成员以各下属公司小组为主体开展活动，结合所在企业实际，青年们积极参与公司管辖商区范围的疫情防控、助力新项目销售、安全隐患排查、安全生产规程宣传、工地巡视、环保苦盖、保障执勤、电力应急抢修、春节慰问品等多项工作，合计开展了 46 次活动，累计 310 余人次参与，发挥了青年在中心工作和重点项目建设中的生力军和突击队作用。

第五章 单位、个人获荣誉情况

第一节 1950—2021 年农场、公司员工获劳模、立功等情况

1956 年，王芝勤被评为全国农林水利先进生产者，参加全国农林水利先进生产者大会。

1957 年，康树权被评为天津市先进生产者、天津市建设社会主义青年积极分子。

1959 年，康树权被评为天津市劳动模范，参加天津市群英会。

1960 年，康树权被评为河北省农业先进生产者。

1962 年，王友春被评为天津市劳动模范。

1976 年，刘福江被评为天津市劳动模范。

1979 年，李树坤被评为天津市劳动模范。

1980 年，李树坤被评为天津市劳动模范。

1982 年，李树坤被评为天津市劳动模范。

1983 年，郝文起被评为天津市劳动模范。

1984 年，郝文起被评为天津市劳动模范。

1984 年，张文彬被评为天津市劳动模范。

1985 年，张文彬被评为天津市劳动模范。

1988 年，张文彬被评为天津市知名企业家。

1988 年，付同起被评为天津市劳动模范。

1990 年，张吉祥被评为天津市劳动模范。

1996 年，孙福年被评为"八五"立功先进个人。

2000 年，马风岭被评为"九五"立功奖章。

2001 年，何宝华被评为天津市 2000 年度"九五"立功先进个人。

2001 年，张景和被评为"十五"立功先进个人。

2003 年，张景和被评为 2002 年度天津市劳动模范。

2003 年，曲继红被评为天津市（抗击非典）"十五"立功先进个人。

2005 年，孙梅被评为 2004 年度天津市"十五"立功先进个人。

2005 年，马清华被评为 2004 年度天津市劳动模范。

2006 年，李洪春被评为 2005 年度天津市"十五"立功先进个人。

2008 年，关玉峰被评为 2007 年度天津市优秀工会工作者。

2012 年，张葵被天津市总工会授予"五一劳动奖章"。

2013 年，王志刚被农垦集团总公司授予"五一劳动奖章"。

2014 年，刘瑞成被天津市总工会授予"五一劳动奖章"。

2020 年，刘瑞成、潘征获天津食品集团 2019 年度集团级"五一劳动奖章"，张辉获集团级统筹新冠肺炎疫情防控和生产经营"五一劳动奖章"。

2021 年，卢震、徐永庆获 2021 年度天津食品集团"五一劳动奖章"。

第二节　公司干部、职工获市、委、局级荣誉名录

1996—2021 年公司干部、职工获市、委、局级荣誉见表 7－1。

表 7－1　1996—2021 年公司干部、职工获市、委、局级荣誉

序号	姓名	性别	荣誉称号	获得荣誉时间	获得荣誉时所在单位及职务	授予部门
1	孙福年	男	1995 年度天津市优秀工会积极分子	1996 年	双林贸易货栈经理	天津市总工会
2	何宝华	男	天津市百万职工技术创新活动"技术创新明星个人"称号。	2000 年	双林木制品公司	天津市总工会
3	张乃良	男	九五期间天津市企业教育优秀工作者	2001 年 9 月	农垦房地产公司（双林农牧场）党委书记	天津市教育委员会
4	张葵	男	天津市优秀工会积极分子	2002 年	房地产公司工会主席	天津市总工会
5	张乃良	男	天津市农口优秀思想政治工作者	2003 年 3 月	农垦房地产公司（双林农牧场）党委书记	中共天津市农村工作委员会
6	石连和	男	防治非典型肺炎优秀共产党员	2003 年 6 月	物业公司党支部书记	中共天津市农村工作委员会
7	张葵	男	天津市农口优秀思想政治工作者	2004 年 12 月	农垦房地产公司（双林农牧场）党委书记	中共天津市农村工作委员会
8	张葵	男	2002—2004 年天津市实施职工素质工程，获"优秀组织标兵"称号	2005 年 3 月	农垦房地产公司（双林农牧场）党委书记	中共天津市委、天津市人民政府
9	徐浦宁	男	天津市 2007 年度新长征突击手	2007 年 4 月	双发公司执行经理	共青团天津市委员会
10	窦成娥	女	2005—2006 年天津食品集团计划生育先进工作者	2007 年	房地产公司工会	天津食品集团
11	郭本强	男	2006—2007 年度农村系统"强基创先"活动优秀共产党员	2008 年 6 月	房地产公司总经理助理	中共天津市农村工作委员会
12	郭本强	男	2008—2010 年农业系统优秀党员	2011 年 3 月	天津市农垦集团房地产开发建设有限公司副总经理	中共天津市农村工作委员会
13	周红	女	2010 年度《津垦报》优秀通讯员	2011 年 4 月	天津市农垦集团房地产开发建设有限公司团委书记	天津农垦集团总公司

（续）

序号	姓名	性别	荣誉称号	获得荣誉时间	获得荣誉时所在单位及职务	授予部门
14	孟宪臣	男	2010年度《津垦报》优秀通讯员	2011年4月	天津市农垦集团房地产公司劳资部科员	天津农垦集团总公司
15	田明哲	男	农垦集团总公司优秀共产党员	2011年6月	天津市农垦物业管理有限公司经理	天津农垦集团总公司
16	尹楠	男	天津市农垦集团优秀团干部	2012年5月	天津市农垦集团房地产开发建设有限公司总办科员	共青团天津农垦集团总公司委员会
17	冯欣	男	2011年度《津垦报》优秀通讯员	2012年5月	天津市农垦房地产公司政工部主任	天津农垦集团总公司
18	李文兰	女	天津市优秀工会工作者	2012年5月	天津市农垦集团房地产开发建设有限公司工会副主席	天津市总工会
19	王国庆	男	天津农垦集团总公司创先争优优秀共产党员	2012年6月	天津市农垦集团房地产开发建设有限公司副总经理	天津农垦集团总公司
20	冯欣	男	农垦集团总公司优秀党务工作者	2012年6月	天津市农垦房地产公司政工部主任	天津农垦集团总公司
21	刘宗保	男	2012年度优秀党务工作者	2012年6月	天津市利民调料有限公司副经理	天津二商集团有限公司
22	关玉峰	男	天津市国资系统廉政勤政优秀党员干部	2012年9月	天津市农垦集团房地产开发建设有限公司工会主席	天津市国资委
23	尹楠	男	2012年度天津市新长征突击手	2013年4月	天津市农垦集团房地产开发建设有限公司总办科员	共青团天津市委员会
24	孟宪臣	男	2012年度《津垦报》优秀通讯员	2013年4月	天津市农垦集团房地产开发建设有限公司政工部科员	天津农垦集团总公司
25	周红	女	2013年度《津垦报》优秀通讯员	2014年4月	天津市农垦集团房地产开发建设有限公司政工部副主任	天津农垦集团总公司
26	周红	女	天津市优秀共青团干部	2014年5月	天津市农垦集团房地产开发建设有限公司政工部副主任	共青团天津市委员会
27	盛英瑞	男	天津市农垦集团优秀团干部	2014年4月	天津市农垦集团房地产开发建设有限公司政工部	天津农垦集团总公司团委
28	李洋	男	2013年度农垦集团优秀共青团员	2014年4月	天津市农垦集团房地产开发建设有限公司销售二部	天津农垦集团总公司团委
29	张红霞	女	2013年度农垦集团优秀团干部	2014年4月	天津农垦东方实业有限公司工会副主席、团委书记	天津市农垦集团团委
30	王超	女	天津市三八红旗手	2015年3月	天津市晟林房地产开发公司	天津市妇女联合会
31	王聃	女	2015年度天津食品集团优秀通讯员	2016年3月	天津市农垦房地产开发建设有限公司政工部科员	天津食品集团有限公司
32	宋章瑞	男	食品集团优秀共产党员	2016年6月	天津食品集团商贸有限公司综合办专员	天津食品集团有限公司
33	刘静辉	女	食品集团优秀共产党员	2016年6月	华北城（天津）投资有限公司研发设计部经理	天津食品集团有限公司
34	孙团起	男	食品集团优秀党务工作者	2016年6月	天津市双林裕达机械工程公司副书记	天津食品集团有限公司
35	刘东明	女	食品集团优秀共产党员	2016年6月	天津农垦东方实业有限公司副处级调研员	天津食品集团有限公司
36	董旺林	男	食品集团优秀共产党员	2016年7月	天津市农垦房地产开发建设有限公司总经办主任	天津食品集团有限公司

（续）

序号	姓名	性别	荣誉称号	获得荣誉时间	获得荣誉时所在单位及职务	授予部门
37	刘文潮	男	食品集团优秀共产党员	2016 年 7 月	天津市双发建筑工程公司支部书记	天津食品集团有限公司
38	冯欣	男	食品集团优秀党务工作者	2016 年 7 月	天津市农垦房地产开发建设有限公司政工部主任	天津食品集团有限公司
39	盛英瑞	男	食品集团优秀共产党员	2016 年 7 月	天津市农垦房地产开发建设有限公司政工部	天津食品集团有限公司
40	张秋水	男	天津市公安局政治部个人嘉奖	2016 年 12 月	天津市农垦房地产开发建设有限公司信访保卫部	天津市公安局
41	董旺林	男	2011—2015 年国资系统法治宣传教育先进个人	2016 年 12 月	天津市农垦房地产开发建设有限公司总经办	天津市国资委
42	张红霞	女	先进老干部工作者	2017 年 2 月	天津农垦东方实业有限公司支部书记、工会副主席	天津市国资委
43	周红	女	天津市国资系统先进老干部工作者	2017 年 2 月	天津市农垦房地产开发建设有限公司政工部副主任、纪委委员、团委书记、离退休党支部副书记	天津市国资委
44	盛英瑞	男	2016 年度天津食品集团优秀通讯员	2017 年 6 月	天津市农垦房地产开发建设有限公司政工部	天津食品集团有限公司
45	宋华楠	男	食品集团保障第十三届全运会供应工作先进个人	2017 年 9 月	天津市农工商总公司双林公司综合服务部副经理	天津食品集团有限公司
46	张秋水	男	天津市公安局政治部三等功	2017 年 12 月	天津市农垦房地产开发建设有限公司信访保卫部	天津市公安局
47	苏建杰	男	天津市公安局政治部授予嘉奖	2017 年 12 月	天津市农垦房地产开发建设有限公司信访保卫部	天津市公安局
48	李明伟	男	2017 年度天津食品集团优秀通讯员	2018 年 4 月	天津市农垦房地产开发建设有限公司政工部职员	天津食品集团有限公司
49	郝萌	男	2017 年度天津食品集团优秀通讯员	2018 年 4 月	天津农垦东方实业有限公司行政办公室职员	天津食品集团有限公司
50	盛英瑞	男	食品集团 2017 年度优秀共青团干部	2018 年 5 月	天津市农垦房地产开发建设有限公司政工部	天津食品集团有限公司
51	张彬	女	食品集团 2017 年度优秀共青团员	2018 年 5 月	天津农垦文化产业投资有限公司办公室文员	天津食品集团有限公司
52	骈然	女	食品集团 2017 年度优秀共青团员	2018 年 5 月	天津市晟林房地产开发有限公司办公室职员	天津食品集团有限公司
53	潘征	男	天津食品集团"天食创新奖"个人	2018 年 5 月	天津市双发建筑工程公司	天津食品集团有限公司
54	仵迪	男	食品集团 2017 年度优秀共青团员	2018 年 5 月	天津农垦东方实业有限公司员工	天津食品集团有限公司
55	周红	女	食品集团优秀党务工作者	2018 年 6 月	天津市农垦房地产开发建设有限公司纪委副书记、离退休党支部书记、政工部副主任	天津食品集团有限公司
56	汪肖千	女	食品集团优秀党务工作者	2018 年 6 月	东方实业公司综合办公室	天津食品集团有限公司

（续）

序号	姓名	性别	荣誉称号	获得荣誉时间	获得荣誉时所在单位及职务	授予部门
57	丁云庆	男	食品集团优秀共产党员	2018 年 6 月	华北城（天津）物业服务有限公司总经理	天津食品集团有限公司
58	王鑫森	女	食品集团优秀共产党员	2018 年 6 月	天津市双发建筑工程有限公司科员	天津食品集团有限公司
59	孙团起	男	食品集团优秀共产党员	2018 年 6 月	天津市农工商总公司双林公司综合服务部书记	天津食品集团有限公司
60	谢晓璐	男	食品集团 2018 年度优秀团员	2019 年 4 月	天津市晟林房地产开发有限公司工程部职员	天津食品集团有限公司
61	汪胄千	女	食品集团 2018 年度优秀共青团干部	2019 年 4 月	天津市农垦房地产开发建设有限公司工会副主席	天津食品集团有限公司
62	郝晨宇	男	"新时代新担当新作为"先进个人	2019 年 6 月	天津市双发建筑工程公司	天津食品集团有限公司
63	李明伟	男	集团系统优秀共产党员	2019 年 6 月	天津市农垦房地产开发建设有限公司党委办公室科员	天津食品集团有限公司
64	孙洪凤	女	集团系统优秀共产党员	2019 年 6 月	天津农垦兴港房地产开发有限公司支部书记	天津食品集团有限公司
65	王聘	女	2018 年度天津食品集团优秀通讯员	2019 年 7 月	天津市农垦房地产开发建设有限公司党委办公室科员	天津食品集团有限公司
66	冯欣	男	食品集团优秀党务工作者	2019 年 7 月	天津市农垦房地产开发建设有限公司政工部主任	天津食品集团有限公司
67	尹伊	女	天津市第四届"安全在我心中"演讲比赛二等奖	2019 年 8 月	天津市农垦房地产开发建设有限公司政工部	天津市应急管理局
68	张尚莉	女	2019 年度集团级三八红旗手	2020 年 3 月	天津市农垦物业管理有限公司	天津食品集团有限公司
69	刘瑞成	男	2017—2019 年天津食品集团优秀工会之友	2020 年 5 月	天津市农垦房地产开发建设有限公司党委书记、董事长	天津食品集团有限公司
70	汪楷淳	男	第二届天津食品集团青年五四奖章	2020 年 5 月	天津农垦商业运营管理有限公司团支部书记	共青团天津食品集团委员会
71	陈蕊	女	2019 年度天津食品集团优秀共青团干部	2020 年 5 月	天津市农垦房地产开发建设有限公司财务部	共青团天津食品集团委员会
72	李梓琦	男	2019 年度天津食品集团优秀共青团员	2020 年 5 月	天津农垦商业运营管理公司	共青团天津食品集团有限公司委员会
73	申泽	男	2019 年度天津食品集团优秀共青团员	2020 年 5 月	华北城（天津）投资有限公司	共青团天津食品集团委员会
74	王莹	女	天津市优秀共青团员	2020 年 5 月	天津桑辉电力科技有限公司	共青团天津市委员会
75	张志彬	男	2017—2019 年天津食品集团优秀工会之友	2020 年 5 月	天津农垦红旗房地产开发有限公司公司副书记、副经理	天津食品集团有限公司
76	尹伊	女	天津食品集团"时代新人说——决胜小康，奋斗有我"主题演讲比赛一等奖	2020 年 7 月	天津市农垦房地产开发建设有限公司党办	天津食品集团有限公司
77	冯欣	男	天津食品集团系统优秀党务工作者	2020 年 7 月	天津市农垦房地产开发建设有限公司党办主任	天津食品集团有限公司

（续）

序号	姓名	性别	荣誉称号	获得荣誉时间	获得荣誉时所在单位及职务	授予部门
78	李明伟	男	天津食品集团系统优秀共产党员	2020 年 7 月	天津市农垦房地产开发建设有限公司党办科员	天津食品集团有限公司
79	丁云庆	男	天津食品集团系统优秀共产党员	2020 年 7 月	华北城（天津）物业公司经理	天津食品集团有限公司
80	常延宾	男	天津食品集团系统优秀共产党员	2020 年 7 月	天津农垦东方实业有限公司	天津食品集团有限公司
81	尹伊	女	天津食品集团优秀通讯员	2020 年 7 月	农垦房地产公司党办	天津食品集团有限公司
82	王聃	女	天津食品集团第二届"天食杯"论文优秀奖	2020 年 10 月	天津市农垦房地产开发建设有限公司党办	天津食品集团有限公司
83	汪胄千	女	天津食品集团第二届"天食杯"论文优秀奖	2020 年 10 月	天津市农垦房地产开发建设有限公司工会	天津食品集团有限公司
84	贾秉宇	男	天津食品集团协作和交流工作先进个人	2020 年 10 月	天津市双发建筑工程有限公司	天津食品集团有限公司
85	苗青	男	天津食品集团有限公司优秀纪检监察干部	2020 年 12 月	天津市农垦房地产开发建设有限公司纪委	天津食品集团有限公司
86	何亭亭	女	天津食品集团有限公司纪检监察工作信息先进个人	2020 年 12 月	天津市农垦房地产开发建设有限公司纪委	天津食品集团有限公司
87	杨宏艳	女	天津食品集团人力资源先进工作者	2020 年 12 月	天津市农垦房地产开发建设有限公司人力资源部	天津食品集团有限公司
88	冯锐	男	2020 年度天津食品集团"双战双胜"优秀青年	2021 年 5 月	天津农垦兴港房地产开发有限公司办公室主任	共青团天津食品集团有限公司委员会
89	汪胄千	女	食品集团优秀共产党员	2021 年 6 月	天津市农垦房地产开发建设有限公司党办主任	中共天津食品集团委员会
90	何广阔	女	食品集团优秀党务工作者	2021 年 6 月	天津农垦红旗房地产开发有限公司党支部书记	中共天津食品集团委员会
91	刘礼	男	"中国梦·劳动美——永远跟党走，奋进新征程"主题演讲比赛优秀奖	2021 年 7 月	天津市农垦房地产开发建设有限公司	天津食品集团有限公司工会
92	王莹	女	天津市第十二次党代会代表	2022 年 6 月	桑辉公司	中共天津市委

第三节　1996—2021 年公司获市、委、局级重要荣誉

1996—2021 年房地产公司获市、委、局级重要荣誉见表 7 - 2。

表 7 - 2　1996—2021 年房地产公司获市、委、局级重要荣誉

序号	年份	授予机关	荣誉称号
1	1998	中国农林工会全国委员会	全国农林系统先进基层工会
2	1998	中国共产主义青年团天津市委员会	先进团委
3	1999	中共天津市纪律检查委员会、中共天津市委组织部、天津市总工会	厂务公开、民主管理先进单位

（续）

序号	年份	授予机关	荣誉称号
4	2000	中共天津市委员会、天津市人民政府	1994—1999年天津市危楼平房改造先进集体
5	2000	天津市建设管理委员会等	2000年天津市房地产交易金龙奖
6	2001	天津市建设管理委员会等	2001年春季房地产交易金奖
7	2001	天津市精神文明建设委员会	1999—2000年度文明单位
8	2001	天津市劳动和社会保障局	天津市劳动年检百佳企业
9	2002	天津市建设管理委员会	2002年春季房交会优秀奖
10	2002	天津市建设管理委员会	2002年秋季房交会金奖
11	2003	中共天津市委农村工作委员会	天津市农口系统思想政治工作优秀单位
12	2003	天津市建设管理委员会	2003年春季天津房地产房交会优秀单位
13	2003	天津市建设管理委员会	2003年秋季天津市房地产交易会优秀奖
14	2003	天津市精神文明建设委员会	2001—2002年度文明单位
15	2003	天津市总工会	2003年深入开展建设职工之家工作先进集体
16	2004	中国农林水利工会委员会	全国农林水利系统工会先进女工集体
17	2004	中共天津市委农工委	红旗党组织
18	2005	天津市精神文明建设委员会	2003—2004年度文明单位
19	2007	天津市精神文明建设委员会	2005—2006年度文明单位
20	2007	天津市国有资产监督管理委员会等	天津市劳动关系和谐企业
21	2010	天津市总工会	模范职工之家
22	2011	中国农林水利工会全国委员会	全国农林水利系统模范职工之家
23	2011	天津农垦集团总公司	2010年度《津垦报》通联工作先进单位
24	2011	中共天津农垦集团总公司委员会	先进基层党组织
25	2012	共青团天津农垦集团总公司委员会	天津农垦集团五四红旗团委
26	2012	天津农垦集团总公司	2011年度《津垦报》通联工作先进单位
27	2013	中共天津农垦集团总公司委员会	2012年度《津垦报》通联工作先进单位
28	2014	天津农垦集团有限公司	2013年度《津垦报》通联工作先进单位
29	2014	共青团天津农垦集团有限公司委员会	2012—2013年度天津农垦集团五四红旗团委
30	2014	天津市内部审计协会	2011—2013年天津市内部审计先进集体
31	2015	天津市国资系统企业党委书记工作研究会、天津师范大学新闻传播学院、天津企业报刊传媒专业委员会	天津市首届企业报刊评展好设计（版面）一等奖《双林报》
32	2015	天津市国资系统企业党委书记工作研究会、天津师范大学新闻传播学院、天津企业报刊传媒专业委员会	天津市首届企业报刊评展好报（刊）头三等奖《双林报》
33	2017	中共天津食品集团有限公司委员会	2016年度通联工作先进单位
34	2017	中共天津食品集团有限公司委员会	第十三届全运会服务保障工作先进集体
35	2017	中共天津食品集团有限公司委员会	2017年度集团系统"五好党支部"创建先进组织单位
36	2017	天津市总工会	2015—2016年度天津市模范职工之家
37	2018	中共天津食品集团有限公司委员会	2017年度通联先进单位

（续）

序号	年份	授予机关	荣誉称号
38	2019	天津食品集团有限公司	2019 年度三八红旗集体
39	2019	天津食品集团有限公司	天津食品集团首届职工运动会优秀组织奖
40	2019	天津食品集团安全生产委员会	2019 年度"安全在我心中"演讲比赛优秀组织奖
41	2019	中共天津食品集团有限公司委员会	先进基层党委
42	2020	共青团天津食品集团有限公司委员会	2019 年度天津食品集团"五四红旗"团总支部
43	2020	天津食品集团有限公司工会	天津食品集团"时代新人说—决胜小康，奋斗有我"主题演讲比赛优秀组织奖
44	2020	中共天津食品集团有限公司纪律检查委员会	2020 年度天津食品集团有限公司纪检监察工作信息先进单位
45	2020	天津食品集团安全生产委员会	2020 年度"安全生产月"优秀组织单位
46	2020	中共天津食品集团有限公司委员会	先进基层党委
47	2021	天津市总工会	天津市五一劳动奖状
48	2021	共青团天津食品集团有限公司委员会	2020 年度天津食品集团"双战双胜"优秀团组织（五四红旗团组织）
49	2021	天津食品集团有限公司工会	天津食品集团"中国梦·劳动美——永远跟党走，奋进新征程"主题演讲比赛优秀组织奖
50	2021	中共天津食品集团有限公司委员会	先进基层党委
51	2021	天津食品集团有限公司工会	2021 年度天津食品集团五一劳动奖状
52	2021	中共天津食品集团有限公司纪律检查委员会	天津食品集团有限公司"基层监督年"先进单位
53	2021	天津市房地产业协会	2021 年度天津市房地产业协会先进房地产开发企业
54	2021	天津市总工会	天津市五一劳动奖状

第六章　农场、公司历任领导

一、1950—1990 年农场、公司级历任领导干部名录

党委（党总支）书记、场长、革委会主任

原双林：

胡晓槐　　郭生秀

原长泰：

李志友　　康锡铭　　张玉明

两场合并后：

郭生秀　　张玉明　　杜荣贵　　刘　杰　　楚　云

姚汝辑　　贾贵生　　雷祥声　　张清源

党委（党总支）副书记、副场长、革委会副主任

原双林：

孙　杰　　杨　英

原长秦：

李恩奇　　陈来卫

两场合并后：

孙　杰　　杨　英　　陈来卫　　马青元　　梁友珠

佟志清　　张铁之　　曲　凯　　郭子杰　　陈笃诚

刘振荣　　刘振忠　　李泽溥　　王友春　　葛永潭

王忠升　　张英棠　　康树权　　李　炳　　史美益（女）

李忠平　　帅　仁　　张旭朝　　王鑫泉　　张　奎

二、1991—2010 年农场、公司级历任领导干部名录

董事长

津垦房地产：

马国寅

津垦房地产、双林：

马国寅（兼）　高　峰　张文林

副董事长

张文彬　　张乃良　　张景和　　张　葵

董事会成员

张景和　　王建莉　　张　葵　　阎法立　　马清华

史美益　　马凤岭

监事会

张乃良（监事）　　张　葵（主席）　　王国庆（监事）

付同起（监事）　　关玉峰（主席）

场　长（总经理）

双林：

雷祥声　　张文彬

合并前的津垦房地产：

马国寅

津垦房地产、双林：

张景和　　张　葵

党委书记

双林：

张清源　　雷祥声　　张乃良

合并前的津垦房地产：

马国寅

津垦房地产、双林：

张乃良　　张　葵

副场长（副总经理）

双林：

王鑫泉　　张　葵　　王忠升　　帅　仁　　李炳孝

孙桂宝　　张景和（兼）　　邢继祖　　马清华

合并前的津垦房地产：

张景和（执行副总经理）　　　王建莉　　　阎法立

津垦房地产、双林：

马清华　　王建莉　　张　葵　　阎法立　　史美益

邢继祖　　王永生　　马风岭　　王国庆　　郭本强

王志刚

党委副书记

雷祥声　　张文彬　　张景和　　贾贵生

津垦房地产：

张景和

津垦房地产、双林：

张景和　　王建莉　　张　葵

公司党委委员

津垦房地产：

张乃良　　张景和　　王建莉　　张　葵　　阎法立

马清华　　马风岭　　王永生　　关玉峰　　王国庆

纪委书记

双林：

张清源　　张　葵　　张景和（兼）

津垦房地产、双林：

王建莉（兼）　　张　葵（兼）　　关玉峰

工会主席

双林：

帅　仁

津垦房地产、双林：

王忠升　　张　葵　　关玉峰

总工程师

津垦房地产、双林：

李铁珊　　李洪跃

场（公司）离退正副处级、调研员

双林：

张清源（正处级）　　帅　仁（副处级）　　李炳孝（副处级）

津垦房地产、双林：

张景和（正处级）　　王鑫泉（副场级）　　张绍增（正公司级）

|　　张乃良（正场级）|　　史美益（副场级）|　　李洪跃（副场级）|
|　　王忠升（副场级）|　　刘希臣（正场级）|　　王永生（副场级）|

三、2011—2021年农场、公司级历任领导干部名录

董事长

津垦房地产、双林：

张文林、董景瑞、张葵、刘瑞成

副董事长

张葵

董事会成员

刘瑞成、刘宗保（职工董事）、袁庆（外部董事）、马清华（董事）、袁庆（外部董事）、卢震（董事）、张杰（外部董事）、郑杰（外部董事）、汪金刚（外部董事）、杨宗朝（外部董事）、王洪润（外部董事）

监事会成员

关玉峰（监事会主席、副职级）、李宝启（监事会主席）、郭剑新（监事会主席）、林继贤（监事会主席、副职级）、刘宗保（监事会主席、副职级）、陈铁林（监事会主席、副职级）

公司外部监事

刘佩云

公司职工监事

诸葛增义、韩宝芙

党委书记、党组书记

双林：

张葵、刘瑞成

津垦房地产、双林：

张葵、刘瑞成

党委副书记

津垦房地产、双林：

刘瑞成、刘宗保、马清华、卢震

党委委员

张葵、闫法立、关玉峰、王国庆、刘瑞成、刘宗保、马清华、卢震、林继贤、王继

权、刘东明、陈铁林、牛国跃

纪委书记

关玉峰、刘宗保、林继贤、陈铁林

总经理（场长）

双林：

董景瑞（法定代表人）、张葵（法定代表人）、刘瑞成、（法定代表人）王继权（法定代表人）

津垦房地产、双林：

张葵、刘瑞成、马清华、卢震

副总经理（副场长）

闫法立、王志刚、王国庆，马风岭、郭本强、孙忠、卢震、王继权、刘东明、郭旭东、牛国跃、李国艳、陈立春、刘明举、潘征

工会主席

关玉峰、刘宗保

总工程师

满峄峰（聘任制，2021年已调离）

管理总监

潘征

安全总监

许洪涛

销售总监

任向民

财务总监（集团外派聘任制）

张杰、郑杰、汪金刚

公司（场）2011—2020年离退正副处级、调研员

王永生（副场级）、郭本强（副场级）、王国庆（副场级）、孙宝元（副场级调研员）、刘东明（副场级）、林继贤（副场级）

四、农垦房地产公司历任董事长、党委书记、总经理

1996—2021年天津市农垦房地产开发建设有限公司历任董事长

马国寅（1996年5月—2004年6月）

高　峰（2004 年 6 月—2009 年 10 月）

张文林（2009 年 10 月—2011 年 9 月）

董景瑞（2011 年 9 月—2014 年 4 月）

张　葵（2014 年 4 月—2015 年 5 月）

董景瑞（2015 年 5 月—2017 年 1 月）

刘瑞成（2017 年 1 月—2021 年 12 月）

1996—2021 年天津市农垦房地产开发建设有限公司历任党委书记

张乃良（1996 年 5 月—2003 年 9 月）

张　葵（2003 年 9 月—2015 年 5 月）

刘瑞成（2015 年 5 月—2021 年 12 月）

1996—2021 年天津市农垦房地产开发建设有限公司历任总经理

张景和（1996 年 5 月—2006 年 12 月）

张　葵（2006 年 12 月—2014 年 4 月）

刘瑞成（2014 年 4 月—2017 年 1 月）

马清华（2017 年 1 月—2021 年 1 月）

卢　震（2021 年 1 月—2022 年 9 月）

李海强（2022 年 9 月至今）

五、公司聘任的高级职称人员及高级技师

1950—2010 年公司聘任的高级职称人员见表 7-3。

表 7-3　1950—2010 年公司聘任的高级职称人员名录

序号	类别	姓名	性别	职称	聘任时间	备注
1	退休	张清源	男	高级政工师	1992	
2	退休	焦廷秀	男	高级工程师	1992	
3	退休	廖秋吟	女	高级农艺师	1992	
4	退休	雷祥声	男	高级畜牧师	1992	调出
5	退休	王玉生	男	高级农艺师	1992	
6	退休	王永生	男	高级工程师	1998-12-21	
7	退休	张葵	男	高级政工师	2001-1-11	
8	退休	胡淑婷	女	高级会计师	2002-1-3	
9	退休	张景和	男	高级经济师	2002-1-3	
10	退休	张景和	男	高级政工师	2002-1-31	

（续）

序号	类别	姓名	性别	职称	聘任时间	备注
11	在职	闫法立	男	高级会计师	2002－12－20	调出
12	在职	孙忠	男	高级会计师	2004－3－31	调出
13	退休	刘志霞	女	高级经济师	2004－12	
14	在职	冯欣	男	高级政工师	2008－11－21	
15	退休	关玉峰	男	高级政工师	2010－11－25	
16	在职	孙洪凤	女	高级馆员	2010－12－17	
17	退休	任同斌	男	高级兽医师		
18	退休	张乃良	男	高级政工师		
19	退休	宋硕民	男	高级政工师		
20	退休	戴莉莉	女	高级政工师	2007	
21	退休	曲继红	女	高级政工师		
22	退休	石连和	男	高级政工师		
23	退休	贺志存	男	高级工程师		
24	退休	张仲仁	男	高级工程师		
25	退休	张红霞	女	高级工程师		
26	退休	田旺	男	高级工程师		
27	退休	王鑫泉	男	高级农艺师		
28	退休	姜万秀	男	高级农艺师		
29	退休	段荣华	女	副主任医师		
30	退休	杜建国	男	副主任医师		
31	退休	李俊平	女	副主任医师		
32	退休	姚贺文	男	高级畜牧师		
33	退休	陈兰英	女	高级兽医师		
34	退休	李文兰	女	高级政工师	2012－12－1	
35	在职	张波	男	高级工程师	2012－7－16	水电
36	在职	李若强	男	高级工程师	2013－3－12	建筑施工
37	退休	李凤云	女	高级工程师	2013－3－12	建筑施工
38	退休	马凤岭	男	高级政工师	2013－12－10	
39	在职	王茜	女	高级工程师	2014－5－26	建筑施工
40	在职	张龙海	男	高级工程师	2014－5－26	建筑工程管理
41	在职	陈立春	男	高级工程师	2015－3－24	建筑工程管理
42	在职	王艳平	女	高级经济师	2015－3－24	人力资源

（续）

序号	类别	姓名	性别	职称	聘任时间	备注
43	在职	徐廷祥	男	高级工程师	2015 - 3 - 24	电气
44	退休	王国庆	男	高级工程师	2015 - 3 - 24	建筑工程
45	在职	卢震	男	高级工程师	2015 - 12 - 21	建筑工程管理
46	在职	王文华	男	高级工程师	2016 - 4 - 11	安全工程
47	在职	杨宏艳	女	高级经济师	2017 - 3 - 10	人力资源
48	在职	高骏	男	高级工程师	2017 - 3 - 28	建筑施工管理
49	在职	王鑫淼	女	高级工程师	2017 - 3 - 28	建筑工程造价
50	在职	闫铭	男	高级工程师	2017 - 3 - 28	建筑施工管理
51	在职	周青	女	高级工程师	2017 - 3 - 28	建筑工程造价
52	在职	裴艳芳	女	高级会计师	2017 - 8 - 22	会计
53	在职	周红	女	高级政工师	2018 - 1 - 18	
54	在职	田明哲	男	高级经济师	2018 - 3 - 15	工商管理
55	退休	郭际雄	男	高级工程师	2018 - 4 - 24	建筑工程
56	在职	马清华	男	高级经济师	2019 - 1 - 23	2021 年调出
57	在职	柳金叶	女	高级会计师	2019 - 1 - 24	会计
58	在职	王红	女	高级会计师	2019 - 1 - 24	会计
59	退休	刘宗保	男	高级政工师	2019 - 1 - 28	
60	在职	张红霞	女	高级政工师	2019 - 1 - 28	
61	退休	林继贤	女	高级政工师	2019 - 1 - 28	
62	在职	董旺林	男	高级工程师	2019 - 3 - 26	计算机工程
63	在职	薛涛	男	高级工程师	2019 - 4 - 9	建筑工程管理
64	在职	孙团起	男	高级政工师	2020 - 1 - 12	
65	在职	李红霞	女	高级工程师	2020 - 1 - 22	建筑工程造价
66	在职	王浩	男	高级工程师	2020 - 1 - 22	建筑工程造价
67	在职	翟羽佳	男	高级工程师	2020 - 1 - 22	建筑工程管理
68	在职	赵伟	男	高级工程师	2020 - 1 - 22	设计管理
69	在职	张龙海	男	高级工程师	2020 - 1 - 22	建筑工程
70	在职	刘慧娟	女	高级工程师	2020 - 3 - 26	园林绿化
71	在职	张时	男	高级工程师	2020 - 12 - 20	土建施工
72	在职	杨敬春	女	高级工程师	2021 - 1 - 26	建筑工程管理
73	在职	郭橄浓	男	高级工程师	2021 - 1 - 26	土建施工
74	在职	刘文潮	男	高级工程师	2021 - 1 - 26	建筑工程管理
75	在职	孙伟亮	女	高级工程师	2021 - 1 - 26	建筑工程管理
76	在职	王继权	男	高级工程师	2021 - 1 - 26	建筑工程管理

（续）

序号	类别	姓名	性别	职称	聘任时间	备注
77	在职	王伟	男	高级工程师	2021 - 1 - 26	建筑工程管理
78	在职	张丽春	男	高级工程师	2021 - 1 - 26	土建施工
79	在职	于艳萍	女	高级会计师	2021 - 1 - 26	会计
80	在职	任荣	男	高级会计师	2021 - 1 - 26	会计（调出）
81	在职	璩志巍	男	高级工程师	2021 - 1 - 26	建筑工程管理
82	在职	闫平	男	高级工程师	2021 - 1 - 26	调出
83	在职	汪裕凯	男	高级工程师	2021 - 2 - 22	建筑工程管理
84	在职	袁斌	男	高级工程师	2021 - 2 - 22	市政工程
85	在职	奚柏杨	男	高级工程师	2021 - 3 - 29	电气
86	在职	张俊磊	男	高级工程师	2021 - 3 - 29	建筑工程造价
87	在职	董广明	男	高级工程师	2021 - 8 - 12	建筑工程造价
88	在职	韩纪敏	男	高级工程师	2021 - 8 - 12	土木建筑
89	在职	刘明举	男	高级经济师	2021 - 8 - 12	高级经济
90	在职	刘绍莹	女	高级工程师	2021 - 11 - 12	建筑工程造价
91	在职	贾哲	男	高级工程师	2021 - 11 - 12	土建施工

注：按照聘任时间排列，统计截至 2021 年 12 月末。

1950—2010 年公司聘任的高级技师人员见表 7 - 4。

表 7 - 4　1950—2010 年公司聘任的高级技师人员名录

序号	类别	姓名	性别	职级	聘任时间	备注
1	在职	何俊杰	男	高级技师	2009 - 9 - 24	电工
2	在职	刘同发	男	高级技师	2009 - 9 - 24	电工
3	在职	王广全	男	高级技师	2009 - 9 - 24	电工
4	退休	冯德友	男	高级技师	2009 - 9 - 24	电工
5	退休	谢学英	女	高级营养师		
6	在职	李凤斌	男	高级技师	2011 - 12 - 5	电工
7	在职	王德华	男	高级技师	2011 - 12 - 5	电工
8	在职	杨宝聚	男	高级技师	2012 - 4 - 10	电工
9	在职	郭金楼	男	高级技师	2014 - 1 - 9	电工
10	在职	邢军瑞	男	高级技师	2014 - 1 - 9	电工
11	在职	张莹	男	高级技师	2014 - 1 - 9	电工（已故）
12	在职	姬胜利	男	高级技师	2014 - 7 - 25	电工
13	在职	马连鑫	男	高级技师	2014 - 7 - 25	电工
14	在职	齐宇澄	男	高级技师	2014 - 7 - 25	电工

（续）

序号	类别	姓名	性别	职级	聘任时间	备注
15	退休	田海来	男	高级技师	2014 - 7 - 25	电工
16	在职	徐廷祥	男	高级技师	2014 - 7 - 25	电工
17	在职	赵俊铭	男	高级技师	2014 - 7 - 25	电工
18	退休	腾彦清	男	高级技师	2014 - 7 - 25	电工
19	在职	李孝来	男	高级技师	2014 - 11 - 13	电工
20	在职	李志强	男	高级技师	2014 - 11 - 13	电工
21	退休	曹金亮	男	高级技师	2016 - 10 - 19	汽车维修
22	在职	陈大福	男	高级技师	2016 - 10 - 19	汽车维修
23	在职	金圣玺	男	高级技师	2016 - 10 - 19	电工
24	在职	李国明	男	高级技师	2016 - 10 - 19	汽车维修
25	在职	刘维	男	高级技师	2016 - 10 - 19	汽车维修
26	在职	祁有福	男	高级技师	2016 - 10 - 19	汽车维修
27	在职	苏建杰	男	高级技师	2016 - 10 - 19	汽车维修
28	在职	王桂起	男	高级技师	2016 - 10 - 19	汽车维修
29	在职	王双健	男	高级技师	2016 - 10 - 19	汽车维修
30	在职	张秋水	男	高级技师	2016 - 10 - 19	汽车维修
31	在职	赵欣	男	高级技师	2016 - 10 - 19	电工
32	退休	贾新朋	男	高级技师	2016 - 10 - 19	汽车维修
33	退休	王成祥	男	高级技师	2016 - 10 - 19	汽车维修
34	在职	张国江	男	高级技师	2019 - 1 - 29	电工
35	在职	李岩	男	高级技师	2019 - 4 - 16	电工

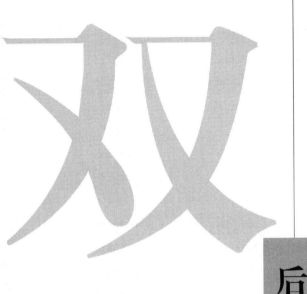

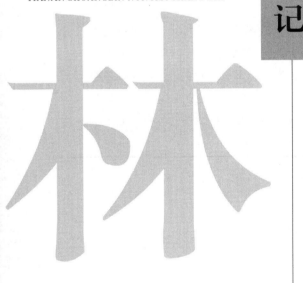

天津双林农牧场志
TIANJIN SHUANGLIN NONGMUCHANG ZHI

后记

《天津双林农牧场志》的编辑工作从2021年开始。2021年3月，农牧场在上级主管单位天津食品集团的安排下，上报了场志编辑方案。2021年6月，农牧场被农业农村部农垦局确定为第二批中国农垦农场志编纂农场，是天津市唯一一家。按照农垦志编纂工作的具体要求，农牧场志的论述时限为1950—2020年，共70年。后来，公司领导要求增加2021年内容，于是我们又将志书编纂内容延伸1年，即1950—2021年。这本志书涵盖了从农场建立到农场发展、转型改制、成立农垦房地产开发建设有限公司等发展历程，按照略古详今的原则，重点放在农场转型改制后，即1996—2021年。

《天津双林农牧场志》是一部记载农场历史和现状的综合性工具书。此书内容广泛，涉及农场曾经管理的单位以及农场转型后各阶段的重要事件，从这部志书中也可以窥见双林农牧场几十年风风雨雨的发展历程。农场经历半个世纪的发展之后，逐步华丽转身，成为农垦房地产公司，目前是天津食品集团重点骨干企业。一本好的志书是留给后人的一部历史，可以让人们记住那些曾为农垦奋斗、辛勤耕耘的人，并以此激励后人，牢记创业历史，振兴农垦经济，为农垦房地产公司持续发展提供精神食粮。

　　这次志书编纂得到了公司党委的大力支持。公司成立了领导小组，公司领导班子全部是编委会成员，还指定了一名公司领导专门负责修志工作，下设场史办公室。公司党委安排专人参加 2021 年农业农村部农垦局农场志编纂培训班的学习，公司本部各部室、下属基层单位、托管单位、合营公司也为修志工作提供了大量材料，场史办还专门找农场的老同志核对了解了一些历史情况。在志书编纂过程中，充分利用了农场原来的档案及已经出版的《双林农场史》，在此基础上，按照上级部门的要求，重新梳理志书编纂大纲，对原有资料进行整合。天津市农垦房地产开发建设有限公司党委书记、董事长马清华同志为志书做了序言。

　　《天津双林农牧场志》的出版是全体编写人员的努力成果，在此谨向对本部志书编写工作给予关心支持的各级领导及编纂人员致以真诚感谢。志书中的资料时间长、跨度大，虽经反复易稿、修改，仍难免存有纰漏和不尽如人意的地方，诚恳欢迎各级领导和专家学者，特别是广大读者批评、指正，提出宝贵意见，以便将来再次修订编写时予以修正。鉴于往事，有资于治道。一本好的志书会为公司发展提供宝贵史料，也会对公司发展起到警示和指导作用。

《天津双林农牧场》志编纂委员会

2022 年 7 月

中国农垦农场志丛